Harald Klauhs
HOLL

Harald Klauhs

HOLL
Bilanz eines rebellischen Lebens

Residenz Verlag

Bibliografische Information der Deutschen Nationalbibliothek
Die Deutsche Nationalbibliothek verzeichnet diese Publikation in
der Deutschen Nationalbibliografie; detaillierte bibliografische Daten
sind im Internet über http://dnb.dnb.de abrufbar.

www.residenzverlag.at

© 2018 Residenz Verlag GmbH
Salzburg – Wien

Alle Rechte, insbesondere das des auszugsweisen Abdrucks
und das der fotomechanischen Wiedergabe, vorbehalten.

Umschlaggestaltung: BoutiqueBrutal.com
Umschlagbild: ÖhnerKraller
Alle Fotos im Bildteil stammen, wenn nicht anders ausgewiesen,
aus dem Privatarchiv von Adolf Holl.
Typografische Gestaltung, Satz: Lanz, Wien
Lektorat: Maria-Christine Leitgeb
Gesamtherstellung: CPI books GmbH Leck

ISBN 978 3 7017 3431 3

Für meine Tochter

Inhalt

Vorwort   9
Pantheon in der Hardtgasse

Prolog im Himmel   13

Spätantike   21
Zeitenwenden 21; Geburtsstunden 24; Umbrüche 27; Ab- und Auftritte 30; Todes- und Krankheitsfälle 35

Völkerwanderung   45
Muttersöhnchen auf Vatersuche 45; Exkurs über Bewusstseinssysteme 49; »Blutreinheit« 58

Christianisierung   63
Bauerntum 63; Weltliche und geistliche Mächte 69; Hungersommer 73; Zwiespalte 76; Geschlecht und Charakter 80

Kampf gegen die Welt   87
Unterordnung 87; Der Priester – Anspruch und Wirklichkeit 90; Revisionen 97; Zucht und Zölibat 100; Jungfräulichkeit 105; Die akademische Ausbildung 108; Höhere Würden 114

Humanismus   121
Umbruchzeit 121; Apostolat 124; Exkurs über die Messe 128; Aufstieg und Absturz 132; Vätersterben 136; Christentum und Sozialismus 140

Säkularisierung 149
Mit uns zieht die neue Zeit 149; Wissenschaftliche Laufbahn 152; Erste Auffälligkeiten 158; Sex und Soziologie 163; Reduktion 169; Karriereknick 174; Leiden am System 179; Revolution 184

Zeit des Zorns 197
Affären und Affekte 197; Jesus in weiblicher Gesellschaft 207; Geburt eines Bestsellers 213; Von Ottakring nach New York 220; Endspiel 227; Außenstände und Außenseiter 238; Abschied von Mutter und Messe 244

Profanisierung 255
Mystik, Medien und Mächte 255; Auf der Suche nach der verlorenen Kontinuität 261; Fernsehen und Fernweh 266; Der letzte Ketzer 273; Andere Wirklichkeiten 277; Nachdenken über ein zeitlos unzeitgemäßes Gefühl 282; Verwunderung über die Wirklichkeit 289

Etablierung 299
Warten mit Wehmut 299; Vom Wehen des Geistes 303; Versöhnung 310; In der guten Gesellschaft 315; Nullgottzeit 321; Die letzte Erregung 326; Sinkende Zeit 331

Epilog auf der Erde 347

Bibliografie 357
Primärliteratur 357; Sekundärliteratur 359

Danksagung 362

Personenregister 363

Vorwort

Pantheon in der Hardtgasse

Die Ordensschwester, die uns auf die Erstkommunion vorbereitete, hatte uns eingeschärft, nicht in die Hostie zu beißen: Der Blitz würde einschlagen und wir würden augenblicklich zur Hölle fahren. Als ich trotzdem zubiss und nichts geschah, war die Sache mit Jesus vorläufig erledigt.

Als mir zehn Jahre später ein Aktivist der Katholischen Arbeiterjugend ein Exemplar von *Jesus in schlechter Gesellschaft* in die Hand drückte, konnte ich damit nichts anfangen. Ich hatte gerade Ches *Bolivianisches Tagebuch* gelesen. Von dem Gedanken, dass man zwischen beiden Büchern Zusammenhänge herstellen könnte, war ich Lichtjahre entfernt. Noch als mich ein Kollege im Sommer 1979 während einer gemeinsamen Autostopptour durch Italien für Holls *Mystik für Anfänger* interessieren wollte, geriet ich darüber so in Rage, dass ich ihm das Buch aus der Hand riss und in hohem Bogen in den Lago di Como warf. Mystik und Klassenkampf waren damals unvereinbar, Parallelen zwischen Adolf Holl und Antonio Gramsci nicht anzudenken. Gerade als *Club 2*-Moderator war Adolf Holl für Jungmarxisten und selbsternannte Berufsrevolutionäre in den linken Zirkeln Österreichs damals gelitten, als gefallener Kaplan und Autor den meisten so suspekt wie dem katholischen Milieu.

Die persönliche Bekanntschaft und spätere Freundschaft mit Adolf Holl verdanke ich Heinz Knienieder. Knienieder war Redakteur der Zeitschrift *Wespennest*, freier Mitarbeiter beim ORF Hörfunk und ein Linksintellektueller der besonderen Art. Er war, es gab noch keinen Zivildienst, Wehrdienstverweigerer, und Holl hat ihm als Kaplan im Pfarrhof Neulerchenfeld ein Versteck gewährt. Knienieder, der eine

Dissertation über den Entfremdungsbegriff bei Marx verfasst hat, hat Holl mit seiner umfassenden Kenntnis von französischer Philosophie und Frankfurter Schule beeindruckt. Als Heinz verstarb, wurde ich sein Nachfolger als samstäglicher Mittagsgast in Holls Arbeitswohnung in der Hardtgasse. Interessiert haben ihn meine Erzählungen aus dem oberösterreichischen Landleben, mein Hader mit der Sozialdemokratie und meine Beschäftigung mit Blues- und Rockmusik.

Einmal ist Adolf Holl mit mir zu einem Konzert von John Lee Hooker gegangen. Wir sind ganz vorne an der Bühne gestanden. Mehr als von der Magie des Blues war Holl von der Persönlichkeit des Healers, wie der alte Hooker genannt wurde, angetan. Als einige Zeit später wieder einmal die Rede auf den Blues kam, konnte sich Adolf nicht mehr an den Abend erinnern. Eine lange vor unserem gemeinsamen Blueserlebnis besuchte Aufführung von Mozarts Requiem war ihm eindrücklicher im Gedächtnis haften geblieben.

Seit 1985 bin ich im Genuss eines mittlerweile sechsundsechzigsemestrigen Privatcolloquiums in den Fächern Theologie, Religionssoziologie und Philosophie, verbunden mit Lesungen aus gerade entstehenden Büchern, und ich wurde dabei sukzessive von einem borniertigen in einen katholischen Atheisten verwandelt. Zwischendurch durfte ich auch immer wieder als eine Art säkularer Messdiener mit Adolf Holl auftreten, ihn bei Buchpräsentationen einleiten und moderieren. Dass er mir sein Buch *Der lachende Christus* gewidmet hat, ist eine Auszeichnung, von der ich mir nicht sicher bin, ob sie mir wirklich zusteht. Sicher ist, dass meine Beschäftigung mit der Ikonografie des Kosmonauten Juri Gagarin von Holls Denken stark beeinflusst ist.

Josef Haslinger hat in einem Essay mit dem Titel *Brevier beten mit Adolf Holl* die Bedeutung, die die Lektüre von Adolf Holls Büchern für ihn hatte, eingängig beschrieben. Über dessen bislang letztes Buch schrieb Haslinger an Holl: »Ich habe gerade *Braunau am Ganges* fertig gelesen. Ein schöner essayistischer Spaziergang in die Welt des Heimlichen und Unheimlichen, des Heimischen und für unheimisch Gehaltenen. Mir gefällt dein Denk- und Schreibstil, der uns Splitter statt eines Denkgebäudes liefert. Am Ende muss man dann doch wieder alles selber machen, nur fällt es am Ende dann nicht mehr so leicht, wie man am Anfang vielleicht noch gedacht hat. Die wirklich weisen Menschen machen alles nur noch komplizierter, darum werden sie nicht sonderlich geschätzt. Anstatt die alten Fragen endlich zu beantworten, stellen sie neue Fragen. Solche wie du können nicht aufhören, sich ein Leben zwischen Skepsis und Staunen einzurichten. Und man wird dann mit dem Einrichten auch nie fertig.«

Braunau am Ganges war Adolf Holls zweiunddreißigstes Buch. Zum Erscheinen seines dreißigsten hatte er verkündet, er werde dreiunddreißig schreiben – je eines für jedes Lebensjahr von Jesus Christus. Mit dem dreiunddreißigsten ist er zur Zeit der Vollendung seines achtundachtzigsten Lebensjahres gerade beschäftigt. Es trägt den Arbeitstitel *Leibesvisitationen* und entsteht wie alle die Bücher nach *Jesus in schlechter Gesellschaft* am Schreibtisch seines Arbeitszimmers in der Wohnung, die er nach dem Rauswurf als Kaplan bezogen hat. Getippt wird wie seit je auf der mechanischen Olympia-Schreibmaschine. Manchmal geht Holl dabei durch den Kopf, dass ihm die Bücher aus den Regalen seiner Bibliothek etwas zuflüstern möchten. Möchten sie noch einmal in die Hand genommen werden?

Der Weg von der Wohnung seiner Lebensgefährtin in die Hardtgasse ist beschwerlicher geworden, das tägliche Schreibpensum und die Lektüren einigermaßen reduziert. Die Abgötter aus seinen Mannesjahren, Sartre, Canetti und Bloch, die er »auf Knien gelesen hatte« und die sich auf seinen Stil ausgewirkt hätten, beginnen zu verblassen. Nur Platon hielte sich noch zähe, Dante eventuell und natürlich der heilige Augustinus irgendwie, wenn auch mit einem Fragezeichen. Die seltener werdenden telefonischen Anfragen werden jetzt meist abgewiesen, dazu ist die Arbeitszeit zu kostbar geworden. Manchmal, wenn es längere Zeit nicht läutet, geht Holl durch den Kopf, er wäre schon abgedankt. Und dann kommt doch wieder eine Radioanfrage oder es taucht ein Fernsehteam in der Wohnung auf. Und Holl ist wieder in seinem Element.

Die letzte optische Veränderung im Arbeitszimmer ist durch ein Ölbild des Malers Heribert Mader entstanden. Es zeigt das Pantheon in Rom. *Pan theon* – alles Göttliche. Manchmal wird Holl gefragt, warum er öfter sage: *der* Gott. Ein Tag, wo er Gott nicht irgendwie, und sei es im Zweifel, im Auge habe, würde er dann antworten, sei für ihn ein verlorener Tag.

Trotz seines fortgeschrittenen Alters, sagt Holl, lache er immer noch gerne. Erst kürzlich hätte ihm jemand gesagt, bei ihm könne man immer lachen, wenn er über Religion spräche. Während sich seine

Lebenszeit dem Ende zuneige, würden ihn solche Resonanzen immer noch freuen.

Früchte des Lebens, Freuden im Alter. Keine verbindlichen Abgabetermine mehr. Drei Wochen am letzten Absatz des vorletzten Kapitels der *Leibesvisitationen*: »Die Entdeckung des Unbewussten im jüdischen Wien um 1900 durch Sigmund Freud wäre ohne Beachtung der Sprache des Körpers kaum gelungen. Prinzipiell gottlos auftretend, verwandelte Freud noble Damen und Herren in Patienten, die ärztlicher Hilfe bedurften, gegen Honorar selbstverständlich. Die Ordination auf der berühmten Couch dauerte exakt fünfzig Minuten. Im Unbewussten flüsterte auch mein katholisches Priester-Ich, mit dem Goldenen Kalb auf dem Gewissen, vertont von Arnold Schönberg und unvollendet geblieben.«

Der Vorlass ist geordnet, der Nachlass am Horizont. Achtundachtzig: die Biografie. Die *Leibesvisitationen* zum Neunzigsten? Der Platz im Pantheon der österreichischen Geistesgeschichte? Schelmisches Lächeln.

Walter Famler.

Prolog im Himmel

Wer ist Adolf Holl? Wie wäre einem jungen Menschen zu erklären, warum er sich mit diesem Mann beschäftigen sollte? Voraussetzung wäre, würde ich ihm sagen, ein grundsätzliches Interesse am Leben und Denken historischer Persönlichkeiten. Der Bub aus Breitensee, der Adolf Holl einmal war, hat nämlich Geschichte geschrieben. Nicht in der Weise, wie sie in den Geschichtsbüchern vermerkt ist, sondern kraft seines Lebens und Wortes. Allein damit hat er zur Bewusstseinsbildung beigetragen, nicht nur in Wien, nicht nur in Europa, sondern in der vom Christentum geprägten westlichen Welt.

Früh hat Adolf Holl begonnen, sein Leben schriftlich zu reflektieren. Mitten im Krieg legt der Gymnasiast ein Tagebuch an. Bald danach, am 3. September 1944, findet sich darin die Notiz: »Morgen soll die Schule anfangen. Da möchte ich einmal nachdenken über die Ferien und das ganze vergangene Jahr. Habe ich mich geändert? Bestimmt!« Der Zeitpunkt war nicht zufällig, hatte er doch im ersten Halbjahr im Zuge der »Kinderlandverschickung« ein paar Wochen in Kirchberg ob der Donau verbracht. Im Rückblick vermutlich die prägendste Zeit seines Lebens. Dort hat ihn der Zauber des Christentums gepackt.

Später dachte er auch öffentlich nach. In zahllosen Artikeln, Interviews, Büchern hat er das, was ihm äußerlich begegnete und was das innerlich in ihm bewirkte, einzuordnen versucht in die Geistesgeschichte der Gegenwart. Im Laufe seines Lebens ist er tief hinabgestiegen in die Keller der Menschheitsgeschichte, um zu erforschen, was Carl Gustav Jung das »kollektive Unbewusste« genannt hat. Verschüttete Traditionen, auf denen sich eine Kultur aufbaut, wollte er wieder ans Licht bringen. Als die Soutane, die er mehr als zwanzig Jahre lang getragen hatte, schon ziemlich staubig im Schrank hing, fiel ihm etwas auf:

> Meine Biografie als Kurzfassung der abendländischen Geistesgeschichte: Im zweiten Lebensjahrzehnt mein Eintritt in die Glaubenswelt-Denkwelt, im dritten Lebensjahrzehnt die Stabilisierung in der Glaubenswelt-Denkwelt, im vierten Lebensjahrzehnt beginnt der Zweifel zu arbeiten. Im fünften Lebensjahrzehnt erkennen die Polizisten der Glaubenswelt-Denkwelt, dass sie einen unverlässlichen Funktionär im System haben, und greifen zu entsprechenden Mitteln. In meinem sechsten Lebensjahrzehnt ist der Glaubensverlust schon sehr weit fortgeschritten – aber immer noch suche ich nach Möglichkeiten, die eine oder andere Grundorientierung von früher in meine gegenwärtige Glaubenswelt-Denkwelt herüberzuretten.[1]

2000 Jahre christliches Abendland hatte er in gut zwanzig Jahren durchsaust. In Kirchberg war er in diese Glaubenswelt-Denkwelt eingetreten. Zugleich regte sich damals auch der »Fisch aus der Tiefe«. Bereits zum Namensfest von Peter und Paul im Jahre 1947 ermahnte er sich: »Ich glaube, es kommt darauf an, der Begierlichkeit niemals die Tür zu öffnen, sei es auch nur durch einen einzigen Blick. Was habe ich dann? Ruhe.« Daraus wurde à la longue nichts. Vielmehr wurde die Stellung der Sexualität in Bezug auf die Religionen zu seinem Lebensthema.

»Ich war derjenige Schnipfer, der als Erster gesagt hat, den Zölibat gebrochen zu haben.«[2] Dieses Outing fand am 15. Juni 1975 statt. Zu diesem Zeitpunkt war dem Kaplan Holl das Zelebrieren der Messe noch nicht untersagt worden. In der Fernsehsendung *Das Gespräch* erkundigte sich Günther Nenning bei ihm über die Funktion der rigorosen katholischen Sexualmoral. Darauf Holl:

> Ich sollte vielleicht sagen, dass mein eigener Lebensgang mir diesbezüglich behilflich gewesen ist. (…) In der Zeit, als ich keusch gelebt habe, und da verwende ich die Vergangenheitsform, war ich nicht so offen für Wirklichkeit und zweitens: Die Mehrzahl der Menschen waren eigentlich meine Feinde, die Menschen, die nicht in die Kirche gegangen sind. Auf die habe ich eigentlich einen Zorn gehabt. Warum kommen die nicht in die Kirche? Jetzt lebe ich anders diesbezüglich. (…) Und das hängt offenbar auch mit meiner gewandelten Einstellung, mit meiner eigenen gewandelten Erfahrung mit meiner Geschlechtlichkeit zusammen.[3]

Dieses einstündige Fernsehinterview stand am Ende einer Reihe von öffentlichen Provokationen, mit denen Adolf Holl über Jahre hinweg die fromme Kirchengemeinde und ihre Hirten traktiert hatte. Ein Dreivierteljahr nach der Ausstrahlung dieses Gesprächs erreichte ihn das Schreiben des Kardinals mit dem Verbot, das Priesteramt auszuüben. Holls Coming-out spielte dabei die Rolle eines willkommenen Anlasses; der im bischöflichen Dekret angegebene Grund für die Suspendierung war dieses Eingeständnis aber nicht. Schon in der Frühzeit des Christentums waren die Glaubenswächter »mit Vorliebe hinter geschlechtlichen Verfehlungen her, wenn sie Anschuldigungen gegen Freigeister suchten«.[4] Tatsächlich verfolgten die Kirchenväter in den sexuellen Ausschweifungen die glaubensmäßigen Abweichungen. Das Ringen um den rechten Glauben geht bereits auf den Apostel Paulus zurück, der Zölibat hingegen ist keineswegs ein urchristliches Gebot.

Die Strenge in Sachen Sex ist ein Erbe des oversexualized Bischofs von Hippo Regius, Aurelius Augustinus (354–430 n. Chr.), mit dem sich Adolf Holl während seines Studiums der Theologie intensiv beschäftigt hat. Dem historischen Jesus hingegen war, so viel man darüber weiß, eine gewisse Indifferenz in Sachen Fleischeslust eigen. Aussagen über ihre Freuden sind von ihm keine überliefert. Bei Holl ging die Entdeckung der Sexualität mit einem Erkenntnisprozess einher.

Welche Rolle der Zölibat in seinem und im »christlichen Körper« überhaupt spielt, damit beschäftigt sich Holl spätestens seit seiner »Horizonterweiterung«. Etliche der danach entstandenen Bücher lassen sich deshalb auch als Genderstudies lesen, und das zu einer Zeit, als man das Forschungsgebiet noch nicht so nannte. Der seitens konservativer katholischer Kreise früh an ihn gerichtete Vorwurf,[5] Sexualität spekulativ als Thema besetzt zu haben, geht deshalb ins Leere. Übersieht er doch geflissentlich, wie früh das Paarungsverhalten und seine religiöse Verhinderung das Leben von Adolf Holl geprägt haben.

Die Idee der sexuellen Askese stammt übrigens aus Indien in vorschriftlicher Zeit. Dort fand man die Darstellung eines Yogi mit aufgerichtetem Mannesbaum. Sie symbolisiert aber nicht – wie im christlichen Abendland gedeutet – die Schöpferkraft. Im Mutterland des Einsiedlerwesens verkörperte sie das Keuschheitsprinzip. Vom indischen Gott Schiwa weiß man, dass er »die Kunst beherrschte, seinen Samen durch das Rückenmark nach oben zu leiten, in den Kopf, von wo die asketische Hitze dann abstrahlte«.[6] Machtvoll und zum Schaden der Menschen. Denn wehe, wenn »Schiwas Drittes Auge schwefelgelb zu glühen beginnt«.[7] In Indien weiß jedes Kind, hat Holl auf seinen Indienreisen erfahren, dass Schiwa (wie jeder Gott, der mit Opfern besänftigt werden muss) zu Jähzorn neigt. Dann kann es, bei fortgeschrittenem Stadium der technischen Entwicklung der Menschheit, zu einem Weltkrieg mit Atombombenabwurf kommen. Eine sehr männliche Angelegenheit – mit verheerenden Folgen auch für Frauen.

Von dem Waldeinsiedler auf einem circa 4000 Jahre alten Specksteinsiegel im alten Indien bis zu Hitlers Hakenkreuz ist es für Holl nicht weit. Unter diesem Bogen liegt für ihn das Christentum, dessen Wesen und Wirken er paradigmatisch für Religionen insgesamt lebenslang untersucht hat. Die Entstehung mythologischer Narrative aus realen Ereignissen einerseits und ihre Wirkmächtigkeit in der Geschichte andererseits, das ist die Forschungsarbeit des Religionssoziologen. Denn: »Die Tatsachen sind die Fragen, die Geschichten sind die Antworten«, heißt es in der Vorbemerkung zu Holls Büchlein *Wo Gott wohnt*.[8] Dieser Satz könnte als Motto über dem publizistischen Werk Holls stehen, jedenfalls seit Erscheinen seines Weltbestsellers *Jesus in schlechter Gesellschaft*. Für alle Menschen, die davon überzeugt sind, dass der Mensch nicht vom Brot allein lebt (siehe Mt 4,4), erzählt Holl seither jede Menge Geschichten, die die Geschichte der Menschheit erläutert und illustriert, in Summe auch zu einem besseren Verständnis von ihr verhilft.

Am Leitfaden der Zölibatsfrage hantelt sich Holl vom indischen Einsiedler in prähistorischer Zeit die Geistesgeschichte der Menschheit entlang bis zu Hitler. Dessen Omnipräsenz in Mitteleuropa mehr als siebzig Jahre nach seinem Ende ist evident. Rudolf Burger führte das Mitte 2001 in einem heftig umstrittenen Artikel auf die »Irrtümer der Gedenkpolitik«[9] zurück und plädierte für das Vergessen: »Ein Schuldtrauma ist empirisch nicht nachweisbar und seine hypothetische Annahme vollkommen unplausibel (…); es über eine transgenerative Volksseele der dritten Nachfolgegeneration zuzumuten und als Sujet einer ›Aufarbeitung‹ anzuempfehlen, ist vollends absurd.«[10] Die verordnete »Vergangenheitsbewältigung«, so der Wiener Philosoph, basiere auf ebenjener nationaltherapeutischen Ideologie C. G. Jungs, als deren Überwindung sie sich ausgebe. Holls Buch *Braunau am Ganges* lässt sich als fragende Antwort auf die Polemik Burgers oder als »Summa theologica« seines Denkens lesen. Denn Holl treibt darin seine Art des Nachsinnens zu einem schriftstellerischen Höhepunkt: Er theoretisiert nicht, er dialogisiert. Statt zu analysieren und zu kritisieren, hält Holl Zwiesprache mit einigen geistesgeschichtlichen Größen und bringt damit schon formal die Zweifel an seinen eigenen Gedanken zum Ausdruck. Das ist ein völlig anderer Zugang als jener Rudolf Burgers und macht Holls Skepsis gegenüber einer theoretisierenden Philosophie im Allgemeinen deutlich. Der Theologe Holl steht mehr in der Tradition der platonischen Dialoge als in jener der philosophischen Systematiker. Er stellt lieber Fragen und erzählt gern Geschichten in biblischer Manier.

Von Beginn seiner publizistischen Tätigkeit an ist Holl mehr ein Denker der »Parerga und Paralipomena«[11] als der Architekt eines systematischen philosophischen Gebäudes. Was bei allem aufklärerischen Impetus und wissenschaftlich-technischen Fortschritt an Primitivem im Menschen immer wieder heraufkriecht, ist das Feld, das Adolf Holl in seinem Werk durchpflügt. Für ihn verfügt die Religion nämlich auch »über die Möglichkeit, das Verdrängte gerade so weit an die Oberfläche zu bringen, dass man sich mit ihm beschäftigen kann, ohne vor Schreck zu erstarren«.[12] Vielleicht wurde die Religion, das unbegriffene Unbewusste, infolge der Aufklärung verdrängt und kehrte gerade deshalb in den Totalitarismen des 20. Jahrhunderts mit aller Gewalt zurück. Je tiefer er hinabsteigt in den Hades, umso mehr wird Holl erfasst vom Bedürfnis nach Befriedung. Dazu – das erkennt er immer deutlicher – bedarf es einer Reform der Religion. Ihr widmet er sein Leben.

Dazu war erst einmal das gründliche Studium der Religionsgeschichte unter besonderer Berücksichtigung des Christentums nötig. Dem konnte sich Holl mit Unterstützung der Kirche im Priesterseminar unterziehen. Die Kasernierung in dieser Institution mag heutigen Jugendlichen als eine milde Form der Folter erscheinen, damals aber galt: per aspera ad astra.[13] Dass Disziplin nicht nur eine militärische, sondern auch intellektuelle Tugend ist, erkennt man an den »Werken«. Holl unterscheidet sich von einem typischen Gelehrten vor allem dadurch, dass er die persönliche Ausgangsbasis aller seiner

Interessen offenlegt. Es gibt kein Buch von ihm, das nicht unmittelbar mit seinem Leben zu tun hat und in dem er diesen subjektiven Zugang nicht ausweist. Auf seinem Weg durch die Wissenschaft trifft Holl auf allerlei wundersame Gestalten, Sonderlinge, Abweichler, die ihn wesentlich mehr faszinieren als all die Kriegsherren, Staatenlenker und Popanze der Macht, die die offiziellen Geschichtsbücher füllen. Es ist die »Gegengeschichte«, die ihn von Beginn an, also von Adam und Eva weg, fesselt. Mit der Gottesbeziehung der beiden hat schließlich alles angefangen.

Wäre es nach den Vorstellungen seines Universitätslehrers Albert Mitterer gegangen, Holl hätte zu einem ebenso bedeutenden wie langweiligen Augustinus-Forscher werden können. Der liebe Gott oder seine linke Hand, wie Holl den Heiligen Geist nennt, hatte offenbar anderes mit ihm vor. Wie die frühen Christen sich weigerten, dem römischen Imperator zu huldigen, so hatte Holl keine Lust, das goldene Standbild des Vatikans anzubeten,[14] gingen seine Lüste doch in eine andere Richtung. Ergo musste er durch den glühenden Feuerofen. Die Widerspenstigkeit hat aus ihm einen anderen gemacht, als ursprünglich gedacht. Im Gegensatz zum Verhalten der meisten Renegaten und Konvertiten (man denke etwa an den Apostel Paulus) wollte Holl seine und unsere Vergangenheit aber weder verleugnen noch verdrängen.

Nach seiner Suspendierung als Priester strebte Holl vielmehr danach, sich selbst und einem daran interessierten Publikum klarzumachen, welche Schätze und Leichen in unserer Kultur vergraben sind, gelegentlich – wie der Mann aus dem Eis – ausapern und im kollektiven Unbewussten aufploppen. Ideen gehen mitunter nicht nur geografisch einen weiten Weg, sondern auch zeitlich und geistig. Dieser Weg ist keineswegs gerade, er windet sich über Gipfel und huscht durch Tunnel, er durchstreift Wüsten und Städte, mitunter wähnt man sich an seinem Ende angekommen und merkt bei genauerer Betrachtung, dass er nur seine Form verändert hat.

Diesen Weg ist Adolf Holl nicht nur in seinem Werk gegangen, sondern in gewisser Weise in seinem Leben. An dieser Stelle sei nur angerissen, wie tief er dabei danach forschte, woher wir kommen, wohin wir gehen und wie es dazu kam. Der Kommentar dazu ist seine Biografie.

Anmerkungen

1 Adolf Holl: *Was ich denke.* Goldmann Verlag, München 1994, S. 48.
2 Öffentliches Gespräch mit Andrea Roedig am 5.5.2015 im Otto-Mauer-Zentrum.
3 Sendung *Im Gespräch*. Adolf Holl bei Günther Nenning. Im ORF ausgestrahlt am 15.6.1975.
4 Adolf Holl: *Der Fisch aus der Tiefe oder Die Freuden der Keuschheit.* Rowohlt Verlag, Reinbek 1990, S. 50.
5 Nachzulesen in zahlreichen Briefen besorgter Katholiken an den Kardinal im Wiener Diözesanarchiv. Darauf wird an gegebener Stelle zurückzukommen sein.
6 *Fisch*, S. 116.
7 Adolf Holl: *Braunau am Ganges*, S. 13.
8 Adolf Holl: *Wo Gott wohnt*, S. 7.
9 Rudolf Burger: *Die Irrtümer der Gedenkpolitik*. In: *Europäische Rundschau*, Heft 2/2001.
10 Rudolf Burger: *Die Irrtümer der Gedenkpolitik. Wider die Rede von der »Verdrängung der Nazizeit« – Ein Plädoyer für das Vergessen*. In: *Der Standard*, 9./10.6.2001.
11 Beiwerke und Nachträge. Das berühmte Werk mit diesem Titel stammt von Schopenhauer und enthält kleine philosophische Betrachtungen zu allerlei Themen wie *Aphorismen zur Lebensweisheit,* einem *Versuch über Geistersehen, Über Schriftstellerei und Stil* oder *Über die Weiber* etc.
12 Adolf Holl: *Die Leiche im Keller des Heiligtums*. In: *Religion auf der Couch. Von den unbewussten Wurzeln himmlischer Mächte*. Hrsg. von Anton Szanya. Picus Verlag, Wien 1993, S. 112.
13 Durch Mühsal zu den Sternen.
14 s. *Das Buch Daniel* 3,1–23.

Spätantike

Zeitenwenden

Adolf Holl denkt in Zyklen und Zeitaltern. Mit den Ewigkeiten hält er's nicht so. Nicht einmal in Bezug auf Gott. Der ist für ihn keineswegs unwandelbar. Ist es doch evident, dass der sich »im Laufe der Zeit geändert«[1] hat. Näher als Moses, der einen »ewigen Gott« anruft (Mose 21,33), liegt dem Religionssoziologen Nietzsches Konzept der ewigen Wiederkehr, insbesondere von Ideen. Die schlummern – manchmal über Jahrhunderte – im kollektiven Unbewussten, und unvermutet tauchen sie wieder auf. »Unter der Oberfläche des christlichen Bekenntnisses blieb das Unvordenkliche recht lebendig, unverwüstlich noch in entstellter Gestalt.«[2] In dem Jahrzehnt, in dem der Knabe heranwächst, schwappt so einiges Gerümpel aus den Kellern der abendländischen Geistesgeschichte wieder ans Tageslicht. Drei Staaten durchläuft er in dieser Zeit, die jeweils ein anderes Zeitalter repräsentieren: die Moderne, das Mittelalter und eine Art industrielles Holozän.

Gegen die »modernen Philosophien« des Marxismus und Liberalismus hatte sich schon der erste unfehlbare Papst, Pius IX., in dem von ihm einberufenen Ersten Vatikanischen Konzil (1869/70) gewandt. Nach der Revolution in Russland von 1905 verstärkte sich die Angst der katholischen Kirche vor jenen deklassierten »arbeitenden Schichten des Volkes, die in der Urkirche die breite Basis des Christentums ausmachten und in ihm Linderung ihrer Lage, Kraft zum Ertragen und oft auch den Ausweg aus ihrem Schicksal fanden«.[3] Der im Sommer 1903 inthronisierte Papst Pius X. verlangte seinen Getreuen ab 1910 den »Antimodernisteneid« gegen »die Irrtümer der Gegenwart« ab. Er wurde 1954 heiliggesprochen, in jenem Jahr, in dem Adolf Holl zum Priester geweiht wurde.

Mit dem Abschluss der Lateranverträge in Rom im Februar 1929 beendeten der Papst und der faschistische Anführer Benito Mussolini den Streit um den Kirchenstaat. Die Verträge gaben dem Territorium des Vatikans einen staatsrechtlichen Status. Ein neuer Staat war geboren. Der Faschismus hatte seinen Frieden mit der katholischen Kirche geschlossen – und vice versa. Danach konnten auch Katholiken den Eindruck haben, dass der Faschismus ein handhabbarer Partner im Kampf gegen den Bolschewismus sei.

In Österreich einigten sich im September 1929 die zerstrittenen bürgerlichen Parteien auf den Kompromisskandidaten Johannes Schober als Kanzler: »Ein Mann der Ruhe und Ordnung, Pflichttreue, ein Antimarxist, eine Vaterfigur in der bedrohlichen Zeit«.[4] Schober empfand es als Genugtuung, an die Spitze der Regierung zurückzukehren, und war zur Absicherung seiner Macht bestrebt, zwischen allen Parteien durchzulavieren. Den politischen Katholizismus stellte er mit der Ernennung des katholischen Priesters und Rektors der Universität Wien, Theodor Innitzer, zum Sozialminister ruhig, den faschistischen Heimwehren kam er bei der Verfassungsreform entgegen, und sogar die oppositionelle Sozialdemokratie sah in einem starken Kanzler Schober die Gewähr dafür, die paramilitärischen Organisationen der Heimwehren in Zaum zu halten. Doch der New Yorker Börsenkrach vom 24. Oktober 1929, der in Europa einen Tag später ankam und deshalb als »Schwarzer Freitag« in die Geschichte einging, erhöhte die Attraktivität des Faschismus gegenüber dem Kapitalismus amerikanischer Prägung. Der Kampf zwischen dem politischen Katholizismus und der Sozialdemokratie nahm unter Schobers Kanzlerschaft deshalb so richtig Fahrt auf – zugunsten des Faschismus.

Die in ihrem Auftreten moderne Jugendbewegung des Nationalsozialismus schien vielen als Ausweg aus der Polarisierung zwischen Revolution und Restauration. Er machte auf die Menschen den Eindruck, die Synthese beider Elemente zu sein. Das Konzept des Prälaten Ignaz Seipel, von 1922–1924 und von 1926–1929 Bundeskanzler der Republik Deutschösterreich, war die Einbindung des Nationalsozialismus. Er repräsentierte jenen politischen Katholizismus, der nach dem Untergang der Habsburgermonarchie und damit dem Ende der Allianz von Thron und Altar durch direkte politische Teilhabe zu kompensieren suchte. Seipel war bestrebt, sämtliche antimarxistischen Gruppen, darunter auch die Nationalsozialisten, zu einem »Bürgerblock« zusammenzuschließen; denn sein Hauptfeind war der Bolschewismus. Diese Programmatik des politischen Katholizismus führte zu einem europäischen Sonderweg Österreichs.

An dessen Beginn stand ein Gemetzel: Am 15. Juli 1927 legten aus Protest gegen den Freispruch von drei Mitgliedern der Frontkämpfervereinigung, die im südburgenländischen Ort Schattendorf bei einem Zusammenstoß mit Sozialdemokraten zwei unbeteiligte Menschen erschossen hatten, Arbeiter der E-Werke und in der Folge auch viele Beschäftigte der Telefon- und Telegraphenämter spontan ihre Arbeit nieder. Sie zogen zum Justizpalast und steckten ihn in Brand. Da der damalige Wiener Polizeipräsident Johannes Schober die von ihm angeforderte Unterstützung durch das Bundesheer nicht erhielt, stattete er die Polizei mit Militärwaffen aus und gab Schießbefehl.

86 Demonstranten und vier Polizisten kamen ums Leben, man zählte weit über tausend Verletzte und circa 1300 Arbeiter wurden verhaftet. Bundeskanzler Seipel verteidigte in einer Rede im Nationalrat den Einsatz der Polizei und sprach davon, keine Milde mit den Demonstranten walten zu lassen. Er wurde damit zum Vorbild für seinen politischen Ziehsohn, dem späteren Bundeskanzler Engelbert Dollfuß. Als Hitler nach seiner Machtergreifung den alleinigen Führungsanspruch umgehend geltend machte, nutzte Dollfuß wenige Wochen danach eine Staats- und Verfassungskrise, um es ihm gleichzutun und in Österreich das Parlament auszuschalten. Die Idee des politischen Katholizismus à la Seipel, den Nationalsozialismus durch Einbindung zu zähmen, war spätestens ab dem 30. Jänner 1933 obsolet. Trotzdem glaubte Dollfuß, einem kraftvoll heidnischen Dritten Reich mit dem mittelalterlichen Konzept eines »christlichen, deutschen Bundesstaats auf ständischer Grundlage« begegnen zu können.

Dem stand auf der einen Seite eine agnostische bis atheistische Arbeiterschaft entgegen, auf der anderen Seite der neuheidnische Nationalsozialismus. Beide versuchte Dollfuß politisch auszuschalten. Am 19. Juni 1933 wurde die österreichische NSDAP verboten und in der Folge des Bürgerkriegs vom Februar 1934 auch die Sozialdemokratische Arbeiterpartei Österreichs (SDAP). Was Seipel im Sommer 1927 begonnen hatte, fand im Frühjahr 1934 seinen Abschluss. Dazwischen wurde Adolf Holl geboren.

Geburtsstunden

In der Niederösterreichischen Landesgebäranstalt in der Spitalgasse 23 im neunten Wiener Bezirk brachte Josefine Holl, geborene Brachinger, Jahrgang 1898, am 13. Mai 1930 um halb drei Uhr nachts einen Knaben zur Welt und ließ ihn auf den Namen Adolf Franz taufen. In katholischen Kreisen erfreute sich der altdeutsche Vorname Adolf im 19. Jahrhundert wegen des Gründers des Kolpingwerks, dem deutschen Katholiken Adolph Kolping (1813–1865), einer gewissen Beliebtheit, die zur Jahrhundertwende wieder abflaute. Im Jahr 1930 findet sich in der Statistik der beliebtesten Vornamen Deutschlands der Vorname Adolf nicht unter den ersten 35. Ein signifikanter Anstieg der Popularität ist erst wieder ab 1933 zu verzeichnen.

Adolfs Großmutter hieß Hrčak und stammte aus Kroatien. Seine Großeltern waren noch vor dem Ersten Weltkrieg kurz hintereinander verstorben. Zurück blieben Josefine und ihr Bruder Franz als Waisenkinder. Ihnen nahm sich die kinderlose Witwe Karoline Walch an. Nach dem Krieg musste Josefine selbst für ihren Lebensunterhalt sorgen. In der Personalliste der 1922 gegründeten Niederösterreichischen Landes-Landwirtschaftskammer scheint Josefine Brachinger ab 15.11.1924 als Beamtin bei der Präsidentenkonferenz auf.[5] Ihr Dienstverhältnis endete am 30.6.1930. Ab 1927 stand dieser ersten Interessenvertretung der Landwirtschaft in Österreich der im Bezirk Melk als lediges Kind geborene Engelbert Dollfuß als Direktor vor. Er war bereits an ihrer Gründung beteiligt gewesen und führte erstmals eine Sozialversicherung für Landarbeiter ein, was seitens der Sozialdemokratie mit Argwohn beäugt wurde.

Auf einem Foto aus den späten Zwanzigerjahren sieht man Josefine Brachinger in einem Freibad gemeinsam mit einer Freundin keck und kokett posierend im Badeanzug. Nach ihrem dreißigsten Lebensjahr, das gestand sie ihrem erwachsenen Sohn einmal,[6] hatte sie die Neugier gepackt. Als »spätes Mädchen« wollte sie endlich wissen, was denn nun dran sei an dem, was Männer und Frauen so miteinander trieben. An ihrer Arbeitsstätte hatte ein gewisser Oberbaurat Ingenieur Trampler, ein witziger und geselliger Mann, ein Auge auf sie geworfen. Von ihm ließ sie sich im Sommer 1929 verführen. Der Herr Oberbaurat war allerdings verheiratet. Er hätte seinen Posten in der am katholischen Familienbild orientierten Landwirtschaftskammer aufs Spiel gesetzt, wären die Folgen der Affäre publik geworden. Als sie ihm die Schwangerschaft gestand, schenkte er ihr ein goldenes Kettchen mit Anhänger, auf dem »Für mein Mausi« stand. Für ihn war die Angelegenheit damit erledigt. Für sie wuchsen mit dem Bauch die Probleme. Zu Beginn des Jahres 1930, als sich die Schwangerschaft nicht mehr verheimlichen ließ, gab Josefine deshalb eine Zeitungsannonce auf: »Namensehe gesucht«.

Gemeldet hat sich der arbeitslose Karl Wilhelm Holl. Am 29. Jänner 1930 ging Josefine Brachinger mit Karl Holl eine Scheinehe ein. Er kassierte dafür tausend Schilling, verschwand aus ihrem Leben und starb am 16. Dezember 1942 in einem Lazarett.[7] Mit der Ehe kam zu ihren übrigen Nöten noch die Gewissensnot hinzu. Als Mitglied der katholischen Kirche wusste sie, dass eine standesamtliche Eheschließung seitens der Kirche nicht anerkannt und das Kind deshalb als unehelich betrachtet werden würde. Ihre pragmatische Lösung des Problems: Sie trat kurzerhand aus der Kirche aus – und bald nach Geburt des Kindes wieder ein.

Der leibliche Vater wurde überraschend eineinhalb Jahre nach der Geburt seines Sohnes zu Grabe getragen. Am 7. November 1931 vermeldete die »Agrarische Nachrichten-Zentrale«: »Heute Nacht ist Oberbaurat Ing. Adolf Trampler in seiner Wohnung in Perchtoldsdorf im Alter von 57 Jahren plötzlich gestorben.«[8] Dass er davor den nach ihm benannten Knaben zu Gesicht bekommen hat, ist unwahrscheinlich. Beim Begräbnis am 10. November war christlichsoziale Prominenz vertreten: »Vom Bundesminister für Landwirtschaft, Dr. Engelbert Dollfuß, Vizepräsident der Kammer Karl Gleichweit, bis zum letzten Diener, folgten trotz des schlechten Wetters dem reichbekränzten Sarge.«[9] Adolf Trampler hatte sich nicht nur »als Leiter des Baureferats und als Schöpfer vieler Objekte ein großes Verdienst erarbeitet«[10], sondern auch als korrespondierendes Mitglied des Bundesdenkmalamtes, als Mitglied des Kuratoriums der Sparkasse Mödling und als zeitweiliger Gemeinderat in Perchtoldsdorf. Hervorgehoben wurden seine Liebenswürdigkeit, seine Kameradschaftlichkeit und vor allem sein sonniger Humor.

Josefine musste den Knaben also vaterlos aufziehen. Unterstützt wurde sie von Karoline Walch, Witwe eines höheren Beamten im Wiener Rathaus. Im Gegensatz zu Josefine, die katholisch erzogen worden war und ab und zu nicht ungern in die Kirche ging, war Frau

Walch Sozialdemokratin, Freidenkerin und seit 1922 stolze Mieterin einer Gemeindebauwohnung. Aus der Währinger Straße 162 kommend, siedelte Josefine mit ihrem Kind also in die Oeverseestraße 2. Obwohl sie über die Schwangerschaft ihrer Pflegetochter nicht erbaut war, wurde Frau Walch dem Knaben eine liebevolle Ziehgroßmutter. Zwischen den beiden Frauen war möglich, was spätestens seit dem 15. Juli 1927 unter den zwei großen politischen Lagern nicht mehr funktionierte: die Zusammenarbeit. Von dieser Mitgift der Kooperation zehrte Adolf Holl noch in seinen radikal »schwarzen« und seinen radikal »roten« Perioden.

Aufgewachsen ist diese Familie in Wien-Breitensee in einem jener 380 Gemeindebauten, die zwischen 1919 und 1934 errichtet worden waren und den Ruf des »Roten Wien« begründeten. Das war ein Projekt der Umwertung der Werte: Statt der konservativen Tugenden Ordnung, Disziplin und Pflichtbewusstsein prangen – etwa über dem Hauptportal des Karl-Marx-Hofs – allegorische Figuren, die Fürsorge, Körperpflege, Aufklärung und Befreiung symbolisieren. Die Anlage auf den Gründen des ehemaligen Exerzierplatzes Schmelz in Wien-Fünfhaus war noch unter dem von Jänner 1913 bis Mai 1919 amtierenden, christlichsozialen Bürgermeister Richard Weiskirchner geplant worden. Der Krieg verzögerte die Umsetzung. Doch schon 1919 begann die Gemeinde Wien nach den Plänen von Hugo Mayer rund um den Mareschplatz vier Baublöcke mit 42 einstöckigen Häusern zu errichten.[11] Im Gegensatz zu den Zinskasernen durften bei diesen Bauten maximal 24 Prozent des Grunds verbaut werden. Die großzügigen Innenhöfe bildeten deshalb Kleingartenoasen, die als Nutzgärten zum Anbau von Obst und Gemüse vorgesehen waren. Das bewährte sich in den Zeiten wirtschaftlicher Rezession in den Dreißigerjahren, mehr aber noch während und vor allem nach dem Krieg.

Die Wohnung im ersten Stock der Anlage in der Oeverseestraße bestand aus einem Zimmer, einer Küche, einem Kabinett sowie einem Bad, Innenklosett und Balkon, der aber nicht benutzt wurde. Die Schrebergärten im Innenhof waren durch Zäune in Hüfthöhe getrennt. Für den heranwachsenden Knaben waren sie etwa so hoch wie er. Für die Kinder der Siedlung war dieser Innenhof ein Paradies.[12] Sie konnten dort gefahrlos Verstecken, Nachlaufen und anderes spielen, ohne von den Eltern beaufsichtigt werden zu müssen. Breitensee, als »Prantensee« Ende des 12. Jahrhunderts erstmals urkundlich erwähnt, hatte damals noch einen sehr dörflichen Charakter. Bis zu seiner Eingemeindung 1892 war das Viertel sehr wald- und wildreich gewesen. Erst Ende des Jahrhunderts setzte allmählich die Industrialisierung ein. Die optische Firma Carl Zeiss baute ein Werk, Eduard Schrack entwickelte die erste österreichische, industriell gefertigte Radioröhre, Semperit errichtete ein Gummiwarenwerk.[13] Wichtig für den Bezirk waren auch zwei militärische Einrichtungen: die Kavalleriekaserne für das Dritte Dragonerregiment und die Kadettenschule, in die nach Beginn des Zweiten Weltkriegs die »Nationalpolitische Erziehungsanstalt« (Napola) einzog, eine Institution zur Ausbildung der nationalsozialistischen Elite. Für den jugendlichen Adolf Holl sollte sie noch eine Rolle spielen.

Umbrüche

Bewusstseinsmäßig ist Adolf Holl in der Spätantike groß geworden. Nachdem Alarich und seine Westgoten 410 Rom erobert hatten, wurden Stimmen laut, die das Christentum und die Abkehr von den alten Göttern für den Verfall des weströmischen Reiches verantwortlich machten. Diesen traten der Bischof von Hippo und sein gelehriger Schüler Orosius entschieden entgegen. In der seinem Lehrer Augustinus gewidmeten Schrift *Historiae adversum Paganos* bemühte sich der Theologe Orosius den Nachweis zu erbringen, dass die Römer auch in früherer Zeit von Katastrophen getroffen worden waren, weshalb das Christentum nicht für die aktuellen Probleme verantwortlich sei.[14]

In der Zeit, in der Adolf Holl aufwuchs, war der Katholizismus in Österreich drauf und dran, ein Revival als Staatsreligion zu erleben – während germanische Horden ins Land drängten. Als er zum ersten Mal die Augen aufschlug, war der monarchistisch und großdeutsch gesinnte Johannes Schober zum dritten Mal Bundeskanzler der Republik. Im Jänner 1922 war er nach einer circa halbjährigen Amtszeit von Seipel gestürzt worden. »Diesen Affront hat Schober niemals vergessen und belauerte Seipel seither mit tiefem Hass.«[15] Nach seiner erzwungenen Demission zog er sich grollend auf den Posten des Wiener Polizeipräsidenten zurück. Dort geriet er neuerlich unter politischen Druck.

Im September 1927 war auf Litfaßsäulen in Wien folgender Aufruf zu lesen: »An den Polizeipräsidenten von Wien Johann Schober: Ich fordere Sie auf, abzutreten.« Unterzeichnet war die Rücktrittsaufforderung von Karl Kraus, dem Herausgeber der Zeitschrift *Die Fackel*. In memoriam der Toten des 15. Juli veröffentlichte er in der *Fackel* das *Schoberlied*:

> Ja das ist meine Pflicht,
> bitte sehn S' denn das nicht.
> Das wär' so a G'schicht,
> tät' ich nicht meine Pflicht.
> Auf die Ordnung erpicht,
> bin ich treu meiner Pflicht.
> Wenn ein Umsturz in Sicht,
> ich erfüll' meine Pflicht.
> Die Elemente vernicht'
> ich bezüglich der Pflicht.[16]

Kraus' Intention war, dieses Lied, das nach der Melodie von *Üb' immer Treu und Redlichkeit* vorgetragen werden sollte, zum »Gassenhauer aus Proletarierwohnungen« zu machen. Die zum sozialdemokratischen Vorwärts-Verlag gehörende *Arbeiter-Zeitung* lehnte eine Veröffentlichung jedoch ab, nachdem Schober ein Kolportageverbot erlassen hatte. Damals ahnte Josefine Holl noch nicht, dass sie – wohl auf Vermittlung von Karoline Walch – einmal in diesem Verlag tätig sein würde. In ihrer Erinnerung spielte das *Schoberlied* wohl keine Rolle. Im kollektiven Gedächtnis blieb es aber haften. Am 9. März 1986 sagte Präsidentschaftskandidat Kurt Waldheim im ORF: »Ich habe im Krieg nichts anderes getan als Hunderttausende Österreicher auch, nämlich meine Pflicht als Soldat erfüllt.«[17] Kurz darauf, genau 59 Jahre nach dem Brand des Justizpalastes, wurde Hans Hermann Groer von Papst Johannes Paul II. zum Erzbischof von Wien ernannt. Die Geschichte hatte wieder einmal eine Schleife eingelegt.

Der lavierende Schober wurde von der Entwicklung überrollt. Am 18. Mai 1930 – fünf Tage nach Adolf Holls Geburt – forderte bei der Generalversammlung des Heimatschutzverbandes Niederösterreich der Bundesführer Richard Steidle den niederösterreichischen Heimwehrführer Julius Raab dazu auf, sich zwischen seiner christlichsozialen Partei und der Heimwehr zu entscheiden: »Wollen Sie wie bisher auf dem Standpunkt stehen, nichts als ein Antreiber der Parteien zu sein, oder wollen Sie sich, um ein Schlagwort zu gebrauchen, für das faschistische System erklären?«[18] Danach verlas er eine Erklärung, worin es unter anderem hieß: »Wir verwerfen den westlichen demokratischen Parlamentarismus und den Parteienstaat! Wir kämpfen gegen die Zersetzung unseres Volkes durch den marxistischen Klassenkampf und liberal-kapitalistische Wirtschaftsgestaltung.«[19] Danach forderte Steidle sämtliche Heimwehrführer dazu auf, den *Korneuburger Eid* zu leisten. Dem Druck der übrigen Heimwehrführer beugte sich auch Julius Raab.

Möglicherweise dachte er wie viele Gläubige, die im Nationalsozialismus die einzige wirkungsvolle Abwehr gegen die atheistische Ideologie des Kommunismus mit seinem militanten Antiklerikalismus sahen. Bestätigt wurden sie in dieser Ansicht durch die Enzyklika *Quadragesimo anno*, die am 15. Mai 1931 – ein Jahr nach der Geburt Adolf Holls – verkündet wurde:

> Enthält der Sozialismus auch einiges Richtige …, so liegt ihm doch eine Gesellschaftsauffassung zugrunde, die … mit der echten christlichen Auffassung in Widerspruch steht. Religiöser Sozialismus, christlicher Sozialismus sind Widersprüche in sich; es ist unmöglich, gleichzeitig guter Katholik und wirklicher Sozialist zu sein.[20]

So weit die Theorie. Die Praxis in der Oeverseestraße demonstrierte etwas anderes. Dort lebten die beiden Frauen sicher nicht konfliktfrei, aber friedlich zusammen – zum Wohl des heranwachsenden Knaben. Die beiden großen politischen Lager dagegen waren nicht in der Lage, zum Wohle des Staates zusammenzuarbeiten. Im Februar 1934 wurde aufeinander geschossen. Danach wurde der tiefrote Vorwärts-Verlag eingeschwärzt. So rächte sich seine Haltung gegenüber Schober, die sich als roter Faden durch die Partei zog: Den kühnen Worten folgten keine Taten.[21] Für Josefine Holl hatte die Umfärbung den Vorteil, dass sie als »Schwarze« im *Kleinen Blatt* als Stenotypistin und Sekretärin arbeiten konnte. Mit guten Vorschlägen für zündende Schlagzeilen empfahl sie sich der Redaktion. Laut Tagebucheintrag des Sohnes vom 27. September 1945 tat sie das, bis der Verlag wieder einen roten Anstrich bekam: »Mama jetzt zuhause.«[22]

Ab- und Auftritte

Während die beiden Frauen im beschaulichen Breitensee in großkoalitionärer Eintracht dem Knaben Adolf sprechen und Sonstiges beibrachten, machte sich unter den beiden großen politischen Lagern in Österreich Sprachlosigkeit breit. Die Sprache, die der Bub in seiner Umgebung hörte, war Wiener Vorstadtdialekt. Neun Jahre vor ihm war der Dichter H.C. Artmann in diesem Stadtteil aufgewachsen. In seinem berühmten Gedichtband *med ana schwoazzn dintn* setzte er nicht nur diesem Idiom ein literarisches Denkmal, sondern gab auch die Stimmung wieder, die in Breitensee herrschte. Zentrum des Bezirks bildet die nach Plänen des Architekten Ludwig Zatzka zwischen 1896 und 1898 errichtete St.-Laurentius-Kirche, Heimatpfarre von Adolf Holl, die eine entscheidende Rolle bei seiner »Christianisierung« spielen sollte. An die Statue des heiligen Laurentius in der Breitenseer Pfarrkirche richtete der selbst ungläubige Artmann seine *Bit aunan häulechn Loarenz*:

> Häulecha loarenz
> met deina qödn leichtadn haud
> i bit de hea zua:
> nim deine aung
> und schau owa
> du häulecha loarenz
> auf dei bradnsee –
> es kead jo di ..!
> (…)
> schdeig owa
> auf unsa bradnsee
> und fajauk des xindl
> des wos jetzt de leztn
> eemeatechn heisaln
> en oedn uat draust
> ooreißn lossn wüü.[23]

Artmann hatte ein feines Gespür dafür, wofür die Breitenseer Bevölkerung ihren Schutzheiligen für zuständig erachtete. Ein heidnischer Zugang zu den Göttern. Taten die nicht, worum man bat, wurden sie ignoriert. Kein guter Boden für Religionsgründungen, wie Adolf Holl anlässlich des Erscheinens seines Buches *Wie gründe ich eine Religion* in einem ORF-Interview meinte:

> Es liegt für mich über diesem Wienerischen eine Art von Wehmut, eine Schwermut, und Schwermut ist mit Skepsis verbunden. Insgesamt ist eine gewisse Zurückhaltung in diesem Wienerischen drinnen. Große Gründungen heißt, ich will die Welt verbessern. Ich glaube, das wollen die Leute hier nicht.[24]

Diese urwienerische Mentalität hat Holl in Breitensee inhaliert. Sie drückt sich – wie Artmann erkannte – nur im Dialekt aus und ist unübersetzbar ins Hochdeutsche. Wer mit einem solchen Zungenschlag aufwächst, der ist für das in gutbürgerlichen Bezirken gepflegte »Schönbrunner-Deutsch« für immer verloren. In späteren Jahren setzte Adolf Holl sein Idiom deshalb als Mittel der Provokation gezielt und erfolgreich ein.

In seinem dörflichen Breitensee ging das Heidnische mit dem Katholischen eine Symbiose ein, die Artmann einmal so charakterisierte: »Ich komme aus einer heidnischen Kultur, also nicht katholisch. Wir sind so aufgewachsen: Die Heilige Dreifaltigkeit, das ist der Himmelvater, die Himmelmutter und das Christkindl, das ist das Kind. Und das ist dann eine family.«[25] Für den kleinen Adolf waren die beiden Frauen seine Familie, er war ihr »Bubi«. Ein Vater fehlte ihm in den ersten Jahren nicht. Die heidnisch-katholische Imprägnierung, die er in Breitensee erfahren hatte, beschrieb er später einmal so:

> Es fällt mir schwer zu gestehen, dass mir diese heidnisch-katholischen Sachen mit der Zeit immer sympathischer werden. Ich denke an jene Menschen, die in den Geschichtsbüchern und Lexika nicht vorkommen. Ihr Festhalten an unvordenklichen Bräuchen ist Ausdruck eines prekären Lebens, das von den Veranstaltungen der Hochmögenden unerreicht bleibt.[26]

Von den politischen Verwerfungen bekam der behütete Knabe natürlich nichts mit. Indessen verschärfte sich der Ton im politischen Geschehen. Im März 1931 trat Dollfuß als Landwirtschaftsminister in das Kabinett Ender ein. Obwohl er sich gern auf Seipel berief, gibt es wenig politische Gemeinsamkeiten der beiden Christlichsozialen. Für Dollfuß »war Religion nicht die Herausforderung des Universums an den Menschen, sondern mystischer, fast archaischer Kult«.[27] Das dürfte auch ein Anknüpfungspunkt zum Faschismus und dessen politischer Inszenierung gewesen sein. Dollfuß liebäugelte mit der universalistisch-autoritären Ständetheorie des Nationalökonomen und Philosophen Othmar Spann (1878–1950), von dem er nach dem Krieg Vorlesungen gehört hatte. Anders als Seipel, der nach dem dilettantischen Putsch des Bundesführers der österreichischen Heimwehrbewegung, Walter Pfrimer, im Oktober 1931 noch bestritt, dass Christlichsoziale beabsichtigen, »auf gewaltsamem Weg eine Änderung der Staatsform herbeizuführen«,[28] strebte Dollfuß nach der Verwirklichung eines Länder- und Ständerats und betrachtete die faschistischen Heimwehren dabei als Verbündete.

Vorausgegangen war dem Putschversuch das letzte Aufbäumen der Sozialdemokratie. Die zweite Arbeiterolympiade in Wien im Sommer 1931 geriet zur eindrucksvollen Machtdemonstration, die bei den Bürgerlichen eine Heidenangst auslöste. An den Spielen im neu erbauten Praterstadion nahmen bei Wettkämpfen in 117 Disziplinen 25 000 Sportler teil. An der Abschlusskundgebung am 25. Juli – just drei Jahre vor der Ermordung von Dollfuß – zogen zirka 100 000 Sportbegeisterte über den Ring zum Rathaus, schwangen rote Fahnen und skandierten klassenkämpferische Parolen. Wieder folgten der verbalen Kraftmeierei keine Aktivitäten im politischen Wettkampf.

Im zarten Alter von neun Monaten schenkte die Mutter ihrem Sohn ein Bild, das dann jahrelang über seinem Bett hing. Darauf sieht man zwei Kinder im Wald sitzen. Das eine sitzt in schwarzer Hose und rotem Hemdchen am rechten Bildrand und reicht dem anderen, das im weißen Kleidchen unter einem Baum sitzt, einen Fliegenpilz. Im Hintergrund steht ein mächtiger Engel mit ausgebreiteten Flügeln und blickt skeptisch auf die Kinder hinab. Mit der einen Hand stützt sich der Engel so am Baum ab, dass man nur seine Finger sieht. Die aber gleichen einer Bärentatze. Vermutlich wollte die Mutter ihr Kind damit beruhigen, dass ihm nichts Böses geschehen könne, weil ein Engel über ihn wacht. Tatsächlich fürchtete sich der kleine Adolf aber mehr vor den Krallen des Engels als vor dem Fliegenpilz.[29]

Die wichtigste männliche Bezugsperson war der Onkel Franz. Der hatte eine Lehre gemacht und war beim bekannten Döblinger Architekten und Stadtbaumeister Micheroli beschäftigt. Adolf Holl erinnert sich noch, dass ihn der Onkel Franz immer gekitzelt hat, was ihm sehr unangenehm war.[30] Kinderfotos zeigen ein rundum zufriedenes Kind. Auf einem sieht man den Buben stolz auf einem Topf wie auf einem Thron sitzen. Das Gefäß diente ihm auch als Spielzeug. Ein wenig größer, sitzt er bereits auf einem Dreirad. Die politischen Kämpfe einer Umbruchzeit drangen nicht in die Oase des Gemeindebaus in der Oeverseestraße. Holl selbst spricht von einer glücklichen Kindheit.

Das Jahr 1932 war eines der Ab- und Auftritte. Der Zusammenbruch der Creditanstalt im Mai 1931 hatte den niederösterreichischen Landeshauptmann Karl Buresch an die Spitze der Regierung gespült. Nach dem Pfrimer-Putsch wurde ihm von seinem großdeutschen Koalitionspartner ein »deutscher Kurs« abverlangt, dem er sich verweigerte. Daraufhin verließ die Großdeutsche Partei die Regierung und schloss sich nicht lange danach der NSDAP an. Letztere hatte bei den Landtagswahlen im Frühjahr 1932 ihren großen Auftritt. In Salzburg erhielt sie über zwanzig, im Roten Wien über siebzehn und in Niederösterreich immerhin vierzehn Prozent. Die beiden Großparteien mussten zum Teil empfindliche Verluste hinnehmen. Dieser Wahlausgang verstärkte bei den Christlichsozialen den Eindruck, dass an einer autoritären Regierung kein Weg vorbeiführe.

In dieser Situation sah der seit der Verfassungsreform von 1929 gestärkte Bundespräsident Wilhelm Miklas in Engelbert Dollfuß »den einzigen Garanten für den Sieg des politischen Katholizismus«,[31] da er von der katholischen Kirche unterstützt wurde, und ernannte ihn im Mai 1932 zum Bundeskanzler. Dollfuß berief sich gern auf die im Vorjahr erlassene Enzyklika und konnte dabei mit dem Zuspruch des Dekans der Theologischen Fakultät und ehemaligen Sozialministers Theodor Innitzer rechnen. Der hatte seinen Auftritt im September, als er von Papst Pius XI. zum Erzbischof von Wien ernannt wurde, kurz nachdem der Kopf des politischen Katholizismus in Österreich für immer abgetreten war: Am 2. August war Ignaz Seipel einer Tuberkulose-Erkrankung erlegen. Mit dem Abgang Seipels von der politischen Bühne schlug die Stunde der »Frontkämpfergeneration« innerhalb der bürgerlichen Parteien. So wurde aus der Allianz des politischen Katholizismus mit dem Faschismus eine Liaison. Dollfuß war nicht der Mann politischer Visionen, sondern ein Praktiker, der anderen Akteuren zuvorzukommen suchte.

Die Gunst der Stunde wusste er zu nutzen, als der am 4. März 1933 im Plenum entstandene Streit darüber, wie man auf einen Eisenbahnerstreik reagieren solle, zum Rücktritt aller drei Parlamentspräsidenten führte und Dollfuß daraufhin »im Hinblick auf die verstärkte nationalsozialistische Agitation ... und die berichtete antiparlamentarische Stimmung der Bevölkerung vor allem auf dem Land«[32] beschloss, die Einberufung des Nationalrats auszusetzen. Zu diesem Zeitpunkt war ihm noch keineswegs klar, was er ein paar Monate später, genau am 11. September 1933, in seiner berüchtigten Rede auf dem Wiener Trabrennplatz proklamierte:

> Die Zeit des kapitalistischen Systems, die Zeit kapitalistisch-liberalistischer Wirtschaftsordnung ist vorüber, die Zeit marxistischer, materialistischer Volksverführung ist gewesen! Die Zeit der Parteienherrschaft ist vorbei! Wir lehnen Gleichschalterei und Terror ab, wir wollen den sozialen, christlichen, deutschen Staat Österreich auf ständischer Grundlage, unter starker, autoritärer Führung![33]

Erst einmal sah es so aus, als hätte der politische Katholizismus den Faschismus mit dessen Waffen geschlagen. Blieb noch der politische Hauptgegner: die Sozialdemokratie. Als sich nach monatelanger Hinhaltetaktik der sozialdemokratischen Parteiführung zum ersten Mal Widerstand ihres paramilitärischen Arms, des Republikanischen Schutzbundes, gegen seine Entwaffnung regte, nutzte Dollfuß die Gelegenheit zum Generalangriff. Die Konsequenz daraus war der Bürgerkrieg vom Februar 1934 und das Verbot der SDAP. Damit hatte sich Dollfuß des letzten potenziellen Verbündeten gegen den Deutschland bereits fest im Würgegriff haltenden Nationalsozialismus entledigt. Am 1. Mai 1934 erhielt das österreichische Volk »im Namen Gottes einen christlichen, deutschen Bundesstaat auf ständischer Grundlage«. Es war die Geburtsstunde eines neuen mittelalterlichen Staats ohne einen Kaiser von Gottes Gnaden, dafür mit einer Art General mit Kardinalssegen. Dieser »deutsche« Staat hatte weder eine tragfähige ideologische noch eine belastbare machtpolitische Basis. Sein Programm überzeugte auch etliche Katholiken nicht. Ihnen erschien die Parole »Ein Volk, ein Reich, ein Führer!«, die vom Norden her nach Österreich dröhnte, attraktiver.

Todes- und Krankheitsfälle

Ein erster Versuch, diesen Staat zu beseitigen, fand am 25. Juli 1934 statt. Am Vormittag trafen sich Mitglieder der SS-Standarte 89 in der Wiener Stiftskaserne, zogen Uniformen des Bundesheeres an und fuhren mit ein paar Lastwagen ins Bundeskanzleramt. Dort entwaffneten sie die Wachen und stürmten das Gebäude. Auf einer Seitenstiege begegneten sie dem flüchtenden Kanzler. Zwei Schüsse fielen. Dem Angeschossenen wurden sowohl ein Arzt als auch ein Priester verweigert. Nach drei Stunden war Dollfuß tot. In der Zwischenzeit wurde das Kanzleramt jedoch von regulären Polizei- und Bundesheereinheiten umstellt, sodass sich die Putschisten gegen 19 Uhr ergeben mussten. In den Bundesländern dauerte der vom Deutschen Reich aus gelenkte, aber stümperhaft durchgeführte Staatsstreich ein paar Tage. Am 30. Juli konnte man Bilanz ziehen: 230 Todesopfer, davon 119 auf Seiten der Regierung, darunter etliche Unbeteiligte, und 111 auf der Seite der Putschisten. Der junge Christenstaat hatte seine ersten Märtyrer.

Früh wird der kleine Adolf mit dem Tod konfrontiert. Mitte der Dreißigerjahre erkrankt die Frau seines Onkels Franz an der »galoppierenden Schwindsucht«. Es dauerte nur wenige Wochen, bis die Tante verstarb. Das Begräbnis war ein einschneidendes Ereignis für den Knaben:

> Mein Onkel hat darauf bestanden, dass der Sargdeckel noch einmal geöffnet wird, damit er sich vergewissern kann, dass da wirklich seine verstorbene Frau drin liegt. Meine Mutter hat mich in diesem Augenblick – unwissend, dass gerade der Sargdeckel geöffnet wird – in die Höhe gehoben. Ich habe als Kind einen Blick erhascht auf dieses Totengesicht. Das hat furchtbar ausgeschaut, abgezehrt, fast ein Totenschädelgesicht. Meine Mutter hat mich zwar gleich wieder abgesenkt, aber es war schon zu spät.[34]

Das Antlitz, in das der Bub geschaut hatte, erinnerte ihn an ein Bild. In der Bibliothek von Frau Walch befand sich eine illustrierte Ausgabe der *Märchen der Gebrüder Grimm*. Manchmal las sie ihm daraus vor und zeigte ihm die Illustrationen. Besonders beeindruckt war der Bub vom »Gevatter Tod«. Der wird in diesem Märchen zum Paten des dreizehnten Kindes eines bitterarmen Mannes. Und das kam so:

Der unglückliche Vater sucht für seinen Sohn einen »Gevatter«, um ihn durchzubringen. Der Erste, der ihm begegnet, ist der liebe Gott. Den lehnt er ab, weil »du gibst dem Reichen und lässt den Armen hungern«. Der Zweite, dem er begegnet, verspricht dem Kinde »Gold in Hülle und Fülle und alle Lust der Welt dazu«. Dabei kann es sich wohl nur um den Teufel handeln. Auch den möchte der Vater nicht zum Gevatter, weil »du betrügst und verführst die Menschen«. Als Dritter kommt ihm ein klappriges Gestell entgegen. »Wer bist du?«, fragt er. Der, »der alle gleichmacht«, ist die Antwort des Todes. Und: »Wer mich zum Freunde hat, dem kann's nicht fehlen.« Damit hatte er seinen Paten gefunden, denn »du holst den Reichen wie den Armen ohne Unterschied«. Mithilfe des Knochenmanns wurde das Kind ein berühmter Arzt, denn wann immer er zu einem Kranken kam, stets stand sein Gevatter entweder am Kopf- oder Fußende des Bettes. In ersterem Fall konnte er Heilung zusagen, in letzterem, dass jegliche Hilfe zu spät käme. Als er einmal zum König gerufen wird, steht sein Gevatter am Fußende. Da ihm der König jedoch seine Tochter zur Frau verspricht, wenn er ihn heilt, dreht er den Kranken kurzerhand um und der Gevatter geht leer aus. Doch mit dem Tod spielt man nicht …

Im Märchenbuch der Frau Walch ist der Gevatter Tod als Knochenmann abgebildet. Ein Schreckensbild, das sich dem kleinen Adolf eingeprägt hat. So sehr, dass er sich noch an den Traum in der Nacht nach dem Begräbnis erinnert:

> Ich sehe eine Plattform, auf der ein Orchester sitzt und musiziert. Fröhlich. Dann wird die Plattform weggezogen und der Tod tritt auf in der Gestalt, in der ich ihn kannte, als Skelett, und verhöhnte mich in ganz bösartiger, gemeiner Art. Dann bin ich schreiend munter geworden. Seitdem ist mir der Teufelsglaube nicht ganz unbekannt.[35]

Viele Motive, die in Adolf Holls Leben Bedeutung erlangen sollten, sind in diesem Märchen versammelt. Möglicherweise inspirierte es ihn zu seinem 1973 erschienenen Buch *Tod und Teufel*. Im zweiten Kapitel hat darin der alte Bauer Seibold seinen Auftritt. Seinem Daseinsverdruss ist das Buch gewidmet. Gegen Ende seines Lebens versucht er seine Gedanken zu ordnen, den Ballast zu entrümpeln, der sich im Dachstübchen angesammelt hat: »Was soll ich mit dem Zeug, das in meinem Kopf herumspukt, anfangen? Was ist nach dem Tod und was nicht?«[36] Der

Teufel kommt in diesem Buch im Übrigen so gut wie nicht vor. Das hat er mit der Ursprungsversion von *Grimms Märchen* vom »Gevatter Tod« gemeinsam. Die erste Fassung von 1812 änderten die Brüder wegen des Vorwurfs der Areligiosität. Sie fügten etwa nach der Begegnung des armen Mannes mit Gott den Satz ein: »So sprach der Mann, weil er nicht wusste, wie weislich Gott Reichtum und Armut verteilt.«

Von der Ermordung des Kanzlers hat er als Vierjähriger natürlich nichts mitbekommen, aber an den Märtyrerkult, der sich nach seinem Eintritt in die Volksschule in Wien 14., Kuefsteingasse 38, im Dollfußlied ausdrückte, erinnert er sich bis heute:

Ihr Jungen, schließt die Reihen gut,
Ein Toter führt uns an.
Er gab für Österreich sein Blut,
Ein wahrer deutscher Mann.
Die Mörderkugel, die ihn traf,
Die riß das Volk aus Zank und Schlaf.
Wir Jungen stehn bereit
Mit Dollfuß in die neue Zeit![37]

Das Lied wurde in Schulen ab 1936 gleich nach der Nationalhymne mit derselben Ehrenbezeugung gesungen. Die »neue Zeit« des Ständestaats war an Adolfs erstem Schultag allerdings schon so gut wie vorbei. Mit dem Juliabkommen von 1936 zwischen Österreich und dem Deutschen Reich gab der Ständestaat den Widerstand gegen den nationalsozialistischen Marsch durch die Institutionen de facto auf. Mit den heute parodistisch anmutenden Zeilen von Rudolf Henz (1897–1987) im Dollfußlied trat der tote Kanzler nicht nur in Konkurrenz zum auferstandenen Jesus, sondern auch mit dem seit Februar 1932 sehr lebendigen deutschen Staatsbürger Hitler. In einem Essay über religiöse Militanz notierte Adolf Holl sechzig Jahre später:

Nur aus den Abrahamsreligionen konnte der Persönlichkeitstyp des »Zeugen« (griechisch martys, wovon Martyrium kommt) herausprozedieren, der vor dem Tribunal ruchloser Machthaber bereit ist, für die Wahrheit des Glaubens das Leben zu geben. Und dieser todesbereiten Bedingungslosigkeit der monotheistischen Formationen verdankt sich denn auch die besondere Art religiöser Militanz.[38]

Der Nationalsozialismus lenkte die (religiöse) Opferbereitschaft vom Seelenheil auf das Heil der »Volksgemeinschaft«. Die religiöse Militanz ließ sich vom Faschismus hervorragend für seine profanen Zwecke instrumentalisieren. Die englische Katholikin Ernestine Amy Buller, die sich zwischen 1934 und 1938 mehrmals im Deutschen Reich und in Österreich aufgehalten hatte, berichtete von ihrer Begegnung mit einer Gruppe katholischer Studenten in Wien:

> Sie bezeichneten sich tatsächlich als katholische Nazis und hatten beschlossen, ein Jahr lang jeden Tag in der Messe zu beten, dass die Nazibewegung in der katholischen Kirche aufgehen möge. Als ich sie fragte, was genau sie damit meinten, sagten sie: »Wissen Sie, diese Bewegung hat sehr viel Energie in der Bevölkerung freigesetzt, und wir sind überzeugt, dass sich nicht unbedingt alles so entwickeln muss, wie die Partei sich das vorstellt. Für uns ist der Nationalsozialismus wie ein ungetauftes Kind, das voller Lebensenergie steckt. Wir wollen es in den Schoß der Kirche holen.«[39]

Seipels Idee von der Zähmung der Nazis durch Vereinnahmung wirkte nach. Nach dem Nürnberger »Reichsparteitag der Freiheit« 1935 reiste Amy Buller nach Österreich und traf in Wien mit Mr Langham, einem Freund aus England, und einem Niederländer zusammen. In einem Gasthaus am Stadtrand schilderten sie einander ihre Eindrücke. In einer eineinhalbstündigen Rede Hitlers an die Jugend, so Amy Buller, verlor er kein Wort über Wirtschaft oder Politik, sondern sprach immer wieder über den Glauben, dass sie alles erreichen könnten, wenn sie (als Volk) zusammenstünden, an sich selbst und ihn als Führer glaubten.[40] »Die Nazis konnten die Jugend nur so stark an sich binden, weil sie gewisse grundlegende Bedürfnisse erfüllten, die man wohl als religiös bezeichnen muss«,[41] resümierte Mr Langham.

Das ist die geistige Atmosphäre, die Adolf Holl in der Schule inhaliert hat. Im Unterschied zu seinen Mitschülern, relativ unbelastet vom martialischen faschistischen Männlichkeitskult zu sein, vielmehr behütet von zwei Frauen, die sich liebevoll um ihn kümmerten. Erhalten geblieben ist ein Brief Josefine Holls an ihren Sohn vom Oktober 1935, in dem sie ihm die Geschichte des Jesuitenpaters Jon Stevson erzählt, die sie im Radio gehört hat. Darin ist es der sehnlichste Wunsch des Knaben, in ferne Länder zu reisen. Als sich nach Jahren endlich die Gelegenheit dazu ergibt, fällt es dem Buben unendlich schwer, Abschied von seiner Mutter zu nehmen. Dann zitiert Josefine Holl, was die Mutter zu Jon Stevson sagte:

> Schau, Nonni, Du stehst in Gottes Hand. Da bist Du in bestem Schutz. Ich kann Dich nicht so gut beschützen wie der liebe Gott. Versprich mir nur eines: Bete in der Früh ein kurzes Gebet, denke manchmal während des Tages an Gott und abends vor dem Schlafengehen, denke nach, ob Du alles gut gemacht hast! Wenn Du diesen meinen Rat befolgst und mir das Versprechen gibst, ihn zu halten, dann, liebes Kind, bist Du in bester Obhut. Ich kann Dich beruhigt ziehen lassen.[42]

Als Moral der Geschichte fügt sie als letzten Satz des Briefes hinzu: »Das Gottvertrauen seiner Mutter hat seine Erziehung so gut beeinflusst.« Der Anlass für diesen Brief ist unbekannt. Das Schreiben lässt aber darauf schließen, dass die religiöse Disposition Adolf Holls auch von seiner Mutter ausging und nicht nur von den Vätern, nach denen er sich später auf die Suche machte. Es widerspricht auch seiner – freilich augenzwinkernd vorgetragenen – Lieblingsthese von den »gottlosen Frauen«.[43] Allerdings fehlt der weiblichen Religiosität die Militanz – und entspricht damit mehr der kolportierten Intention des Begründers des Christentums.

Josefine Holl kümmerte sich jedenfalls rührend um den Buben, besonders, als er in der ersten Klasse schwer erkrankte. Erst rätseln die Ärzte, was er hat; dementsprechend wird er falsch behandelt und magert immer mehr ab. Schließlich muss er ins Preyer'sche Kinderspital eingeliefert werden, wo endlich diagnostiziert wird, dass er an Meningitis leidet und für etliche Wochen stationär aufgenommen werden muss.[44] Die Mutter bringt ihm Kinderzeitschriften, die *Der Schmetterling*, *Der Papagei* oder *Kiebitz* heißen. Mit denen bringt er sich selbst Lesen und Schreiben bei und kann deshalb nach den Sommerferien in die zweite Klasse aufsteigen. Davor musste der Knabe, der fast gestorben wäre, aber wieder aufgepäppelt werden. Frau Walch legte Wert darauf, im August auf Urlaub zu fahren, und verlangte von ihrer Ziehtochter, dass sie ihn selbst bezahlte. Gern besuchte sie dabei ihre Freundin Rosa in Salzburg. Die wohnte in der Wolf-Dietrich-Straße und führte eine Lottokollektur in der Linzergasse. Holl erinnert sich an einen seiner kindlichen Glücksmomente: »Ich stand am offenen Fenster, und der Geruch der frischen Luft vermischte sich in meiner Nase mit dem des Spirituskochers und dem Aroma des Kaffees. In diesem Augenblick fühlte ich mich glücklich.«[45] Später ließ sich die Tante Rosa – wie Frau Walch missbilligend formulierte – »auf ihre alten Tage noch einmal taufen«, und zwar in der Salzach zur Adventistin.

Als der Bub im Herbst wieder in die Schule zurückkehrte, war er plötzlich »der Blade«. Er hatte sich im Sommer auf vierzig Kilo hinaufgefuttert. Gestärkt erweiterte er nun seine Kreise über den »Garten« der Wohnanlage hinaus. Wechselten die Kinder über die Straße auf das damals freie Gelände des heutigen Universitäts-Sportzentrums Schmelz, konnten sie auf dem ehemaligen Exerzierplatz herumtollen und den Arbeitslosen beim Drachensteigen zuschauen. Im Winter, so erinnert sich Adolf Holl, diente das Gelände auch so manchem Zirkus als Rastplatz. Ein Paradies für Kinder. Gern ging der Bub auch zum buckligen Uhrmachermeister Stimpfl in die Tautenhayngasse und sah ihm zu, wenn er die filigranen Kettchen und Rädchen mit sicherer Hand zusammenfügte. Dort wird auch seine Liebe zu Uhren geweckt worden sein, die ihn später zum Uhrensammler machte. So nebenbei bekam er beim Stimpfl auch etwas zu essen. Abends schickte die Frau Walch den Buben gelegentlich ins Gasthaus am Akkonplatz, um ihr ein Glas Bier zu holen. Im Laufe der Zeit zogen noch ein Hase und Hündin Hexi in die Oeverseestraße ein.

Indessen blickten immer mehr Österreicher neidvoll nach Norden, wo es (durch Zwangsarbeit und Aufrüstung) wirtschaftlich aufwärtsging, während die von Hitler als Sanktion gegen Österreich erlassene 1000-Mark-Sperre hierzulande das Heer der Arbeitslosen vergrößerte. Hitler hatte nach dem gescheiterten Putsch gegen Dollfuß seine Strategie geändert und setzte nun auf Terror, ökonomische Repression und Unterwanderung. Die österreichische Regierung sah sich zum Einlenken gezwungen. Angesichts der tristen Lage war es schwer plausibel zu machen, dass man »der bessere deutsche Staat« sei, wie es die Propaganda der Vaterländischen Front den Österreichern weismachen wollte. Die Abgrenzung zum Deutschen Reich wurde auch durch den Passus nicht überzeugender, den man sich veranlasst sah, in das Juliabkommen hineinzuschreiben: »Die österreichische Bundesregierung wird ihre Politik im allgemeinen, wie insbesondere gegenüber dem Deutschen Reich, stets auf jener grundsätzlichen Linie halten, die der Tatsache, dass Österreich sich als deutscher Staat bekennt, entspricht.«[46] Damit begann die Appeasement-Politik der österreichischen Regierung unter Schuschnigg gegenüber Hitler.

> Der klerikalfaschistische österreichische Diktator Kurt von Schuschnigg entsprach in keiner Weise dem Ideal eines harten, genialen und durchsetzungsfähigen Diktators. Die Übernahme von Teilen der martialischen italienischen faschistischen Symbolsprache in Österreich wirkte auf viele unvoreingenommene Zeitgenossen eher lächerlich.[47]

Dann doch lieber gleich zum Schmied als zum Schmiedl, mochte sich so mancher Österreicher gedacht haben. Etwa der Schmiedemeister Jungwirth in Kirchberg ob der Donau. Der war der Bruder des Wiener Gymnasialdirektors Jungwirth, mit dem Frau Walch gut befreundet war. Zum Verdruss seiner Frau nannte sie ihn gern »mei Doktorl«. Er besaß im nahe gelegenen Neuhaus an der Donau eine Villa. Die Brüder stammten, so wie Frau Walch, aus Wels. Beim Schmied verbrachte die Familie Holl-Walch in den Dreißigerjahren des Öfteren ihren Urlaub. Der Schmied hatte drei Kinder, die beliebte Spielgefährten für den Volksschüler aus Wien waren. Im Kabinett des Hauses, das sieht Adolf Holl heute noch vor sich, hing ein Bild von Peter Rosegger – als politisches Statement. Eingeladen wurde man freilich auch in die Villa des Schuldirektors. Etwa eine Dreiviertelstunde dauerte der Fußweg von einem Bruder zum anderen. An den Jungwirths lässt sich ablesen, dass die politischen Trennlinien längst quer durch die Familien gingen. Während der Schmied mit den Nazis sympathisierte, war der Schuldirektor Anhänger der Sozialdemokratie. Er wurde bald nach dem »Anschluss« von den Nazis in Pension geschickt. Für das inzwischen mit zwei Vertrauensleuten Hitlers bestückte Schuschnigg-Regime hatten beide Brüder kaum Sympathien.

Auf welch tönernen Füßen der Ständestaat stand, beweist auch der Bericht des Kellners, der Amy Buller und ihre Freunde in dem Gasthaus am Wiener Stadtrand bewirtete. Als am Nachmittag kaum mehr Gäste im Lokal waren, setzte er sich zu den dreien und erzählte:

> Mein Sohn ist jetzt achtzehn Jahre und hatte noch nicht eine einzige anständige Arbeit, seit er mit der Schule fertig ist. Jetzt gibt er sich als Mitglied einer Bande, die sich selbst als Nazis bezeichnet, allen

möglichen Abenteuern und Vergnügen hin. (…) Anfangs ging es ihnen nur darum, dass sie irgendeine Beschäftigung hatten, aber jetzt passiert etwas viel Ernsteres: Ich glaube, mittlerweile sind die Nazis auf diese Gruppen aufmerksam geworden. Sie geben ihnen Geld und sagen ihnen, was sie tun sollen. (…) Ich habe das Gefühl, dass die Deutschen im Moment den Boden für einen Einmarsch in Österreich bereiten und vorhaben, Jungen wie meinen Sohn und seine Freunde als ihre Helfer zu missbrauchen.[48]

Bereits im Oktober 1931 hatte der spätere Bundeskanzler Schuschnigg die Stimmung in der christlichsozialen Partei so formuliert: »Das System von heute ist für unser Land nicht tauglich – daher wird es zusammenbrechen. Dass dann eine politische Front vorhanden sei, die im Stande ist, den politischen Katholizismus aufzunehmen, soll mit eine der Hauptsorgen der Sturmscharbewegung … sein.«[49] Das bedeutete die Umkehrung der Seipel-Doktrin: nämlich die Suprematie des Faschismus gegenüber dem politischen Katholizismus.

Anmerkungen

1 Wo Gott wohnt, S. 7.
2 *Das Adolf Holl Brevier*. Hrsg. von Walter Famler. Residenz Verlag, St. Pölten, S. 30.
3 Paul M. Zulehner: *Religion und industrielle Gesellschaft. Zur Entfremdung von Arbeiterschaft und Kirche*. Patmos Verlag, Ostfildern 2016, S. 16.
4 Rainer Hubert: *Johannes Schober – eine Figur des Übergangs*. In: *Vom Justizpalast zum Heldenplatz. Studien und Dokumentationen 1927 bis 1938*. Hrsg. von Ludwig Jedlicka und Rudolf Neck. Verlag der Österreichischen Staatsdruckerei, Wien 1975, S. 227–233, S. 231.
5 Auskunft der Niederösterreichischen Landes-Landwirtschaftskammer.
6 Gespräch mit Adolf Holl am 28.5.2016.
7 Horst Seidler, Andreas Rett: *Das Reichs-Sippenamt entscheidet. Rassenbiologie im Nationalsozialismus*. Jugend & Volk Verlag, Wien/München 1982, S. 198.
8 Agrarische Nachrichten-Zentrale, V. Jg., Nr. 340, 7.11.1931.
9 Nachruf der NÖ. Landes-Landwirtschaftskammer.
10 Ebd.
11 s. www.dasrotewien.at.
12 Gespräch mit Adolf Holl am 28.5.2016.
13 Chris Salvet (Hrsg.): *Breitensee 1890–1960. Album*. Album Verlag, Wien 2002, S. 6ff.
14 https://de.wikipedia.org/wiki/Orosius.
15 *Vom Justizpalast zum Heldenplatz. Studien und Dokumentationen 1927 bis 1938*. Hrsg. von Ludwig Jedlicka und Rudolf Neck. Verlag der Österreichischen Staatsdruckerei, Wien 1975, S. 229.

16 *Das Schoberlied*. In: Sonderausgabe Nr. 1 der *Fackel* vom Juli 1928. Der Ertrag dieses Heftes ging an die Opfer des 15. Juli 1927.
17 Kurt Waldheim in der *ORF-Pressestunde* vom 9.3.1986.
18 www.bundesheer.at/truppendienst/ausgaben/artikel.php?id=963.
19 Ebd.
20 *Enzyklika Quadragesimo anno*: www.kathpedia.com/index.php?title=Quadragesimo_anno_%28Wortlaut%29.
21 s. Jura Soyfer: *So starb eine Partei*. In: Jura Soyfer: *Das Gesamtwerk*. Hrsg. von Horst Jarka. Europaverlag, Wien / München / Zürich 1980, S. 324–451.
22 *Fünfjahres-Tagebuch* Adolf Holls vom 18.4.1942–7.8.1946, 27.9.1945. In der Folge Tb. 1 genannt., S. 64/72
23 H. C. Artmann: *med ana schwoazzn dintn*. Otto Müller Verlag, Salzburg 1958, S. 47.
24 Interview mit Adolf Holl in der ORF-Sendung *Orientierung* vom 1.3.2009. In: Kassette Z-IX 292.491/1/1 im ORF-Archiv.
25 Lars Brandt: *H. C. Artmann. Ein Gespräch*. Residenz Verlag, Salzburg 2001, S. 30.
26 Adolf Holl: *Lieber Papst. Schriften aus gegebenem Anlass*. Ullstein Verlag, Berlin 1983, S. 109.
27 *Vom Justizpalast zum Heldenplatz*, S. 237.
28 Ebd., S. 66.
29 Gespräch mit Adolf Holl vom 9.8.2016.
30 Gespräch mit Adolf Holl vom 28.5.2016.
31 Gerhard Jagschitz: *Bundeskanzler Engelbert Dollfuß und der Juli 1934*. In: *Vom Justizpalast zum Heldenplatz*. S. 233–239, S. 236.
32 *Vom Justizpalast zum Heldenplatz*, S. 69.
33 www.mediathek.at/atom/1B312409-0AD-00213-00000684-1B307046.
34 Gespräch mit Adolf Holl am 28.5.2016.
35 Ebd.
36 Adolf Holl: *Tod und Teufel*. Deutscher Taschenbuch Verlag, München 1976, S. 19.
37 www.austria-forum.org/af/Wissenssammlungen/Symbole/Dollfuß_Lied.
38 Adolf Holl: *Die religiöse Militanz und deren Begütigung*. Picus Verlag, Wien 1995, S. 44.
39 Ernestine Amy Buller: *Finsternis in Deutschland. Interviews einer Engländerin 1934–1938*. Hrsg. von Kurt Barling. Elisabeth Sandmann Verlag, München 2016, S. 89.
40 *Finsternis in Deutschland*, S. 278f.
41 *Finsternis in Deutschland*, S. 277.
42 Beilage zum Tagebuch Adolf Holls, s. Anm. 7.
43 Adolf Holl: *Brief an die gottlosen Frauen*. Zsolnay Verlag, Wien 2002.
44 Gespräch mit Adolf Holl am 28.5.2016.
45 Adolf Holl: *Mystik für Anfänger*. Libro Verlag, Wien 1999, S. 15. Die Erstausgabe erschien 1977 in der DVA.
46 https://de.wikipedia.org/wiki/Juliabkommen.
47 Boris Barth: *Europa nach dem großen Krieg. Die Krise der Demokratie in der Zwischenkriegszeit 1918–1938*. Campus Verlag, Frankfurt / Main 2016, S. 271.
48 *Finsternis in Deutschland*, S. 283f.
49 *Vom Justizpalast zum Heldenplatz*, S. 66.

Völkerwanderung

Muttersöhnchen auf Vatersuche

Das mütterliche Prinzip hat Adolf Holl in seiner Kindheit weidlich ausgekostet. Er fand es nicht nur in seiner Mutter und Ziehgroßmutter repräsentiert, sondern auch in seiner Lehrerin ab der zweiten Volksschulklasse. Die liebte er, nicht zuletzt, weil sie so schön war.[1] Umschwirrt wurde er in seinem weiblichen Kosmos noch von ein paar Tanten, meist Freundinnen seiner Mutter, oder der Frau Walch. Im Mai 1938 kam noch eine echte Tante dazu: Hildegard Melich wurde die zweite Frau seines Onkels Franz.

Im März 1938 zog mit den deutschen Truppen das Schiwa-Prinzip in Adolf Holls Leben ein. Der Tag, an dem der siebenjährige Knabe dem »Führer« – wenn auch nur von Ferne – leibhaftig hätte begegnen können, spielte für den blonden Jüngling eine geringe Rolle: Der 15. März 1938 hat sich nicht ins Gedächtnis Adolf Holls eingeprägt. Deutlicher als an Hitlers von der »Kanzel« der Hofburg herab verkündete Meldung des »Eintritts meiner Heimat in das Deutsche Reich« erinnert sich Holl an den Tag der Volksabstimmung. Am 10. April 1938 herrscht gedrückte Stimmung in der Oeverseestraße, als die beiden Frauen aus dem Wahllokal zurückkehren. Der Bub blickt erwartungsvoll zu seiner Mutter auf und meint, jetzt käme das Tausendjährige Reich. Er erhält eine lapidare Antwort: »Nur Gott ist ewig.« Für Josefine Holl war die Sache damit erledigt.

Die deutsche Herrgottsreligion verheißt nicht ein ewiges Leben oder gar eine Auferstehung des Fleisches. (…) Sie scheint aber zu verheißen den ewigen Bestand des deutschen Volkes. (…) Es ist erstaunlich, dass die Deutschen, so stolz auf ihre Wissenschaft, einen solchen Unsinn hinnehmen. Ich kann etwas glauben, dessen letzter

Sinn mir verhüllt ist. Und das tue ich als Christ. Ich kann aber nicht etwas glauben, was überhaupt keinen Sinn hat.[2]

Diese Zeilen notierte der katholische Schriftsteller, Kulturkritiker und Nazigegner Theodor Haecker (1879–1945) im Juli 1940. Den Nazismus bezeichnete er scharfsinnig als »die deutsche Herrgottsreligion«. Ihr Trick bestand nach Haecker darin, »die eigenen Interessen ihrer niedrig triebhaften und gierigen, intellektuell in dem denaturierten Spiritus der Halbbildung entseelten Natur mehr oder weniger durch eine beispiellose Kunst der Lüge zu verbinden mit wahren und gerechten Wünschen des deutschen Volkes«.[3] Die nordische Konkurrenz bekam auch die vom Ständestaat-Regime verhätschelte katholische Kirche Österreichs zu spüren. Mit einem Schlag hatte nicht mehr General Petrus das Oberkommando, sondern der Gefreite Hitler. Zu diesem pilgerte der Wiener Kardinal Innitzer am Morgen des 15. März 1938 ins Hotel Imperial, woselbst der »Führer« am Vortag nach einem triumphalen Einzug in Wien abgestiegen war. Die »Aussprache« dauerte etwa eine Viertelstunde und verlief zur Zufriedenheit des Kirchenfürsten. Hatte ihm der Reichskanzler doch versprochen, dass es die Kirche nicht zu bereuen habe, wenn sie sich loyal zum Staate stellte.[4] Was folgte, war die von den Nazis bereits international erfolgreich angewandte Praxis des Hinhaltens, der Beschwichtigung, der Verleugnung bis hin zur Lüge. Seitens der österreichischen Kirchenführung waren die Verhandlungen geprägt von ihrer Furcht vor dem Verlust von Macht und Einfluss. »Die Religion hat die Leute brav zu machen, das ist ihre Aufgabe«, ließ Gauleiter Bürckel seine klerikalen Gesprächspartner wissen, und dass »nach dem 10. April, wenn aller Trubel vorüber ist«, man eine gütliche Regelung finden werde.[5] Diese Taktik entsprach präzise Haeckers Analyse der »Herrgottsreligion«: »Das Gelingen eines Betrugs, eines Verrats, das Gelingen von Mord und Gewalttat (gilt) als Beweis des *Segens* des deutschen Herrgotts.«[6] Dem Ausmaß an Unverfrorenheit war der zwar deutschnational gesinnte, nicht aber antisemitische Kardinal nicht gewachsen.

So kam es am 21. März 1938 zur fatalen »Feierlichen Erklärung der österreichischen Bischöfe in Sachen der Volksabstimmung«, in der sie sich »als Deutsche zum Reich« bekannten und »auch von allen gläubigen Christen« erwarteten, »dass sie wissen, was sie ihrem Volke schuldig sind«.[7] Der Erklärung hängte der Kardinal ein Begleitschreiben an, dem er auf Anraten des Pressereferenten des Gauleiters,

Dr. Josef Himmelreich, handschriftlich »und Heil Hitler« anfügte. Himmelreich hatte nach eigener Angabe Innitzer diese Geste nahegelegt, weil »Hitler die Absicht habe, bereits in allernächster Zeit nach Wien zu kommen und eine entsprechende Friedenserklärung für Kirche und Staat abzugeben.«[8] Tatsächlich war nichts dergleichen geplant. Als Schandmal blieb die Grußformel aber nicht nur an Innitzer, sondern an der gesamten katholischen Kirche Österreichs haften.[9]

Inwieweit die erzbischöfliche Aufforderung Josefine Holl in Gewissensnöte brachte, darüber kann nur spekuliert werden. Wie viele andere Katholiken hatte sie möglicherweise im Kopf, was auch für die Bischofskonferenz von Belang war: Das Pauluswort aus dem Römerbrief, das die Haltung der Christen gegenüber dem Staat festgelegt hatte:

> Jeder leiste den Trägern der staatlichen Gewalt den schuldigen Gehorsam. Denn es gibt keine staatliche Gewalt, die nicht von Gott stammt; jede ist von Gott eingesetzt. Wer sich daher der staatlichen Gewalt widersetzt, stellt sich gegen die Ordnung Gottes, und wer sich ihm entgegenstellt, wird dem Gericht verfallen.[10]

Schon die Urchristen brachte diese Formel in innere Konflikte. Sollten sie den römischen Herrscherkult verrichten, obwohl er ihrem Glauben widersprach? Schon damals gab es wenige Märtyrer und viele Pragmatiker. Während Erstere wie Franz Jägerstätter für das Ideal ihr Leben ließen, war für Letztere der Dienst »am Hof und im Heer normal … Diesen leisteten sie nicht als potenzielle Märtyrer, sondern als loyale Staatsdiener, die Christentum und Kaiserkult zu verbinden vermochten«.[11] Dass es eine heikle Frage war, wie man sich dem Regime gegenüber verhalten sollte, zeigte sich an den Reaktionen auf die »Feierliche Erklärung« seitens der Katholiken. »Ihr Tenor reicht von begeisterter und ehrlicher, dankbarer Zustimmung … bis hin zu erbitterter Ablehnung über den ›Verrat‹.«[12] Nach Ansicht Holls hätten die christlichen Bischöfe des Dritten Reichs spätestens nach der Reichspogromnacht vom 9. auf den 10. November 1938 »darauf aufmerksam machen müssen, dass die Suche nach Sündenböcken für Christenmenschen nicht zulässig sei, weil der Herr Jesus die Sünden der Welt allbereits auf sich genommen habe, als Gott wohlgefälliges Opfer«.[13]

Für den Buben änderte sich mit dem »Anschluss« vorerst wenig. Im Sommer fuhr man wie bisher auf Urlaub nach Rohrmoos bei

Schladming, wo der Bub im Schwimmbad einmal fast ertrunken wäre, zum Seewirt nach Faistenau in der Nähe des Fuschlsees, nach Golling zu den Salzachöfen oder zu den Jungwirths nach Kirchberg. Bleiben konnte auch Josefine Holl im Vorwärts-Verlag als Sekretärin und Redaktionsstenografin, obwohl sie sich weigerte, der Partei beizutreten. »Na, da geh i liaba Stiagn waschn«,[14] soll sie zum Chefredakteur des *Kleinen Blattes* gesagt haben. Nicht einmal seiner Aufforderung, aus der Kirche auszutreten, kam sie nach. Doch als hervorragende Stenotypistin »hat sie sich unentbehrlich gemacht und später hat sie die Bücher des Chefredakteurs abgetippt«.[15]

Zu Schulbeginn merkte der Bub erste Veränderungen. Durch die Klassenzimmer hallte nicht mehr das Lied von dem Toten, der sie anführte, nun hieß es: »Vorwärts! Vorwärts! Schmettern die hellen Fanfaren.« In diesem vom Reichsjugendführer Baldur von Schirach verfassten Lied ging es schon recht martialisch zu:

> Ja, durch unsre Fäuste fällt
> Wer sich uns entgegenstellt
> Jugend! Jugend!
> Wir sind der Zukunft Soldaten.
> Jugend! Jugend!
> Träger der kommenden Taten.
> Führer, wir gehören dir.
> Wir Kameraden, dir!

Fasziniert schaute der Bursche auf die kleinen verchromten Hakenkreuzabzeichen, die auf den Revers der Männer angeheftet waren, wenn er mit Freunden aus der Siedlung umherstreifte.

> Ich war damals zehn Jahre alt und stand vor dem Eintritt ins Gymnasium. Meine Mutter hatte mich vorschriftsmäßig ins »Jungvolk« der Hitlerjugend einschreiben lassen. Ich bekam eine Uniform. Braunhemd, kurze schwarze Schnürlsamthose, Fahrtendolch. Die Erziehungsgrundsätze der Hitlerjugend lauteten: Hart wie Kruppstahl, zäh wie Leder, flink wie die Windhunde. Sie gefielen mir. Später lernte ich einen anderen Spruch kennen: Edel sei der Mensch, hilfreich und gut. Er gefiel mir nicht besonders.[16]

Die Entdeckung seiner Männlichkeit lief parallel zur Nazifizierung aller Lebensbereiche. Bewusstseinsmäßig dauerte das Tausendjährige Reich für Adolf Holl circa sechs Jahre.

Durch die Zeit der Völkerwanderung, vom Fall und der Plünderung Roms im fünften Jahrhundert bis zur Kaiserkrönung Karls des Großen am Christtag 800, eilte er im Sauseschritt. Am 1. Oktober 1943 vermerkte er in seinem Tagebuch den ersten Fliegeralarm.[17] Spätestens ab diesem Zeitpunkt konnte man in Wien ahnen, dass das Dritte Reich keine tausend Jahre Bestand haben würde. Ungefähr zu dieser Zeit muss es auch gewesen sein, dass er als stolzer Jungzugsführer im »Familienasyl« in der Tautenhayngasse ihm anbefohlene Kameraden an den nächsten Heimabend erinnern wollte und statt eines treudeutschen »Jawoll« ein paar Stöße und Schläge kassierte. »So erlebte ich die Grenzen der Macht, der ich diente, und die Sache Hitlers war damit für mich endgültig verloren.«[18] Noch im Sommer 1941, am Höhepunkt der nationalsozialistischen Machtentfaltung, hätte er sich eine Karriere in der Partei gut vorstellen können.

Die Zäsur, die den Burschen von der Kindheit in die Pubertät katapultierte, war nicht der Wechsel von der Volksschule aufs Gymnasium, sondern der Tod seiner Ziehgroßmutter. Am 23. April 1941 starb Karoline Walch, geborene Rosenauer, im 68. Lebensjahr qualvoll an Leberkrebs. Damit fiel ein Korrektiv gegen die nationalsozialistische Indoktrination weg. Hatte die Frau Walch dem Knaben doch eingebläut, »Bubi, lüg nicht!«, und wenn sie mit Heil Hitler hat grüßen müssen, »hat das geklungen wie Scheiß Hitler«.[19] Mit ihrem Tod öffnete sich für den Burschen nun die Schleuse zur Männlichkeit – und damit zur Vatersuche. Vielleicht ahnte Josefine Holl, dass er dabei unter den Führern des Deutschen Jungvolks fündig werden könnte – und schickte ihn in die Pfarrstunde.

Exkurs über Bewusstseinssysteme

In den ersten zwanzig Lebensjahren wird gemeinhin der Rucksack befüllt, den wir dann den Rest unseres Lebens schultern müssen. Für die in der Zwischenkriegszeit geborene Generation waren darin einige Brocken enthalten, die den Lebensweg nicht gerade beflügelten:

politische Umbrüche, Inflation, Rezession, Repression, Not, Flucht, Vertreibung bis hin zum Krieg. Da kann es schon zu schweren Träumen kommen.

Mehrmals aus Wien, aus München, aus Berlin hat Holl versucht, Hitler telefonisch zu erreichen. »Call the shade system«, lautete die Aufforderung. Jedes Mal hörte er vom anderen Ende der Leitung: Kein Anschluss unter dieser Nummer. Das lag nicht daran, dass Hitler zu diesem Zeitpunkt schon lange tot war, auch nicht an dem Umstand, dass die Nummer, die Holl wählte, nur sechs Ziffern hatte, womit heutzutage nichts anzufangen ist, sondern daran, dass er nur geträumt hatte: »Im Traum habe ich mit ihm telefoniert, und dann sage ich, die Telefonnummer möchte ich gern haben. Er wollte sie nicht hergeben, ich hab' sie ihm aber entlockt – und werde munter.«[20]

Da war er wieder im Realsystem gelandet – und notierte sich die Nummer aus dem Schattensystem. Von Hitler hat Holl oftmals geträumt, von Jesus nie.

> Das zeigt nur, dass der Hitler bei mir, na ich will nicht sagen, ein und aus geht, aber der ist vorhanden. Ich schiebe ihn weg, ich will eigentlich nicht, dass der Kerl da noch herumspukt, aber die Auseinandersetzung mit dieser Gestalt, die dauert an.[21]

Die Schattensysteme seiner Jugend verfolgten ihn – vor allem in seinen Träumen. Um die schrecklichen Bilder im Kopf loszuwerden, hilft unter anderem Schreiben. Holls Bücher lassen sich auch als Selbsttherapie lesen. Die Versuchung ist deshalb groß, Holls Leben aus seinem Werk heraus aufzuschlüsseln. Nicht nur, weil in fast jedem Buch Autobiografisches zu finden ist, sondern auch, weil alle seine Bücher miteinander korrespondieren; möglicherweise keine so intensiv wie *Mitleid im Winter* mit *Braunau am Ganges*. Ersteres erzählt von verschiedenen Formen der menschlichen Liebe, das andere vom menschlichen Potenzial an Hass, Aggression und Destruktion.

In sämtlichen Büchern nimmt Holl den Leser mit auf eine Zeitreise durch die Götter- und Geistesgeschichte der Menschheit. Mit einer wissenschaftlich linearen Prosa kommt man dabei nicht weit, notiert Holl in *Mitleid im Winter*. Wer versuchte, das Unbewusste zu systematisieren, würde schwerlich an ein Ende kommen.

Gegenwart, Vergangenheit und Zukunft würden ihm durcheinandergeraten, weil die Entscheidungsprozesse, die er zu Protokoll bringen will, einen Vernetzungsgrad haben, der mit der linearen Chronologie nicht erfassbar ist. Persönliche und unpersönliche, ja überpersönliche Informationen würden einander wegkürzen, weil sie in der soundsovielten Dimension belanglos werden. Mit Einteilungen, Aufzählungen, Definitionen käme er auch nicht weiter, weil die Abläufe, denen er nachdenkt, fließend sind und verschlungenen Wegen folgen.[22]

Ex negativo beschreibt Holl auf diese Art seine Schreibmethode, die er im Laufe seines Schriftstellerlebens stets verfeinert hat. Für ihn ist es mitunter ein recht kurzer Weg vom Intimen zu Interkulturellem. Für Ungeübte im Betrachten von Holls Kopfkino ist es vielleicht nicht immer ganz leicht, ihm zu folgen; aber lohnend. Was sich an uralten Geschichten in den ersten fünfzehn, zwanzig Jahren seines Lebens angesammelt hat, analysiert er in den folgenden Jahrzehnten und verdichtet die Ergebnisse in seinem vorläufig letzten Buch.

Wie eng Schatten-, Real- und Verklärungssystem beieinanderliegen, weiß man in Indien besser als im Westen, wo man Himmel und Hölle fein säuberlich getrennt hat. In Indien gehen das Schatten- und das Realsystem ständig ineinander über. Das Hindu-System hat den Vorteil, dass das Böse viel besser ins Leben integriert ist. Man muss in diesem System seine »unartigen Charakterzüge zur Kenntnis nehmen«.[23] Die Inder spüren stets das Widrige in ihren zahllosen Gottheiten. Schiwa etwa ist bis heute »mitnichten verdrängt in den Keller wie in Europa, sondern hoch angesehen und verehrt ... in der Gestalt des aufgerichteten Steifen, sprich *linga*«.[24] Er vereinigt auch nach dem Einzug der Moderne in Indien »alle nur möglichen Gegensätze in sich, zum Beispiel den des Zerstörers und des Samenspenders«.[25] Das Linga ist Sinnbild des zentralen Problems der Hindu-Mythologie: dem Dreiecksverhältnis von Keuschheit, Potenz und Fruchtbarkeit.[26] Der Nachteil an der hinduistischen Synthese ist, dass indische Männer kein ausgeprägtes Unrechtsbewusstsein bei Vergewaltigungen von Frauen haben.

Das aufgeklärte Unbewusste des Westens hat seit der Verdrängung der von Holl an anderer Stelle als »zweite Wirklichkeit«[27] bezeichneten Bewusstseinsebene keinen Begriff (mehr) für das Dämonische. »Bereits in der Frühzeit der menschlichen Kultur entwickelten sich streng ritualisierte und komplexe Begräbniskulte, die den Verstorbenen besänftigen und ihm den Weg in eine jenseitige Welt ebnen sollten, damit er nicht als Dämon zurückkehren möge.«[28] Ursprünglich wurde nicht nur in Indien nicht zwischen Göttern und Dämonen unterschieden. Erst in den Psalmen findet sich der fürs Christentum entscheidende Satz: »Alle Götter der Heiden sind Dämonen, / der Herr aber hat den Himmel geschaffen.«[29] Zu ergänzen wäre eventuell: Und die Dämonen in die Hölle verbannt. Dem Kirchenlehrer Origines (185–254) war das Alte Testament zu ungenau.»Er verschärfte die Aussage, indem er sie um das Attribut ›lüstern‹ ergänzte, eine für das antike Christentum so typische sexuelle Kategorisierung. Die heidnischen Götter wurden im Laufe der Zeit beseitigt, aber sie ließen ihre Geister zurück, die Dämonen. Um sie zu besiegen, benötigte man die Heiligen.«[30]

Im Hindu-System mit seinem *Karma*, das alles Unerledigte aus kollektiven Vorvergangenheiten den Wiedergeburten anvertraut, hingen Hitler und seine Schergen längst »als Kette von Totenschädeln um den Hals von Mutter Kali mit der heraushängenden blutigen Zunge«.[31] Diese Art religiöser Riten hat die Aufklärung als Afterglaube quasi exorziert und die Schattenwesen in den Bewusstseinskeller verbannt. Deshalb spukt Hitler im Westen als das unbegriffene Böse auch noch siebzig und mehr Jahre nach Ende des Zweiten Weltkriegs als ewiger Untoter durch das Realsystem und breitet sich ungehindert als kollektiver Albtraum aus. Denn das »Unbewusste bringt Bilder und Erinnerungen aus der Tiefe herauf, die in die leere Kirche einziehen. Gedanken, Wünsche, kaum geahnt, wirr und gestaltlos, die scheu sich vor des Tages Licht verkrochen, empfangen Form und Gewand und stehlen sich in das stille Haus des Traums«.[32]

Dort hat sie dann die der europäischen Aufklärung nachfolgende Epoche der Romantik aufgespürt und die Abspaltung des Bösen oder auch nur Beängstigenden in die von den Aufklärern akzeptierte Kunstreligion geholt.

> Die alten Ungeheuer, die sich aus magischen Vorstellungen und vielfachen Ängsten speisten, überlebten in der schwarzromantischen Literatur ihre Vertreibung aus einer vermeintlich aufgeklärten Welt. Denn je mehr man im Gefolge von Aufklärung und Industrialisierung das Geistersehen und den weithin grassierenden Aberglauben bekämpfte, ihn als lächerlich oder primitiv abkanzelte, desto entschiedener begannen die alten und neuen Gespenster die Literatur zu bevölkern.[33]

In ihren Nachtmeerfahrten zu all den Dämonen, Feen, Gespenstern, Gnomen, Hexen, Vampiren, Werwölfen und sonstigen Fantasien abseitiger Erotik versuchte die schwarze Romantik das Unbewusste zu beschreiben. Klar, dass für einen aufgeklärten Geist wie Goethe die Klassik das Gesunde und die Romantik das Kranke war. Schelling sah das anders. In seinen Gedanken *Über den Zusammenhang der Natur mit der Geisterwelt* stellte er fest, dass »die versuchte wissenschaftliche Erfassung der Natur in ihr Gegenteil umschlagen« kann, »Empirie in Spiritualismus, … und dass das Entgegengesetzte oft das sich Nächste oder Verwandteste sei«.[34] Aus dieser Perspektive ist es nicht – wie Goya dachte – der Schlaf der Vernunft, der Ungeheuer gebiert, sondern ihre Alleinherrschaft in scheinsouveräner Abgeklärtheit. Die Romantik wiederum verschrumpelte in spätmittelalterlicher Bigotterie, die vom Sturm der Moderne hinweggefegt wurde. Damit war der Weg frei für Freuds sexualtheoretische Psychoanalyse und »Traumdeutung«.

Zurück blieb aber eine Leere. In diese stießen allerlei Obskuranten wie etwa Helena Petrovna Blavatsky (1831–1891), Georg von Schönerer (1842–1921) oder Jörg Lanz von Liebenfels (1874–1954). Sie mixten aus Versatzstücken europäischer Geistesgeschichte ein übles Gebräu von Phantasmen. So meldete sich das Schattensystem aus dem Verlies, in das es die Moderne verbannt hatte. Dass es im neuen Jahrhundert dann ins Wahnsystem kippte, hat wohl mit dem Zusammenbruch der alten Ordnung im Ersten Weltkrieg zu tun. Die als Demütigung empfundenen Bedingungen in den Friedensverträgen von Versailles und St. Germain und die daraus resultierende Wirtschaftskrise und Geldentwertung erzeugten eine explosive Atmosphäre.

> Gemeint ist eine Situation kollektiver Raserei, in der sich der Mob …
> ein Opfer greift und es lyncht. Die festlichen Menschenopfer, die
> in so vielen Gesellschaften der Brauch waren, sind … der klassische religiöse Ausweg aus der Anarchie allgemeiner Gewalttätigkeit.
> Ausgesucht werden Opfer zum Zweck der Wiederherstellung beziehungsweise Sicherung des gesellschaftlichen Friedens. So ist das
> Opfer stets auch ein Sündenbock.[35]

In seiner Analyse der *Religion im Zeitalter des Faschismus* bezieht sich Adolf Holl ausdrücklich auf Rudolf Ottos 1917 erschienenes Werk *Das Heilige*. Darin beschreibt der Theologe prophetisch die Faszination des Führerkults im Dritten Reich und die Wiederkehr all des Verdrängten darin.

So grauenvoll-furchtbar das Dämonisch-Göttliche dem Gemüt erscheinen kann, so verlockend-reizvoll wird es ihm. Und die Kreatur, die vor ihm erzittert in demütigstem Verzagen, hat immer zugleich den Antrieb, sich zu ihm hinzuwenden, ja es irgendwie sich anzueignen. Das Mysterium ist nicht bloß das Wunderbare, es ist auch das Wundervolle. Und neben das Sinnverwirrende tritt das Sinnberückende, Hinreißende, seltsam Entrückende, das oft genug zum Taumel und Rausch sich Steigernde, das Dionysische der Wirkungen des Numen.[36]

Die rationalistische Psychoanalyse konnte die religiöse Sehnsucht der Menschen offensichtlich nicht befried(ig)en. Die nationalsozialistische Inszenierung der Macht[37] (etwa in den Nürnberger Parteitagen oder bei den Olympischen Spielen 1936) übte für viele sich ohnmächtig Fühlende einen im wahrsten Sinne des Wortes »gewaltigen Reiz« aus, dem die Kirche nichts entgegenzusetzen hatte. »›Deutschland, heiliges Wort, du voll Unendlichkeit‹, – so wurde damals gesungen, während die Rüstungsindustrie angekurbelt wurde.«[38]

Die Niederlage im Ersten Weltkrieg war nicht vergessen. Nun sah man die Chance, sie zu überwinden. Für den Kulturanthropologen René Girard, auf den Holl ausdrücklich Bezug nimmt, hat sich in gesellschaftlichen Ausnahmesituationen (Epidemien, Missernten) die Wut der Menschen stets auf soziale Außenseiter (die sich möglichst nicht wehren konnten) gerichtet. Im Vorgang der Hinrichtung von menschlichen Sündenböcken kehrt das alte heidnische Menschenopfer wieder, mit dem man den Zorn der Götter abwenden wollte. Für Girard sind die (stellvertretenden) Menschenopfer der klassische religiöse Ausweg aus der Anarchie allgemeiner Gewalttätigkeit und ein Versuch, den Frieden wiederherzustellen. Die europäische Neuzeit hat nun »das gewalttätige Heilige ... zwar entmythologisiert, aber damit die Gewalt keineswegs aus den Industriegesellschaften entfernt, ganz im Gegenteil«,[39] denkt man etwa an Hiroshima oder Agent Orange.

»Im Hindu-System spielen die Götter mit den Erdlingen. Dann wird das Schattensystem ab und zu wie durch Zufall zum Wahnsystem, und im Realsystem werden Sündenböcke geopfert.«[40] Anders bei den Juden, die Gott schon zu Zeiten von Moses wissen ließ, dass er ihre Opferei satthabe: »Glaubt ihr wirklich, dass ich auf einen toten Schafbock Wert lege? Solche Opfer werden mir auf der ganzen Welt gebracht, und ich habe schon längst den Geschmack daran verloren.«[41] Der jüdische Gott, so Holl, hatte etwas gelernt. Er wollte plötzlich Barmherzigkeit statt Opfer. Damit taten sich die Heidenchristen schwer. »Jahrhundertelang kamen die Christen aus dem Heidentum, und sie dachten weiterhin in heidnischen Bildern.«[42] Sie hatten sich im Konzil von Nicäa (325), bald nach der Anerkennung ihres Glaubens durch das Römische Reich, dazu durchgerungen, ihren Gott aufzusplitten in Gottvater, den Sohn und den Heiligen Geist – eine Entlastung für die an Vielgötterei gewöhnte heidnische Seele. Die Einzigartigkeit der jüdischen Gottesbeziehung bestand dagegen »in der Ablehnung der Göttervielfalt. Dadurch gerieten die Juden in einen Gegensatz zu den übrigen Völkern und fühlten sich wie Fremde unter ihnen. Sie wurden häufig verfolgt, besonders von den Christen.«[43] Synagogen wurden angezündet, Ehen zwischen Juden und Christen bei Todesstrafe verboten und »438 waren die Juden bereits aus allen öffentlichen Ämtern verbannt«.[44]

Der Boden, auf dem Sündenböcke grasen, war vom Christentum über Jahrhunderte hinweg gut gedüngt worden. Nach dem »Untergang des Abendlandes« hatte Hitler einen reichhaltigen Fundus an antisemitischem »Traditionsgut« der Heidenchristen, auf dem er aufsetzen konnte, um die weidwunde Seele der »arischen Herrenrasse« zu »heilen«.[45] Sollte es die Arier als genetisch einheitlichen Stamm je gegeben haben, so existierten sie als »Rasse« spätestens seit der Völkerwanderung nicht mehr. »›Das universale Christentum und die ethnisch-nationale Partikularität sind oft als grundlegende Gegensätze in der europäischen Geschichte betrachtet worden. Dabei wird vergessen, wie sehr das Christentum auch ethnische Identitäten legitimieren konnte.‹ Denn viele Völker betrachteten sich seit dem Frühmittelalter nach dem Vorbild der Juden im Alten Testament als ›auserwähltes Volk‹.«[46] Von seiner Lektüre antisemitischer Schriften diverser (siehe oben) Dunkelmänner kannte Hitler das Hakenkreuz als Traditionsgut der »Arier«. Die Swastika, bei den Indern als eine Art Sonnenrad religiöses Glückssymbol, kam ihm als angebliches Merkmal der arischen Rasse zupass. Um 45 Grad gedreht, machte er sie 1920 zum Symbol der NSDAP. Von indischer Kultur hatte er ebenso wenig Ahnung wie von Genetik. »Es waren nicht die Gene, die Völker verbanden oder voneinander unterschieden, sondern kulturelle Faktoren«, berichtet Walter Pohl von der Entstehung der europäischen Völker des Mittelalters. Für Adolf Holl sollten diese Faktoren noch Bedeutung erlangen.

Zu den wesentlichen Unterschieden der Kulturen gehören ihre jeweiligen Moralsysteme, insbesondere die Sexualmoral. Im Realsystem gerierte sich Hitler als eine Art Schiwa, der die Körperhitze oder angesammelte Lebenskraft des asketischen Mannes verkörpert. »Messiasse kommen aus dem Wahnsystem, verkleidet als Erlöser aus dem Verklärungssystem.«[47] Hitlers »Übermenschentum« berechtigte ihn zu seiner angemaßten »Mission« und dazu, von der »auserwählten Nation« die totale Identifikation mit ihm als fehler-, und das meinte auch geschlechtslose Gottheit zu verlangen. Das Messianische und das Asketische gehören für Holl zusammen. Den mit christlichen Ideologemen vertrauten Mitteleuropäern kam die Kombination jedenfalls bekannt vor.

> Die Wiederkehr des Verdrängten, die Wiederkehr der christlichen Militanz. Sie ist durchaus vorhanden. Ich brauche sie nicht zu beschwören, in der Form einer kulturwissenschaftlichen These zum Beispiel. Sie meldet sich fortwährend, und nicht nur mit Worten, im Antisemitismus zum Beispiel.[48]

Spätestens seit Augustinus auf dem Bischofssitz in Hippo Regius Platz genommen hatte (396), war der Manichäismus Teil des Christentums. Obwohl Theodosius I. (347–395) den geheimbündlerischen Manichäern die Todesstrafe angedroht hatte[49], predigte der Afrikaner von der Kanzel herab die Verachtung des Fleisches, die er von ihnen übernommen hatte, und verpasste dem Christentum die rigoroseste Sexualmoral, die je erfunden wurde. Und wenn das Fleisch zu schwach war, hatte der Bischof nichts dagegen, wenn die kaiserliche Polizei den Gesetzen Nachdruck verlieh.

Der entscheidende Unterschied zwischen dem Regime Schiwas und jenem von Jesus besteht in der Maxime des Erbarmens beziehungsweise im Gebot der Nächsten-, in seiner rigiden Form der Feindesliebe. Die hat die heidnische Götterwelt nicht im Programm. Mitleid mit allem Lebendigen kann von heidnisch-patriarchalischen Systemen nur als unverständliche Schwäche angesehen werden. Für Hindus ergibt sich kein »Auftrag Gottes«, wenn sie in den Slums von Kalkutta Menschen krepieren sehen – anders als für Mutter Teresa. Im Übrigen gilt die jesuanische Nächstenliebe auch zwischen Männern und Frauen, weshalb Sex für Jesus – anders als für die katholische Kirche – kein Thema war und es im Urchristentum auch Formen geschwisterlichen Zusammenlebens gab. »Die in den semitischen Sprachen weiblich deklinierte Regung des Erbarmens … muss den Hindus fremd bleiben, wegen der Kastenordnung.«[50]

> *Rachmones* bedeutet so viel wie Mitleid, Barmherzigkeit. *Rachmones* kommt vom hebräischen *Rachamin*; *Rachamin* kommt von *Rechem*; *Rechem* bedeutet: Mutterschoß, Eingeweide. Der Ausdruck die »Eingeweide des Mitleid«, den ich im Lukasevangelium gefunden habe (1. Kapitel, Vers 78), ist eine typisch semitische Redefigur. Sie erinnert an den urtümlichen Zusammenhang zwischen den weiblichen Organen und den Regungen der Menschenfreundlichkeit.[51]

Antisemitismus und Antifeminismus gehören in dasselbe System. In Hitlers Ideologie des Herrenmenschentums passte eine solche semitische Weichheit jedenfalls nicht. Was lag (für ihn) näher, als die heidnische Tradition des Opferns von Sündenböcken wiederaufzunehmen. »Der Angriff gegen die Juden … dient dem Antisemiten als Abwehr der Einsicht in seinen eigenen Wunsch, gegen die Einschränkungen der christlichen Moral zu revoltieren. Das erreicht der Antisemit, indem er seine unterdrückten Vernichtungswünsche auf die Juden überträgt.«[52] Das hatte Nietzsche mit seiner Lehre vom Übermenschen (*Also sprach Zarathustra*) zwar nicht gemeint, aber die darin enthaltene Abscheu vor der jüdisch-christlichen Barmherzigkeit konnte Hitler seinen Vernichtungsfantasien gemäß interpretieren. Wenn Nietzsche vom Kampf der Kranken gegen die Gesunden spricht, vom Kampf der physiologisch Verunglückten und Wurmstichigen gegen die Starken, die statt des Leids das Leben (dionysisch) feiern, dann missverstand Hitler das als Bestätigung seiner Zuchtmoral zur »arischen Rasse«.[53]

»Blutreinheit«

Für den Pubertären liefen die katholische und die nationalsozialistische Sozialisation parallel. Am 18. April 1942 kauft sich Adolf Holl »ein übersichtliches Tagebuch für fünf Jahre«, wie auf dem Vorsatzblatt zu lesen war. Obwohl die Einträge darin manchmal nur aus zwei, drei Wörtern bestehen, kann man ab dieser Zeit relativ gut erkennen, womit er sich beschäftigt beziehungsweise welche Tätigkeiten er ausgeübt hat. So erfährt man etwa, dass er beim Schwarzfahren erwischt worden, aber »glücklich entkommen« ist (26.4.1942), dass er in Deutsch einen Einser und in Mathematik einen Vierer ins Zeugnis bekommen hat (1.5.1942), oder eben, dass er an einem Tag in die Pfarrstunde ging (4.5.1942) und am nächsten »DJ-Dienst« (Deutsches Jungvolk) gemacht hat. Er geht in den Zirkus, ins Bad und später auch regelmäßig ins »TEZET« (Theater der Zeit, ein Wochenschaukino). Hausaufgaben macht er bei Frau Puwein, ins Theater oder in die Oper geht er gelegentlich mit Tante Martha, und Streifzüge (etwa nach Pötzleinsdorf) unternimmt er mit Freunden. Über den Krieg ist nichts zu lesen.

Am 11. Juli 1942 ist Zeugnisverteilung: Der Vierer in Mathematik wurde auf einen Dreier verbessert, Einser gibt's in Deutsch und Musik. Den ersten Teil der Ferien 1942 verbringt er in einem NS-Sommerlager. Es finden die üblichen Geländespiele statt, er wird zur Wache eingeteilt, Gemeinschaftsabende werden abgehalten. Den Höhepunkt stellt der Besuch des Stabsleiters der Steiermark dar. Auf der Heimfahrt wird dem ehrgeizigen Hitlerjungen Holl angekündigt, dass er in Kürze zum Jungzugführer ernannt werden soll, was am 7. September auch geschieht. Zur Feier seines Karrieresprungs plant er, mit Kameraden einen Ausflug zu machen, ist aber nicht erfolgreich beim Rekrutieren und muss das Vorhaben aufgeben. Ab November nehmen die Klagen über zu wenige Teilnehmer an den Heimabenden im Tagebuch zu. Am 13. November notiert er frustriert: »DJ = Sauhaufen«. Trotzdem kauft er sich am Krampustag *Mein Kampf*. Zur Weihnacht 1942 hat er »Schnupfen, Husten und Fieber«, was sich später als übergangene Rippenfellentzündung herausstellt, verbringt aber »trotzdem schöne Weihnachten!«

Als Konterpart zur militärischen Erziehung hat Josefine Holl ihren aufgeweckten Buben noch im Oktober zum Geigenunterricht angemeldet. Zu Beginn des Jahres 1943 erhält er ein Markenalbum und wird zum leidenschaftlichen Sammler. Im Sommer beginnt er Tennis zu spielen und im Herbst richtet er sich ein Terrarium mit Salamandern und Käfern ein. Indes, da die NS-Funktionäre den Burschen offenbar für begabt und strebsam hielten, beginnt das neue Schuljahr für ihn am 18. Jänner 1943 in der Breitenseer Kaserne in der »NPEA« (Nationalpolitische Erziehungsanstalt), einer Eliteschule für spätere NS-Führungskräfte. Knapp zwei Wochen später wird er zum »Jungenschaftsführer« befördert.

Ein Jahr davor hatte die Wannsee-Konferenz stattgefunden. Seither rollten die von Eichmann organisierten Transporte nach Auschwitz. Für den ehemaligen Vorstand des Wiener Instituts für Humanbiologie, Horst Seidler, beruht die Rassenbiologie des Dritten Reichs »viel weniger auf nebulosen, politisch-ideologischen Vorstellungen, als vielmehr auf naturwissenschaftlichen ›Erkenntnissen‹, deren Tradition bis in die zweite Hälfte des 19. Jahrhunderts zurückzuverfolgen ist«.[54] Es gibt aber eine weiter zurückreichende, christliche Wurzel der Idee von der »Reinheit des Blutes«. Im Zuge der Reconquista wurde in Spanien die »Limpieza de Sangre«, die Reinheit des Blutes, in Institutionen wie Stadträten, Universitäten oder Orden statuarisch verankert. Man wollte damit seine Pfründe vor Personen jüdischer oder muslimischer Herkunft (sogenannten Mudéjares) schützen, die unter christliche Herrschaft gekommen und zum Teil gut ausgebildet waren. An der Schwelle vom Mittelalter zur Neuzeit wirkte in Toledo der Erzbischof Juan Martínez Silíceo (1486–1557). Er zog zur Legitimation des Konzepts der »Limpieza« am Domkapitel zu Toledo eine Passage aus *Numeri 3* über die Auserwählung des »reinen Stammes« der Leviten zum Priesterdienst heran. »Die paradoxe Argumentationsstrategie mit Hilfe des Instruments alttestamentarischer ›Reinheitsvorstellungen‹ lag der Marginalisierung der jüdischen Konvertiten zugrunde.«[55] An dieses christliche Erbe konnte man im 19. Jahrhundert anknüpfen.

Das tat zum Beispiel der Begründer der Humangenetik, Francis Galton, in seinem Werk *Hereditary Genius and Character* von 1865. Darin entwirft er die Utopie einer Gesellschaft, »in welcher man ein System wettbewerbsmäßiger Prüfung für Mädchen wie für junge Männer ausbildet, … von denen zu erwarten ist, dass die aus ihnen hervorgehenden Kinder einmal zu hervorragenden Staatsdienern heranwachsen werden«.[56] Einer dieser auserwählten jungen Männer wäre Adolf Holl gewesen – wenn sein »rassenbiologisches Gutachten«

positiv beschieden worden wäre. Das Landgericht Wien stellte aber in einem Bescheid mit der Aktenzahl 5 Cg 307/43 vom 15.12.1944 fest, dass »eine Vaterschaft des gesetzlichen Vaters Karl Holl ... wahrscheinlicher erscheint als eine solche des angeblichen Vaters A. T.«[57] Diesem Abschlussbericht war eine mühsame Prozedur vorangegangen, der sich der Hitlerjunge Adolf Holl am 31. Oktober 1944 hat unterziehen lassen müssen.

Da er offenbar für eine höhere politische Laufbahn vorgesehen war, musste er den »großen Ariernachweis« erbringen. Seitens der Behörde wurde aber die Vaterschaft des »Prüflings« in Zweifel gezogen. Der als Vater infrage kommende Karl Holl galt aber als »Mischling II. Grades«. Zur Feststellung der »Blutreinheit« Adolf Holls behalf man sich – wie damals üblich – eines anthropologischen Rassengutachtens. Nach stundenlanger Untersuchung kam man zu folgendem »wissenschaftlichen« Ergebnis:

> In seinem rassischen Erscheinungsbild weist der Prüfling in der Mundgegend Züge auf, wie wir sie bei Juden häufiger finden als in unserer Bevölkerung. Darin gleicht der Prüfling seinem gesetzlichen Vater, ebenso in dem dazu stimmenden Bau der Unternase. Beim gesetzlichen Vater wird der Eindruck einer jüdischen Blutbeimischung noch durch die Gestaltung der Augengegend verstärkt, welche Merkmalskomplexe beim Prüfling nicht in Erscheinung treten.[58]

Aus einer angeblichen Ähnlichkeit der Augen- und Mundpartie schloss der Gutachter haarscharf auf ein Achtel Anteil jüdischer Blutbeimischung beim Prüfling. Mit der Absurdität eines solchen Unterfangens muss man sich heute nicht mehr aufhalten. Im Tagebuch des Jünglings ist über all diese Vorgänge nichts vermerkt. Der Eintrag zum 31. Oktober lautet: »Gew. Tag« (gewöhnlicher Tag). Hitler kommt in seinen Aufzeichnungen nie explizit vor. Einziger indirekter Hinweis auf ihn ist ein Eintrag vom 20. Juli 1944: »Mordanschlag (Nachts 1h Führerrede)«. Zu diesem Zeitpunkt spielte eine Karriere im untergehenden Dritten Reich in seinen Überlegungen schon keine Rolle mehr. Zu Silvester 1943 hatte er sich noch gewünscht: »Möge 1944 auch so sein wie 1943!«[59] Der fromme Wunsch erfüllte sich nicht. Er hatte aber ohnehin bereits begonnen, sich bei seiner Vatersuche umzuorientieren.

Anmerkungen

1 Gespräch mit Adolf Holl vom 28.5.2016.
2 Theodor Haecker: *Tag- und Nachtbücher*. Suhrkamp Verlag, Frankfurt 1975, S. 88.
3 Ebd., S. 69.
4 Erika Weinzierl: *Prüfstand. Österreichs Katholiken und der Nationalsozialismus*. Verlag St. Gabriel, Mödling 1988, S. 82.
5 Ebd., S. 85.
6 *Tag- und Nachtbücher*, S. 37.
7 Faksimile der Erklärung in: Maximilian Liebmann: *Theodor Innitzer und der Anschluß. Österreichs Kirche 1938*. Styria Verlag, Graz / Wien / Köln 1988, S. 86.
8 Ebd., S. 108.
9 Zweifellos hat sich die katholische Kirche Österreichs fast bis zur Selbstaufgabe an den Nazismus angebiedert, doch wenn Stefan Moritz in seinem Band *Grüß Gott und Heil Hitler* Innitzer unterstellt, dass er (ideologisch) nicht zwischen Katholizismus und Nazismus unterschieden habe und Wegbereiter des Letzteren gewesen wäre, dann verkennt er die Situation. Anders als die Werke von Weinzierl und Liebmann zeichnet sich seine Arbeit insgesamt durch eine ahistorische Betrachtungsweise aus.
10 Röm 13, 1–2.
11 *Ein neuer Gott*, S. 155.
12 Annemarie Fenzl: *Kirche und Nationalsozialismus in Wien – im Spiegel der Akten des Wiener Diözesanarchivs, mit besonderer Berücksichtigung des Verhältnisses von Juden und Christen*. In: Alkuin Volker Schachenmayr (Hrsg.): *Der Anschluss im März 1938 und die Folgen für die Kirche und Klöster in Österreich*, Be&Be Verlag, Heiligenkreuz 2009, S. 181–233, S. 192.
13 *Im Keller*, S. 166.
14 *Zur frohen Zukunft. Werkstattgespräche mit Adolf Holl*. Hrsg. von Egon Christian Leitner. Wieser Verlag, Klagenfurt 2014, S. 22.
15 Ebd.
16 *Mitleid im Winter*, S. 81.
17 s. Tb. 1.
18 *Wie ich ein Priester wurde*, S. 12.
19 *Zur frohen Zukunft*, S. 291.
20 *Der Ketzer und das Geheimnis*. Adolf Holl in der Ö1-Sendung *Menschenbilder* vom 25.1.1998.
21 Ebd.
22 Adolf Holl: *Mitleid im Winter. Erfahrungen mit einem unbequemen Gefühl*. Rowohlt Verlag, Reinbek 1985, S. 9f.
23 *Braunau am Ganges*, S. 82.
24 *Der Fisch aus der Tiefe*, S. 114.
25 *Braunau am Ganges*, S. 17.
26 vgl. dazu v. a. das Kapitel *Fruchtbarkeit, Magie, weibliche Kräfte* in: Adolf Holl: *Im Keller des Heiligtums. Geschlecht und Gewalt in der Religion*. Kreuz Verlag, Stuttgart 1991, S. 25–42.
27 Adolf Holl (Hrsg.): *Die zweite Wirklichkeit. Esoterik, Parapsychologie, Okkultismus, Grenzerfahrungen, Magie, Wunder*. Ueberreuter Verlag, Wien 1987.
28 Simone Stölzel: *Nachtmeerfahrten. Die dunkle Seite der Romantik*. Verlag Die Andere Bibliothek, Berlin 2013, S. 53.
29 Psalmen 96,5.
30 *Ein neuer Gott*, S. 386.

31 *Braunau am Ganges*, S. 112.
32 *Fisch aus der Tiefe*, S. 13.
33 *Nachtmeerfahrten*, S. 59.
34 Zit. nach Rüdiger Görner: *Das gespenstisch Absolute. Schopenhauers Versuch über das Geistersehen.* In: Aurora. Jahrbuch der Eichendorff-Gesellschaft, Bd. 63. Niemeyer Verlag, Tübingen 2003, S. 69.
35 *Religion im Zeitalter des Faschismus.* In: *Im Keller*, S. 151–168, S. 164.
36 Zit. nach *Im Keller*, S. 154.
37 Elias Canetti widmet sich in seinem Hauptwerk *Masse und Macht* diesem Thema. Holl kommt in seinen Büchern immer wieder auf ihn zurück.
38 *Im Keller*, S. 155.
39 Ebd., S. 165.
40 *Braunau am Ganges*, S. 46.
41 *Wo Gott wohnt*, S. 46.
42 *Ein neuer Gott*, S. 63.
43 *Wo Gott wohnt*, S. 51.
44 Adolf Holl: *Religionen*. Deutsche Verlags-Anstalt, Stuttgart 1981, S. 39.
45 Viele Hinweise zur »Geschichte des Antijudaismus« gibt Johannes Maier in seinem Buch *Juden als Sündenböcke*. LIT Verlag, Wien 2016.
46 Projekt der Österreichischen Akademie der Wissenschaften unter Walter Pohl: »SCIRE – Social Cohesion, Identity and Religion in Europe, 400–1200«. ÖAW, Wien 2016: www.univie.ac.at/scire/image/SCIREsynopsis.pdf.
47 *Braunau am Ganges*, S. 36.
48 *Religiöse Militanz*, S. 35.
49 s. *Fisch aus der Tiefe*, S. 110.
50 *Braunau am Ganges*, S. 96.
51 *Mitleid im Winter*, S. 25f.
52 *Braunau am Ganges*, S. 82.
53 s. *Mitleid im Winter*, S. 76f.
54 Horst Seidler, Andreas Rett: *Das Reichssippenamt entscheidet. Rassenbiologie im Nationalsozialismus.* Jugend und Volk Verlag, Wien 1982, S. 10.
55 Max Sebastían Hering Torres: *Rassismus in der Vormoderne. Die »Reinheit des Blutes« im Spanien der Frühen Neuzeit.* Campus Verlag, Frankfurt / Main 2006, S. 137f.
56 Zit. nach *Das Reichssippenamt entscheidet*, S. 10.
57 *Das Reichssippenamt entscheidet*, S. 201.
58 Zit. nach *Das Reichssippenamt entscheidet*, S. 201.
59 Tb. 1, 31.12.1943.

Christianisierung

Bauerntum

Das neue Jahr beginnt sportlich. Am 5. Jänner 1944 fährt Adolf Holl nach Mönichkirchen zum Skifahren und ist »noch recht unsicher auf den Bretteln«.[1] Das änderte sich im Laufe seiner Jugend, bis hin zur Hilfsskilehrerprüfung. Eine Woche frönt er dem weißen Vergnügen und kehrt erst am Tag vor Schulbeginn aus dem Urlaub zurück. Die kommenden Wochen sind ausgefüllt mit kulturellen Aktivitäten. Mit seinem Freund Reinhard besucht er den *Weißen Traum*, geht in die Volksoper zu *Rigoletto*, in die Staatsoper zu *Palestrina*,[2] ins Burgtheater zu *Einen Jux will er sich machen*, schaut sich im Kino *Reisebekanntschaft* an und lauscht einer Kammermusik. Daneben spielt er Violine, lernt Stenografie und erledigt »Luftschutzarbeit«. Mehr Hinweise auf die Ereignisse in der Luft, zu Wasser und zu Lande finden sich nicht. Wüsste man nicht, dass zu Beginn des Jahres 1944 die Rote Armee eine Offensive startete, die im Februar zur Schlacht um Tscherkassy-Korsun und zur zweiten schweren Niederlage der Wehrmacht nach Stalingrad führte: Aus Holls Tagebuch könnte man nicht schließen, dass der Auflösungsprozess des Dritten Reichs bereits im Gang war.

Indirekt erfährt man vom Krieg: Nicht ganz einen Monat nach dem Beginn endete für den Schüler Holl das laufende Schuljahr schon wieder. Mitte Februar wird der Unterricht wegen Bombengefahr für drei Monate nach Ungarn verlegt. In Richtung Front wollte Josefine Holl ihren Sohn aber nicht ziehen lassen und erwirkte deshalb eine Sondergenehmigung. »Ich durfte nach Kirchberg ob der Donau fahren und beim Huf- und Waffenschmied Leopold Jungwirth wohnen, bei dem ich schon öfter in den Ferien gewesen war.«[3] Am 2. März 1944 ging's westwärts. Bereits am nächsten Tag und danach noch ein paar Mal steht er wieder auf den Bretteln. Ein heftiger Schneesturm setzt dem Wintersport am 11. März ein Ende. Zwei Tage später ist das Dorf von der Außenwelt abgeschnitten. Erst zwei weitere Tage danach lässt der Schneefall nach und der Bursche muss mithelfen, sich frei zu schaufeln. »Das ebenerdige Haus des Schmieds mit einer Wohnküche und drei Zimmern stand auf einer kleinen Böschung am Dorfrand.«[4] Darin lebte der Schmied mit seiner Frau und drei Kindern. Zum geplanten Unterricht beim »Herrn Doktor«, dem ehemaligen Gymnasialdirektor und Bruder des Schmieds, kommt es wetterbedingt erst Ende des Monats. Denn dazu hätte der Schüler nach Neuhaus hinunterstapfen müssen. Stattdessen hilft er in der unterhalb des Hauses gelegenen Schmiede aus, etwa durch Treten des Blasebalgs, wenn ein Pferd beschlagen werden sollte. »Nach der Arbeit badete der Schmied in der Küche seine schmutzigen Füße … und während des Fußbads geriet er gerne in eine Art frommer Verzückung.«[5] Bevor der Jüngling Ende des Monats für ein paar Tage heimfährt, schaut er noch beim Abstechen einer Sau zu. So tauchte er allmählich ein in eine mittelalterlich bäuerliche Welt.

Kurz nach der Geburt des Neffen hatte der Onkel Franz ein Tagebuch für das Kind angelegt, in das »Ernstes und Heiteres aus Deiner Jugend festgehalten werden« sollte. Bis auf einen Brief seiner Mutter über die Geburt blieb das Diarium aber leer. Im Winter 1944 entdeckt er das Büchlein und trägt sporadisch ein paar aphoristische Sätze ein wie: »Die Erinnerung an das Schöne ist das Schönste vom Schönen.« Ab »Montag, den 7. August 1944«, führt er es parallel zu seinem Fünfjahres-Tagebuch und nutzt es zur Selbstreflexion mit der Absicht, »über hervorstechende Begebenheiten des Alltags zu schreiben«. Regelmäßige Berichte über Ereignisse des Tages beziehungsweise seines Seelenlebens finden sich darin ab Oktober. In welche Richtung die Sache gehen sollte, lässt der Eintrag vom 3. September 1944 ahnen:

> Morgen soll die Schule anfangen. Da möchte ich einmal nachdenken über die Ferien und das ganze vergangene Jahr. Habe ich mich geändert? Bestimmt! (…) Vielleicht habe ich mich etwas zu meinen Ungunsten geändert. Aber das kann ich nicht so wissen, da ich noch nicht reif genug dazu bin. Eines jedoch erkenne ich klar: dass ich viel mehr Selbstbeherrschung brauche. (…) Das vergangene Jahr hat mir viel gebracht. Bauerntum![6]

In diesem Halbjahr hat er sich nicht mehr als Urlauber mit dem touristischen Blick der Außeralltäglichkeit in der bäuerlichen Welt bewegt, sondern als Teil von ihr. Das hat seine Sicht auf die Dinge in der Tat verändert. Er hat nun ein neues Ziel: »Nicht versumpfen in der Großstadt!«[7]

Zum naturnahen Leben gehört nicht nur eine duale Codierung (Sommer / Winter, Tag / Nacht, Mann / Frau etc.), sondern auch eine bestimmte Magie. Das götterweltliche Universum der Bauern begnügt sich nicht »mit der Repräsentation der beiden Geschlechter; es kennt auch heilige Tiere, Pflanzen und Steine, ferner Zwischenwesen wie Engel und Dämonen«.[8] Diesem agrarisch-heidnischen Lebensgefühl hat sich das Christentum bestens angepasst.

> Die für die verschiedensten Nöte zuständigen Hilfsgottheiten schlüpften in das Gewand der christlichen Schutzpatrone, die alten jahreszeitlichen Feste behielten ihre urtümlichen Inhalte auch nach ihrer Christianisierung, unter den Fundamenten der Kirchen und Kapellen rumorten die »heidnischen« Kräfte munter fort.[9]

Pier Paolo Pasolini, auf den Holl in seinen Büchern immer wieder Bezug nimmt, hat der animistischen Bauernwelt, die er in seiner Jugend im Friaul kennengelernt hatte, in seinem cineastischen und essayistischen Werk nachgesonnen. In Anbetracht des entzauberten Lebens in Roms Vorstädten in den Siebzigerjahren des 19. Jahrhunderts konnte er seine Trauer über den Verlust des bäuerlichen Universums nicht verbergen. Was den marxistischen Intellektuellen Pasolini fasziniert hat, ist einerseits der existenzielle Ernst des bäuerlichen Lebens (als »Konsumenten von unbedingt notwendigen Gütern«) und andererseits (bei aller Kritik am vatikanischen Klerikalismus) die typisch christliche Anverwandlung archaischer, heidnischer Befindlichkeiten.

> Bis auf den heutigen Tag hatte die Kirche ihren eigentlichen Platz in einer bäuerlichen Welt, die dem Christentum das einzig Spezifische nahm, das es von allen anderen Religionen unterscheidet: nämlich Christus. In der bäuerlichen Welt wurde Christus zu einem der tausend Götter vom Schlage eines Adonis oder einer Proserpina, die bereits da waren und die keine reale Zeit, das heißt, keine Geschichte kannten. Die Zeit jener bäuerlichen Götter war eine »heilige« oder »liturgische« Zeit, deren Sinn in ihrem zyklischen Ablauf, ihrer ewigen Wiederkehr lag.[10]

Die ursprüngliche christliche Linearität in der Endzeitvision Jesu Christi wird durch die regelmäßig wiederkehrende Abendmahlsfeier zu seinem Gedächtnis eingefügt in den zyklischen Kreislauf der Jahreszeiten. Pasolini hegte eine gewisse Bewunderung für die Kulturleistung der Kirche, der es gelang, »Christus in der bäuerlichen Welt zwei Jahrtausende lang stets den überkommenen mythischen Vorbildern« anzupassen.[11] Auch Adolf Holl hat diese begütigende Wirkung inmitten des schlimmsten Weltenbrands der bisherigen Menschheitsgeschichte verspürt. Später hat er sich religionssoziologisch vielfach kritisch mit der Kehrseite auseinandergesetzt, ohne diese Welt je rationalistisch zu denunzieren.

> So erscheint hinter den christlichen Übermalungen, das heidnische Erbe eines bäuerlichen Universums ägyptischer Fellachen, syrischer Marktfrauen, griechischer Schafhirten. Alle diese Völker sind schlecht getauft, wie Freud erkannt hat, und eben deshalb knüpft sich an sie die verzweifelte Hoffnung derer, die sich den barbarischen Lebensgewohnheiten des nordamerikanischen Imperiums nicht anbequemen möchten. Die archaische Katholizität, die ich hier – und fast wider Willen – zu verteidigen mich genötigt sehe, blickt von Wien aus gesehen eher nach Süden als nach Norden.[12]

Im Sommer 1944 erblüht in Kirchberg einer der Widersprüche des Lebens und Denkens von Adolf Holl. Innerlich hat ihn die archaische Katholizität tief berührt, intellektuell hat er ihr Gewaltpotenzial erkannt und sich daran abgearbeitet. In seine wissenschaftlichen Erkenntnisse hat er stets persönliche Erfahrungen einbezogen; nicht selten bilden sie sogar deren Ausgangspunkte. Das schuf im Laufe seines Gelehrtenlebens eine Distanz zur akademischen Welt, aber eine Nähe zu den Menschen. »Nützliche Überlegungen pflegen mit unerquicklichen Gedanken zu beginnen. Dass man ein anständiger Mensch sei, aus eigenem Verdienst selbstverständlich, ist ein erquicklicher Gedanke. Wer ihn verabschiedet, sieht ein Stückchen weiter.«[13] In Auseinandersetzung mit der fremden bäuerlichen Welt wird die Selbstreflexion in diesem Kirchberger Halbjahr 1944 zu einem der Wesenselemente des Denkens von Adolf Holl.

Am 6. April kehrt er zurück in sein Dorf. Dort hat inzwischen Tauwetter eingesetzt. Nun konnte er dreimal in der Woche zum Herrn

Doktor nach Neuhaus wandern, um Unterricht in Latein, Mathematik und Deutsch zu nehmen. In diesen Apriltagen kommt es auch zu jener lebensentscheidenden Begegnung mit dem Pfarrer Anton Panholzer:

> Der Herr Pfarrer von Kirchberg, ein gütiger und heiterer Mann, versorgte mich mit Lesestoff. Ich durfte auf der Geige mitspielen, wenn ein Hochamt oder ein Requiem gesungen wurde. Bald zog es mich auch an den Wochentagen in die Kirche, zur Frühmesse, und der Herr Pfarrer lud mich ein, Ministrant zu werden.[14]

Zwei Wochen nach dem Karfreitag, der 1944 auf den 7. April fiel, steht er zum ersten Mal im Chorhemd und dem roten Kittel am Altar – und genießt das Ritual. Ebendieses wird zu einem Hauptmotiv bei seiner Wahl des Priesterberufs. Es stellen sich ihm dabei Erinnerungen ein, die tief in die Keller der Menschheitsgeschichte hinunterreichen.[15] Der meditative Charakter der reglementierten, immer gleichen Kulthandlungen taucht ihn in eine mystische Atmosphäre, die so ganz anders ist als das nüchterne Breitensee.

> Dunkel ist es im Winter, wenn sich der Ministrant erhebt, wenn der Ministrant in die Kirche geht in nüchternem Zustand, noch ein wenig verschlafen. In der Kirche brennen nur wenige Lichter an Wochentagen, kalt ist es in der Kirche und dunkel während der Wintermonate. (…) Meist handelt es sich um eine sogenannte stille heilige Messe, nur der Priester flüstert seine Gebete, nur der Ministrant antwortet dem Priester.[16]

Wer keinen Sinn für dieses sazerdotale Fluidum hat, dem ist schwer klarzumachen, in welche Stimmung es einen versetzt. Während der Messfeier ist man der Zeit und dem Raum (des Alltäglichen) – und damit auch der Alltagssorgen – enthoben in eine dritte Dimension. Der Rhythmus strukturiert das Leben, gibt ihm Halt und Sicherheit. Der dunkle, kühle Kirchenraum bildet ein religiöses Refugium gegen das Anbranden der permanenten Veränderung mit ihrem Zwang zur Flexibilität und Selbstoptimierung. Eine psychische Entlastung. Davon hatten beide etwas: Die Kirche die Übersicht über ihre Schäfchen und die Bauern ihre sonntägliche Entspannung. Adolf Holl muss die befriedende Wirkung in diesen kriegerischen Zeiten besonders intensiv empfunden haben und ist in gewisser Weise süchtig danach geworden. Es ist keine Übertreibung, wenn Gabriele Sorgo zu seinem 75. Geburtstag schreibt, dass er, seitdem ihm das Messelesen untersagt ist, »auf Entzug« lebt.[17]

Diese erste Zeit als Messdiener in der Pfarrkirche zu Kirchberg hat nicht nur sein Priesterbild, sondern auch sein Leben so sehr geprägt, dass es ihm im Albtraum nicht eingefallen wäre, sich laisieren zu lassen. Er hätte einen Teil seiner selbst preisgegeben. Als Priester ist Adolf Holl diesem mystischen Christentum der lateinischen Messe inmitten eines bäuerlichen Ambientes lebenslang verbunden geblieben. Vielleicht ist es das, was er meint, wenn er davon spricht, dass er »schief eingeschraubt in die Welt« sei.[18] Was Holl in Kirchberg empfunden hat und auch heute noch Menschen verspüren, bleibt ein Stachel im Fleisch unserer modernen arbeitsteiligen, industriellen, kapitalistischen Gesellschaft. Mit der Funktion der Religion für den Kapitalismus hat sich Holl später als Wissenschafter – insbesondere im Zusammenhang mit der Askese (vom urchristlichen Mönchswesen bis zum Askese-Athleten Franz von Assisi) – eingehend beschäftigt. Intellektuell tat er das sine ira et studio. Er wäre in diese Thematik aber gar nicht so intensiv eingetaucht, hätte er nicht als Priester, so wie Pasolini als Dichter, eine juvenile Anhänglichkeit an die bäuerliche Welt. Während Holl der Ansicht ist, dass »das bäuerliche Erbe im Christentum … nicht per Dekret zu beseitigen«[19] ist, sah Pasolini klar, »dass überflüssige Güter das Leben überflüssig machen«.[20] Holl erkennt in den jüdischen, christlichen und islamischen Fundamentalisten den Nachhall auf eine bäuerliche »Familien- und Geschlechtermoral«, die (man ist geneigt zu schreiben) vergeblich »gegen das Lustprinzip und die Permissivität der Verbrauchergesellschaft kapitalistischer Art« kämpft; Pasolini erwartete sich von »der neuen Kultur der Konsumzivilisation« den »repressivsten Totalitarismus, den man je gekannt hat«.[21]

Ende April besucht Adolf Holl wieder seine Mutter. Er richtet sich ein neues Terrarium ein, kauft einen spanischen Marmormolch und macht Ausflüge. Eine Woche danach ist er schon wieder in Kirchberg. Der Krieg rückte unverkennbar näher: Mitte März war Wien erstmals bombardiert worden, jetzt machen sich die Männer des Dorfes auf, »in search of feindlichen Fallschirmjäger«.[22] Noch vor seinem 14. Geburtstag darf er das erste Mal allein ministrieren. Der Festtag selbst wird als »Gew. Tag« vermerkt. Am 19. Mai soll die Schule in Wien wieder ihren Betrieb aufnehmen. Am Tag davor begibt sich der Schüler auf die Heimreise. Wegen chaotischer Zustände verschiebt sich der Beginn ein wenig, erst Ende Mai lernt er seine neuen Lehrer kennen. Pro forma lässt er sich im Juni »bei der Motor-Hitlerjugend einschreiben, von der ich wusste, dass sie keinen Wert auf meine Anwesenheit legte«.[23] Nach nur zwei Monaten Unterricht endet am 11. Juli für ihn die vierte Klasse des Realgymnasiums am Schuhmeierplatz in Wien-Ottakring. In diesem Sommer 1944 trat Adolf Holl in sein Hochmittelalter ein.

Weltliche und geistliche Mächte

Die abendländische Christenheit trat mit dem Sieg Karl Martells in der Schlacht von Tours und Poitiers (732) in eine neue Phase. Der Großvater Karls des Großen legte den Grundstein für das neue Kaiserreich der Franken. Das brachte den Papst in Rom in Zugzwang. »Nach einer Phase des Schwankens löste sich das Papsttum endgültig von Byzanz und wandte sich der fränkischen Schutzmacht zu, eine Voraussetzung für die Kaisererhebung Karls des Großen.«[24] Die Folge war der jahrhundertelang dauernde Streit zwischen päpstlicher Autonomie und kaiserlicher Oberhoheit. Karl ließ den Papst in einem Brief wissen, dass er seine Aufgabe darin sähe, »die Kirche Christi vor dem Einfall der Heiden und den Verheerungen durch Ungläubige mit Waffengewalt nach außen zu verteidigen und sie nach innen durch die Anerkennung des rechten Glaubens zu befestigen«.[25] Dafür behielt er sich das Recht vor, Bischöfe zu ernennen. Das Match zwischen weltlicher Macht und geistlicher Würde, das im Investiturstreit eskalierte, war eröffnet.

Dass die weltliche Macht des Segens von oben bedarf, um beim Volk Anerkennung zu finden, wussten auch die Karolinger und erneuerten die Allianz von Thron und Altar. Beginnt der Thron zu wackeln, strömt das Volk zum Altar – und die Machtbalance verschiebt sich. Dieses Phänomen war auch zu beobachten, als das neuheidnische Dritte Reich seinem Untergang entgegentaumelte und die abendländische Christenheit sich in Form der Alliierten erneuerte. Je näher die Fronten rückten, umso voller waren die Kirchen. »Es war in einer

Zeit der großen Ängste keine Überraschung, wenn wieder mehr gebetet wurde.«[26] Die katholische Kirche erlebte deshalb gegen Ende des Krieges einen Aufschwung, obwohl sie kein einziges Mal öffentlich gegen Nationalsozialismus und Schoah Stellung bezogen hatte. Anders als Rolf Hochhuth, der in seinem Stück »Der Stellvertreter« Pius XII. später unterstellt hat, »Hitlers Papst gewesen (zu sein), herzlos gegenüber dem Schicksal der Juden, tatenlos, weil er selbst ein eingefleischter Antisemit gewesen sei«, sieht Ian Kershaw den Grund für Pius' Schweigen in seiner Überzeugung, er »würde die Lage nur verschlimmern – nicht nur für die katholische Kirche ..., sondern auch für die Opfer deutscher Gräueltaten«.[27] Die Aufregung nach der Aufführung von Hochhuths Stück im Jahre 1963 sollte für Holl noch bedeutsam werden.

Bei der überwiegenden Mehrzahl der Gläubigen hatte der Papst mit seiner angreifbaren Haltung keine Reputation eingebüßt, wie Kershaw betont. Die Zahl der Gottesdienstbesucher, insbesondere unter der ländlichen Bevölkerung, nahm während des Krieges zu. Dieser Zulauf verfehlte seine Wirkung auch auf den jugendlichen Adolf Holl nicht. Gleich nach seiner Rückkehr aus Kirchberg bewirbt er sich in seiner Heimatpfarre als Ministrant. Wie in Pfarrer Panholzer findet er auch in Pfarrer Zeggl einen väterlichen Begleiter. »Solche Pfarrergestalten ... haben mich in einer dunklen Weise angesprochen (...) Das war eine Väterlichkeit, die mich attrahiert hat.«[28] Dazu gehören neben Pfarrer Zeggl auch Pater Leibold, der die Pfarrstunden abhält, und der Jugendkaplan Friedrich Kreh. Für die nächsten zehn Jahre wird die Breitenseer Pfarrkirche St. Laurentius zur Gegenwelt der Gartenlaube in der Oeverseestraße. Die Wohnanlage war nicht nur der Begegnungsort mit seiner Mutter, sondern auch mit Mädchen. Zum Beispiel mit der etwas älteren Trude, die einmal ihr Röckchen gehoben hatte und dem verängstigten Burschen zeigte, was sich darunter verbirgt, oder Lydia, die dem von seiner Mutter mit einer gewissen Sexualscheu ausgestatteten, schüchternen jungen Mann den ersten Kuss abringt.[29] Davor war er in der Kirche gefeit. Dort sind die Mädchen hinter ein Gitter verbannt, fast so wie das marianische Gnadenbild in einem Seitenaltar von St. Laurentius. Auch »in der Sakristei hatten die Mädchen nichts zu suchen, es sei denn, sie brachten blühenden Flieder für den Mai-Altar«.[30]

Psychologen haben herausgefunden, so erfuhr Adolf Holl später, dass »Muttersöhnen eine Neigung zum klerikalen Leben« eigen ist, gepaart »mit heftigen Angstvorstellungen beim Gedanken an das weibliche Genitale«.[31] Umso größer die Attraktivität einer mildtätigen Väterlichkeit. Am anschaulichsten schildert er die Problematik in »Mitleid im Winter« am Beispiel des heiligen Martin von Tours. Hoch zu Ross reitet der Soldat im Winter übers Land, als ein nackter Mensch ihm flehend die Hände entgegenstreckt. Kurz entschlossen nimmt Martin sein Schwert, teilt seinen Mantel und gibt eine Hälfte dem armen Mann.

> Martins Regung, den Bedürftigen als seinesgleichen zu behandeln, ist mit Liebe nicht ohne weiteres zu verwechseln. Martin war einer von denen, die vor der sinnlichen Liebe zurückschrecken. Eine Familie mochte er nicht gründen, und die Interessen, die zwei Körper verträglich aneinanderbinden, blieben ihm fremd und verächtlich. Von solcher Strenge ging eine starke Wirkung aus.[32]

Die christliche Nächstenliebe will sich nicht so ohne Weiteres mit Zärtlichkeit verbinden. Sie kommt mehr aus dem Kopf als aus dem Bauch. Wie beim heiligen Martin ist es mehr das Gebot als das Gefühl, das Adolf Holl leitet. Und es ist mehr die Liturgie, die ihn in die Kirche zieht, als der Glaube.

Es war in der Karolingerzeit, als die Liturgie, verstanden als formgerechter Vollzug der religiösen Handlungen, zum zentralen Element der Religiosität wurde. Seither umfasste sie »so gut wie alle Lebensstationen (Geburt, Ehe, Tod), skandierte den Jahres- und Wochenrhythmus (Hoch- und Heiligenfeste, Sonntage), ja für viele, insbesondere Mönche und Kleriker, den Tagesablauf und die Stundeneinteilung«.[33] Außerdem kam es zu einer gewissen Inflation an Messen, weil sie nun für alle möglichen Zwecke eingesetzt wurden, etwa auch zum Loskauf von Bußwerken.

> Die stärkere Betonung des Liturgisch-Rituellen ließ zunehmend alttestamentliche Vorstellungen in die religiöse Praxis einfließen: Das betraf auch die Forderung nach kultischer sexueller Reinheit der Priester und der Laien – von den Eheleuten wurde geschlechtliche Enthaltung an den heiligen Tagen und in heiligen Zeiten … gefordert, Frauen unterlagen dem Kommunionsverbot während der Menstruation.[34]

Der mittelalterliche Wahlspruch Ecclesia non sitit sanguinem (die Kirche dürstet nicht nach Blut) erstreckte sich eben nicht nur auf die Gerichtsbarkeit. Damit geht auch eine gewisse Sexualfeindlichkeit einher. Hermann Nitsch hat (1000 Jahre später) in seinem »Orgienmysterientheater« die Kirche mit Fleisch und Blut und solcherart mit verdrängter Sexualität konfrontiert.

Der religiöse Funke, der in Kirchberg entzündet worden war, entfachte in Adolf Holl allmählich ein Feuer. »Der tägliche Besuch der hlg. Messe bringt wunderbare Segnungen. (…) Wie oft hat Gott mich erfreut! Ich will Ihm seine Vaterliebe durch Liebe und Reinheit danken.«[35] Da ist sie also: jene »reine« Väterlichkeit, nach der er gesucht hatte. Nach Ferienbeginn unterzieht er sich einem vierzigstündigen Gebet. Anschließend nutzt er die Ferien, um Tennis und Violine zu spielen, Marken zu sammeln und sich um sein Terrarium zu kümmern. Ende Juli bricht er zu einem Wanderurlaub in die Obersteiermark auf und Anfang August reist er noch einmal nach Kirchberg und hilft bei der Ernte mit. Äußerlich scheint alles seinen gewohnten Gang zu gehen, doch zu Beginn des neuen Schuljahres wird ihm klar, dass sich (in ihm) etwas verändert hat.

Auch in der Schule ist manches anders; sie findet nun nachmittags statt. Am 7. Oktober meldet er seinem Fünfjahres-Tagebuch wieder einen Fliegeralarm, der eine Periode von Bombenangriffen einleitet. Ab 23. Oktober muss er deshalb in das Gymnasium in die Kalvarienberggasse wechseln. Er fühlt sich dabei wie eine Blume, die versetzt wurde.[36] Außerdem ist die Klasse, in die er kommt, mit dem Lehrstoff schon viel weiter. In seinem neuen Tagebuch zitiert er einen Tag vor der »Blutuntersuchung« ein paar Zeilen aus dem Buch »Charakter« des katholischen Priesters Tihamér Tóth (1889–1939) und bekundet die Absicht, sie zu seinem Leitspruch zu machen: »Ich will: Herr meiner Sinne und Gefühle werden. Ordnung schaffen unter meinen Gedanken … mit Freuden lernen, an die Zukunft denken, geduldig leiden.« Zu diesem Zeitpunkt hatte das Ende seiner militärischen Laufbahn jegliche Bedeutung für ihn verloren. Erst später wird er sich dazu eine seiner unangenehmen Fragen stellen:

> Meine Unterweisung als Messdiener fiel in die Zeit der deutschen Niederlagen an diversen Fronten. Ich frage mich, wie sich mein Leben entwickelt hätte, wenn Hitler siegreich geblieben wäre. Ob dann nicht

aus dem Pimpf ein strammer Hitlerjunge und danach vielleicht ein SS-Mann geworden wäre, mit blondem Haar und blauen Augen und einer tiefen Verachtung für Juden, Zigeuner, Homosexuelle, Asoziale.[37]

Hungersommer

Am 10. Jänner 1945 tauchte er erstmals auf, der Gedanke, der Adolf Holl die nächsten Jahre beschäftigen wird. In Form eines Gebets schrieb er in sein Journal: »Hlg. Geist, hilf mir, dass ich erkenne, ob ich Priester werden soll.«[38] Vorausgegangen war dieser Idee zu Weihnachten der erstmalige Besuch einer Christmette, der ihn bewegt hat: »Es war wunderschön!«[39] Und schon beginnt die Zeit der inneren Kämpfe zwischen weltlicher Ablenkung und geistiger Versenkung: »Ich bin doch ein recht verwirrtes Krautköpfel! Mit Gottes und der Zeit Hilfe wird's besser werden.«[40] Die Hilfe der Zeit kam seinen geistlichen Bestrebungen insofern entgegen, als sich die weltlichen Vergnügungen in den letzten Kriegsmonaten drastisch reduzierten. Schon Mitte Jänner schickt Josefine Holl ihren Sohn auf Hamsterfahrt zur Tante Steffi nach Windpassing im Weinviertel. Aus der pubertär-blumigen Schilderung dieses Ausflugs lassen sich die Auswirkungen der Kriegswirren ablesen:

> Die Hinfahrt war verhältnismäßig ruhig, ausgenommen einer mörderischen Drängerei am Anfang … Von Guntersdorf bis Windpassing Fußmarsch. Schneeblind und einigermaßen ermüdet lange ich dort an … Vor 19 Uhr wurde das Abendessen eingenommen, das mir gut mundete. Die Fahrt zum Bahnhof wurde ziemlich kalt. Von 20–21 Uhr war Wartezeit. Dann kam der Zug … Der Waggon war ziemlich zugig, da die Hälfte der Tür- und Fensterscheiben fehlte … Zwei Liebespärchen, teilweise uniformiert, kuderten, schmusten, aßen und was man sonst noch tut. Ein Herr gab mir schimpfend Auskunft über die Straßenbahnverbindung. Er schimpfte über alles Einschlägige. Um ¾12 (!) kamen wir in Wien an … Bald kam eine Gespenstertramway angebraust und ich wollte dem Beispiel vieler Leute folgen und einsteigen: »… Bist depad wurn? I häng söber nua mea am Tritbredl!« Schließlich postierte ich mich zwischen zwei offenen Wagen auf die Puffer … Vom Gürtel bis nach Hause marschierte ich. – Um

1 Uhr nachts ... erreichte nach langer und beschwerlicher Irrfahrt mit reicher Beute der zweite oder tausendste Odysseus (ganz wie man's will) zur Freude seiner Mutter die heimatlichen Gefilde.[41]

Es wurde ungemütlich in Wien. Mitte Jänner gab es jede Menge Fliegerangriffe, Ende des Monats fiel zeitweise der Strom aus. Nach wochenlanger Belagerung von Budapest durch die Rote Armee war die Deutsche Wehrmacht Mitte Februar zur Kapitulation gezwungen. Die russischen Panzer setzten sich Richtung Wien in Bewegung. An Unterricht war nicht mehr zu denken, es begann die »Faulenzerzeit«. Der Ministrant leiht sich erbauliche Lektüre aus der Pfarrbibliothek aus (etwa »Unseres Herrgotts fröhliche Schar«), spielt Geige, lernt Italienisch und geht spazieren. Noch rollten Züge nach Windpassing, doch die kurzen tausend Jahre des Dritten Reichs neigten sich unverkennbar ihrem Ende entgegen.

Den Streit darüber, ob wir nach dem Fische- inzwischen ins Wassermann-Zeitalter eingetreten sind oder nicht, kann man getrost Anthroposophen und Astrophysikern überlassen. In seiner Zeitrechnung beginnt für Adolf Holl jedenfalls im Sommer 1945 ein neues Zeitalter, als Atombomben auf Hiroshima und Nagasaki fielen. Mit dem Wutausbruch des Lord Schiwa konnte er sich nicht so recht anfreunden: »Warum nicht? Weil ich mich vor Atombomben fürchte.«[42] Bewusstseinsmäßig tauchte der Jugendliche im ersten Halbjahr 1945 aber erst einmal ins Fische-Zeitalter ein. Ein »gew. Tag« während der Karwoche 1945 sah folgendermaßen für ihn aus:

In der Frühe (¾ 6) stehe ich auf, bete ein wenig und gehe zur hlg. Messe. Das ist der wichtigste Zeitraum des ganzen Tages. ... Recht wenig sündigen (Eigenwillen, Übermut), beten, um so eine gute Abendernte zu haben. Nach dem Nachhausekommen das Frühstück (mit dem Essen zurückhalten), dann fahre ich um Holz. Nach dem Nachhausekommen ein bisschen Lernen, Geige und schon ist der Alarm da. Wenn nicht geschossen wird, lerne ich ein bisschen, betrachte, lese. Der Nachmittag geht schnell vorbei, da wird es Abend und ich gehe zum Segen.[43]

Kurz nach dem Ostersonntag stehen die Russen vor Wien. Der ehemalige Präsident des Nationalrats, Karl Renner, der 1938 noch für den

Anschluss an Hitlerdeutschland optiert hatte, bot am 4. April Stalin seine Dienste an. Zu Dominica in Albis, dem »Weißen Sonntag« der Osterzeit, erreichen die Kämpfe auch die Hütteldorfer Straße. Im nicht ganz durchgehaltenen Stil einer Reportage vertraut der Bursche seinem Journal Folgendes an:

> Seit einigen Tagen schon schläft (oder auch nicht) die Hausgemeinschaft im Keller. (…) Familie Holl bleibt natürlich oben und schläft verhältnismäßig gut. Mama bleibt seit Freitag vom Dienst zuhause. Adolf hat sich noch einen Anzug und ein paar Schuhe gekauft. Gestern waren die Russen schon ziemlich nahe. (…) Wir hinunter, ein unbeschreiblicher Anblick: Panzerspitzen ziehen vorbei, begrüßt von der Menge. Die Soldaten winken freundlich zurück. Unsere Nazis zittern (!).[44]

Die Uneinheitlichkeit dieses »Artikels« dürfte ihm selbst aufgefallen sein. Er schließt jedenfalls mit der Absicht, erst wieder Persönliches einzutragen, »bis ich einen guten Stil habe«. Das Bewusstsein für den Ausdruck war also früh vorhanden – und hat sich im Laufe der Zeit zu einem unverwechselbaren schriftstellerischen Stil entwickelt.

Aus den Erfahrungen des Ersten Weltkriegs hatte das NS-Regime den Schluss gezogen, die Nahrungsversorgung der eigenen Bevölkerung (auf Kosten fremder) so lange als möglich aufrechtzuerhalten. Doch auch damit war es jetzt vorbei. Am 3. Mai hatte die Familie Holl »buchstäblich nichts mehr zu essen!«[45] Der Uhrmacher Stimpfl springt mit einem Laib Brot ein, ein Herr Amstler lädt die Holls zum Essen ein, aber der grundsätzliche Nahrungsmangel wird davon kaum gelindert. Das »Festmahl« zum Geburtstag besteht »aus furchtbaren Erdäpfelknödeln und einer noch furchtbareren Schwammerlsoße«.[46] Ein langjähriger Geburtstagswunsch war ihm aber wenige Tage davor erfüllt worden: Er hatte sein Fahrrad repariert bekommen. Zur Linderung der ärgsten Not gibt die Freundin in Windpassing Josefine Holl zwei Hühner mit. Die beiden »Gocki« saßen dann gelegentlich auf ihrem Schoß oder flatterten in den Hof. »Jedes Ei, das die Hühner legten, wurde sehnlichst erwartet.«[47] Irgendwann landeten die Hühner dann im Kochtopf. Josefine Holl brachte keinen Bissen hinunter.[48]

Der Sommer 1945 war karg. Die Hamsterfahrten bringen im besten Fall ein paar Kirschen, Erdäpfel und gelegentlich etwas Gemüse ein.

»Hier in Wien herrscht General Hunger. Kein Brennmaterial, elende Straßenzustände, keine Straßenbeleuchtung, wenig Straßenbahnen ... furchtbar viele Schutthaufen, kein Gas; Strommangel; Bahnsperre.«[49] Adolf Holl sehnt sich nach den Fleischtöpfen Kirchbergs. Noch im Juni hat er sich ins Gymnasium Maroltingergasse einschreiben lassen. Anfang Juli beginnt dort für zwei Wochen wieder der Unterricht. Bald danach endet der Krieg auch außerhalb Europas: »Japan kapitulierte, durch die Kriegserklärung Russlands und den Einsatz der Atombombe vollends zu Boden gezwungen.«[50]

Als Adolf Holl seine Hoffnung, nach Kirchberg fahren zu können, bereits aufgegeben hat, taucht plötzlich Dr. Jungwirth in Wien auf und verschafft ihm eine Fahrkarte. Die Fahrt wird allerdings mühsam: »Um 1.05 Uhr Abfahrt vom Westbahnhof. Im Klo bis Valentin (zwölf Stunden). Mit Traktor und Handwagerl und Zillen bis Au, Lastauto bis Urfahr. Zug bis Rottenegg.«[51] Dort übernachtet er auf einer Bank in einem Gasthaus und kommt am nächsten Tag um halb zwei in Kirchberg an. Der diesjährige Aufenthalt hat aber seinen Zauber verloren. Als er am 14. September nach Hause zurückkehrt, resümiert er: »Erholt habe ich mich bestimmt, auch war es ganz schön. Sobald man Gelegenheit zur Arbeit hatte, ging die Sache gut. Sobald man aber Langeweile hatte, sich und den anderen zur Last, war es eine ziemliche Qual. (...) Der Aufenthalt hat mir aber bestimmt gut getan. Luft, Abhärtung, Arbeit, Essen, Herumtummeln, das alles half ein wenig zusammen.«[52] Inzwischen hat die Schule wieder begonnen und allmählich stellte sich wieder ein einigermaßen geregeltes Leben ein.

Zwiespalte

Die katholische Kirche Österreichs stieg wie Phoenix aus der Asche. Sie tat so, als hätte es nie eine Verstrickung mit dem Nationalsozialismus gegeben. »Die Frage nach einer Mitschuld der Kirche an den nationalsozialistischen Gräueln wurde ... in Österreich von der Kirche nicht gestellt.«[53] Nachdem der letzte Wehrmachtssoldat Wien verlassen hatte, galt die Stadt am 13. April als befreit. Bei seinem ersten öffentlichen Auftreten danach zeigte sich der Wiener Kardinal nervös. Er befürchtete Proteste; die blieben aber aus. In sieben langen Jahren hatte Kardinal Innitzer aus seinen Fehlern die Lehre gezogen, sich aus der Politik herauszuhalten. Schon am 17. April gab er folgende Weisung an den Klerus aus: »Gemäß Can. 138 CIC darf kein Priester ein öffentliches Amt ohne Ordinariatserlaubnis übernehmen. Es ist mein ausdrücklicher Auftrag, dass Priester sich von der Übernahme öffentlicher Ämter fernhalten.«[54] Damit war der politische Katholizismus endgültig zu Grabe getragen.

Einen Monat später kam es zu einer denkwürdigen Begegnung zwischen dem Grazer Bischof Pawlikowski und Vertretern der russischen Besatzungsmacht. Es ging um staatskirchenrechtliche Angelegenheiten, also um das Konkordat von 1934. Die Kirche vertrat den Standpunkt, dass dieses nun wieder in Kraft sei, was die Restitution der von den Nazis beschlagnahmten Kirchengüter, die staatliche Gültigkeit der rein kirchlich geschlossenen Ehen, die Wiederherstellung des Pflichtfachs Religion in den Schulen und manch anderes bedeutet hätte. Was die Kirche aus der Zeit des Dritten Reichs hingegen nicht revidieren wollte, war die von Hitler 1939 eingeführte Kirchensteuer. Aus dem Vatikan kam eine Rüge an den österreichischen Episkopat, wegen seiner halbherzigen Haltung »gegenüber der Wiederherstellung beziehungsweise Wieder-In-Kraft-Setzung des Dollfuß-Konkordates«.[55] Die in dieser Frage führenden Bischöfe von Wien und Graz, Innitzer und Pawlikowski, wollten es aber zu keinem neuen »Kulturkampf« kommen lassen. Dass ein solcher drohe, wenn die Kirche die vom Vatikan erwünschte harte Linie verfolge, machte der Unterstaatssekretär Ernst Hefel dem Grazer Bischof in einem Privatissimum in Sachen Staatskirchenrecht ziemlich deutlich. Der »Anschluss« Österreichs an das Dritte Reich sei »rechtlich vollzogen« und damit unanfechtbar, so Hefel, weshalb auch alle gesetzlichen Verordnungen der deutschen Reichsregierung betreffend Enteignungen »als staats- und rechtsgültig zu betrachten« seien.[56] Statt sich auf das Konkordat zu kaprizieren, versuchte die österreichische Kirche deshalb öffentliches Terrain wiederzugewinnen. So geriet etwa das Rosenkranzfest am 7. Oktober zur Machtdemonstration, als 7000 Menschen mitmarschierten. Diese Präsenz war das sichtbare Zeichen eines neuen Selbstbewusstseins. Die Klärung der Konkordatsfrage sollte sich hingegen bis weit nach der Besatzungszeit hinziehen.

Der katholische Publizist Hubert Feichtlbauer erlebte die unmittelbare Nachkriegszeit in seiner oberösterreichischen Heimat als eine Zeit »voll unbändiger Hoffnung auf … eine in jeder Hinsicht neue

Zukunft«.[57] Von Ressentiments gegenüber der Kirche hat er nichts bemerkt, wie er im persönlichen Gespräch betont.[58] Die Vergangenheit ruhen lassen, zusammenhalten, Neues aufbauen. Das wird jetzt der Zeitgeist, auch in der Kirche.[59] »Im Protest gegen die von alliierter Seite betriebene Entnazifizierung haben Teile des österreichischen Episkopats eine Haltung der ›Versöhnung‹ eingenommen«,[60] und nicht nur des Episkopats, sondern weite Teile der Gesellschaft. Dagegen hat sich die 68er-Generation später als Form der totalen Verdrängung aufgelehnt – und mit ihnen der Kaplan Adolf Holl. Unmittelbar nach dem Krieg sah die Sache aber noch anders aus.

Am ersten Adventsonntag 1945 fasste er die Weltereignisse so zusammen: »Nürnberger Prozess (mir kommt das Ganze ein wenig lächerlich vor); Konferenzen für den Weltsicherheitsrat, Differenzen, Krieg im Fernen Osten, Aufstand in Teheran usw. usw.«[61] Nicht nur seine Handschrift, auch der Ton und die Themen haben sich im vergangenen halben Jahr merklich verändert. Er hat begonnen, an sich zu arbeiten, bemüht sich nun um »Selbstbeherrschung im Benehmen« – nicht zuletzt gegenüber seiner Mutter –, prangert seine Faulheit, Unordentlichkeit und seinen Egoismus an, interessiert sich plötzlich für Psychologie und konstatiert: »Welch großen Raum der Entwicklung doch meine Seele durchmessen hat!«[62] Der pubertierende junge Mann hatte im zu Ende gehenden Jahr in der Tat einen Entwicklungssprung vorwärts gemacht.

Im neuen Jahr beginnt er mit Selbstdisziplinierungen. Er merkt, dass die religiöse Inbrunst der Kirchberger Zeit nachgelassen hat. Er versucht deshalb, mit seinem Willen wettzumachen, was ihm an Glaube vielleicht fehlt: »Streben nicht nach sich selbst einrichten. Ausrichtung nach Christus!«[63] Obwohl er täglich Rorate betet und die Absicht bekundet, sein Leben nach Christus beziehungsweise Maria auszurichten, »die Gott in sich wachsen ließ«,[64] fehlt ihm die Gewissheit, etwa eines Franz von Assisi nach seiner Berufung. Innerlich ist Adolf Holl zwar allmählich in das Zeitalter des berühmten Heiligen hinübergeglitten, dennoch lassen sich mehr als 800 Jahre nicht so einfach überbrücken. »Die damaligen Menschen verfügten über ein Mandat, das ihre Existenz rechtfertigte. (…) Noch gab es für sie einen umgreifenden Zusammenhang. Der Prozess der Zivilisation war noch nicht, wie in unseren Zeiten, mit dem Verlust des Ganzen und seines Sinns bezahlt worden.«[65] Die mittelalterliche Gottesgewissheit und damit verbundene Geborgenheit war inzwischen perdu. Damals sprach, wie noch bei Schiller nachzulesen, Gott durch Träume zu den Menschen. So geschehen bei Franz am helllichten Tag. In einem Zustand zwischen Schlaf und Wachsein hatte er eine göttliche Eingebung, die ihn »umkehren« ließ: vom reichen Bürgersöhnchen zum Minderbruder, der mit Leprösen sein karges Mahl teilte.

Als Adolf Holl nach seinem erzwungenen Rückzug aus der katholischen Kirche auf die Zeit seiner religiösen Initiation zurückblickte und sich fragte, wieso er Priester geworden ist, stieß er auf den umbrischen Vagabunden und schrieb eine Biografie über ihn. Die geriet dann auch – in heutigen Kategorien gesprochen – zur Selbstanalyse. Er arbeitete damit auch persönliche Motive für sein religiöses Leben auf.

»Ich will«, hieß es da etwa in seinem Tagebuch am Weißen Sonntag des Jahres 1946, »jetzt endlich anfangen.«[66] Und zwar »meine Zunge und die Bequemlichkeit unter meine Herrschaft bringen«; und er wünscht sich, dass »der Same des göttlichen Wortes auch in mir Frucht bringen möchte!« Ganz anders der Bettelmönch aus Assisi. Wie uns Adolf Holl aus den Quellen berichtet, erfüllte den Entrückten nach seinem Ausnahmezustand eine solche Süße, »dass er weder reden noch sich bewegen konnte. (…) Nur jene Süße fühlte er und konnte nichts anderes wahrnehmen.«[67] Nach Süße klingt all das nicht, was Adolf Holl an Kämpfen in seinem »Caro diario« mit sich ausfocht, sondern nach gewaltiger Willensanstrengung. Bei Franz hat Holl offenbar etwas entdeckt, was ihm abging: die Gewissheit eines Weges, den der nicht gehen *wollte*, sondern den er gehen *musste*. »Fügung und Führung setzen nur ein, wenn eine Gewissheit da ist; an ihr befestigen sie sich, und langsam unterliegt das Leben einem verborgenen Plan; wir brauchen ihn nicht zu kennen; er setzt sich durch, insofern wir gehorsam sind«, schrieb der katholische Schriftsteller Reinhold Schneider (1903–1958) gegen Ende seines Lebens im Roman *Verhüllter Tag*. Den Gehorsam wollte Adolf Holl nun üben und blieb doch ein Kind seiner Zeit – und damit ohne Gewissheit.

»Der Zwiespalt, der mein Leben drückt, quält mich. Das ist wohl ein Kreuz. Doch Gott wird mich seinen Willen schon erkennen lassen.«[68] Eine fromme Hoffnung, der Holl mit Zucht und Fleiß auf die Sprünge helfen wollte. Hätte er sich damals schon mit dem Asketen aus Assisi beschäftigt, hätte er geahnt, dass sich dieser Gott von preußischen Tugenden eher nicht beeindrucken lässt. In seiner Franz-Biografie beschreibt er, dass der Heilige »hartnäckig einen Zustand angestrebt hat, in dem man keine Angst vor der Zukunft zu haben braucht« (zu ergänzen wäre: und vor dem Tod) »und in dem destruktive Energien überflüssig sind.«[69] Einen solch genuin christlichen Zustand zu erreichen, war im Mittelalter leichter als Mitte des 20. Jahrhunderts.

Als Holl die Biografie des Heiligen verfasste, war ihm bereits klar, dass seine damalige unbestimmte Sehnsucht nach Gottesgewissheit, »der Wunsch nach schlichter Gläubigkeit und trostspendendem Gebet« anmutet wie »eine Suche nach der verlorenen Zeit«.[70] Er hatte den Zwiespalt zwischen geistiger und bürgerlicher Geborgenheit erkannt, in dem er von 1946 an steckte. Nicht, dass Franz diese innere Spaltung ganz fremd gewesen wäre. Auch er kämpft mit seinem bürgerlichen Ich und »ahnt bereits den Gegner, der ihm in Fleisch und Blut sitzt, als dem Sohn eines reichen Händlers«.[71] Aber er erlebt im Gegensatz zum 800 Jahre älteren Adolf Holl »plötzliche Erleuchtungen, überwältigende Gewissheiten« und zuletzt »die Wundmale des Christus an seinem Körper ... als endgültiges Kontra gegen seine Konstitution«.[72] Holls Lebenswelt ist eine völlig andere, doch gerade deshalb hat ihn vielleicht diese »zweite Wirklichkeit« seit seinen »Kirchberger Tagen« fasziniert und nie mehr losgelassen. Mit Wundern und anderen naturwissenschaftlich unerklärlichen Phänomenen hat er sich in etlichen Büchern beschäftigt.

Geschlecht und Charakter

Da Josefine Holl vom nun wieder sozialdemokratischen Vorwärts-Verlag nicht übernommen wurde, plagen sie Geldsorgen. Es kommt nicht selten vor, dass sie Gegenstände ins Pfandleihhaus tragen musste. Um ihr zu helfen, gibt ihr Sohn Nachhilfeunterricht und überlegt zu Pfingsten 1946, seine Briefmarkensammlung zu verkaufen. Geschätzt wird sie auf 650 Schilling, los wird er sie dann doch nur um 250 und ärgert sich darüber, nicht mehr herausgeholt zu haben. Zugleich bemüht er sich, »Gott als wichtigsten Faktor im Leben zu betrachten«, muss sich jedoch eingestehen, dass es ihn »oft in die Welt« drängt.[73] Von seiner Mutter muss er sich sagen lassen, dass sie ihn für einen Sonderling hält.

Die sechste Klasse Gymnasium beendet der Bursche ohne besondere Anstrengung mit gutem Erfolg. Zu Ferienbeginn bekommt er bei den Amerikanern eine Anstellung als Schuhputzer und kann – zur Beruhigung seiner Mutter – in der Militärküche (»prima!«) essen. Viel Freude hat er mit dem Job nicht, aber es kommt Geld ins Haus und er ist abgelenkt. Denn das Ringen um Klarheit geht im Sommer munter weiter. Mitte August darf er zur Erholung nach Rohrmoos fahren. Im Gepäck hat er, wie in katholischen Kreisen zur Klärung lebensperspektivischer Fragen üblich, geistliche Lektüre. »Ein gelassener Mensch«, liest er dann etwa bei dem mittelalterlichen Mystiker Heinrich Seuse, »soll nicht allzeit darauf sehen, wessen er bedarf, – er soll darauf sehen, was er entbehren kann«.[74] Auf der Alm oberhalb von Schladming singt er den Sonnengesang des Franziskus und entdeckt in der Folge, dass sogar dieser große Heilige seine dunklen Seiten gehabt hat, womit natürlich keine moralischen Verfehlungen, sondern allerlei Anfechtungen und Zweifel gemeint sind. Auch den politischen Heiligen und Erfinder des utopischen Romans, Thomas Morus, nimmt er sich vor und kommt nach all der Lektüre zur Erkenntnis: »Entschluss (Berufswahl) jetzt noch nicht! Noch ist Zeit! Gottes Wege sind verborgen.«[75]

Es hat Symbolwert, wenn zu Beginn des neuen Schuljahres Pater Leibold vom Orden der Marianisten verabschiedet wird. Zu den geistlichen Anstrengungen des Schülers der siebenten Klasse kommen zu seinem Erschrecken nun noch Zorn auf seine Mutter und »lüsterne Träume«. Solche können sich einstellen, wenn man mit dem »Frl. Mary« ins Konzert geht und sich darüber ärgert, dass sie nicht für einen allein da ist. Das US-amerikanische Fräulein war sozial engagierte Quäkerin, die in Meidling einen Jugendklub betrieb, den Adolf Holl eifrig besuchte. Darüber und über sein gehemmtes Verhältnis zum anderen Geschlecht hat er bereits in seiner Autobiografie berichtet.[76] Nicht angeführt ist dort ein sommerlicher Ausflug an die Alte Donau, bei dem er in eine »dieser Situationen« gerät, in denen »das Geschlechtliche frech wird«.[77] Da heißt es dann: »Zügel halten, besonders auch bei Breitenseer Mädchen!« Das ist eine der seltenen Tagebucheintragungen des Jahres 1947, in denen auf äußere Ereignisse Bezug genommen wird. Ein Großteil ist unter Gewissenserforschung zu subsumieren. Unter anderem erwartet er sich Hilfe von »der Hingabe an Maria«:

> Sie ist die Mutter des mystischen Leibes, die große Helferin zum Himmel. Wenn mich Versuchungen bedrängen, wenn Unklarheit in mir ist, zu ihr will ich rufen und mein Leben, das oft sonderbar ist, in ihre Hände legen. Sie möge mir helfen, mein Leben aus dem Glauben und der Gottesdienerschaft zu gestalten und dann die Liebe zu den Menschen zu bringen. Ad lucem per Mariam![78]

Äußeres Zeichen für die Blickrichtung nach innen ist, dass die Datumsangaben keine Ziffern mehr tragen, sondern die Bezeichnungen des Kirchenjahres. Zu »Sonntag Laetare« etwa, dem vierten Sonntag der österlichen Fastenzeit, hat er den Eindruck, »dass der Priesterberuf für mich bestimmt ist«; unter dem Eindruck des Heiligen Geistes glaubt er zu Pfingsten, »dass Gott mich berufen hat« und dass das »Apostolat« seine »große Aufgabe« ist. Und dann schwankt er wieder, wenn er an den Priesterberuf denkt: »Berufen – nicht berufen?« Einerseits verbringt er »Stunden der Gnade, des jauchzenden Gebets«, und dann wieder quälende Phasen »jammervollen Zweifels«.[79] Diese »widerstreitenden Empfindungen« halten das ganze Jahr über an.

Die Disziplinierungsmaßnahmen, die er sich auferlegt, greifen im schulischen Bereich besser als im charakterlichen. Er beendet das Schuljahr mit einem Vorzug. Wenn er aber in den Ferien einen Nachmittag mit den Mädchen verbringt und die sich in der Schrebergartenhütte frech auf dem Bett rekeln, flammt »das nagende Verlangen« auf. Er will dann lernen, seine »Stimmungen zu beherrschen und ein gleichbleibender Charakter, kein Schilfrohr zu werden«.[80] Charakterschulung beziehungsweise Selbstbeherrschung wird zum vordringlichen Anliegen. Ein wenig Ablenkungen bringen die Geigenstunden bei Professor Carl Johann Perl (1891–1979), der ihn auch menschlich berät. Perl war »Ritter vom Heiligen Grab, war in Leipzig und Dresden Konzertmeister gewesen, hat das Diktatorische daran nicht gemocht ... Er war ein Mann von Welt, hat auch Duftwasser selber gemischt«.[81] Vor allem aber war der frankophile Geigenlehrer auch ein Gelehrter, der unter anderem Augustinus und Victor Hugo übersetzt hat.

Ende September beginnt Holl die letzte Klasse im restaurierten Gymnasium am Schuhmeierplatz. Er scheint in diesem Herbst zwar viel in Gesellschaft gewesen, doch innerlich vereinsamt zu sein, da er über seine mittelalterlichen Glaubenskämpfe mit niemandem wirklich reden konnte. Die widerstreitenden Gefühle und Gedanken vertraut er nur seinem Tagebuch an:

> Ja, und dann die Mädchen. Ich glaube, dass ich besonders stark zu leiden habe. Oder ist das nur selbstgefällige Einbildung? Ich war oft direkt rasend vor Hunger – weniger geschlechtlichem als eben nach dem anderen Geschlecht … und einem Menschen, mit dem man sprechen könnte … und es hat keinen Sinn, darüber und über all die anderen Zweifel, die mich gestern furchtbar gepeinigt haben, mit Leibold oder Perl zu besprechen, es sind ja nur Menschen.[82]

Unangenehme Fragen an sich selbst zu stellen, mag eine Schule des Lebens sein, karrierefördernd ist eine solche katholische Sozialisation eher nicht. In einer Psychologie-Vorlesung von Professor Hubert Rohracher hört er, dass man es mit der Selbstbeobachtung nicht zu weit treiben sollte – und ist etwas beruhigt. Dass es doch hilfreich sein kann, mit Menschen zu sprechen, erfährt er, als er »Elfi« gegenüber seine Berufsperspektive andeutet und sie meint, dass er das Zeug dazu hätte.

Einen entscheidenden Impuls erhält er, als er nach dem Krampusfest in der Pfarre nach Hause geht und plötzlich »großer Friede« um ihn ist; »und dann bemerkte ich, dass mich Gott liebt. Ein sehr süßes Gefühl.«[83] Gegen Ende des Jahres ändert sich auch wieder der Ton seiner Eintragungen. Vielleicht ist es der Einfluss des Fräuleins Mary, mit der er »über Glaubensdinge« spricht, dass sich die spirituellen Verkrampfungen ein wenig lösen. Anfang des neuen Jahres steht die in der achten Klasse übliche Berufsberatung an. Davor müssen die Berufsabsichten bekannt gegeben werden. Noch trifft er keine Entscheidung. Er fragt sich jedoch, »inwieweit sich wohl die Sendung des Priesters mit der Welt, in der er steht, verbindet«.[84]

Seine Verbindung zu den Quäkern macht sich Ende Februar bezahlt: Er darf nach England fahren. Vom 2. bis 5. März ist er unterwegs und wird in Yorkshire freundlich empfangen. Als er am 15. zurückkehrt, fühlt er sich verwandelt, irgendwie in der Luft hängend. Erstaunlich ist, wie wenig ihn die bevorstehende Matura beschäftigt. Sie soll Anfang Juni stattfinden. Erst kurz davor vertraut er seinem Tagebuch eine gewisse Nervosität an. Am 4. Juni notiert er lapidar: Latein 1, Englisch dito, Mathematik durch. Bevor er ein neues Kapitel in seinem Leben aufschlägt und sich dazu ein neues Tagebuch zulegt, schwankt er noch: »Welt ohne Religion; das bunte, vielfältige Leben oder die Torheit Christi. Ich glaube, Kompromisse gibt es bei mir nicht viele. Teufel oder Heiliger.«[85] Die Möglichkeit, dass beide in einem schlummern, zog er nicht in Betracht. Die mündliche Matura besteht er am 19. Juni mit Vorzug und bereitet sich danach auf Einzelexerzitien in Lainz vor. Schon der erste Tag dort führt ihm neuerlich »die große Alternative« vor Augen: »Welt oder Gott machte mir und macht mir viel zu schaffen.«[86] Umso mehr, als auch der Teufel nicht schläft und »Versuchungsträume« schickt: »Presseberuf usw. in den besten Farben und Hohn auf Theologie.«[87] Dagegen hilft vielleicht eine Wallfahrt nach Mariazell. Die tritt er gegen den Willen seiner Mutter am 21. Juli an. In der Benediktinerabtei Seckau unterzieht er sich neuerlich Exerzitien und führt vertrauliche Gespräche mit Pater Hora über den Ordensberuf.[88]

Zur Ablenkung fängt er Anfang August noch einmal einen Ferialjob als Schuhputzer an. Einen Monat später hört er damit wieder auf und führt mit Freunden und Lehrern Zukunftsgespräche. Die Ungewissheit über die Richtigkeit des eingeschlagenen Weges hält an. Am 12. September fängt er mit dem »Mesnern« an, zwei Tage später spricht er im Priesterseminar in der Boltzmanngasse vor. Die Ausbildung wird achtzig Schilling im Monat kosten. Ein letztes Mal testet er seine Welttauglichkeit und schreibt Gedichte. Mit unbefriedigendem Ergebnis. Am 3. Oktober ist es dann so weit: Er nimmt Abschied von Freunden und Verwandten und geht früh schlafen. Am Tag danach macht er noch ein paar Erledigungen, bevor er ins Priesterseminar eintritt.

Anmerkungen

1 Tb. 1, 6.1.1944.
2 Tb. 1, 29.1.1944: »Ein Erlebnis!«
3 *Wie ich Priester wurde*, S. 45.
4 Ebd.
5 Ebd., S. 46.
6 Tagebuch 2, 7.8.1944–9.6.1948.
7 Tb. 2, 5.10.1944.
8 *Im Keller*, S. 33.
9 Ebd., S. 31.
10 Pier Paolo Pasolini: *Die Kirche wird von den Herrschenden nicht mehr gebraucht*. In: *Freibeuterschriften*. Wagenbach Verlag, Berlin 1978, S. 95–99, S. 98.

11 Ebd.
12 Adolf Holl: *In Gottes Ohr. Siebzehn Übungen in Kirchenkritik.* Patmos Verlag, Düsseldorf 1993, S. 65.
13 *Mitleid im Winter*, S. 82.
14 *Wie ich ein Priester wurde*, S. 46.
15 *Zur frohen Zukunft*, S. 112.
16 *Tod und Teufel*, S. 10.
17 Gabriele Sorgo: *Mehr heiter als heilig.* In: Wiener Zeitung / Extra, 13.5.2005.
18 s. Adolf Holl: *Religionen.* Deutsche Verlags-Anstalt, Stuttgart 1981, S. 97.
19 *Im Keller*, S. 27.
20 *Freibeuterschriften*, S. 46.
21 Ebd.
22 Tb. 2, 7.5.1944.
23 *Wie ich ein Priester wurde.* S. 47.
24 Reinhold Kaiser: *Die Mittelmeerwelt und Europa in Spätantike und Frühmittelalter.* Neue Fischer Weltgeschichte Band 3. S. Fischer Verlag, Frankfurt / Main, S. 277.
25 Zit. nach Reinhold Kaiser. Ebd., S. 280.
26 Ian Kershaw: *Höllensturz. Europa 1914 bis 1949.* DVA, München 2016, S. 584.
27 Ebd., S. 598.
28 ORF-Interview mit Günther Nenning vom 15.6.1975.
29 Gespräch mit Adolf Holl am 28.5.2016.
30 *Wie ich ein Priester wurde*, S. 47.
31 Ebd., S. 20.
32 *Mitleid im Winter*, S. 8.
33 *Die Mittelmeerwelt*, S. 309.
34 Ebd., S. 310.
35 Tb. 2, 8.10.1944.
36 Tb. 2, 23.10.1944.
37 *Mitleid im Winter*, S. 81.
38 Tb. 2, 10.1.1945.
39 Ebd., Weihnachtszeit 1944.
40 Ebd., Fest der Erscheinung des Herrn.
41 Tb. 2, 15.1.1945.
42 *Braunau am Ganges*, S. 23.
43 Tb. 2, 23.3.1945.
44 Tb. 2, 8.4.1945.
45 Tb. 1, 3.5.1945.
46 Tb. 1, 13.5.1945.
47 *Wie ich ein Priester wurde*, S. 49.
48 Gespräch mit Adolf Holl am 28.5.2016.
49 Tb. 2, 13.8.1945.
50 Ebd.
51 Tb. 1, 23./24.8.1945.
52 Tb. 2, 14.9.1945.
53 Karl Heinz Frankl: *Die Katholische Kirche in Österreich von 1945 bis 1955 – die Geschichte einer Erschöpfung?* In: Fritz Csoklich, Matthias Opis, Eva Petrik, Heinrich Schnuderl (Hrsg.): *ReVisionen. Katholische Kirche in der Zweiten Republik.* Styria Verlag, Graz / Wien / Köln 1996, S. 17–40, S. 20.
54 Annemarie Fenzl: *Daten und Dokumente zur kirchlichen Zeitgeschichte der Zweiten Republik.* In: *ReVisionen*, S. 401–409, S. 401.

55 Maximilian Liebmann: *Freie Kirche im freien Staat*. In: *Kirche in einer säkularisierten Gesellschaft*, S. 91–101, S. 94.
56 Ebd., S. 93.
57 Hubert Feichtlbauer: *Mit Kirche, römisch-katholisch geprägter Kirche, bin ich aufgewachsen*. In: *ReVisionen*, S. 307–312, S. 307.
58 Gespräch mit Hubert Feichtlbauer vom 21.4.2016.
59 s. *Die katholische Kirche in der Zweiten Republik. Dokumentation von Walter Erdelitsch*, ausgestrahlt im ORF am 29.3.2016.
60 *ReVisionen*, S. 20.
61 Tb. 2, 2.12.1945.
62 Ebd.
63 Ebd.
64 Ebd.
65 Adolf Holl: *Der letzte Christ. Franz von Assisi*. DVA, Stuttgart 1979, S. 13.
66 Tb. 2, 28.4.1946.
67 *Der letzte Christ*, S. 60.
68 Tb. 2, 22.5.1946.
69 *Franz*, S. 27.
70 Ebd., S. 14.
71 Ebd., S. 15.
72 Ebd.
73 Tb. 2, 18.6.1946.
74 Tb. 2, 14.8.1946.
75 Tb. 2, 19.8.1946.
76 *Wie ich ein Priester wurde*, S. 51ff.
77 Tb. 2, 29.7.1947.
78 Tb. 2, Dreifaltigkeitssonntag 1947.
79 Tb. 2, Sonntag nach Fronleichnam 1947.
80 Tb. 2, Donnerstag vor dem siebten Sonntag nach Pfingsten 1947.
81 *Zur frohen Zukunft*, S. 126.
82 Tb. 2, 24.11.1947.
83 Tb. 2, 7.12.1947.
84 Tb. 2, 18.1.1948.
85 Tb. 2, 6.6.1948.
86 Tagebuch 3, 19.6.1948–17.9.1950: 30.6.1948.
87 Tb. 3, 5.7.1948.
88 Über diese Zeit hat Adolf Holl in seiner Autobiografie bereits ausführlich berichtet. Auch über die Reaktion seiner Mutter, als er ihr seinen Entschluss gestand, den Priesterberuf zu ergreifen. Sie meinte lakonisch: »Das ist eine Entscheidung fürs Leben.« *Wie ich ein Priester wurde*, S. 52ff.

Kampf gegen die Welt

Unterordnung

»Mönchlein, Mönchlein, du gehst einen schweren Gang!«, soll der Landsknecht Georg von Frundsberg 1521 auf dem Reichstag zu Worms zu Martin Luther gesagt haben. Als sich die Pforten des 1758 gegründeten Priesterseminars in der Wiener Boltzmanngasse hinter Adolf Holl schlossen, war er für fünf Jahre in einer festen Burg vor den weltlichen Anfechtungen kaserniert. Er mühte sich ab, gottgefällig zu werden. Dass es aufgrund seines »Geburtsmakels« eines Dispenses bedurft hatte, um aufgenommen zu werden, berichtet er in seiner Autobiografie.[1] Prälat Walter Taubert war aufgrund seiner bitteren Erfahrungen im Dritten Reich froh um jeden Alumnen und versicherte ihm, dass diese Sache kein Hindernis darstellen werde. Das Priesterseminar war von den Nazis zwar nicht geschlossen, doch ausgedünnt worden, indem man die Priesteramtsanwärter zum Kriegsdienst eingezogen hatte. »Im Sommer des Kriegsjahres 1941 sind es immerhin noch elf, im November nur noch drei. (...) Bereits zu Beginn 1946 zählt das Seminar wieder 65 Alumnen, zwei Jahre später bereits achtzig.«[2]

Der Aufschwung nach 1945 war auch eine Folge der Reorganisation der katholischen Kirche Österreichs. »Aus der NS-Herrschaft ist die katholische Kirche entschlackt und verjüngt hervorgegangen.«[3] An die Stelle von parteipolitischen Aktivitäten sollten nach dem Willen des Wiener Kardinals nun pastorale treten. So mancher im Dritten Reich aufgelöste katholische Verein wurde nicht wiederhergestellt – zugunsten der »Katholischen Aktion«, einer »naturständisch« gegliederten Organisation aus engagierten Männern und Frauen, die sich der Ehe- und Familienarbeit annehmen sollten. Der Nachkriegskirche war bewusst, dass sie politisch leisertreten musste, bußfertig zeigte sie sich aber keineswegs.

Während sich die Kirche der Welt öffnete, schloss sie sich für Adolf Holl. Nur wenige Tage nach dem Eintritt ins Priesterseminar fragte er sich: »Habe ich alles hinter mir gelassen?«[4] Er nahm sich ein Vorbild an dem als Heiligen verehrten Bruno (1031–1101), der das Einsiedlerleben als Vorgriff auf die endzeitliche Vollendung begriff und im Investiturstreit vehement die Position der Kirche verteidigte. Je schwächer das Papsttum im Mittelalter de facto wurde, desto herrschaftlicher gerierte es sich. So musste sich die Kirche etwa gegen die Ideen des Theologen und Domherrn Petrus Abaelard (1079–1142) zur Wehr setzen, der ein Doppelkloster für Mönche und Nonnen entwarf und den Frauen überhaupt eine neue Stellung in Ehe und Kirche zuschrieb, bis hin zum Priesteramt.[5] In seiner Gedankensammlung *Was ich denke* wird Adolf Holl ihn als seinen Zeitgenossen bezeichnen: Sein Konflikt mit den Bischöfen sei immer noch aktuell.[6] Abaelard wird prompt zweimal als Ketzer verurteilt. Diese Bezeichnung für Häretiker wird erstmals von Ekbert von Schönau (gestorben 1184) verwendet gegen jene, die sich Catharoi (die Reinen) nennen und Mitte des 12. Jahrhunderts eine Massenbewegung in Gang setzen. Der zentrale Ritus der Katharer besteht in Anlehnung an die Feuerzungen des Pfingstereignisses in der »Geisttaufe«, weshalb Ekbert vorschlägt, sie dem Feuer zu überantworten. Der Scheiterhaufen wird für einige Jahrhunderte zum Ewigen Licht vor den Tabernakeln.

Auf das Bröckeln der kirchlichen Autorität reagiert Papst Bonifatius VIII. im November 1302 mit der Bulle *Unam sanctam*, worin er den geistigen Führungsanspruch der Kirche ausdrücklich erneuerte: »Eine heilige katholische apostolische Kirche müssen wir im Gehorsam des Glaubens annehmen und festhalten.«[7] In dieser Urkunde verkündete der Papst, dass »die geistliche Macht an Würde und Adel jede weltliche überragt« und dass »überhaupt das Geistliche mehr wert ist als das Weltliche«.[8] Praktisch nutzte ihm diese trotzige Behauptung wenig. Das Gleichgewicht der Kräfte hatte sich bereits in Richtung weltlicher Macht verschoben. Daran war das Papsttum nicht ganz unschuldig. Hatten doch die Kreuzzüge, die Inquisition, die Simonie und das Lotterleben diverser Päpste die Reputation des Stuhles Petri arg beschädigt.

An der Universität von Paris wurde bereits im 13. Jahrhundert gelehrt, dass die Theologie auf Fabeln beruhe, dass die Auferstehung des Fleisches der Vernunft widerspreche, dass die christliche Religion ein Hindernis für die Wissenschaft sei. Ärzte, Juristen, Bankiers, adelige Damen, Handwerksmeister, Literaten und Komponisten ... kritisierten Kaiser und Papst, sagten ein vielstimmiges Aber zum amtlichen Glauben.[9]

Adolf Holl wird diese Zeit später als »erste Aufklärung« bezeichnen und viele Impulse für sein Denken daraus beziehen. »Ich lasse sie von 1202 bis 1322 dauern, vom Tod Joachims von Fiore bis zum Generalkapitel der Franziskaner in Perugia.«[10] Holl selbst wird dieses Zeitalter Ende der Fünfziger-, Anfang der Sechzigerjahre durchlaufen. Zur Zeit seines Eintritts ins Priesterseminar ordnet er sich bis zu seinen Grenzen der Erträglichkeit unter.

Gleich zu Beginn kommt es zu einer Bewährungsprobe seines Gehorsams. Als er von der Geigenstunde zu spät in die »Hausstunde« kommt, stellt ihn der Regens mit einem »Aut–aut« vor die Alternative: »entweder Priester werden oder Geigenunterricht nehmen«.[11] Durch die Intervention seines Geigenlehrers, Professor Perl, darf er vorerst weitermachen, mittelfristig sieht er sich jedoch gezwungen, die Geige im Kasten zu lassen. Das legt ihm noch vor Weihnachten sein Beichtvater nahe. Dieser Pater Ferdinand Weiß, Jesuit, wird zum väterlichen Begleiter für Adolf Holl, zuständig hauptsächlich für die Heranbildung des priesterlichen Charakters. Nach mehrtägigen Exerzitien im Advent fragt der Geistestrainer seinen Geistessportler: »›Ist der Beruf jetzt klar?‹ Ja. Nachher noch nachgedacht. Es sprechen keine Gründe dagegen! Nur meine Skrupelantworten.«[12] Worin diese Skrupel bestanden haben? Darüber gibt das Tagebuch beredt Auskunft. Und auch darüber, wie er dagegen ankämpft: »Vor allem: Beichte. Sie soll mir Anlass werden, immer besser mich selbst kennenzulernen, damit ich nicht in den gleichen Fehler falle wie der heilige Petrus. Das christliche Leben ist ein Kampf mit dem Teufel in mir und um mich.«[13] Pater Weiß konnte zufrieden sein.

Den Kampf mit den Teufeln um ihn nahm Papst Innozenz III. 1209 auf, als er zum ersten innerchristlichen Kreuzzug gegen die Katharer aufrief. 1215 führte er die verpflichtende jährliche Beichte ein, um feststellen zu können, wer bereits von der Ketzerei infiziert sei.[14] Einer der

Teufel, die der Alumne Holl in sich ausmacht, heißt Geltungsdrang. Er erinnert sich daran, dass schon sein Psychologieprofessor in der siebenten Klasse ihn einmal einen geltungssüchtigen Zyniker genannt hat. Daneben fühlt er sich von den Dämonen der Spottlust und Ausgelassenheit heimgesucht. Diese bösen Geister gilt es loszuwerden. Der Weg dahin: Askese, Gehorsam, Disziplin, Hingabe – und immer wieder: das Gebet.

> Gibt es nicht zwei Wege: Sich selbst zu erkennen und in langsamem, verstandesmäßigem Kampf zur Hingabe zu streben oder gleich spontan zu sagen: Gott, hier bin ich, schwach, mach' mit mir, was Du willst. Aber bei dem ist die größte Gefahr: Selbstbetrug. Das ist es eben: In mir sind solche inneren Hindernisse, die den Verstandesargumenten zum Trotz dableiben.[15]

Kein Hindernis auf dem Weg zur Heiligkeit erscheint ihm das ständige Schwanken bezüglich seiner Berufung. Manchmal ist er überzeugt, sein Ja zu Christus wird gegen das innerliche Strampeln helfen, gelegentlich gesteht er sich aber doch innere Widerstände dagegen ein, zu sich selber zu sagen: Du bist berufen. Seine »Bekenntnisse« – und zu solchen sind seine Notate inzwischen auch im Hinblick darauf geworden, dass Pater Weiß sie zu lesen bekommt – bezeugen, dass er diese Bedenken als »Kreuz« betrachtet, das er auf sich genommen hat.

Der Priester – Anspruch und Wirklichkeit

Das Priesterbild, das Adolf Holl vermittelt bekommt, ist ein paulinisches. In Anlehnung an sein Wort, »wir sind alle Narren um Christi willen« (1 Kor 4,10), entwickelte sich »das Prinzip der Selbsterniedrigung als Lebensprogramm im syrischen Raum«.[16] Welche Ideale hinter dem Bild stecken, das ihm als Idealbild des Priesters nahegebracht wurde, reflektiert Adolf Holl Jahre später, als er gemeinsam mit dem Psychologen Traugott Lindner und dem Leiter des Katechetischen Institutes in Wien, Leopold Lentner, eine Studie durchführt, die herausfinden soll, wie sich Gymnasiasten den Beruf des Priesters vorstellen.[17] Holl, dann schon in Amt und Hochwürden, beschäftigt sich in dieser religionssoziologischen Untersuchung vor allem mit methodischen Fragen. An dieser Studie ist deutlich erkennbar, dass ihm der wissenschaftliche Zugang zur Religion weitaus näherliegt als der spirituelle. Und dass ihm das selbst inzwischen klar geworden war. Er hatte wieder eine Zeitenschwelle überschritten.

Die Schüler, so ein Ergebnis der Studie, waren der Ansicht, dass der Priester von seinen Berufszielen *wirklich* überzeugt sein sollte und auch davon, dass er darin ein Leben lang durchhalten werde. Die »Berufung« galt ihnen als Conditio sine qua non für diese Profession. »Sie gleicht einem Bekehrungserlebnis zwingender Art, einem Elementarereignis, dem man sich kaum entziehen kann.«[18] Ohne Damaskuserlebnis, so denken die Burschen paulinisch, kein Priestertum. Nachteil dieses hehren Anspruchs: Kaum einer der Befragten glaubt, ihm gerecht werden zu können. Holls Schlussfolgerung: »Das Bestreben, die Gnadenerfahrung im Berufungserlebnis ausschließlich dem Priester zu reservieren, ... entspricht ziemlich genau dem Bild vom unbegreiflichen Gott, der sich ... in einer unerreichbaren Ferne aufzuhalten pflegt.«[19] Außerdem wird der Priester durch diese Gnade der Welt und den Menschen entfremdet. »Wer religiös sein will, muss sein Leben ändern, oder die Richtung des Lebens«[20], wird Adolf Holl später auf Ludwig Wittgenstein rekurrieren. Anzumerken ist, dass diese Umfrage unter Jugendlichen zu einer Zeit durchgeführt wurde, in der man im fernen Rom im Zuge des Zweiten Vatikanums an einem neuen Priesterbild bastelte.

Zugeben mussten die Forscher in dieser Publikation, dass die Ansicht der Schüler, dass man nur Priester werden kann, »wenn man im Glauben sicher ist«, »durchaus katholisch« sei. Bei heutiger Lektüre gewinnt man den Eindruck, dass Adolf Holl den Auftraggebern der Untersuchung auch etwas über sich selbst sagen wollte, wenn er etwa anmerkt:

> Der Priester wird dergestalt zu einem eigentümlich irrealen Wunschbild (...) Vielleicht sucht der Schüler seinem Versagen angesichts der leidvollen Unbegreiflichkeit Gottes ... dadurch zu entgehen, dass er sich mit einem Modell christlichen Existierens hilft, das es scheinbar wirklich gibt, und daher tröstlich die prinzipielle Möglichkeit einer konfliktlosen Bewältigung der offenbar erlebten Glaubensnot in sich begreift.[21]

Der Verdacht, dass Holl hier auch darüber spricht, was er in seiner Seminarzeit erlebt und womit er gekämpft hat, erhärtet sich, wenn er berichtet, dass der scheiternde oder gescheiterte Priester in den Augen der Schüler keineswegs ein Sünder, sondern bloß ein Getäuschter ist, einer, »der sich etwas eingebildet hat, was gar nicht da war«.[22] Solcherart wird der Priester als jemand vorgestellt, der keine Glaubenskonflikte beziehungsweise -zweifel haben darf. Diese radikale Position ist, wie er weiter ausführt, keineswegs nur die Meinung unreifer Knaben, sondern findet eine Entsprechung im »Gnadenstreit« aus dem 17. Jahrhundert.

In dieser theologischen Auseinandersetzung über die Rolle des Priesters in der Welt bezog man sich auf das Reformkonzil von Trient (1545–1563), in dem die kultische Funktion des Priesters gegenüber jener der Verkündigung aufgewertet worden war. »Die Qualifizierung des Priesters als Helfer, Berater und Tröster steht dabei unter allen Dimensionen an erster Stelle.«[23] Die Missionstätigkeit (öffentliche Wortverkündigung genannt) spielte demgegenüber eine untergeordnete Rolle. Das »Amtsverständnis«, das die befragten Schüler vom Priester haben, ist eigentlich streng tridentinisch, stellt Adolf Holl (man darf vermuten mit einer gewissen Genugtuung) fest. Die Betonung der pastoralen und der Rolle des Priesters als »Kultpfleger« bringt allerdings eine gewisse Unfreiheit mit sich. Die Schüler glaubten, dass die personale Selbstverwirklichung in einem solchen Leben nicht nur von Gott her, sondern auch von der Kirche stark beschränkt ist. Der Priester erscheint ihnen als ein Mensch, der »nur mehr das Ergebnis der ihn bestimmenden Kräfte darstellt«.[24]

Liest man in Adolf Holls Tagebuch aus seiner Seminarzeit, dann sind es genau diese – wie es in der Studie heißt – deterministischen Tendenzen, durch die er sich eingeschränkt und in seinen schöpferisch-individuellen Bewegungsräumen drastisch eingeengt fühlte. Kurz nachdem er zum ersten Mal das Kollar angelegt hatte, finden adventliche Exerzitien statt. Dabei wird den Alumnen dargelegt, dass sie »zur Vollkommenheit berufen« sind und die Menschen »nach etwas Großem verlangen«.[25] Zu erreichen ist die Heiligkeit, indem »den Vorschriften der heiligen Kirche und damit dem Heiligen Geist« gefolgt wird. Adolf Holl ist gewillt, diesen steinigen Weg zu gehen, weil er »Christus sein Ja gesagt« hat und sogar an seine »Berufung zum Zölibat« glaubt, wie er am 21. Dezember 1948 dem Tagebuch anvertraut. Quasi als Weihnachtsgeschenk erhält er am Tag danach seinen Talar.

Für die Ferien nimmt er sich vor, den Geist der Exerzitien zu bewahren und somit seinen Geltungsdrang herabzuschrauben, im Gespräch nicht hervorzutreten, Demütigungen zu ertragen und nach Sammlung und Innerlichkeit zu trachten. Solche und ähnliche Appelle an seine »Heiligmäßigkeit« kehren in den nächsten Jahren immer wieder.

Ein gutes Jahrzehnt später und um etliche Selbstgeißelungen erfahrener, zweifelt Adolf Holl indirekt die Charakterverbesserungen der Kasteiungen an, wenn er das Priesterbild der Gymnasiasten folgendermaßen beschreibt:

> Dem Priester wird n i c h t gestattet, Egoismen auszuleben, er soll o h n e Unterbrechung priesterlich leben; er darf k e i n Privatleben haben, er v e r z i c h t e t auf den engsten personalen Bezug zu einem Du, er ist einsam. Dies alles formuliert sich dann leicht als Opfer, als Verzicht, Einengung, Entsagung usw.[26]

Auf der Suche, woher diese ungnädige Vorstellung vom Priester stammt, brauchte der junge Kaplan Holl nur in seiner Erinnerung kramen. Stand seine Ausbildung doch ganz im Zeichen der *École française de spiritualité*. Diese theologische Richtung im Frankreich des 17. Jahrhunderts war vom Geist der Gegenreformation inspiriert und beeinflusste ihrerseits die priesterliche Spiritualität der Neuzeit.[27] Nach der Lehre dieser *École* ist es die erste Pflicht des Geschöpfs, die Heiligkeit des Schöpfers zu ehren, indem es ihm Opfer bringt. Welches wäre ein größeres Opfer, als sich selbst hinzugeben? Daraus ergibt sich eine Priestermoral, die vorwiegend mit letalen Begriffen beschrieben wird: Darbringung, Verbrennung, Verzehrung. Zu Amtszeiten Johannes XXIII. war es für den Theologen Holl schon möglich, die Frage aufzuwerfen, »ob nicht seit den Zeiten des Staatsabsolutismus die ... unbestreitbare christliche und priesterliche Disziplin nicht doch in Theologie und Verkündigung überbetont und damit nicht allseitig bewältigt wurde«.[28] Er hält es mit dem evangelischen Theologen Helmut Thielicke, der 1965 über sein »Leiden an der Kirche« publizierte und mit dem Satz berühmt wurde: »Sag mir, wie erhaben du dir Gott vorstellst, und ich will dir sagen, wie egal er dir ist.«

Der Priesteramtskandidat Holl wird mit dieser »schwarzen Theologie« der *École* nicht nur im Studium und in der Praxis des Seminars konfrontiert, sondern mutmaßlich auch persönlich, als er sich im Sommer 1950 in der Zisterzienserabtei Stams mit zwei französischen Kommilitonen anfreundet, und die ihn in die Eigenheiten des dortigen Katholizismus einweihen. Er beginnt damals auch mit der Lektüre von Augustins Frühwerk *De Ordine*,[29] einem Werk, auf das sich die *École* bezogen hatte. Doch gerade in den Ferien erfährt er das Auseinanderklaffen zwischen Ideal und Wirklichkeit besonders stark. Von Pater Weiß, der ihm die wöchentliche Beichte abnimmt und mit ihm durch Innsbruck streift, wird ihm das Streben nach der Torheit des Kreuzes Jesu Christi nahegelegt, die Stadt dagegen wird für den Jüngling insofern zur Herausforderung, als »fast eine jede Frau für mich zum Anstoß wird«.[30]

An seiner Grundbefindlichkeit hat sich in den knapp zwei Jahren seit dem Eintritt ins Priesterseminar wenig geändert. Schon im November des Vorjahrs machte ihm Pater Weiß den Vorwurf, »dass ich immer dasselbe beichte und ihm zu wenig sage – damit hat er auch vollkommen recht –, nur ist das bei mir nicht mit Absicht geschehen und ich werde mich bemühen, mich zu bessern«.[31] Immer wieder sucht er die »Tadellosigkeit« und muss sich stets von Neuem seine »Jämmerlichkeit« eingestehen:

> Warum lebe ich eigentlich so, wie ich es tue, warum gerade Gott dienen. Die Sinnlichkeit wie eine offene Wunde, die bei jedem Blick wieder aufgerissen wird. Zum Beispiel ein Mädchen, das in der Aula steht und offenkundig wartet: wenn sie auf mich wartete – eine Welle von Gefühl. Dann noch der Wechsel vom Seminar und zuhause, die Tränen meiner Mutter (…) So ging es in den letzten Tagen. Ja, die Jungfräulichkeit …[32]

Das Lamento über seine Unzulänglichkeiten, insbesondere was den Sexus anbelangt, sind ein permanentes Hintergrundbrummen während der Lobeshymnen zur Ehre Gottes. Kaum geht er in die Welt hinaus, ist es schon wieder vorbei mit der »unverbogenen Sammlung aus dem Glauben«.[33]

Eine große Rolle spielen Träume. Einen, der mehrmals wiederkehrt, notiert er sich. Darin träumt er von einem Mädchen, mit dem er ins Bad geht und dort ins Wasser springt. Dann befinden sie sich in einem Kaffeehaus, sie noch immer im Badeanzug, er im Talar. Er bedauert, ein schlechter Kavalier zu sein, sagt dem Mädchen aber, dass das mit seinem Beruf zusammenhinge. Sie sieht ihn mit einem traurigen, aber liebevollen Blick an. Wenig überraschend, dass er sich »zusammenkrümmt und so die Funktion auslöst, die mir Erleichterung brachte«.[34] Selbstverständlich muss dieses Gesicht danach theologisch überhöht werden: »Gott hat sich in seiner Liebe mit einer Mutter verglichen. Wird seine Liebe kleiner sein als die einer Frau?«[35]

Wie groß die Liebe Gottes ist, erfährt der Gottesmann bei weiteren Exerzitien in Stams. Schließlich will er dahin kommen, dass Abweichungen von der normalen Situation nicht mehr die Macht haben, ihn zu irritieren. Das hält er damals für möglich, nicht zuletzt wegen der Indoktrination, die diese geistlichen Übungen darstellen. Die Inhalte, die dabei vermittelt wurden, unterscheiden sich nicht sonderlich von jenen, die die unter den Auspizien Augustins stehenden geistlichen Herren der *École française* transportiert haben. Da ist etwa die Rede davon, dass »die lauen Ordensleute die unglücklichsten Leute hier auf der Welt sind«, da sie weder von der Welt noch von Gott etwas haben.[36] Wie beabsichtigt, zieht der Himmelsstürmer daraus den Schluss, dass er nach dem Ganzen, nach seiner Heiligung streben muss: *In manus tuas, Domine, commendo spiritum meum* (In Deine Hände, Herr, befehle ich meinen Geist). Nach drei Tagen Exerzitien überlegt er sogar, ins Stift Stams einzutreten, nicht zuletzt, weil Pater Hermann ihm prophezeit, dass er sich noch danach sehnen werde.

Um Klarheit zu gewinnen, begibt er sich im darauffolgenden Monat auf Pilgerfahrt nach Rom, von wo er viele (geistige) Früchte mitbringen möchte, Bekehrung vor allem. Er ist natürlich nicht allein dorthin unterwegs und steht deshalb erneut im Kampf mit der Welt und gegen sie.

> Schnell war ich verwirrt, o Gott, und die Stützen meiner falschen Sicherheit sind auf der Reise schnell zerbrochen – ebenso schnell, wie die Gewohnheit zerbrach. Wollte ich doch meine Sicherheit nur mehr aus Dir schöpfen, o Gott. Wenn ich mich und meine Schwachheit betrachte, so muss ich mich vor dem nächsten Tag fürchten (…) Meine Haltung gegenüber den Mädchen, die meine Reisegefährtinnen waren, gibt mir Anlass zur Beschämung.[37]

Wachet und betet, damit ihr nicht in Versuchung geratet. Der Geist ist willig, aber das Fleisch ist schwach (Mt 26,41). Um im ständigen Kampf gegen die Welt zu bestehen, ist Geistestraining unerlässlich.

Dem geistlichen Hochleistungssportler Adolf Holl wird damals nahegebracht, sich den Glauben antrainieren zu können. »Sein Leben soll künftig ein Wettkampf sein, den er ganz allein wird bestehen müssen, nackt wie die Läufer, Boxer, Weitspringer, Diskuswerfer bei den Olympischen Spielen.«[38] Beständiges Training, so das Versprechen, führt zum Ziel. Nach christlichem Verständnis kann der Glaube Berge versetzen. Dem Willen zum Glauben ist das allerdings nicht verheißen worden. Der Glaube ist – je nach Betrachtungsweise – ein Geschenk oder (für aufklärerische Geister) eine Dummheit. Erzwingen lässt er sich so oder so nicht. Adolf Holl wollte einen Glauben erzwingen, den er nicht hatte – und wurde darob zum Geistesathleten.

Im Rückblick auf seine Ausbildung im geistlichen Trainingscamp für Weltentsagung forschte er später nach den Wurzeln dieser »Anleitung zum Unglücklichsein«.

> Die Äbte der frühen christlichen Klöster verhielten sich wie geschickte Trainer, die ihre Mannschaft in die Spitzenklasse bringen wollten. Für manche Athleten gab es individuelle Trainingsprogramme. (...) Die Rekorde der Nonnen und Mönche in den Disziplinen der christlichen Demut wurden nicht in Zehntelsekunden gemessen, sondern am Grad der Minimalisierung des Geltungsstrebens.[39]

Nach seiner Suspendierung als Priester wird der verweltlichte Herr Holl den Spirit seiner »mittelalterlichen Jahre« in etlichen Büchern[40] reflektieren. Er wird den Ursprung des asketischen Lebensprogramms in Indien ausmachen. Der Unterschied zwischen heidnischer und christlicher Einstellung liegt aber im Zweck des Asketismus. Dient er den Gurus dem Erreichen höherer Bewusstseinszustände und damit der Selbsterhöhung, ist er christlich verstanden ein Programm der Selbsterniedrigung – zur höheren Ehre des Schöpfers.

Pater Weiß war ein fürsorglicher Trainer und seinem Sportsfreund sehr zugetan. Sein Ehrgeiz aber war es, einen Heiligen aus ihm zu machen.[41] Nach der Rückkehr aus Rom berichtet ihm sein Schützling, dass er »um Demut gebeten habe« und hofft, dass »sie jetzt ein wenig stärker werden« will in ihm. Im Gegenzug verspricht ihm sein Coach, »viel aufzudecken, was falsch ist« an ihm; was nicht zur Entkrampfung beiträgt: »Ich kann nicht sagen, dass dieses Wort mich ruhig ließ. Die Angst um die Sicherheit.«[42] Wahrscheinlich hat der feinfühlige Seelenlenker die Probleme des ihm Anvertrauten wahrgenommen, die – wie der selbst meint – »im Sexus ihren Ursprung haben dürften«[43], und bietet ihm deshalb brieflich einen Amplex[44] an. Ob das am zweiten Jahrestag seines Einzugs ins geistliche Trainingslager zur Erleichterung des Sportsmanns beigetragen hat, darf bezweifelt werden.

Revisionen

Im Kontrast zu dem von Regens Taubert straff geführten Geistescamp in der Wiener Boltzmanngasse regte sich in den Pfarrsälen Widerstand gegen eine Restauration der mittelalterlichen Kirche. »Ähnlich wie bei uns wuchs in hunderten Pfarren in allen Teilen Österreichs das neue Selbstbewusstsein«[45], fasste der Publizist Fritz Csoklich seine Erfahrung in der Arbeiterpfarre Krim (Wien-Döbling) zusammen. Dort war der legendäre Pater Josef Zeininger tätig, der von den Nazis wegen seiner (subversiven) Jugendarbeit zum Tode verurteilt worden war. Csoklich gibt die Stimmung wieder, die unter jungen Katholiken der Nachkriegszeit herrschte:

> Keine klerikale Kirche mehr, keine alten, »verzopften« katholischen Jugendorganisationen mehr, … keinen politischen Katholizismus unter dem Protektorat einer politischen Partei, im Gegensatz zur Zeit vor 1938 eine klare Ablehnung jeder totalitären Ideologie, trotz der Trümmer und des Hungers ein neues Selbstvertrauen als Österreicher.[46]

Anders als im Vatikan, wo man davon ausging, dass von 1945–1949 »die Katholiken die absolute Mehrheit im Parlament hatten« und seitens des österreichischen Klerus nichts getan wurde, »um die Rechte der Kirche wirksam zu schützen«,[47] wussten die österreichischen Bischöfe um die tatsächliche politische Situation in den Nachkriegsjahren und setzten deshalb mehr auf Pastoral denn auf politischen Druck.

In der berühmten Rede des Florentiner Humanisten Pico della Mirandola (1463–1494) auf die Menschenwürde (1486) führte er ebendiese auf die Ebenbildlichkeit der Menschen mit Gott zurück. Die

Humanisten entwickelten in dieser Zeit die Frömmigkeitsideale der *Devotio Moderna,* die die wahre Form mönchischen Lebens weniger in den klösterlichen Gelübden, als vielmehr in der gelebten Frömmigkeit der Mönche sahen. Die Rufe nach einer Reform der Kirche im 15. und zu Beginn des 16. Jahrhunderts waren geradezu eingebettet in philologische und moralphilosophische Bemühungen und fromme Erneuerungsziele.[48]

Der Boden für Martin Luthers Kampf gegen den Papismus war längst aufbereitet, als er seine 95 Thesen formulierte. Ähnlich wie Luther auf eine päpstliche Instruktionsschrift für Ablasshändler reagierten die österreichischen Bischöfe auf eine Demarche des Heiligen Stuhls, worin er die Einhaltung des Konkordats forderte. Die Bischofskonferenz fasste dies als Misstrauensvotum des Heiligen Vaters auf und ließ ihn wissen: »Wenn wir nicht mehr das Vertrauen des Apostolischen Stuhles besitzen, bleibt uns nichts anderes übrig als abzutreten.«[49] Während Rom an einer »Konfessionalisierung«[50] arbeitete, signalisierten die Ortskirchen den Bischöfen eine ganz andere Stimmung im Kirchenvolk. Dort machte das Wort von der »freien Kirche in freier Gesellschaft« die Runde, als dessen Erfinder Monsignore Otto Mauer gilt.

Er war es, der sich im Mai 1952 mit einer Aktivistenrunde junger Katholiken in Mariazell zusammensetzte, um den Katholikentag im Herbst vorzubereiten, und ein Manifest erstellte. In diesem ursprünglich *Mariazeller Erklärung* genannten Text hieß es unter anderem: »Die Brücken in die Vergangenheit sind abgebrochen, die Fundamente für die Brücke in die Zukunft werden heute gelegt. So geht die Kirche aus einem versinkenden Zeitalter einer Epoche neuer sozialer Entwicklung entgegen.« Zudem enthielt dieser »Thesenanschlag« vier Punkte, in denen unmissverständlich festgehalten wurde, dass es »keine Rückkehr zum Staatskirchentum vergangener Jahrhunderte« geben könne, das »die Religion zu einer Art ideologischen Überbau der staatsbürgerlichen Gesinnung degradiert« und »Generationen von Priestern zu inaktiven Staatsbeamten erzogen« hatte. Weiters könne es »keine Rückkehr zu einem Bündnis von Thron und Altar« geben, »das das Gewissen der Gläubigen einschläferte und sie blind machte für die Gefahren der inneren Aushöhlung«. Unverkennbar: Die antimodernistische Pianische Epoche[51] neigte sich ihrem Ende entgegen.

Kann denn die Kirche irren, fragte Adolf Holl in einem Buch, das Anfang 1965 mit dem Segen des erzbischöflichen Ordinariats erschien. *Wegweisungen im Glauben* hieß der Band doppeldeutig (je nachdem, ob man das E in Weg kurz oder lang intoniert), der seinen inneren Zwiespalt zwischen Loyalität und Aufbegehren zwischen zwei Buchdeckel bannte. Er kommt darin auch auf die päpstliche Bulle von Bonifatius VIII. (s. Anm. 7) zu sprechen und erklärt die dahinterstehenden Erwägungen folgendermaßen: »Jesus Christus als der Sohn Gottes regiert die Welt …; nun aber hat Jesus den Papst zu seinem Stellvertreter gemacht; folglich ist der Papst auch in politischer Hinsicht die oberste Instanz. Wir wissen heute, dass diese Überlegung theologisch falsch ist.«[52] Ebenso wie die Gewohnheit, geistliche Ämter zu kaufen (Simonie), wie Holl ergänzt. Er listet noch eine Reihe anderer kirchlicher »Irrtümer« auf, unter anderem die Hexenprozesse oder das Urteil gegen Galilei, um dann zur Entschuldigung anzuführen, »dass es ohne Fehler in der geschichtlichen Wirklichkeit nicht abgehen kann und dass diese Feststellung auch auf die Kirche ihre Anwendung finden darf«.[53] Es hat dann nicht mehr lange gedauert, bis er sehr viel ungnädiger mit der Kriminalgeschichte der Klerisei ins Gericht ging.

Die *Wegweisungen im Glauben* waren inspiriert von Diskussionsrunden unter Katholiken, die in der Nachkriegszeit unter der Rubrik *Fragen Sie die Kirche* regelmäßig stattgefunden hatten. Sie dienten wohl auch dazu, das Kirchenvolk mit der Haltungsänderung der Kirche im Zuge des Zweiten Vatikanums vertraut zu machen und ihm Argumentationshilfen gegen weltliche Kritiker an die Hand zu geben. Denn »der Ärger über all das hat dazu geführt, dass nicht nur Martin Luther … Rom als den Inbegriff aller Abirrungen von der milden Lehre Christi ablehnte«.[54] Dieser Ärger ist auch bei Adolf Holl zur Zeit der Niederschrift schon vorhanden und im Buch spürbar. Doch noch lässt er sich als braver Soldat Christi vergattern, um zur Verteidigung des Papsttums auszurücken. Die Macht des Papstes, so Holl im Kapitel über das Petrusamt, gründet in Gott, »wird aber ausgeübt von einem Menschen, dessen erbsündige Natur durch die Garantien seines beispiellosen Auftrags mitnichten beseitigt ist«.[55] Die Kirche des Mittelalters lebte von der Überzeugung, dass das persönliche Verhalten des betroffenen Klerikers seine sakramentalen Handlungen nicht beeinträchtigte.[56] Diesen Glauben hat Luther nachhaltig beschädigt, weshalb es nicht lange, nachdem er seine Thesen einem Brief an seine Vorgesetzten beigelegt hatte, zu einer denkwürdigen Begebenheit kam, die Holl exkulpierend ins Treffen führt. Der holländische Kurzzeitpapst Hadrian VI. (1522–1523) gab seinem Gesandten zum Reichstag in Nürnberg folgende Instruktion mit auf den Weg:

> Wir wissen wohl, dass auch bei diesem Heiligen Stuhl schon seit manchem Jahr viel Verabscheuungswürdiges vorgekommen ist, Missbräuche in geistlichen Dingen, Übertretungen der Gebote, ja dass alles sich zum Ärger gekehrt hat. Wir alle, Prälaten und Geistliche, sind vom Weg des Rechtes abgewichen, und es gibt schon lange keinen einzigen mehr, der Gutes getan hat.[57]

Dieses Eingeständnis eines Humanisten auf dem Stuhle Petri blieb selbstverständlich ohne Einfluss auf die Römische Kurie, sieht man von der Tatsache ab, dass Hadrian früh unter ungewissen Umständen verstarb.

Zucht und Zölibat

Dieser Vorgriff auf die Revisionen durch das Zweite Vatikanum scheint angebracht, um Adolf Holls priesterliche Ausbildung davon abzuheben, die noch unter einem anderen Stern stand. So wäre es zum Beispiel *in der Welt draußen* nicht gut angekommen, hätte man erfahren, dass der Regens das Ansuchen auf Aufschub der Mandeloperation des Alumnen Holl (auf die Zeit nach den Ferien – aus Rücksicht auf seine Mutter) mit der Begründung abgelehnt hatte, dass hier nicht gefeilscht werde.[58] Für den Anstaltsleiter sollten das Priesterideal und das Christusbild zu einer einzigen Leitfigur verschmolzen werden: »Sacerdos alter Christus« (der Priester sei ein zweiter Christus) war sein Anspruch.[59] Verleugnet Euch, verlasst die Welt, das war für ihn die Voraussetzung für ein priesterliches Leben. Er war beeinflusst vom Jensenismus[60] und der *École française de spiritualité*, die als Reaktion auf die Reformation zu einem asketischen und mystischen Katholizismus zurückkehren wollte. Dass Disziplin für ihn kein Fremdwort war, bewies er unter anderem als Domprediger, der beim Zehn-Uhr-Hochamt eine Stunde frei und ohne Mikrophon die Gläubigen instruierte.[61]

Gerade an der Disziplin haperte es beim Alumnen Holl – auch nach ein paar Jahren noch. Es sind zwar seine ernsthaften Bemühungen, die Welt hinter sich zu lassen, im Tagebuch annotiert, allein der Erfolg wollte sich nicht so recht einstellen. Am Tag nach seinem 19. Geburtstag nimmt er sich vor, »beten will ich doch mehr und mehr durch Maria – mein Beten zielt ja doch viel zu viel auf mich selber«. Am selben Tag heftet er eine Karikatur über das Zuspätkommen, die er als Festtagspräsent von den Kommilitonen bekommen hatte, an die Innenseite des Kastens.[62] Geburtstagsfeiern wurden vom Herrn Regens geduldet, erbaut war er von solchen Weltlichkeiten keineswegs. Was priesterliches Benehmen wäre, erfuhren die Priesteramtskandidaten in der »Hausstunde«. Das konnte bis zu Reinigungsanweisungen für den Körper gehen.[63] Der war es ja auch, der zu Disziplinlosigkeit verleitete, wie Adolf Holl immer wieder zu beklagen hatte: »Die Säfte meines Körpers spielen doch oder scheinen doch eine sehr große Rolle in meiner stimmungsmäßigen Verfassung zu spielen. Unter dem Nabel …«[64] Und statt Unterstützung in seinen Anstrengungen erfährt er von seinen »Weltfreunden« auch noch Häme: »Baby hat mich wieder getroffen mit dem Satz – wir werden ja sehen, ob er es durchhält.«[65] An seinem Vorsatz, dieses »Narrentum« – im Sinne des »Kreuztragens« – als willkommene Demütigung anzusehen und Gottes Willen zu tun, ändert das nichts. Der wahre Gottesfreund, so hatte es der Apostel Paulus vorgegeben, wird in den Augen der Welt stets »wie ein Trottel dastehen«.[66]

Dass dem christlichen Umgang mit dem Körper eine Militanz innewohnt, hat Adolf Holl am eigenen Leib erfahren und später vielfach analysiert. Der »Gott der Heerscharen« (wie Gott in der katholischen Messliturgie angesprochen wird) hat militärische Eigenschaften. Er ist – noch von der hebräischen Bibel her – der »Herr aller Mächte und Gewalten« (Elohim Adonai Sebaoth) und wurde »als eine Art Generalfeldmarschall imaginiert«.[67] Dementsprechend dient die Zucht (mit der nicht nur sprachlich die Züchtigung einhergeht) der Erringung von Höchstleistungen; im geistlichen Bereich ebenjene der Selbstüberwindung beziehungsweise der Überwindung des »Selbstischen«: »Ich habe P. Weiß gefragt, ob ich mir ein paar Geißelstriche geben darf: positive.«[68] Mit der Körperbeherrschung erlangt man Macht, was schon die alten Inder wussten (s. Einleitung). Die Kirche hat von den Gurus gelernt. Aus christlicher Sicht gewinnt man solcherart das Himmelreich. »Wenn dich dein rechtes Auge zum Bösen verführt, dann reiß es aus und wirf es weg! Denn es ist besser für dich, dass eines deiner Glieder verlorengeht, als dass dein ganzer Leib in die Hölle geworfen wird« (Mt 5,29). So gesehen ist ein bestimmtes Glied ein Hauptinstrument der Verführung zum Bösen. Dessen Ausschaltung ist somit Voraussetzung für den geistlichen Spitzensport. Dazu bedarf es der geistigen Gymnastik, etwa in Form von Exerzitien. Heute haben wir diese Art der »Sakralisierung« – unter ärztlicher Aufsicht – in den Sport ausgelagert, wo ein Rekord den nächsten jagt und einen profanen »Heiligen« nach dem nächsten produziert.

Mittels Training kann man es also zu körperlichen oder auch geistigen Spitzenleistungen bringen. Dass man durch Drill und Disziplin Gott näherkommt, ist nicht zuletzt in Anbetracht von Adolf Holls Aufzeichnungen zweifelhaft; offensichtlich dagegen ist, dass man es mit Spitzensport zu weltlicher Anerkennung (sprich Macht) bringen kann. Die Militarisierung der Kirche mit Zucht und Zölibat hat ihr im Mittelalter Macht verschafft. Als diese Macht (über die Hirne und Herzen) mit dem Ausbruch der Großen Pest (1347–52), die Europa entvölkerte, bereits bedrohlich schwankend wurde, war es im Sinne des Sündenbockkonzepts konsequent, die weibliche und jüdische Spiritualität zu verfolgen: in Form von Hexenprozessen und Judenpogromen. Die allmähliche Ermächtigung der Frauen seit gut hundert Jahren ist aus dieser Perspektive eine Langzeitfolge des Machtverlusts der Kirche, und die Pianische Epoche ist als neuerlicher Versuch einer Gegenreformation zu interpretieren. Es fällt der Kirche eben sehr schwer (und nimmt schon eine geraume Zeit in Anspruch), von ihrem männlichen Herrschaftskonzept abzurücken. Adolf Holls Parforceritt durch die abendländische Geistesgeschichte endet im Garten der Erkenntnis: »Die Frauenfrage ist die entscheidende, für alles. Jetzt sind halt sie dran.«[69] Auf dem Weg dahin musste er nicht nur persönlich abrüsten, er hat mit seinem Werk auch die spirituelle Entmilitarisierung der Kirche entscheidend angetrieben.

Seine Zeit im »spirituellen Heerlager« war jedoch eine der Munitionierung. Insbesondere Exerzitien dienen der Auflading mit geistlichem Gedankengut. Geistliche Trainingseinheiten wie Beichte und Exerzitien sind zur Einübung in die Selbstverleugnung unerlässlich. Im Heiligen Jahr 1950 stehen die alljährlich vor Weihnachten abgehaltenen Exerzitien für den Gottesrekruten Holl im Zeichen des Empfangs der niederen Weihen, wozu es gründlicher Vorbereitung bedarf: Gewissenserforschung mit anschließender Beichte etwa oder auch eine »Tonsurerteilung«. Während des Trainings wird dann »stärker auf die Enthaltung von Speise hingelenkt«, schließlich waren auch »die Heiligen streng mit sich«.[70] Pater Weiß hat ohnehin den Eindruck, zu wenig streng mit seinem Schützling zu sein. Das macht der Burgherr wett.

Den weltlichen Anfechtungen am stärksten ausgesetzt ist der Priesteramtsaspirant natürlich in den Ferien. Nicht nur wegen der optischen Reize, sondern auch, weil seine alten Freunde den von ihm eingeschlagenen Weg nicht unbedingt gutheißen. Spielt er etwa mit seinem Freund Helmut Halma und zerstört aus Jähzorn das Spiel, muss er sich sagen lassen: Na, hektisch hinter der Maske.[71] Solcher Spott schmerzt, weiß er doch ohnehin: »Die Priesterkaste. Pharisäergefahr ist bei mir wohl sehr, sehr groß. Tadellosigkeit …? Wie groß doch meine Aufgeblasenheit ist.«[72] In solchen Momenten wird ihm der Widerspruch des Anspruchs an ihn (als zukünftigen Priester) allzu bewusst: »In der Welt, aber nicht von der Welt« zu sein. Er sieht klar, dass ihn der gewählte Beruf in eine »gewisse Abkapselung« drängt. Sich der Welt zu entziehen, kommt ihm aber schwer an. Er spaziert auf den Kahlenberg, geht ins Brünnlbad schwimmen, spielt Billard und Tischtennis, schaut sich – vor allem in den Ferien – weiterhin Filme im Kino an, fährt regelmäßig auf Schikurs, liest Krimis von Edgar Wallace, ist ausgelassen in Gesellschaft und so fort. Was er schon am Ende des ersten Ausbildungsjahres konstatiert hatte, nämlich, »wie sehr ich noch an der Welt klebe!«,[73] begleitet ihn auch in den Folgejahren: Trotz immer wiederkehrender (Selbstan-)Klagen seiner Schwachheit bleibt die Faszination an der Welt die ganze Studienzeit über aufrecht. »Da kann sich schon die Frage stellen: Wie klein muss ich werden und wie groß die Gnade in mir, dass ich nicht angekränkelt werde von der Welt und doch in ihr stehe, ganz!«[74]

Auf den Boden der Tatsachen zurückgeholt wird er, wenn er wieder ins Seminar einkehrt. Da fängt er sich gleich eine Rüge des Herrn Regens wegen seiner Unpünktlichkeit ein. Es wird ihm rasch klar (gemacht), »dass ich Weltgeist doch schon wieder angenommen habe«.[75] Und das, obwohl er sich schon im Herbst 1949 einen Totenschädel

(Memento mori) aufs Nachtkästchen stellt, den er von einem Studienkollegen geschenkt bekommen hatte, und der ihn daran erinnern soll, dass »die Schönheit des Weltlichen wohl nicht für den Homo Dei sei, den Diener am Heiligtum, auch wenn er sie unbefangen betrachten könnte«.[76]

Unbefangen kann er die Welt aber kaum betrachten, insbesondere wenn ein Einkehrtag bevorsteht und ihn in der Nacht davor folgender Traum heimsucht:

> Bemerkenswert war nämlich der Eindruck der schrankenlosen Gewalt, unter der alles stand, die zuerst durch Marter den Menschen aufgezwungen wurde und dann durch das Bewusstsein irgendwie unentrinnbar dieser anonymen Gewalt ausgeliefert zu sein. – Spielt schon das Geschehen dieser Zeit in den Traum, weniger durch Zeitungen als durch eine Wirklichkeit, die unter dem Bewusstsein liegt: Kollektivbewusstsein?[77]

All die Jahre hindurch handelt er sich immer wieder Ermahnung ein. Nicht nur die Unpünktlichkeit ist es, die den Kommandanten aufregt, auch die Undiszipliniertheit des Himmelsstürmers. Der meint etwa, während der Studierzeit den Herrn Professor Wessely wegen des Mystik-Seminars telefonisch kontaktieren zu können, wird dabei vom Herrn Regens gesehen, zur Rede gestellt und getadelt. Schwerer als solche Nachlässigkeiten wiegt aber das Laster des Hochmuts. Als dessen Ausdruck betrachtet der Anstaltsleiter, dass der Zögling Holl ungefragt eine Reise nach Aachen antritt: »Der schwere Unwille des Herrn Regens darüber, dass ich mich nicht von ihm abmeldete. Er sprach von mangelnder Tugend und Haltung, von einer notwendigen Bemühung um die Besserung meines Charakters, ansonsten er schwere Bedenken hätte.«[78] Ausgebügelt hat die Sache dann der Beichtvater. Der Gehorsam ist dem Christentum als Programm eingeschrieben. »In den Klöstern hatte sich die urchristliche Idee von der Selbsterniedrigung Gottes in ein rigoroses Regelwerk verwandelt, das methodisch vorging und als Hauptinhalt die Forderung nach unbedingtem Gehorsam verkündete.«[79] Solcherart erzogene Menschen werden entweder Ketzer oder überangepasste Bürger. Mit Letzteren hatte zuerst der Kapitalismus und im 20. Jahrhundert der Faschismus leichtes Spiel: »Es erzeugte verlässliche Automaten, die sich pünktlich zur Arbeit und zum Gebet begaben, ohne jemals Lohnforderungen zu stellen.«[80] Auch diesen Zusammenhang hat Adolf Holl spätestens bei seiner Arbeit am Franziskus-Buch analysiert und fasste seine Erkenntnisse dann so zusammen:

> Dass zwischen den asketischen Idealen im christlichen Abendland und dessen schließlicher Industrialisierung ein Zusammenhang besteht, hat bereits John Wesley (gest. 1791), der Begründer der Methodisten, kristallklar formuliert: »Religion muss notwendig sowohl Arbeitsamkeit (industry) als Sparsamkeit (frugality) erzeugen, und diese können nichts anderes als Reichtum hervorbringen.«[81]

Jungfräulichkeit

Am 23. Dezember 1950 empfängt der Alumne Holl die ersten drei niederen Weihen. Mit gemischten Gefühlen. Einerseits betrachtet er sich nun als »Träger der Geheimnisse Gottes«, der es in seiner Gewalt hat, dem Teufel zu befehlen abzufahren, andererseits erschrickt er am Heimweg bei dem Gedanken: »Und niemand, der mich erwartet zu Hause: So wird es einmal sein.«[82] Genährt wurden solche Einfälle wohl auch vom Schicksal seiner Mutter. An ihrer Arbeitsstätte wird sie beleidigt, von ihrer Umgebung scheel angesehen, und allmählich stellen sich körperliche Beschwerden ein. Anstatt ihr in kindlicher Dankbarkeit das Leben so angenehm wie möglich zu machen, halten Nachbarinnen den Sohn für frech gegenüber der Mutter, die doch so viel für ihn tut. Tatsächlich muss er sich eingestehen, ihr gegenüber nicht aufmerksam zu sein. Statt einen Packen Illustrierte einzuordnen, wie seine Mutter es sich wünscht, fängt er an, darin zu blättern.[83] Im Nachhinein wird ihm klar, dass das unachtsam war; und er nimmt sich vor, sich brieflich zu entschuldigen. Im Übrigen überantwortet er seine Sorge um sie der Gottesmutter Maria.

Die bekommt unter dem Einfluss von Pater Weiß immer größere Bedeutung für ihn. Nicht selten enden die Eintragungen im Tagebuch mit den Worten »Maria, meine liebe Mutter« oder »In Deine Hände, Maria«. Im Herbst 1950 spricht er die »kleine Weihe«, die eine Periode einleiten soll, »in der Maria sieht, dass ich *will*, nämlich alles, vollkommen werden, das heißt jetzt: Abtötung: *alle* Fäden durchschneiden.«[84] Das will aber selbst mithilfe der »guten Mutter« nicht so recht klappen. Ein paar Wochen später muss er sich wieder einmal eingestehen, »wie schnell die Augen zu wandern anfangen auf der Straße. Ich ertappe sie, wie sie ein vorübergehendes Mädchen betrachten.«[85] Im Februar des neuen Jahres ist er auf den Pfarrhof am Semmering eingeladen. Die Mutter des dortigen Pfarrers ist (wie nicht selten) zugleich dessen Haushälterin. Sie klagt gegenüber dem Gast, dass zu viele Mädchen in den Pfarrhof kämen. Daraus schließt der junge Besucher, dass »das Verhältnis der Mutter als Haushälterin doch nicht ganz möglich zu sein«[86] scheint. Von der Atmosphäre am Pfarrhof ist er unangenehm berührt: Das Fleisch begehrt wider den Geist und das macht einen »unerlösten Eindruck«. Sein Resümee daraus: »Gerade dann: Maria, hilf.« Es ist halt schwieriger, mit der leiblichen Mutter zu leben als mit der Himmelsmutter.

Auf Anregung von Pater Weiß, der Mitglied in der Marianischen Priesterkongregation ist, beschließt der Alumne Holl einige Monate später, die Muttergottes zur Patronin zu erwählen, und schreibt ihr einen Brief:

> Heilige Maria ... Deiner Liebe will ich mich nun anvertrauen, im Gedanken an die große Hilfe und den liebevollen Schutz, den Du so vielen Heiligen gewährt hast, will ich auch mein kleines Leben Deinen Händen übergeben. Ich sehe mein Versagen, meine Schwäche, meine Blindheit; ich sehe meinen geringen geistlichen Fortschritt, meine halbe Liebe und wenig feste Tugend; so will ich, weil ich nicht fähig bin, allein mein Leben zu meistern, Dich, heilige Mutter, als meine Patronin erwählen.[87]

Kurz bevor er sich Maria verschreibt, sieht er im November 1952 einen Film über Johanna von Orléans, der ihn stark berührt. Wie Jesus, so sinniert er, stand sie vor Gericht. Der Abschied und die Traurigkeit machten sie ihm ähnlich. Aber es ist nicht (nur) die Gottähnlichkeit, die ihn fasziniert, es ist auch die Schauspielerin: »Was für eine Verwirrung; was für eine Unruhe im Gemüt. Der Zauber der Schauspielerin hat sich mit dem Ausgesagten vermengt.«[88] Was ja der Sinn von etwas so Weltlichem wie der Schauspielkunst ist. Dem Weltverächter gilt sie aber als ein Zauber der Eitelkeit, der ihn anzieht und den er zugleich von sich weist: Wenn dir dein rechtes Auge zum Ärgernis wird, reiß es aus. Oder begib dich in die Obhut der Schutzmantelmadonna.

Was ihn irritiert, hat vielleicht auch mit einem prinzipiellen Verhältnis der Männer zu Frauen zu tun. Johanna konnte den Thronprätendenten von ihrer (göttlichen) Mission wohl nur überzeugen, weil sie ein jungfräuliches Mädchen war. Wäre sie eine seiner zahlreichen Mätressen gewesen, hätte er ihre Visionen wohl nicht ernst genommen. Johanna wiederum beruft sich auf den martialischen Erzengel Michael, der ihr eingibt, wo das siegreiche Schwert mit den fünf Kreuzen vergraben sei. Gefunden wurde es in einer Dorfkirche, die der heiligen Katharina geweiht war, die bereits im Alter von sieben Jahren der Gottesmutter ewige Jungfräulichkeit gelobt hatte. Marianismus (im Sinne von Jungfräulichkeit) und Martialismus gehen ein enges Bündnis ein, fast wie jenes von Thron und Altar. Dass Johanna mit dem Schwert die Wende im Hundertjährigen Krieg bringen werde, hatten die Männer nicht erwartet. Keiner, vor allem nicht der inzwischen gekrönte König Karl VII., kam ihr zu Hilfe, als sie dann als Hexe verbrannt wurde. Indirekt zeigte sich Karl aber doch beeindruckt. Er machte Agnès Sorel zur ersten »Maîtresse-en-titre« Frankreichs, also zur offiziellen außerehelichen Lebensgefährtin, und überließ ihr mehr oder weniger die Amtsgeschäfte. Nicht zu seinem Schaden.

Mit Johanna hat sich Adolf Holl ausgiebig beschäftigt.[89] Sie ist in mancherlei Hinsicht interessant; nicht nur als eine Form von emanzipierter Frau, deren »Sprung aus dem Normalbewusstsein etwas mit Befreiung zu tun haben kann«[90], sondern auch aus religionssoziologischer Perspektive:

> An Johannas Gestalt ... scheitert die landläufige Entgegensetzung von »Ich« und »Gesellschaft«. Der Verdacht, dass unser abendländisches Alltagsdenken mit zweiwertiger Logik, Subjekt-Objekt-Unterscheidung, Kausalität und linearem Zeitbegriff blamierbar ist, eröffnet eine Verhandlung, in der wir selber als Angeklagte erscheinen.[91]

Weder bei Feministinnen noch beim offiziellen Wissensbetrieb ist Adolf Holl damit auf großen Widerhall gestoßen. Einige Zeit vor ihm schätzte allerdings der Historiker Hellmut Diwald Johannas Rätselhaftigkeit ähnlich ein, wenn er die Geschehnisse folgendermaßen kommentiert: Der Triumph Frankreichs lässt sich »mit Hilfe ihres

Auftretens weit logischer erklären als ohne sie, auch wenn dieses Mädchen zu keiner Logik passt und ihre Wirkung sich auf eine intellektuell zufriedenstellende Weise nicht erklären lässt.«[92] Er schließt mit einer Bemerkung, die auch von Adolf Holl stammen könnte: »Vernunft heißt in solchen Fällen, die empirischen Daten in ihrer Außervernünftigkeit zu akzeptieren.«

In die Obhut der Gottesmutter begibt sich der zölibatäre Priesteramtskandidat zum Fest von Mariä Empfängnis Anno Domini 1952 in der Krypta der Canisiuskirche. Dort legt er feierlich seine Weihe an Maria ab. Verbunden war damit – nach erfolgter Priesterweihe – die Aufnahme in die Marianische Priesterkongregation. Diese Vereinigung war im 16. Jahrhundert von einem französischen Jesuiten gegründet worden und ein paar Jahre später in Wien für den deutschsprachigen Raum. Nach den üblichen adventlichen Exerzitien empfindet er sich in diesem Jahr sich selbst seltsam entrückt. Ein Pater hatte davon gesprochen, dass nur, wer sich selbst kennt, auch andere kennen kann. Die Gewissheit, dass die Seele ewig sein wird, kann für ihn nur durch einen Vertrauensakt hergestellt werden, den kein Beweis ersetzen kann. »Die Mutter Gottes mahnt mich irgendwie immer dazu: Echt soll mein Vertrauen zu ihr sein. Sonst kann ich nicht gut zu ihr beten. Und ich habe mich ihr geweiht.«[93] Lange wird Adolf Holl ein Goldkettchen mit einem Marienanhänger um den Hals tragen.[94]

Die akademische Ausbildung

Papst Pius XII. hatte 1948 eine Erneuerung der Marienverehrung eingeleitet. Ein knappes Jahrhundert davor (1854) war von Pius IX. die »unbefleckte Empfängnis Mariens« ex cathedra verkündet worden. Nun zieht Pius XII. nach, erhebt 1950 die Himmelfahrt Mariens zum Dogma und ruft in Erinnerung an die Proklamation seines Vorgängers das Jahr 1954 zum ersten Marianischen Jahr der katholischen Kirche aus, sehr zum Ärger der evangelischen. Die Jungfrau Maria bietet sich zölibatären Männern als Schutz vor ihren (geschlechtlichen) Versuchungen und Verfehlungen hervorragend als Projektionsfläche an. Diesem Geist hing auch so mancher Ausbildner Adolf Holls an.

Beim bereits erwähnten Professor Friedrich Wessely hört der Erstsemestrige eine Vorlesung über *Frühchristliche Mystik*.[95] Mit diesem Thema hatte sich der ursprünglich zum Historiker ausgebildete Theologe als Studienpräfekt des Wiener Priesterseminars Anfang der Dreißigerjahre beschäftigt und 1936 eine Dissertation über die Vollkommenheitslehre Meister Eckharts vorgelegt. Habilitiert hatte er sich 1938 als Spiritual des Priesterseminars mit einer Arbeit über Johannes vom Kreuz. Im Sommersemester 1939 hielt er seine Antrittsvorlesung zur *Geschichte des Frömmigkeitslebens in der Neuzeit*, womit er sich bei den neuen Machthabern nicht beliebt machte. Ohne Angabe von Gründen wurde ihm die Lehrbefugnis entzogen. Wessely zog sich daraufhin als Seelsorger in Frauenklöster zurück und begann sich mit der *École française de spiritualité* zu beschäftigen. Er stieß auf den Ordensgründer Louis-Marie Grignion de Montfort und dessen »Vollkommener Andacht zu Maria«. Die Weihe der Welt an das »unbefleckte Herz Mariens«, die der Papst am 31. Oktober (ausgerechnet am Reformationstag) 1942 vorgenommen hatte, war für ihn dann der letzte Anstoß, eine marianisch ausgerichtete Priestergemeinschaft zu gründen.

Wesselys nach dem Krieg vorgelegte Vorschläge zur Umgestaltung der Priesterausbildung fanden bei Regens Taubert keine Zustimmung. Deshalb konzentrierte sich Wessely auf seine Lehrtätigkeit und wurde 1946 außerordentlicher Professor für Christliche Philosophie und Mystik. Daneben hielt er 1948 eine Predigtreihe über *Das Geheimnis Mariens* und lernte die *Legion Mariens* kennen. Vom Kardinal erhielt er 1949 die Erlaubnis, einen österreichischen Zweig zu gründen, dessen Vorstand er wurde. Als er sich 1969 aus gesundheitlichen Gründen zurückzog, schlug er Hans Groër zu seinem Nachfolger vor, der schon seit 1944 der von Wessely gegründeten Priestergemeinschaft angehörte. Im selben Jahr schlug Groër bei der Neueinweihung der ehemaligen Wallfahrtskirche in Roggendorf die Wiedereinführung der Wallfahrten vor: Zur Erinnerung an die vom 13. Mai bis 13. Oktober 1917 erfolgten Marienerscheinungen von Fatima sollten in diesen Monaten an jedem 13. Pilger nach Roggendorf kommen.

Zur selben Zeit, genau am 12. Oktober 1969, titelte die *Bildpost*: »Ein Priester, der Österreichs Katholiken schockiert«. Anlass war die Fernsehsendung *Horizonte*, die einen Bericht über *Gefallene Priester* gezeigt hatte. Konzeption der Dokumentation: Dr. Adolf Holl. Penibel aufgelistet wird in diesem Artikel das (vorläufige) Sündenregister des Kaplans Holl: »Dr. Holl leugnet die Auferstehung Christi! Dr. Holl fordert den Papst zum Rücktritt auf! Dr. Holl verfasst Drehbuch für Fernsehdokumentation über gefallene Priester!« Daraus schloss die *Bildpost* messerscharf: »Narrenfreiheit für Kaplan Holl«. Das schmale Zeitfenster der Öffnung der Kirche, das sich mit Johannes XXIII. aufgetan hatte, schloss sich allmählich wieder. 1974 trat Hans Groër in das Stift Göttweig ein, nahm den Ordensnamen Hermann an und gründete das Zisterzienserinnenkloster Marienfeld bei (nunmehr) *Maria Roggendorf*. Im September 1986 wurde er zum Erzbischof von Wien geweiht. Die heilige Maria hatte (vorerst) über die unselige Libertas triumphiert.

Als Kontrast zur Mystik hört der Candidatus theologiae Adolf Holl zu Beginn seines Studiums von Professor Wessely wöchentlich auch noch vier Stunden über *Logik und Erkenntnistheorie* sowie eine einstündige *Einführung in das Studium der Philosophie*. Im Folgesemester stehen jeweils eine Stunde *Grundfragen der Kosmologie* und die *Mystik des Mittelalters* auf dem Programm. Im Wintersemester 1949/50 bietet der vielseitige Lehrer *Allgemeine Metaphysik, Aszetisch-mystische Theologie* und die damit in Zusammenhang stehende *Aszetik des ausgehenden Mittelalters* an. Damit taucht der bei diesen Vorlesungen anwesende Student Holl in seinem dritten Semester so richtig ins Mittelalter ein. Mitglied in Wesselys Klub der Freunde Mariens war auch der Moraltheologe Karl Hörmann. Bei dem späteren Rektor der Universität hört Adolf Holl in der zweiten Hälfte seiner Studienzeit Lehrveranstaltungen zu den Themen *Sittenlehre und Dekalog, Die geschlechtliche Sittlichkeit, Sakramentenlehre in der Moraltheologie* und jeweils über die *Prinzipien* sowie über die *Sakramente in der Moraltheologie*. Man kann davon ausgehen, dass darin auch von Jungfräulichkeit die Rede war, obwohl der Begriff in Hörmanns Hauptwerk, dem 1969 erschienenen *Lexikon der christlichen Moral*, als Stichwort nicht aufscheint.

Der wichtigste Lehrer Adolf Holls sollte der Tiroler Fundamentaltheologe Albert Mitterer werden.[96] Er beschäftigte sich mit Grenzfragen von Naturwissenschaft und Theologie und unterschied zwischen *Erzeugungs- und Entwicklungsbiologie*. Der Thomist (nach Thomas von Aquin, 1225–1274) war der Ansicht, dass der Scholastiker die Entwicklungslehre von Augustinus in eine Erzeugungsbiologie umgedeutet und damit revidiert hatte. In seinem Werk *Dogma und Biologie der Heiligen Familie* (1950) weist er auf die theologischen Folgen davon in Hinblick auf Empfängnis und Menschwerdung Jesu, die Mutterschaft Mariens vor und nach der Geburt und die Stellung Josefs hin. Neben der *Einführung in die Fundamentaltheologie* inskribiert der Studiosus Holl auch Mitterers Vorlesung zur *Fundamentaltheologie der Offenbarung*. In der Folge sitzt er auch im Hörsaal, wenn Mitterer über *Fundamentaltheologische Christologie* und deren Texte referiert. Im Herbst 1950 beginnt Holl mit einem fundamentaltheologischen Seminar bei ihm, das sich über mehrere Semester erstreckt. Ergebnis ist, dass ihn der Professor zwei Jahre später einlädt, bei ihm zu dissertieren.[97] Schon anlässlich der Ehrenpromotion eines Paters hatte Adolf Holl »den Ruf der Wissenschaft« gehört und sagt sich: »Jedenfalls habe ich Freude an ihr. Talente habe ich zu nützen.«[98]

Gerade weil das Studium in seinen privaten Notizen wenig Niederschlag findet, scheint es für ihn wesentlich unproblematischer, ja freudvoller gewesen zu sein als das Leben im Seminar. Dazu trägt sicher auch der Unterricht in den Sprachen Hebräisch und Aramäisch bei. Letztere ist die Sprache, die Jesus gesprochen hat. Adolf Holl lernt sie bei dem Spezialisten für biblisch-orientalische Sprachen kennen, dem Alttestamentler Prälat Johannes Gabriel. Der Vorstand des Instituts für alttestamentliche Bibelwissenschaft hatte die Geschichte Israels nicht nur studiert, sondern 1937 auch eine Expedition in das Land unternommen. Noch vor Holls Studienbeginn hatte Gabriel in einem Buch die Frage gestellt: »Ist das Alte Testament Gottes Wort?«[99] Man kann annehmen, dass der historisch und sprachlich interessierte Student Adolf Holl von Gabriel einen kritischen Umgang mit den biblischen Texten gelernt hat. Gleich zu Beginn seines Studiums bekommt er von ihm eine *Einleitung in die historischen Bücher des Alten Testaments* und *Biblische Urgeschichte* zu hören. Spezieller werden die Bibelstudien im Verlauf des Studiums: In Holls viertem Semester liest Gabriel zur *Exegese ausgewählter Psalmen und einige zu Abschnitten des Buches Exodus* und als Sprache kommt Arabisch dazu. Bei Holls Eintritt in den zweiten Studienabschnitt wird Gabriel für zwei Jahre zum Rektor der Universität gewählt (1951/52) und fällt für Vorlesungen aus.

An seine Stelle trat unter anderem Johannes Kosnetter, der auch die biblischen Stätten bereist hatte und in orientalischen Sprachen bewandert war. Allerdings war er neutestamentlich ausgerichtet. Kosnetter galt als Intimus vom damaligen Dekan Innitzer und als sein logischer Nachfolger auf dem Lehrstuhl für Neues Testament. Doch Innitzers Ernennung zum Erzbischof kam für Kosnetter zu früh. Er musste sich erst habilitieren, um 1937 den mehrere Jahre vakanten Lehrstuhl einnehmen zu können. Während des Krieges versorgte Kosnetter eine ehemalige jüdische Kollegin aus seiner Zeit als Gymnasiallehrer. Spezialgebiet des mehrmaligen Dekans der Katholisch-Theologischen Fakultät war Paulus. Er konnte sich eine Stunde lang über die Frage aufhalten, wie viele Leute auf dem Schiff waren, mit dem Paulus vor Malta gekentert war. *Das Leben des heiligen Paulus* und *Die Briefe des Neuen Testaments* sowie die *Entstehung der vier Evangelien und der Apostelgeschichte* gehörten zu seinem Repertoire, das auch der Student Holl in seinen ersten Jahren durchläuft. Später wurde es jesuanisch; Holl besucht bei Kosnetter Vorlesungen über die *Lehrtätigkeit Jesu (nach Matthäus)*, die *Apokalypse* sowie das *Johannesevangelium (Kapitel 1–8)*.

Noch enger als Kosnetter war der Naturrechtsethiker Johannes Messner Berater von Innitzer. Er war einer der führenden Köpfe des politischen Katholizismus und mit Dollfuß befreundet. Als Jurist und Ökonom hatte er an der Ständestaat-Verfassung von 1934 mitgearbeitet. Er orientierte sich dabei an der Enzyklika *Quadragesimo anno* (1931), wollte die »berufsständische Ordnung« zur Demokratie hin offen lassen und vermied es deshalb, den Begriff Ständestaat, den die Heimwehren hineinreklamierten, in die Verfassung aufzunehmen. Als Professor für Ethik und Sozialwissenschaften (ab 1935) publizierte er darüber ein Buch. Auch Dollfuß widmete er ein ehrendes Andenken, worin er deutlich gegen Hitler Stellung bezog. Nach dem »Anschluss« floh er über die Schweiz nach England. Am Oratorium von Kardinal Newman in Birmingham veröffentlichte er *Man's Suffering and God's Love* (1941; deutsch: *In der Kelter Gottes*, 1948) sowie 1945 *Das unbefleckte Herz*. Darin betonte er die herausragende Stellung Marias in der katholischen Glaubenslehre. In Holls drittem Semester (1949/50) legt er sein Hauptwerk, *Social Ethics* (1949; deutsch: *Das Naturrecht*, 1950), vor, nimmt seine Lehrtätigkeit in Wien wieder auf und spricht über *Allgemeine Ethik für Staatsethik*, ebensolche für *Gesellschaftslehre* und über *Wirtschaftsethik*. Dabei werden auch soziologische Aspekte eine Rolle gespielt haben.

In den Semesterferien 1951 beklagt Pater Weiß gegenüber seinem Schützling, dass er im Tagebuch sehr um sich kreist und »dass die verarbeitete Theologie hier gar keinen Niederschlag findet«.[100] Der Angegriffene ist empört und überlegt, ob er sein Diarium dem Beichtvater weiterhin zum Lesen geben soll. »Ich glaube nicht, dass mich die Wissenschaft nicht bewegt. Die Dogmatik vielleicht noch weniger (…) Aber die Messner-Vorlesungen zum Beispiel waren sicher ein Eindruck – ich habe ihn nicht aufgeschrieben.« Und rechtfertigt sich: »Aber soll ich schreiben: Heute hat mich die Dogmatik begeistert! – – ? Diese Dinge sind eben wenig greifbar.«[101] Somit bleiben Notizen zum Studium weiterhin ausgespart. Die akademische Ausbildung aber geht mit Schwung voran. Mit Beginn des zweiten Studienabschnitts besucht er erstmals Vorlesungen von Carl Johann Jellouschek. Der Benediktiner lehrte *Spekulative Dogmatik* und *Christliche Philosophie*. Er hatte 1938 einen *Bericht über die gemeinsam mit Universitätsprofessor Dr. Johannes Gabriel im April 1937 unternommene Autoexpedition Jerusalem – Suez – St. Katharinenkloster* verfasst. Bei ihm erfährt Adolf Holl etwas über die *Allgemeine Glaubens-, Trinitäts-, Schöpfungs- und Erlösungslehre*. Gegen Ende des Studiums wird's spezieller: Zuerst gibt's eine allgemeine Einführung in die *Sakramentenlehre*, danach werden die einzelnen Sakramente durchgenommen.

Speziell mit der österreichischen Kirchengeschichte macht den angehenden Theologen Holl im fünften Semester der Kulturhistoriker Franz Loidl vertraut. Als Kriegsseelsorger hatte er zuerst zum Tode Verurteilte zu begleiten und danach Häftlinge im KZ seines Heimatorts Ebensee. Nach der Befreiung war er in einem Lager für SS-Angehörige tätig. 1950 war Loidl an die Universität gekommen, erst als außerordentlicher Professor und ab 1953 als Ordinarius für Kirchengeschichte und Patrologie. Später wurde er Direktor des Wiener Diözesanarchivs und seit der Gründung des Dokumentationsarchivs des österreichischen Widerstands (1963) war er Vorstandsmitglied. Bei ihm erhält der künftige Diener der Kirche eine sich über mehrere Semester erstreckende Geschichte der Kirche vom Altertum über das Mittelalter bis in die Neuzeit.

Gegen Ende seines Studiums wird der Religionslehrer in spe Adolf Holl auf seine künftigen Aufgaben vorbereitet. Ab 1946 hatte Michael Pfliegler den Lehrstuhl für Pastoraltheologie inne. Auf den aus ärmlichen ländlichen Verhältnissen stammenden Religionspädagogen war

Anfang der Zwanzigerjahre Ignaz Seipel aufmerksam geworden, weil er über Arbeiterseelsorge publiziert hatte. Pfliegler war Mitbegründer der katholischen Jugendbewegung *Neuland* und berühmt für seine *Adventvorträge* von 1930, in denen er vehement für ein Zugehen auf die »fern und abseits Stehenden«, insbesondere auf Sozialdemokraten eintrat. Pfliegler war katholischer Jugendführer und Seipels Querverbinder zur Sozialdemokratie. Die Enzyklika *Quadragesimo anno* war ein herber Rückschlag für seine Bemühungen. Im Wintersemester 1952/53 belegt Adolf Holl bei ihm die sperrigen Fächer *Hodegetik* (wörtlich: Wegweisung, Sinn und Zweck des akademischen Studiums sowie seine Methode), *Homiletik* (Predigtlehre) und *Liturgie* (religiöse Zeremonien und Riten des Gottesdienstes). Von Friedrich Mittelstedt erhält er in diesem Semester seine pädagogische und katechetische (Anleitung in die Glaubenspraxis) Ausbildung.

In den beiden letzten Semestern wird der Student Holl auch in Kirchenrecht unterrichtet. Der ehemalige Wiener Gemeinderat im Ständestaat und jetzige Ordinarius, Franz Arnold, war eine Kapazität im kirchlichen Verwaltungsrecht und hielt in Holls letztem Semester Vorlesungen über Benefizial- und Vermögensrecht sowie Ehe-, Prozess- und Strafrecht. Von Pfliegler bekommt er noch Hinweise zur Seelsorge, von Mittelstedt noch Anregungen bezüglich *Spezieller Pastoral Medizin*. Auch Stimmbildung und Sprechtechnik stehen noch auf dem Programm. Dann aber ist die akademische Ausbildung mittels einer illustren Schar von Gelehrten abgeschlossen. Am 22. Juni 1953 wird für Adolf Holl das Absolutorium, das Abschluss- und Abgangszeugnis einer österreichischen Universität, ausgestellt.

Höhere Würden

Beim Ausscheiden aus Universität und Priesterseminar im Sommer 1953 war Adolf Holls weiterer Lebensweg vorgezeichnet. Zu Beginn der Herbstsession 1950 hatte das noch anders ausgesehen. Gleich nach Semesterbeginn findet eine Verlesung der Skrutiniumsvorschriften statt, der bischöflichen Prüfung der Kandidaten für die Priesterweihe. »Ich werde schreiben, dass ich glaube, berufen zu sein.«[102] Überzeugend klingt das nicht. Auch nicht, wenn er ergänzt, dass sein Leben

»von Gott bestimmt ist in seinem Ablauf«. Überhaupt scheint der Zwiespalt in ihm in diesem Herbst größer statt kleiner geworden zu sein. Er beginnt zu kränkeln. Zuerst ist es eine harmlose Verkühlung, im November aber muss er für eine Woche in die »Klinik Fellinger« (II. Medizinische Universitätsklinik), um eine Gelbsucht auszukurieren. Mandelreste werden entfernt. Das ist die Zeit, in der er sich »an Maria ausliefert«: »Ihre mütterliche Antwort auf mein Gestammel wird großmütiger sein, als ich es mir denken kann: So vertraue ich.«[103] Bevor er am Tag vor dem Heiligen Abend die niederen Weihen empfängt, ermahnt ihn Pater Weiß noch, dass mit der Verleihung der Würden auch eine Verpflichtung verbunden sei: »Bringe Frucht!«

Zwei Jahre später steht er vor der Subdiakonatsweihe, der ersten der höheren Weihen. Kurz vor Beginn der vorweihnachtlichen Exerzitien bemerkt er eine »Trockenheit« an sich: »Die Entscheidung, die mein ganzes Leben entscheidet, habe ich mir heute beim Rosenkranz gewaltsam in Erinnerung rufen müssen.«[104] Die geistliche Gymnastik bringt ihn dann wieder in Schwung. Er zeigt sich überzeugt, dass erst das Ja zu Gott den Weg weist. Vorab weiß kaum jemand, was Er mit einem vorhat. Also gilt es, dieses Ja zu sprechen. Am 21. Dezember 1952 reicht er die Gesuche ein und Pater Weiß fragt ihn noch einmal eindringlich: »Bist du bereit?«[105] Wie der künftige Gottesdiener darauf antwortet, klingt weniger nach einem innerlich Überzeugten als vielmehr nach einem Befehlsempfänger: »Ich habe Ja gesagt und will dieses arme Ja dem Herrn wiederholen vor dem Tabernakel. (…) Er will es haben, es ist Sein heiliger Plan.«[106]

Die Vorbereitung auf die Weihe, die »Fiat-Zeit« (es geschehe), ist für ihn dann eine Art Schwangerschaft wie jene Mariens, »ähnlich zu ihrer keuschen Jungfrauschaft, ähnlich ihr in ihrer Mutterschaft«. Doch auch in dieser Zeit verlassen ihn seine »allzu leichte Hinneigung und Hingabe an die Sinne«[107] nicht und nach einem Einkehrtag im Jänner 1953 muss er sich wieder einmal eingestehen, dass er an zu viele Äußerlichkeiten denkt. Es trifft ihn, als ihm seine Mutter zu Maria Lichtmess (2. Februar) sagt, dass er in den letzten Wochen so etwas Spöttisches gehabt hätte. Es hat den Anschein, als bäumte sich noch einmal etwas gegen seinen Willen auf: »Welche geheimen Widerstände mögen da in mir sein? Wie lang noch, Herr, werd' ich mich widersetzen Deinem sanften Ruf? Gib Du Deine Gnade, dass ich die Antwort gebe, die Du willst. Dass ich mich Deinem Willen wirklich anheimstelle.

MARIA.«[108] Der Tag der Entscheidung rückte unaufhaltsam näher: »Der letzte Monat vor dem großen Schritt über die Schwelle ist schon angebrochen.«

Wieder bereitet sich der Kandidat mit Exerzitien gründlich auf das Ereignis vor und bittet:

> Lass die Betrachtung über die Sünde und über meine Sünde nicht Formsache sein, die »dazugehört«. Lass sie vielmehr eine Wegkehr sein vom Hochmut, vom letzten Widerstreben gegen Deinen heiligen Willen. Lass diese heiligen Übungen so sein, wie Du sie willst, eine Bereitung auf Deine überreichen Gaben in aller Wirklichkeit. Du hast mich wunderbar geführt in meinem Leben: Es ist klar: Du willst mich ganz, in der Tiefe des Herzens.[109]

Eine Verunsicherung bringt dann noch ein Gespräch mit dem Herrn Regens. Der scheint von der Reife seines Alumnen nicht so ganz überzeugt zu sein, vor allem wegen dessen »Versuchungen im Glauben«. Deshalb versichert ihm der Gotteskrieger, ernsthafte Anstrengungen zur Abtötung vorzunehmen – treuer als bisher. Als er die letzte Beichte vor der Weihe ablegt, befindet sich Seine Eminenz bereits im Haus. Pater Weiß erlaubt ihm, der Muttergottes ein tägliches Gebet zu versprechen mit der Bitte um Keuschheit. Nach Ablegung der Iuramente (Eide) darf er am 15. März 1953 vor den Altar treten und das »Sponsabo te mihi in aeternum« (Ich werde mich mit Dir verloben in Ewigkeit) sprechen. Ab dann, so hält er fest, ist das Offizium (Amt) sein Beruf.

Adolf Holl hat es sich nicht leicht gemacht. Er ist willens, den Weg der »vollkommenen Hingabe« zu gehen. Er sieht im Diakonat eine »Berufung zur dienenden Liebe, zu den Armen und Kranken«.[110] Allerdings fährt er kurz nach der Weihe auf Schikurs. Als er Ende März zurückkommt, muss er feststellen: »Ich bin durch die Weihe noch kein Engel geworden.«[111] Am Palmsonntag tritt er seinen ersten Dienst als Subdiakon an. Aber das Geschehene kommt ihm unwirklich vor. Er erinnert sich an einen Brief seines Geigenprofessors, worin dieser ihn gefragt hatte: Was glaubst Du eigentlich? Das Hochamt am Ostersonntag zelebriert er in der Pfarre Breitenfeld mit und ist enttäuscht. Er vermisst »die Glut eines lebendigen Gottesdienstes«. Und fragt sich, ob vielleicht an seinem Priesterbild etwas nicht stimmt:

> Vielleicht stehen wir wirklich vor der Aufgabe, zu einer neuen Gestaltung unserer Berufung zu finden: aus einer mehr passiven, sich zurückziehenden Abbé-Haltung – sich in nichts etwas vergeben, tadellos sein – zu einer mutigen Auseinandersetzung mit der Zeit, das heißt, nicht nur das Negative abtun, sondern auch das Positive aufnehmen. Immerhin war das die Haltung der christlichen Antike – ohne dass davon viel geredet wurde, scheint es.[112]

Solche Gedanken weisen bereits in die Zukunft, sowohl der Kirche als auch Adolf Holls. Schon jetzt führt er »Reformgespräche«, bei denen vier Fragen formuliert werden: Gibt es zu wenig Kenntnis des Einzelnen bei der Postenverteilung? Sind die Ferien zu lang? Gibt es eine Hemmung der freien Entscheidung? Gibt es in der Ausbildung eine Kluft zwischen Theorie und Praxis? Als Diakon ist er inzwischen in die Praxis eingebunden und wird in Pfarren eingesetzt. Am 3. Mai muss er etwa Kommunion austeilen und sich danach eingestehen: »Visus, tactus, gustus *und* innerer Apparat in te fallitur (Gesicht, Gefühl, Geschmack betrügen sich in dir): die reine ›Funktion‹«.[113] Schon wenige Wochen nach der Diakonats- und geraume Zeit vor der Priesterweihe erkennt er bei sich die Gefahr der liturgischen Routine.

Nun überlegt er auch, wie es mit der Kirche weitergehen könnte und ob es in ihr auch »Winter und Sommer, Stürme und Sonne« gebe, also eher Zyklen als ein lineares Zusteuern auf eine Endzeit. Auch, dass mit dem Amt körperliche Bedürfnisse nicht automatisch verschwinden, muss er sich eingestehen: »Traurigkeiten auf dem heutigen Spaziergang – die Augen schweifen – die Unruhe des Fleisches.«[114] Manches hatte sich nicht geändert, anderes hingegen war in Fluss geraten. Als er im Juni 1953 aus dem Priesterseminar und der Universität ausscheidet und ein neuer Lebensabschnitt beginnt, beschließt er sein Tagebuch nachdenklich:

> Um vieles geht mein Denken, vieles ist schwierig und ärgerlich, und doch ist es so sehr hohe Zeit, all mein kritisches Denken wieder in die Mitte Christi zu stellen. Die himmlischen Dinge, die die Welt überwinden. Nein, nicht falsch. Es geht eben nur um einen neuen Zugang zu den alten Wahrheiten.[115]

Anmerkungen

1 *Warum ich ein Priester wurde*, S. 17f: Uneheliche Geburt fiel unter die Kategorie der sogenannten Irregularitäten, der kanonisch definierten Hindernisse, die vom erlaubten Empfang der Priesterweihe ausschließen. Von ihnen musste dispensiert werden. Das wäre überhaupt kein Problem, meinte der Herr Regens.
2 *Die Presse*, 20.12.2008. Zum 250. Geburtstag des Priesterseminars.
3 Ernst Hanisch: *Der lange Schatten des Staates. Österreichische Geschichte von 1890–1990.* Ueberreuter Verlag, Wien 1994, S. 379.
4 Tb. 3, 8.10.1948.
5 s. Adolf Holl (Hrsg.): *Die Ketzer*. Hoffmann und Campe Verlag, Hamburg 1994.
6 *Was ich denke*, S. 39.
7 Hellmut Diwald: *Propyläen Geschichte Europas. Bd. 1: Anspruch auf Mündigkeit 1400–1555.* Propyläen Verlag, Frankfurt / Main 1975, S. 15.
8 Ebd., S. 16.
9 *Im Keller*, S. 176.
10 *Das Holl-Brevier*, S. 22.
11 *Tod und Teufel*, S. 11.
12 Tb. 3, 21.12.1948.
13 Ebd.
14 s. *Im Keller*, S. 65.
15 Tb. 3, 22.12.1948.
16 Adolf Holl: *Die Welt zum Narren halten. Demut als Lebensprogramm.* Kösel Verlag, München 1993, S. 22.
17 Traugott Lindner, Leopold Lentner, Adolf Holl: *Priesterbild und Berufswahlmotive. Ergebnisse einer sozialpsychologischen Untersuchung bei den Wiener Mittelschülern.* Herder Verlag, Wien 1963.
18 Ebd., S. 162.
19 Ebd., S. 164.
20 *Die Welt zum Narren halten*, S. 10.
21 *Priesterbild*, S. 165.
22 Ebd., S. 166.
23 Ebd., S. 168.
24 Ebd., S. 170.
25 Tb. 3, 19.12.1948.
26 *Priesterbild*, S. 172.
27 Ebd., S. 161.
28 *Priesterbild*, S. 173.
29 *Über die Ordnung*, geschrieben 386.
30 Tb. 3, 16.7.1950.
31 Tb. 3, 11.11.1949.
32 Tb. 3, 20.4.1950.
33 Tb. 3, 22.2.1950.
34 Tb. 3, 3.8.1950.
35 Ebd.
36 Tb. 3, 8.8.1950.
37 Tb. 3, 14.9.1950.
38 *Die Welt zum Narren halten*, S. 31.
39 Ebd., S. 33.
40 Viele Hinweise zum Asketismus als Lebensprogramm findet man in den Büchern *Im Keller des Heiligtums* und in *Die Welt zum Narren halten*.

41 Gespräch mit Adolf Holl am 12.10.2016.
42 Tb. 3, 14.9.1950.
43 Tb. 4, 1.10.1950.
44 Das ist eine liturgische Umarmung, bei der der Grüßende seine Hände auf die Schultern seines Gegenübers legt, Letzterer schiebt seine Arme unter die Ellbogen des Grüßenden und dann nähern beide ihre linken Wangen einander an.
45 Fritz Csoklich: *Das neue Österreich begann schon während der NS-Herrschaft*. In: *ReVisionen*, S. 295–299, S. 295.
46 Ebd., S. 296.
47 Maximilian Liebmann zitiert hier aus Bischofskonferenzakten: In: *Kirche in einer säkularisierten Gesellschaft*, S. 95.
48 Robert von Friedeburg: *Europa der frühen Neuzeit. Neue Fischer Weltgeschichte Band 5*. S. Fischer Verlag, Frankfurt / Main 2012, S. 67.
49 *Kirche in einer säkularisierter Gesellschaft*, S. 96.
50 Auf diesen Begriff hat man sich in der Geschichtswissenschaft für den disziplinierenden Zugriff auf Kleriker und Laien seitens der Kurie geeinigt.
51 Die Pontifikate der letzten vier Pius-Päpste, von Pius IX., 1846–1878, bis Pius XII., 1939–1958, nennt man die Pianische Epoche. Ungeachtet aller Unterschiede verbindet die vier die Wahrung der kirchlichen Tradition als eine ihrer vordringlichsten Pflichten. Neuscholastische Theologie stand im Vordergrund.
52 Adolf Holl, Johannes Nedbal: *Wegweisungen im Glauben. Aktuelle Fragen zum katholischen Dogma*. Herder Verlag, Wien 1965, S. 310.
53 Ebd., S. 311.
54 Ebd., S. 290.
55 Ebd., S. 292.
56 s. a. *Europa in der frühen Neuzeit*, S. 63.
57 Zit. nach *Wegweisungen*, S. 313.
58 s. Tb. 3, 8.4.1949.
59 s. a. *Wie ich ein Priester wurde*, S. 32.
60 Eine katholische Erneuerungsbewegung im Frankreich des 17./18. Jahrhunderts, der u. a. Blaise Pascal anhing, die sich auf die Gnadenlehre des Augustinus berief und als häretisch verfolgt wurde.
61 Gespräch mit Adolf Holl vom 12.10.2016.
62 Tb. 3, 14.5.1949.
63 Gespräch mit Adolf Holl vom 12.10.2016.
64 Tb. 3, 27.2.1950.
65 Ebd.
66 *Die Welt zum Narren halten*, S. 44.
67 s. *Die religiöse Militanz*, S. 27f.
68 Tb. 4, 17.12.1950.
69 ORF-Interview mit Adolf Holl am 19.3.2016 für die Sendung *Menschen und Mächte*.
70 Tb. 4, 20.12.1950.
71 Tb. 4, 28.3.1951.
72 Tb. 4, 20.8.1950.
73 Tb. 3, 27.8.1949.
74 Tb. 3, 10.1.1949.
75 Tb. 4, 1.10.1950.
76 Tb. 3, 27.2.1950.
77 Tb. 4, 7.10.1950.
78 Tb. 4, 10.6.1952.

79 *Die Welt zum Narren halten*, S. 53.
80 Ebd.
81 *Religionen*, S. 56.
82 Tb. 4, 23.12.1950.
83 Tb. 4, 21.1.1951.
84 Tb. 4, 22.11.1950.
85 Tb. 4, 23.12.1950.
86 Tb. 4, 16.2.1951.
87 Briefbeilage im Tb. 4, 23.11.1951.
88 Tb. 4, 12.11.1952.
89 s. a. *Die Ketzer*, S. 93–102.
90 *Religionen*, S. 164.
91 Ebd., S. 167.
92 *Geschichte Europas*, Bd. 1, S. 34.
93 Tb. 4, 19.12.1952.
94 s. *Zur frohen Zukunft*, S. 28.
95 Sämtliche Angaben über den Studienverlauf von Adolf Holl stammen aus dem Universitätsarchiv.
96 Nähere Angaben von und zu Lehrern Adolf Holls (u. a. Albert Mitterer, Franz Loidl) findet man u. a. in der Festschrift zum 600-Jahr-Jubiläum der Katholisch-Theologischen Fakultät der Universität Wien 1884–1984. Duncker & Humblot Verlag, Berlin 1984.
97 Tb. 4, 12.12.1952.
98 s. Tb. 4, 11.1.1951.
99 Johannes Gabriel: *Ist das Alte Testament Gottes Wort?* Herder Verlag, Wien 1947.
100 Tb. 4, 22.2.1951.
101 Ebd.
102 Tb. 4, 12.10.1950.
103 Tb. 4, 1.11.1950.
104 Tb. 4, 19.12.1952.
105 Tb. 4, 21.12.1952.
106 Ebd.
107 Tb. 4, 19.1.1953.
108 Tb. 4, 2.2.1953.
109 Tb. 4, 10.3.1953.
110 Tb. 4, 17.3.1953.
111 Tb. 4, 28.3.1953.
112 Tb. 4, 4.4.1953.
113 Tb. 4, 3.5.1953.
114 Tb. 4, 14.5.1953.
115 Tb. 4, 12.6.1953.

Humanismus

Umbruchszeit

Das Jahr 1953 brachte sowohl international als auch national politische Veränderungen. Im Jänner trat General Dwight D. Eisenhower sein Amt als Präsident der Vereinigten Staaten an, am 5. März starb Josef Wissarionowitsch Dschugaschwili, seit 1912 genannt Stalin, nach einem Schlaganfall auf seiner Datsche in Kunzewo. Seine Ausbildung hatte er – gegen den Willen des Vaters – in einem Priesterseminar in Tiflis genossen. Stalin verließ die Schule ohne Abschluss, hatte aber neben einer klassischen Ausbildung auch Techniken der Gesinnungsschnüffelei, der Zerstörung der Privatsphäre und der emotionalen Erniedrigung kennengelernt.[1] Nach einem Machtkampf übernahm Nikita Chruschtschow das Amt des Generalsekretärs der KPdSU. Damit hatten neue Spieler auf der Weltbühne des Kalten Krieges die Hauptrollen übernommen. Auch in Österreich war es nach der Nationalratswahl vom Februar zu einer Änderung gekommen. Leopold Figl wurde von Julius Raab als Bundeskanzler abgelöst. Erst im Herbst kehrte Figl als Außenminister in die Regierung zurück. Danach traten die Verhandlungen über die Unabhängigkeit Österreichs in eine neue Phase.

In Holls Aufzeichnungen kommen diese Ereignisse nicht vor. Er war apolitisch, mit seiner Dissertation, mit der Vorbereitung auf sein Berufsleben und auf die Priesterweihe beschäftigt: »Anschließen an Christus den Hohenpriester. Einheit: Seine Hingabe an den Willen des Vaters und Sein Priestertum. Einheit zwischen Beruf und Leben. ›Amt‹.«[2] Die Sache mit dem »Priestertum Jesu« wird er – wie manch anderes Antrainierte – in späteren Jahren gründlich revidieren. Bald nach dem Verlassen der geschützten geistlichen Werkstatt in der Boltzmanngasse machte sich eine gewisse Ernüchterung breit. Er musste erkennen, dass die Welt im Arbeiterbezirk Favoriten keineswegs auf ihn gewartet hatte, weder in der Pfarre St. Johann Evangelist am Keplerplatz und schon gar nicht in der Schule in der Ettenreichgasse. Bevor er seine ersten Schritte auf diesem für Schwarzröcke harten Pflaster machte, spricht er sich noch einmal Mut zu:

> Der ständige Kampf gegen die Welt muss geführt werden aus dem Glauben – gegen die Begierde der Augen, des Fleisches und die Hoffart des Lebens. ... Dem Glauben an die Berufung an den Willen Gottes, dass ich Ihm ganz diene: Mein Schöpfer, dem ich alles schulde, hat mich zu Seinem Dienst ausgewählt. (...) Wenn Jesus nicht meine liebevolle Mitte ist, ist alles vergeblich. Ein rein negativer Kampf sonst. Nein: Jesus tritt an die Stelle der menschlichen Liebe.[3]

Die Menschen in Favoriten sahen das anders. Talarträger gelten dort nicht als Hochwürden, sondern als arbeitsscheue Nichtsnutze. Man begegnete dem Kaplan nicht mit Achtung, sondern goss vielmehr Schimpf und Schande über ihn aus. Da wird ihm in der Straßenbahn beschieden, dass er doch lieber »Krampen und Schaufel« nehmen soll (statt über dem Brevier zu brüten). Auch in der Schule kann er sich kaum durchsetzen. Religion rangiert in der Hierarchie der Unterrichtsfächer ganz unten. Dementsprechend ebbt der Lärm kaum ab, wenn er die Klasse betritt.[4] Enttäuscht stellt der geweihte Lehrer fest: »Demut heißt auch, wissen, dass nicht alles Tun ›groß‹ sein muss.«[5] So glitt Adolf Holl allmählich aus dem Mittelalter in sein Zeitalter des Humanismus hinüber.

Die zwei Jahrhunderte der Wiederentdeckung der Antike und ihrer philosophischen Traditionen rückten die menschliche Persönlichkeit und ihre Aktivitäten wieder ins Zentrum der Betrachtung. Die mönchische Vita contemplativa wurde zu einer unter mehreren heiligmäßigen Lebensweisen.

> Das Monopol der Klöster auf die Tresore des tugendsamen, gottgefälligen Lebens wurde gebrochen. Kaufleute, Politiker, Heerführer, Künstler hatten sie jetzt ebenfalls in Besitz. Irdische Geschäftigkeit wurde nicht mehr als Verirrung disqualifiziert, sie entwickelte sich zu einem achtbaren Verhalten.[6]

Mit der Renaissance der Vita activa ging laut Hellmut Diwald auch eine Billigung des menschlichen Ausdrucks einher, sei er körperlich oder geistig. Das zog eine Aufwertung der Sinne und des Erotisch-Geschlechtlichen nach sich. Die christliche Trennung in Leib und Seele wollte überwunden werden. Der frühe Humanist Pico della Mirandola (1463–1494) lässt seinen Gott zu Adam sagen: »Ich habe dich in die Mitte der Welt gestellt, damit du Ausschau hältst nach dem, was dir in dieser Welt besonders entspricht.«[7] Im Sinne der Kirche war das nicht unbedingt, weshalb sich die Humanisten samt und sonders zur Religion bekannten. Noch ging es nicht um eine Überwindung, sondern um eine Revision des mittelalterlichen Glaubens. Die Schwarze Pest Mitte des 14. Jahrhunderts hatte Europa nicht nur entvölkert, sondern in den Überlebenden auch den Glauben an die Güte und Allmacht Gottes tief erschüttert. Die »Natur« spielte wieder eine größere Rolle. Für die Gelehrten war die von der Antike vergötterte Natur nahezu dasselbe wie (der inzwischen eine) Gott. Von Antonio Beccadelli (1394–1471) soll der Ausspruch stammen: »Was die Natur hervorbrachte und formte, das kann nur beifallswürdig und heilig sein.« Traktate *Über die Lust* machten die Runde. Dass die Kurie so manchen Renaissancedenker und -dichter unter Häresieverdacht stellte und den einen oder anderen Inquisitionsprozess einleitete, wird nicht weiter verwundern. Doch die kollektiven Zweifel an der Gottesregentschaft ließen sich von der Kirche nicht mehr einfangen. Der Geist der Freiheit war aus der Flasche.

> Das Freiheitsstreben, das sich zunehmend gegen Bindungen richtete, deren gottgewollte Natur bestritten, in Frage gestellt oder nicht mehr akzeptiert wurde, hatte sich im Wesentlichen mit den Forderungen der verschiedenen sozialen oder häretischen Bewegungen gedeckt, denen sämtlich die Bereitschaft zu Auflehnung und deshalb revolutionäre Tendenzen gemeinsam waren.[8]

Dass das humanistische Freiheitsstreben im Frühkapitalismus einen Verbündeten hatte, ist eine der vielen Ironien der Geschichte. Auf sie wird Adolf Holl im Zuge seiner soziologischen Studien aufmerksam werden.[9] Eine Emanzipation von der geistig-geistlichen Bevormundung durch die Kirche und ihren Macht- und Finanzzentren, sprich: Klöstern, und die Etablierung einer urbanen Kultur (wie in den großen Renaissancestädten) konnte nur durch Kapitalisierung gelingen.

Dazu trug die »erste Globalisierung« mit den großen bürgerlichen Handelshäusern bei. Es bildete sich ein neues Ichgefühl, erkennt Adolf Holl aus soziologischer Perspektive, »das weder aristokratisch noch bäuerlich, sondern stadtbürgerlich war. (...) Dieses neue Ich ist zukunftsplanend, autonom und gewissenhaft, erwerbstüchtig und rational.«[10]

Wiedergewinnung der Welt stand in den Fünfzigerjahren auch auf der Agenda des Kirchenvolks in Österreich. Unter Entnazifizierung verstand man in den Laienorganisationen auch die Austreibung des autoritativen Geists aus der Kirche. Karl Rahner, seit 1949 wieder Lehrer an der Theologischen Fakultät in Innsbruck, verfasste für den Katholikentag in Wien (1952) ein Manifest, in dem es hieß:

> Die Kirche ist ein in der Welt unerlässlicher Hort der Freiheit, sie lehrt und verteidigt die Würde und damit die Unantastbarkeit des Einzelmenschen; seine Personenhaftigkeit, seine ewige Bestimmung, seine Freiheit. (...) Es muss auch in der Kirche eine öffentliche Meinung, also Raum und Duldung ihrer Äußerung, geben.[11]

Der Katholikentag stand unter dem Motto: »Freiheit und Würde des Menschen«. Die Formel von Otto Mauer, »Eine freie Kirche in einem freien Staat«, traute man sich aus Rücksicht auf die Besatzungsmächte dann doch nicht zu und milderte sie auf »Eine freie Kirche in freier Gesellschaft« ab. Geistige Anleihen nahm man bei der *Renouveau catholique*. Autoren, die sich dieser religiös-literarischen Erneuerungsbewegung zugehörig fühlten, etwa George Bernanos, Paul Claudel oder im deutschsprachigen Raum Reinhold Schneider, wurden auch von Adolf Holl rezipiert. Die Fünfzigerjahre waren nach übereinstimmender Meinung damaliger Funktionäre die (letzte) Zeit einer umfassenden Reformbewegung des Katholizismus, der von Frankreich inspiriert war und sich auf der Höhe der Zeit wusste.[12]

Apostolat

Zu Beginn des lebensentscheidenden Jahres 1954 blickte Adolf Holl zurück auf das wichtigste Ereignis des vergangenen Jahres:

Frage: Hast Du seit Deiner Subdiakonatsweihe irgendeinmal bedauert, geweiht worden zu sein? Antwort: Nein. Trotzdem scheint es im Licht dieser Frage, dass die Liebe zu Christus aus dem Zentrum gerückt ist. Das heißt also, dass gar kein richtiges Zentrum mehr da ist. Die Mitte! Das Gebet darf nicht zur Routine werden – und in etwa nähere ich mich vielleicht diesem Zustand. Vom Gebet aber her allein kann der Beruf seine Erneuerung erfahren.[13]

Es gibt mehrere Indizien dafür, dass die Vorbereitung auf die Priesterweihe bei Weitem nicht mehr in der Ergriffenheit vor sich ging wie jene auf die Diakonatsweihe. Dazu beigetragen hat zweifellos das raue und arbeitsintensive Leben als Religionslehrer in Favoriten. Auf die Zeit der Verinnerlichung in der Klausur des Priesterseminars war abrupt eine Zeit der Veräußerlichung in Pfarre und Schule gefolgt. Fürs Gebet blieb wenig Zeit übrig. Seinen Tagesablauf schildert Adolf Holl folgendermaßen:

Unsere Tage begannen um sechs Uhr Früh und dauerten meist bis Mitternacht. An den Vormittagen standen wir in der Schule, an den Nachmittagen widmeten wir uns der zusätzlichen Glaubensunterweisung für die Kinder, hielten Ministrantenstunden und erteilten Erstkommunionsunterricht. Die Abende verbrachten wir mit den Gruppen der Pfarrjugend, den Männer- und Frauenorganisationen der Katholischen Aktion, mit Familienrunden, Pfadfindern, Bibelkreisen.[14]

Wenn er sich in der Nacht noch zur Lektüre im Brevier zwang und ihm dabei die Augen zufielen, konnte schon die Frage auftauchen: Wozu das alles? »Warum Gott lieben, ... der so fern scheint, warum so sehr auf menschliche Wärme verzichten?«[15]

Pastorale Aufgabe des Kaplans Holl war, die männliche Arbeiterjugend zu betreuen. Immer wieder sitzt er mit ein paar jugendlichen Aktivisten zusammen und entwickelt Konzepte, wie die Burschen davon abzuhalten wären, Unsinn zu treiben. »Sehen, urteilen, handeln« war das Motto, nach dem sie auf den Pfad der Tugend geführt werden sollten, anstatt zu raufen oder sich zu besaufen. Im Austausch mit den Jugendlichen musste sich der Kaplan auch von manchen katholischen Klischeevorstellungen verabschieden. Oft wollten die kirchenfernen Burschen nur eislaufen gehen oder sich Schallplatten von Elvis Presley oder Little Richard anhören.[16] Solche Erfahrungen senkten den Blick des Seelsorgers vom Himmel auf die Erde.

Die Anspannung in seinem Beruf dürfte auch sein sensibler Beichtvater bemerkt haben. Im April 1954 bestürmt er ihn nach einer Aussprache brieflich, so zu bleiben, wie er ist – und meint damit eigentlich: wie er war. Der fromme Wunsch verhallte nicht ungehört, aber die Reaktion des Bedrängten darauf wirkt merklich angestrengt. Am Karfreitag 1954 schreibt er in sein Tagebuch:

> Ich will kreuzigen alle Eitelkeit, das Verlangen, dass mich die Leute suchen und loben. Ich will kreuzigen allen Erfolg, alles Urteilen nach den Maßstäben der Welt: (Er muss wachsen). Ich will kreuzigen mein Verlangen nach der Gegenwart einer Frau. Ich will kreuzigen mein Verlangen nach einem harmonischen Leben. Ich will Deinem Reich dienen Jesus: nimm mich; mein Wille ist sehr schwach, ich will es trotzdem versuchen: weil Du es willst – weil Du scheinbar niemand anderen hast.[17]

Das hört sich mehr nach Autosuggestion als nach freudiger Hingabe an. Vorausgegangen war dieser Anstrengung eine ernsthafte Versuchung: mit blauen Augen und weiblichem Vornamen, die er in seinem – mit einem Darlehen der erzbischöflichen Finanzkammer erworbenen – Ford Anglia mitgenommen hatte.[18] Das Arbeitspensum war ohne Motorisierung kaum zu bewältigen. Folge davon war eine »Ausgegossenheit« auf Kosten der Verinnerlichung. Vermutlich hegte er selbst Bedenken gegen seine Priesterweihe. Artikuliert hat er sie aber nicht; wohl auch deshalb nicht, weil er sich nicht zehn Jahre lang kasteit hatte, um dann so kurz vor dem Ziel aufzugeben. »Eucharistie: Das tun, was Er tat. Eintritt in den Kreis derer, die dabei waren und Es tun dürfen ... Es einfach noch einmal tun.«[19] Darum ging's ihm, dafür hatte er ein Jahrzehnt lang vieles geopfert. Und der Tag, ab dem er Es tun durfte, rückte rasch näher.

In hoc clarificatus est Pater meus ut fructum plurimum adferatis et efficiamini mei discipuli (Darin wird mein Vater geehrt, dass ihr viel Frucht bringet und werdet meine Jünger; Joh 15,8). Die letzten vier Worte finden sich am Beginn der Eintragung Adolf Holls in sein Tagebuch vom 25. Juni 1954. Es war der dritte Tag der Weiheexerzitien, denen er sich zu unterziehen hatte. Noch einmal wird er geistlich munitioniert. »Beten: Eintritt in die Atmosphäre Seiner Liebe. Beten: Waffe gegen die bösen Geister. Beten: Stärkung gegen die Versuchung.«[20] Dass sich mit der Priesterweihe jene (innere) Wandlung vollziehen würde, die er sich bereits von der Diakonatsweihe erhofft hatte, war nicht unbedingt zu erwarten. Dementsprechend nagen Zweifel an ihm.

> Man kann wesentliche Gelegenheiten, der Gnade zu folgen, versäumen. Gott kann auch Schluss machen. Die quälende Frage: Habe ich versagt? Das verlangte Du nicht gesprochen? Mich selbst immer wieder betrogen? Vielleicht ist jetzt die letzte Gelegenheit, Gott die Antwort zu geben, die er will. Er ruft mich zum Gebet, ruft mich weg von den anderen Dingen. Sprich klar, Herr.[21]

Der Beichtvater ist offenbar bestrebt, ihm seine Bedenken zu nehmen, und weist ihn auf das Pauluswort im Galaterbrief 5,7 hin: »Ihr wart auf dem richtigen Weg. Wer hat euch gehindert, weiter der Wahrheit zu folgen?« Auf die Exerzitien folgt noch eine *Exhorte* (Ermahnungsrede) des Herrn Regens, worin er ein Plädoyer für das Vertrauen in Gottes Barmherzigkeit hält. Seine Worte machen zwar Mut, ändern aber nichts daran, dass der Priesteramtskandidat Gottes Schmelzofen als schmerzlich empfindet.[22] »Mein Gott, Deine Liebe ist schaudervoll«, ist einer der letzten Sätze im Tagebuch, bevor er an den Altar tritt.

Zum Hochfest der Heiligen Petrus und Paulus, am 29. Juni 1954, fand sich der inzwischen 24-jährige Subdiakon Adolf Holl im Wiener Stephansdom ein, um das heilige Sakrament der Priesterweihe von Kardinal Theodor Innitzer in Empfang zu nehmen. Nach katholischer Lehre und Praxis stand der Erzbischof in ununterbrochener Reihenfolge der Apostel (Apostolische Sukzession). Die Weitergabe des »Apostolats« durch Handauflegung lässt sich bis zum Letzten Abendmahl zurückverfolgen. Für Adolf Holl war die Weihe in gewisser Weise so, als ob er von Jesus persönlich in den Kreis seiner Jünger aufgenommen worden wäre. Es war, wie seine Mutter ihm bereits beim Entschluss für diesen Beruf angekündigt hatte, eine Entscheidung fürs Leben. Daran hält er bis heute fest, auch wenn er es mit der Treue zu Jesus – wie in Beziehungen nicht ungewöhnlich – in späteren Jahren nicht mehr so genau nehmen sollte.

> Ich lag im überfüllten Stephansdom mit den übrigen Weihekandidaten auf dem Bauch, vorn im Altarraum, während die Allerheiligenlitanei gesungen wurde. (…) Der Kardinal Innitzer intonierte die Anrufungen, kniend. (…) Mein Kopf war leer. Ich hatte zu sterben. (…) Aufstehen, vortreten. Schon legten sich Hände auf meinen Kopf, wie in den Tagen der Apostel.[23]

So schildert Adolf Holl den Vorgang. Und die Leere danach. Mit Wirklichkeit erfüllt werden konnte die Weihe durch das eigene Zelebrieren der Messe. Dazu fuhr er am nächsten Tag hinaus ins Zisterzienserstift Heiligenkreuz im Wienerwald, wo er sich schon öfter aufgehalten hatte und bekannt war.

Exkurs über die Messe

Der Akt der Transsubstantiation ist für Adolf Holl bis heute nicht nur der Nukleus des Christentums, sondern er war für ihn auch der Urgrund seiner Berufswahl. Zwar hat er die Verwandlung von Brot und Wein in das Fleisch und Blut Christi später als »Zaubern« apostrophiert, aber den religiösen Mehrwert dieser Worthandlung hat er nie bestritten. Das hat er mit dem Begründer des Dadaismus, Hugo Ball (1886–1927), gemeinsam.

Am 23. Juni 1916 lässt sich Hugo Ball im kubistischen Kostüm eines »magischen Bischofs« im Züricher Cabaret Voltaire auf die Bühne tragen und beginnt seine (scheinbar sinnlosen) *Verse ohne Wörter* oder *Lautgedichte* zu rezitieren: »gadji beri bimba/glandridi laula lonni cadori«. Der Auftritt gewinnt rasch eine Eigendynamik, die Inszenierung entgleitet ihm.

> Die magisch erfüllte Vokabel beschwor und gebar einen neuen Satz, der von keinerlei konventionellem Sinn bedingt und gebunden war. An hundert Gedanken zugleich anstreifend, ohne sie namhaft zu machen, ließ dieser Satz das urtümlich spielende, aber versunkene, irrationale Wesen der Hörer erklingen; weckte und bestärkte er die untersten Schichten der Erinnerung.[24]

Die rituelle Beschwörung des kollektiven Unbewussten zeigte Wirkung. Ähnlich darf man sich Adolf Holls katholische Initiation im Kriegswinter 1944 in Kirchberg vorstellen. Bei den Messfeiern in der dunklen Kirche hat ihn etwas tief berührt, was er genauso wenig verstand wie die lateinischen Worte: die Magie der Messe. Sie lässt ihn zeitlebens nicht mehr los. Hugo Ball erschrickt jedenfalls darüber, dass er selbst noch in seiner Parodie eines Gottesdienstes die Geltung der Religion beschwört, und fragt sich, wie er den Auftritt zu Ende bringen soll?

> Da bemerkte ich, dass meine Stimme, der kein anderer Weg mehr blieb, die uralte Kadenz der priesterlichen Lamentation annahm, jenen Stil des Messgesangs, wie er durch die katholischen Kirchen des Morgen- und Abendlandes wehklagt. Ich weiß nicht, was mir diese Musik eingab. Aber ich begann meine Vokalreihen rezitativartig im Kirchenstile zu singen und versuchte, … mir auch den Ernst zu erzwingen. Einen Moment lang schien mir, als tauchte in meiner kubistischen Maske ein bleiches, verstörtes Jungensgesicht auf, jenes halb erschrockene, halb neugierige Gesicht eines zehnjährigen Knaben, der in den Totenmessen und Hochämtern seiner Heimatpfarrei zitternd und gierig am Munde des Priesters hängt.[25]

Ball hatte nicht geplant, als »magischer Bischof« zu erscheinen, er ist erst mitten in der Szene zu einem solchen geworden.[26] Das kann man Zauber nennen. Der hat ursächlich damit zu tun, dass er sich – im Gegensatz zu seinem Publikum – dazu zwang, ernst zu bleiben, »um jeden Preis«. Er entdeckte, dass es »für den Katholiken eigentlich kein Theater geben kann. Das Schauspiel, das ihn beherrscht und ihn allmorgentlich gefangen nimmt, ist die heilige Messe. Der Hauptdarsteller ist der Priester, der geweihte Tragöde«.[27]

Das Problem Hugo Balls während seiner dadaistischen Rezitation war das einer Entäußerung, die zugleich eine Verinnerlichung bewirkte; ein eminent liturgischer Vorgang. »Auf dem Kulminationspunkt seines Vortrags wird Ball sozusagen in einen gesteigerten Zustand der Fremdwahrnehmung seiner selbst versetzt«, er tritt aus seinem eigenen Körper heraus in einen rituellen Bereich, beschreibt der Judaist und Philosoph Norbert Lange den Zustand.[28] Das ist es womöglich, was Adolf Holl jene Glücksgefühle bescherte, die er beim Zelebrieren der Messe empfunden hat. »Magische Worte, magische

Gesänge oder magische Gebete ... sind Fragmente noch älterer, über Generationen hinweg transportierter Äußerungen eines Kollektivs.«[29] Solche »emotionalen Erinnerungen« stellen sich freilich nicht voraussetzungslos ein, weder bei Ball noch bei Holl. Natürlich bedarf es dazu einer gewissen sprachlichen Sensibilität.

> Zwei Drittel der wunderbar klagenden Worte, denen kein Menschengemüt widerstehen mag, stammen aus uralten Zaubertexten. (...) Solcherlei Wortbilder, wenn sie gelungen sind, graben sich unwiderstehlich und mit hypnotischer Macht dem Gedächtnis ein, und ebenso unwiderstehlich und reibungslos tauchen sie aus dem Gedächtnisse wieder auf.[30]

So erklärt sich Hugo Ball im Nachhinein die hypnoseartige Wirkung, die seine Lautgedichte hinterließen und die so manchen oft wochenlang nicht mehr verließ. Diese Suggestion wird gerade dadurch erzeugt, dass die verwendeten Worte der Alltagssprache enthoben sind. »Es ist allein der Klang der elementaren Silben, die Intonation und der Gestus, die ... in die tiefste Schicht, in den letzten heiligsten Bezirk der Sprache einführen.«[31] 150 Jahre vor Ball hatte bereits Johann Gottfried Herder die Poesie als die »Muttersprache des menschlichen Geschlechts« bezeichnet und in die damals heftig geführte Diskussion um die Ursprache der Menschen eingegriffen. Ball hat auf der Suche nach der Ursprache mystische Texte studiert und die Liturgie mit einem von Priestern zelebrierten Gedicht verglichen, das übertragene Wirklichkeit darstellt.[32] »Nur mittels der Sprache und als eine Sprache ist die Schöpfung zu verstehen«, resümierte Hugo Ball ganz johanneisch in seinen Tagebuchaphorismen.[33]

In der Liturgie kommt noch ein weiterer Aspekt hinzu: die bühnenhafte Anlage. Der Priester schreitet die Stufen hinauf zum Altar.

> Hinaufgehen. (...) Da war eine Art von Bewegung in mir, der das behagt hat, dieses Hinaufmarschieren, die Stufen des Altares. Da ist oben der Priester, der hat damals noch nicht zu den Menschen geschaut, sondern ihnen den Rücken zugekehrt, und der murmelt da geheimnisvolle Sachen, in der Kirche ist es still. (...) Inhaltlich gesehen würde ich sagen, ist es eine Machtbefugnis, die von diesem erhöhten Platz ausgeht. (...) Ich versuche ja, mir selber auf die

Schliche zu kommen, und das ist ein Punkt, von dem ich glaube, dass er einigermaßen sagbar ist.[34]

Es folgen die rituellen Handlungen. Holl hat immer wieder betont, dass seine Berufswahl ursächlich mit seinem dringlichen Wunsch zusammenhing, selbst vollziehen zu dürfen, was ihn an den Priestern faszinierte. Dazu leistet die liturgische Inszenierung einen entscheidenden Beitrag. »Ein unausschöpflicher Sinn wohnt den Riten und Zeremonien inne. Ihrem göttlichen Einfluss vermag sich niemand zu entziehen. Laternen und Lichter in leuchtender Symmetrie; ein primitives Gemisch von Tier- und von Kinderlauten; eine Musik, die in längst verschollenen Kadenzen schwingt: All dies erschüttert die Seele und erinnert sie an ihre Urheimat.«[35]

Diese Aura hat das Zweite Vatikanum wegreformiert. Sehr zum Zorn von Adolf Holl. Als man ihm die Lizenz zum Zaubern entzog, hatte er durch die Liturgiereform seine Bühne schon längst verloren. Dass die vorkonziliare Liturgie »mystischer« gewesen wäre, bestritt Holls ehemaliger Kommilitone und beliebter Gesprächspartner Helmut Krätzl vehement. Zwar bekannte auch der spätere Weihbischof, unter anderem wegen der Liturgie Priester geworden zu sein, hält es aber »für ein grobes Missverständnis, wenn man ein ›Beiwohnen‹ bei der Messe, ohne etwas verstehen oder sehen zu können, als mystisch bezeichnet«.[36] Krätzl wird als Zeremoniär von Kardinal König beim Zweiten Vatikanischen Konzil zum energischen Betreiber der Liturgiereform, weil die Messe »keine Priesterandacht, sondern die Feier des Gottesvolkes«[37] ist. Dass der Priester mit seinen ritualisierten Handlungen und Worten eine sakrale Atmosphäre des Außeralltäglichen schafft und die Gläubigen somit der Banalität des Gewöhnlichen enthebt, scheint für Krätzl kein Argument zu sein. Gemeinsam mit Holl war ihm in den »Hausstunden« beigebracht worden, die liturgischen Vorschriften und Messriten peinlich genau zu befolgen. Im Gegensatz zu Adolf Holl konnte Helmut Krätzl aber nicht nachvollziehen, »was für den rechten und gültigen Vollzug der Messe offenbar wichtig erschien«.[38]

»Ich bin ein Ägypter«, bekannte hingegen Adolf Holl in einem Interview.[39] An anderer Stelle spezifiziert Adolf Holl diese Aussage. Jesus, so meint er dort, habe sich zwar dezidiert gegen die Tempelpriester ausgesprochen, aber »gezaubert hat der Jesus ja selber auch«.[40] Womit die Wunder angesprochen sind, bis heute eine Grundvoraussetzung für die Heiligsprechungen von Jeanne d'Arc bis Padre Pio. Zur Zeit des Konzils dachte Holl noch anders, da sah auch er die Zeit der lateinischen Messe abgelaufen. Erst später sei ihm klar geworden, dass damit etwas »den Bach hinunter geschwommen ist«.

> Heilige Bilder, Düfte und Farben im kultischen Bereich. Die Beschwörungsprosa des Lateinischen, die einen fast ein wenig in einen seelischen Ausnahmezustand kommen ließ. Noch heute nach vierzig Jahren kann es vorkommen, dass ich im Traum wieder an den Stufen des Altars stehe und auf Lateinisch das Kreuzzeichen mache: In nomine patris, et filii et spiritus sancti, amen. Danach wache ich erfrischt auf. Das heißt, mein Körper wurde zu einer Art diszipliniertem Außer-sich-Sein erzogen: Das geht über die Lippen, geht über die Augen, über das Ohr und die Bewegungsabläufe. Du schreitest langsam die Stufen hinauf, küsst den Altar – warum denn eigentlich? – breitest die Arme aus, schaust runter zur heiligen Hostie. Ich denke, dass da mit einer Schnödigkeit und Rabiatheit eine Dimension preisgegeben wurde, die zur Grundausstattung unserer menschlichen Zivilisation gehört.[41]

In diesem Interview benennt Adolf Holl einen der Widersprüche, den er in sich trägt und von denen er gehofft hatte, dass nicht nur er, sondern auch seine Kirche sie erträgt. Er gibt zu, dass das Priestertum einen »Archaismus« in ihm darstellt: »Da bin ich ganz im Vorsintflutlichen verankert. In meinen Träumen marschiere ich bis heute als ägyptischer Priester von Memphis nach Theben. (...) Andererseits ist da aber auch der rebellische Jesus in mir, der von all dem nichts gehalten hat.«[42]

Aufstieg und Absturz

Und dann trat er zum ersten Mal an den Altar, der Ägypter. Nicht in seiner Pfarre am Keplerplatz, sondern im Zisterzienserstift Heiligenkreuz im Wienerwald. Nach all dem Trubel (Gratulationen, Primizsegen) suchte er die Stille.

> Meine erste heilige Messe wollte ich im Kloster zelebrieren, allein an einem Seitenaltar. In der Sakristei wurde ich schon erwartet. Schul-

tertuch, Albe, Zingulum, Manipel, Stola, Messgewand. Ich griff zum Kelch und schritt in die Kirche hinaus. Das war der glücklichste Augenblick meines Lebens.[43]

Am Abend sitzt Adolf Holl in seiner Zelle und kann das Geschehene gar nicht fassen. Die Handauflegung kommt ihm unwirklich vor. Nach dem rauschartigen Zustand beim Zelebrieren der ersten Messe macht sich eine gewisse Katerstimmung bemerkbar: »Neben einem tiefen Glück, die Messe feiern zu dürfen, kommt jetzt auch die Enttäuschung, dass ich ihr so wenig gerecht zu werden vermag.«[44] Ab diesem Zeitpunkt liest Adolf Holl über zwanzig Jahre lang täglich eine Messe, vermutlich nicht immer mit der Inbrunst wie beim ersten Mal, aber stets mit dem Ernst desjenigen, der dem Ritual zubilligt, die Zeit anhalten zu können und den Menschen eine Atempause zu vergönnen.

Als Kaplan war ihm nur eine kurze Unterbrechung gegönnt. Sowohl in der Pfarre als auch in der Schule hatte er nach den Sommerferien wieder Dienst zu tun. Der Schuldienst aber war eine ständige Herausforderung für ihn. In der Hauptschule für Knaben hatte er größte Schwierigkeiten, sich Respekt zu verschaffen. Am besten gelang ihm das, wenn er mit seinen Talenten wucherte. Begabt war er im Erzählen von Fortsetzungsgeschichten. Wollten die Schüler wissen, wie eine Sache weiterging, konnte er sie zu einer gewissen Disziplin anhalten. Ebenso, wenn er sich beim Lehren der Zehn Gebote auf das Sechste konzentrierte beziehungsweise sich überhaupt darauf beschränkte. Nicht ausdrücklich empfohlen, aber durchaus üblich waren damals auch noch Prügelstrafen. Beschwerten sich die Eltern beim Direktor, wurden sie zu einer Aussprache gebeten. Dabei wurde den Eltern freigestellt, sich beim Schulinspektor zu beschweren. Allerdings drohe ihrem Kind wegen Disziplinlosigkeit ein Genügend als Betragensnote im nächsten Zeugnis. Die meisten Eltern verzichteten daraufhin auf eine Eingabe ans Ministerium zugunsten einer besseren Betragensnote.[45]

Im ersten Jahr hatte der Junglehrer noch Blut geschwitzt, wenn er eine Klasse betrat, doch allmählich fasste er Tritt. Eine Rolle bei der Stärkung des Selbstbewusstseins mag der Umstand gespielt haben, dass er im Herbst 1954 seine Dissertation einreichte, nicht wie ursprünglich geplant bei Professor Mitterer, sondern bei dem aus dem Rektorat in den Regelbetrieb zurückgekehrten Johannes Gabriel. *Die exegetische Methode Augustins untersucht an seinem Werke: De sermone Domini in monte libri duo*, lautet der Titel des Werks. Am 11. Dezember 1954 wird im akademischen Senat unter Vorsitz des Dekans Johannes Kosnetter darüber abgestimmt. »Holl geht mit minutiöser Genauigkeit, gutem und vorsichtig abwägendem Urteil und nicht zuletzt mit einer wirklich umfassenden Literaturkenntnis zur Werke (...) Der Gefertigte bittet das hohe Kollegium, die vorzügliche Dissertation zu approbieren«, stand auf der Tagesordnung des Dekans. Nach Albert Mitterers Gutachten bestand kein Zweifel über das Ergebnis der Abstimmung:

> Nach genauer Lesung dieser Arbeit kam ich zur Überzeugung, eine selten reife Leistung vor mir zu haben. Abgesehen davon, dass der Verfasser eine eingehende Kenntnis der Literatur und der Sprachen, in denen sie geschrieben ist, verrät, zeichnet sich die Behandlung des Themas vor allem methodisch aus: gründliche Kenntnis der hermeneutischen Regeln, vorsichtig abgewogenes Urteil, exakte Technik der Untersuchung und Darstellung u. s. f.[46]

Die feierliche Zeremonie der Promotion fand dann erst am 24. Mai 1955 statt. Zu diesem Zeitpunkt liebäugelte der frischgebackene Doktor der Theologie bereits mit einer akademischen Karriere. Er steckte in einer veritablen Krise. Und das kam so:

Mit dem akademischen Grad stieg auch das Ansehen unter der Kollegenschaft. Auch bei den Schülern stellten sich allmählich gewisse Erfolge seiner Arbeit ein. Beide nehmen zwar sein Unterrichtsfach nicht wichtig, aber als Person ist er beliebt. Das schmeichelt seiner Eitelkeit und befördert seine Lust, die er allerdings hinter einer (gespielten) Weltentrücktheit verstecken muss. Er registriert an sich Freude an weltlichen Dingen, Versuchungen zur Unkeuschheit und merkt, »stark der Welt verhaftet« zu sein.[47] All dem darf er keinerlei Ausdruck verleihen, ständig sieht er sich gezwungen, anders zu erscheinen, als er ist, und entfremdet sich dementsprechend von sich selbst. Gerade wegen des Erfolgs schleicht sich eine Traurigkeit bei ihm ein. Er beobachtet sich dabei, wie er sich verändert und schweigsam wird. Es ist aber kein Schweigen der Verinnerlichung, sondern »birgt große Versuchungen – das ruhige Leben: zur Bequemlichkeit und Selbstzufriedenheit«.[48] Ein Symptom dafür: Die Einträge ins Tagebuch werden seltener.

Dieser Prozess bleibt auch seinem kundigen Seelenführer nicht verborgen. Nach einer Messe am Allerseelentag kommt es zu einer

Aussprache. Pater Weiß macht ihm klar, dass er drauf und dran ist, sein Leben gewinnen zu wollen. Doch »wer sein Leben retten will, wird es verlieren; wer aber sein Leben um meinetwillen verliert, wird es gewinnen« (Mt 16,25). Ins Mark trifft den Schutzbefohlenen allerdings der Vorwurf, er »liebte die Messe nicht«. Ein schlechter Priester also? Dass es eine Differenz zwischen Sein und Schein gibt, muss er sich eingestehen. Er erschrickt über der Eingebung, dass er drauf und dran ist, eine (fast) normale bürgerliche Existenz zu führen. Immer öfter bleibt das Brevier unaufgeschlagen. Denn auf dem harten Pflaster Favoritens kommt man mit wolkigen religiösen Litaneien nicht sehr weit. Er ist also »ein Priester, der allerlei Ideen hat, viele Talente, den Leuten gefällt, ›Erfolge‹ hat, viel ›arbeitet‹ ... so allein geht es nicht weiter«.[49] Er war drauf und dran, die Welt zu gewinnen, aber seine Seele zu verlieren (s. Lk 9,25), was – christlich verstanden – stets Teufelswerk ist.

Schon bald nach seiner Priesterweihe hatte er den kierkegaardschen Gedanken, dass sich in einem Schweigen der Verzweiflung »dieses fürchterliche begeben kann: dass Du nicht bemerkst, wie die Liebe stirbt«.[50] Denn der Glaube, die Hoffnung und die Liebe, so hält Holl aphoristisch fest, werden nicht widerlegt: Sie sterben. Wie einst Kierkegaard[51] fragt er sich, ob die Traurigkeit aus der Sünde kommt oder die Sünde aus der Traurigkeit, und konstatiert an sich »einen Ekel vor allem«.[52]

> Die größte Gefahr im menschlichen Bereich und im Bereich der Gnade ist die Hoffnungslosigkeit. Die Versuchung dazu ist die dem Denken offenkundige Fragwürdigkeit der Dinge, ihre eingeborene Unvollkommenheit. Alles wird von diesem fürchterlichen Gift der Sinnlosigkeit angefasst, wenn man es zulässt: Wozu baust Du dieses Haus? – Es werden ohnedies nur Gemeinheiten oder platte Zufriedenheit darin wohnen. Äußerung der Hoffnungslosigkeit ist das angewiderte Grinsen. Die Müdigkeit als Prinzip des Lebens.[53]

Verbürgt ist Holls Lektüre des dänischen Existenzphilosophen im Herbst 1956. Da hadert er bereits heftig mit seinem Selbstverständnis als Priester. Nach der Lektüre des *Tagebuchs eines Arbeiterpriesters* von Henri Perrin[54] betrachtet er sich gegenwärtig als geistigen Arbeiter, als Prediger und Katechet. Er könnte aber auch andere Berufe ausüben, denkt er, etwa Erzieher oder Krankenpfleger. Denn »Priestertum ist eine Eigenschaft, kein Beruf«.[55] Die Abschottung von der Welt, weil

dort das Böse lauert, erscheint ihm zunehmend problematisch. Henri Perrin skizzierte eine neue Geistigkeit: »Offen. Voll Liebe zu den Brüdern. Die Seele eines jeden Menschen ist ein Buch, in dem Gott voll Liebe blättert. Die ganze ›Welt‹ müssen *wir* verwandeln. Nicht voll Angst uns abschließen. Jesus ist das Herz der Welt.«[56]
Schon im Winter 1954/55 hatte sich Holl beim Gedanken an das Privileg des Papstes, am Passionssonntag (fünfter Sonntag der Fastenzeit) drei Messen lesen zu dürfen, ketzerisch gefragt, inwieweit das gottgewollt ist:

> Die Vermutung, dass die Idee, drei Messen wären nicht unbedingt mehr geeignet, Gottes Barmherzigkeit anzuflehen, *mehr* anzuflehen als mit *einer*, diese Vermutung ist viel zu schwach, um auch nur im leisesten den liebevollen, ehrfürchtigen Gehorsam gegen die Kirche zu mindern. (…) Der Gehorsam erstreckt sich auch auf das Denken. Über diese Dinge zu befinden, steht mir (jetzt) nicht zu.[57]

Die Geschraubtheit seiner Sprache einerseits und der ironische Unterton andererseits artikulieren seinen inneren Zwiespalt zwischen Loyalität und Auflehnung; aber noch meint er es ernst, wenn er ergänzt: »Ich unterwerfe mich … Lassen wir diese Fortschrittsgedanken … Ich habe falsch gedacht.« Die Gedanken aber sind frei wie der Heilige Geist und schwirren, wohin sie wollen.

Vätersterben

Im Herbst 1954 berief Bundeskanzler Julius Raab überraschend und gegen den Widerstand etlicher Parteikollegen im Nationalratsklub den Ministerialbeamten Heinrich Drimmel (1912–1991) zum Unterrichts- und damit auch zum Kultusminister. In seiner Antrittsrede griff der prononciert konservative Katholik das geflügelte Wort von der »freien Kirche im freien Staat« wieder auf, wendete es aber gegen die sich um Otto Mauer scharenden Linkskatholiken wie Friedrich Heer oder Erika Weinzierl. »Die Devise«, so erläuterte er rückblickend seine Wahl, »eignet sich als Kurzfassung meines kulturpolitischen Konzepts, und sie war sinnfällig für neue Ziele in der Besatzungsära 1945/55, in der es an Freiheit allerorts gebrach.«[58] Ihm ging es weniger um eine freie Kirche als um einen von den Besatzungsmächten befreiten Staat. Nachdem ein unabhängiger Staat von der österreichischen Delegation, bestehend aus Leopold Figl, Bruno Kreisky, Julius Raab und Adolf Schärf, bei Verhandlungen mit der sowjetischen Regierung im April 1955 erreicht worden war, wendete er sich einem zweiten großen Anliegen zu: der Konkordatsfrage. Die österreichische Bundesregierung wollte Neuverhandlungen, der Papst in Rom, der den Vertrag damals verhandelt hatte, bestand auf seiner Gültigkeit. Drimmel, Anhänger des politischen Katholizismus, musste also im Februar 1956 nach Rom pilgern, um dem Papst klarzumachen, dass das Konkordat heute »nicht mit Majoritätsmethoden zur Anwendung gebracht« werden könne – und man deshalb Teillösungen anstreben sollte.[59] Das darauffolgende Donnerwetter von Pius XII. kann man als ein letztes Zucken des sterbenden Staatskirchentums betrachten.

Der letzte österreichische Vertreter dieses Konzepts musste das zu seinem Glück nicht mehr erleben. »Unser Herr Kardinal ist heute um sechs Uhr früh in die Ewigkeit gegangen«, liest man mit Datum 9. Oktober 1955 auf einem maschingeschriebenen Beiblatt im Tagebuch Adolf Holls. »Er hat mich geweiht. Seine Seele möge durch Gottes Barmherzigkeit in Frieden ruhen«, fügte er am Schluss eines ehrenden Nachrufs handschriftlich an. Am 10. Mai 1956, kurz vor Adolf Holls 26. Geburtstag, ernannte der Papst den Bischof-Koadjutor der Diözese St. Pölten, Franz König, zum neuen Erzbischof von Wien. Im Herbst desselben Jahres wurde er von den österreichischen Bischöfen zum Referenten für Jugendfragen gewählt.[60] Er war somit direkt zuständig für die in der Jugendarbeit tätigen Geistlichen wie Adolf Holl sowie für die Jugendorganisationen. Die in der Katholischen Aktion tätigen Reformkatholiken erhofften sich eine Aufwertung.

Was unter einer Kirchenreform zu verstehen sei, darüber gingen die Meinungen aber weit auseinander. Pfarrer Ignaz Wiesböck, Chef des Kaplans Holl in der Pfarre St. Johann, will seine Kirche renovieren, und zwar ebenjene am Keplerplatz. »Dem Verfall soll entgegengewirkt werden, die geschichtliche Kontinuität erhalten werden.«[61] Der aus bäuerlichen Verhältnissen stammende Pfarrer ist erst sechzig, als Adolf Holl im zweiten Stock seiner Pfarrei eine Dienstwohnung bezieht, aber er ist von zwei Weltkriegen abgekämpft und müde. Er hat eisern gespart und will nur noch die Wiederherstellung seiner Kirche erleben. »Wiesböck renoviert das christliche Abendland in Wien X«, kommentiert Adolf Holl rückblickend.[62] Vor neuen Aufgaben schreckte der Pfarrer vom alten Schlag zurück.

Als im Oktober 1956 die Sowjets in Ungarn einmarschieren, um den Aufstand niederzuschlagen, untersagt Wiesböck seinem Jungkaplan, Flüchtlinge im Kabinett der Wohnung unterzubringen. Holl fügt sich. Noch. Im Hintergrund aber rumort es bereits – in ihm und im Kirchenvolk. Holl steht ja im Zentrum des Pfarrlebens und nimmt die Stimmung dort wahr. »Das Denken der heutigen Zeit fasst das Subjekt, die Person ins Auge«,[63] notiert er und merkt an: »Ich bin ein Kind der Zeit«. Die Fünfzigerjahre waren aber keine Zeit der Kontemplation, sondern eine des Rock 'n' Roll und einer erwachenden Jugendkultur, die gegen die Dumpfheit der Vätergeneration rebellierte. Zu schaffen macht dem jungen Kaplan etwa die Biederkeit des Kirchenvolks. Egal, was er bei der Predigt sagte, ob er dogmentreu oder bibelkritisch argumentierte, am Ende hieß es stets: Vergelt's Gott. Da kann man schon einmal zur Zigarre greifen. Noch betrachtet Adolf Holl das als »Verfallserscheinung«,[64] es dauerte aber nicht mehr allzu lange, bis die Zigarette zu einem seiner Markenzeichen wird. Nach einer Andacht im Stephansdom warnt ihn sein ehemaliger Lehrer Loidl, »nicht überzuschnappen oder häretisch zu werden«.[65] Ähnliche Befürchtungen dürfte auch sein Beichtvater gehegt haben. Holl beruhigt ihn und behauptet, sich wieder etwas »erfangen« zu haben. Doch der Zug der Zeit geht nicht spurlos an ihm vorüber. »Nach und nach ändert sich dies und jenes. Die ›alten‹ Erkenntnisse ›passen‹ nicht mehr. Leidend muss neue Erkenntnis gewonnen werden, aber im Weitergehen, im unsicheren, hilflosen Vorwärtsgehen.«[66]

»Aufgeräumte, aktive Stimmung, auch gestern in der Aktivistenrunde ... Erfolge«.[67] Mit Freund Helmut bespricht er »die Einteilung der Denker in ›große Hasser‹ und Friedliche«, wie Friedrich Heer sie vorgenommen hatte. Gleichzeitig ist ihm aber »alles schmerzlich«. Den Advent 1956 verbringt er mit einem Rachenkatarrh – zum Schweigen verurteilt. Sofort stellt sich »Isolation« bei ihm ein. Er zweifelt an seiner Rolle als Seelsorger, als Priester und Geistlicher und fragt sich, wie er das alles aushalten soll, »nur die Last der Tage«. Und ob nicht eine Universitätslaufbahn für ihn »die Erfüllung, das ›Eigentliche‹« wäre? Antwort: »Aber nein.«[68]

Dieses Changieren zwischen »weltlichen« Erfolgen und »geistlichen« Niederlagen gibt seine Befindlichkeit in der zweiten Hälfte der Fünfzigerjahre wieder: Die Routine des Pfarralltags bewirkt eine gewisse Perspektivlosigkeit. In dieser Phase ereilt ihn ein weiterer Abschied von der »alten Zeit«. Am 26. Oktober 1957 um 21 Uhr 20 stirbt unerwartet Pfarrer Wiesböck. Zum zweiten Mal in seinem Leben blickt Adolf Holl einem Toten ins Angesicht.

> Es erhebt sich die Frage, ob der Wille des toten Wiesböck weltgeschichtlich überholt ist, sein Tod wird von der Mehrzahl der Bevölkerung in Wien X kaum zur Kenntnis genommen. Im Pfarrhaus macht eine gewisse Leere sich bemerkbar, wer weiß, ob Wiesböck zu ersetzen sein wird, für mich zumindest.[69]

So erinnert sich Holl im Abstand von eineinhalb Jahrzehnten in seinem Buch *Tod und Teufel*. Immerhin hatten die drei Kapläne, Benesch, Holl und Jamöck, mit dem toten Pfarrer Tischgemeinschaft gehalten. Zu Weihnachten war es Holl sogar gestattet gewesen, seine Mutter mitzubringen. Wie würde es nun weitergehen? Naheliegend wäre es gewesen, wenn einer der drei Kapläne die Leere gefüllt hätte. Doch die Diözesanführung entscheidet anders. Sie holt einen eifrigen, frommen Pfarrer aus Floridsdorf nach Favoriten. Der äugt eifersüchtig auf die Beliebtheit seiner Adlaten.[70] Dementsprechend findet die Pfarrarbeit des wachen Kaplans Holl nunmehr weniger Anerkennung.

Am Sonntag vor Wiesböcks Tod sitzt er mit zwei Kolleginnen im Kaffeehaus zusammen – verbunden mit einer »neu erwachten Bedrängnis im Fleisch«.[71] Statt zu geistlicher Erbauungslektüre greift er zu Dashiell Hammett und Raymond Chandler. In Hammetts Krimi *Der Malteser Falke* entdeckt er eine ausgeprägte Männlichkeit, die seiner verwandt scheint. »Eine trotz allem Zynismus konsequente Hingabe und Treue zum Beruf, auch der Ritterlichkeit. Die Einsamkeit ist Lebensform.«[72] Er erkennt im einsamen Wolf des Detektivs – mutatis mutandis – eine Nähe zum Priesterberuf. Familienglück mit einer Frau ist ausgeschlossen, aber »Nestwärme«?

> Ist dies nicht ein besseres Leitbild für eine priesterliche Existenz ... als ein feminines Entsagungsleitbild? (...) Die Botschaft, die wir verkünden, drückt uns in eine gewaltige Einsamkeit. Je mehr unsere Worte

Gott vertreten, sich Seinem Wort nähern, desto weiter entfernen wir uns von der Nestwärme der »Gesellschaft«. Jedoch Spannung: Man will heute den volksverbundenen Priester.[73]

Dass durch die »Volksverbundenheit« Reibungsflächen entstehen, ist ihm anscheinend bewusst, allerdings hat er nur die Gesellschaft im Blick, nicht die Probleme, die Frauen mit dieser Art von Nähe haben könnten. Das hat Tradition in der katholischen Kirche. Auch, dass untereinander über die sexuellen Bedürfnisse nicht gesprochen wird. »Heimlichkeiten« waren auch unter gut befreundeten Geistlichen kein Thema.[74]

»Das Ende der Neuzeit wurde im Jahr 1950 konstatiert, von dem Priesterphilosophen Romano Guardini, mit erstaunlichem Scharfblick.«[75] Aus kirchenhistorischer Sicht könnte man ebenso gut den Beginn der Neuzeit mit Datum 9. Oktober 1958 angeben. An diesem Tag stirbt Pius XII. in Castel Gandolfo an den Folgen eines Schlaganfalls. Damals ist Holl dieses Ereignis keine Zeile in seinem Tagebuch wert. Ein paar Jahre später wird Rolf Hochhuth das Verhältnis des »Stellvertreters« zum Nationalsozialismus thematisieren und für gehörige Aufregung sorgen. Der weit über einen Theaterskandal hinausgehende mediale Wirbel wird für Holl zum Auslöser für sein Jahrzehnt der Erregungen.

Christentum und Sozialismus

Knapp drei Wochen nach dem Tod von Pius XII. steigt weißer Rauch aus dem Schornstein der Sixtinischen Kapelle auf. Angelo Giuseppe Roncalli war vom Kardinalskollegium zum Papst gewählt worden und nahm den Namen Johannes XXIII. an. Mit dieser Namenswahl schloss der Kardinal von Venedig an einen Papst an, der so wie er an einer Epochenschwelle stand. Johannes XXII. (um 1245–1334), der nach einer Sedisvakanz von 868 Tagen 1316 in Lyon zum Papst gewählt worden war, beendete den von der franziskanischen Bewegung ausgehenden »Armutsstreit«. Die Kirche ging eine Liaison mit dem aufstrebenden Bürgertum ein und beendete das franziskanische Liebäugeln mit urchristlichen Ideen. Ein Schritt zu ihrer Verweltlichung.

Vielleicht wollte Johannes XXIII. daran anknüpfen – und die geistig im Mittelalter verharrenden Fundamentalisten in seiner Kirche in die Schranken weisen. Noch zu Lebzeiten des heiligen Franz kollidierte seine *Ethik ohne Eigentum* mit den Erfordernissen einer rasch wachsenden Ordensgemeinschaft. Franziskus hatte in der vom Papst genehmigten Ordensregel aus dem Jahr 1223 die Genossen angewiesen, »niemals Münzgeld in irgendeiner Form anzunehmen, auch nicht durch Mittelspersonen«.[76] Denn Geld, so die Überzeugung des Bettelbruders, »ist für die Diener Gottes nichts anderes als der Teufel und eine giftige Schlange«.[77] Schon der Bischof von Assisi ahnte, was da auf die Christenheit zukäme, und meinte zu dem »Minderbruder«, dass es schwer sei, nichts Irdisches zu besitzen.[78] Franziskus erwiderte, dass Besitz stets Waffen zu seiner Verteidigung erfordere. Daraus würden alle Streitigkeiten herrühren und die Liebe verhindern. »Durch ihre Berufung auf das vorbildliche Lebensmodell des bettelarmen Christus delegitimierte die franziskanische Ordensfamilie die politische Realität einer Kirche, die über mindestens ein Drittel von Grund und Boden in Europa gebot.«[79] Sie stellte quasi das Staatskirchentum radikal infrage.

Das konnte einem Mann wie Johannes XXII., der persönlich zwar bescheiden lebte, aber eine Weltmacht zu verteidigen hatte, nicht gefallen. Er verfügte über ein ausgeklügeltes Steuersystem aus Dispensen, Pfründen und Weihen und scheute vor den üblichen Methoden des Machterhalts wie Korruption, Erpressung und Lüge nicht zurück. Simonie (Käuflichkeit bei Ämterbestellungen) und die von der päpstlichen Kämmerei mit großer Härte eingetriebenen Gelder machten ihn zum reichsten Mann Europas. Demgemäß hatte er Handlungsbedarf. 1317 veröffentlichte er eine Bulle, die sich direkt gegen die Minderbrüder richtete und den Gehorsam über die Armut stellte. Die an den päpstlichen Hof in Avignon zitierten franziskanischen »Spiritualen« hatten die Wahl, ihren häretischen Ansichten abzuschwören oder auf dem Scheiterhaufen zu landen. Von den 65 Anwesenden widerriefen 40, 25 übergab man der Inquisition, vier davon brannten.[80]

So leicht gaben sich die Spiritualen aber nicht geschlagen. Sie beriefen ein Generalkapitel ein, das zu Pfingsten 1322 in Perugia tagte.

Am 4. Juni 1322 fertigte das Generalkapitel einen Text ab, in dem es hieß, es sei gesunde katholische und rechtgläubige Lehre, dass Christus und die Apostel weder persönliches noch gemeinsames Eigentum besessen hätten. Drei Tage später schoben die Franziskaner eine ausführliche Begründung für ihre Auffassung nach, ... und sie sorgten dafür, dass ihr Gutachten in mehr als hundert Abschriften in ganz Europa verteilt wurde, von Sizilien bis England.[81]

Der Papst in Avignon reagierte unwirsch. Er erklärte die Behauptung der Besitzlosigkeit von Jesus und seinen Jüngern 1323 für häretisch, bestellte den Generalminister der Franziskaner, Michael von Cesena, zu sich, beschimpfte ihn als Dummkopf, Begünstiger des Irrglaubens und als eine an der Brust der Kirche ernährte Schlange und ließ ihn einsperren. Auch in Avignon galt: Roma locuta, causa finita.

So einfach war die Sache aber dann doch nicht – je nach Sichtweise – aus der oder in die Welt zu schaffen. Der Spirituale Pierre de Jean Olivi war zwar ein Fundamentalist, was den Geldgebrauch innerhalb seines Ordens anbelangte, gehörte aber »zu den frühesten Verteidigern bürgerlichen Reichtums und finanzkapitalistischer Methoden«[82]. Seine Ideen wurden von Bernhardin von Siena (1380–1444) aufgegriffen, gegen den Widerstand mehrerer Päpste. Bernhardin gehörte der franziskanischen Reformbewegung der Observanten an, bei denen die konsequente Einhaltung des Armutsideals eine wichtige Rolle spielte. Er zog von Stadt zu Stadt und lebte von den Almosen der Leute. Gleichzeitig lehnte er wie Olivi Eigentums- und Geldinteressen der städtischen Bürgerschaft keineswegs ab. Er wurde zu einem fortgeschrittenen Ökonomen des Quattrocento mit bedeutendem Einfluss auf das religiös-politische Leben Italiens in der Renaissance, als »der Kapitalismus aus den Windeln kroch«.[83]

Mit der Annahme des Namens Johannes evoziert der zum Papst gewählte Erzbischof der in der Renaissance zur Blüte gelangten »Serenissima Repubblica di San Marco« den kalten Krieg zwischen kapitalistischen und kommunistischen Ideen im kollektiven Gedächtnis. In der Analyse hatte Karl Marx mit Franz von Assisi schließlich übereingestimmt, dass im Reichtum der Mensch sein Wesen vergegenständlicht und damit sich selbst und die Liebe verliert.[84] Die beiden zogen nur völlig verschiedene Konsequenzen daraus: Marx will den Klassenkampf, Franz verzichtet auf Eigentum. Im Prinzip Armut ...

... drückt sich aus, was als wesentlicher Wunsch und hartnäckige Vision von den urkommunistischen Frühchristen über mittelalterliche Ketzergruppen und frühneuzeitliche Wiedertäufer zum *Manifest der Kommunistischen Partei* vom Februar 1848 läuft: Klassenlosigkeit und Ethik ohne Eigentum.[85]

Etappensiege in diesem immerwährenden Kampf werden offenbar stets an Nebenschauplätzen errungen. Wie 1323 in Avignon, so 1989 in Berlin. Kurz bevor Johannes XXIII. sein Amt antrat, besichtigte der Reformkatholik Reinhold Schneider in Wien die Reichskleinodien, überzeugt vom nahen Ende der Geschichte. Er nahm quasi Abschied von den Insignien des Staatskirchentums. Die Morgendämmerung einer neuen Zeit brach an, als der neue Papst kurz nach seiner Inthronisation die Einberufung eines Konzils bekannt gab, mit der klaren Absicht, die Kirche an eine säkularisierte Gegenwart anzupassen und die politische Spaltung zu überwinden. Johannes signalisierte der Christenheit, was Adolf Holl im Sommer 1958 folgendermaßen formulierte:

> Ein leuchtendes, heiteres Christentum. Gethsemane und Golgotha bleiben freilich; aber das Abendmahl ist ja die Vorwegnahme: Euer Herz betrübe sich nicht. Etwas von dem Geist der Chansons des Pére Duval (…) Nur diese Freude nämlich ist *gemeinschaftsbildend*.[86]

In diesem Geist konnten – mitten im Kalten Krieg – ein Jahr später die vom *Weltbund der demokratischen Jugend* (WBDJ) und dem *Internationalen Studentenbund* (ISB) organisierten »Weltjugendfestspiele« erstmals in einem Land vor dem Eisernen Vorhang stattfinden. Da beide Organisationen kommunistisch dominiert waren, schrieb die Wiener *Presse* von einem KP-Festival, das es zu boykottieren galt. Die Zusammenkunft Jugendlicher aus allen Teilen der Welt hatte von 1947 an alle zwei Jahre in einer anderen osteuropäischen Stadt stattgefunden. Angeblich auf Initiative von Jugendorganisationen der Entwicklungsländer fasste man 1957 bei den Festspielen in Moskau den Entschluss, das nächste Treffen in einem nichtkommunistischen Land abzuhalten. Dafür bot sich das inzwischen neutrale Österreich an. Vom 26. Juli bis 4. August 1959 fanden deshalb die »VII. Wettfestspiele der Jugend und Studenten für Frieden und Freundschaft« in Wien statt. Selbst *Die Presse* gestand ein, dass die Teilnehmer »mit den wirklichen Vertretern der österreichischen Jugend in Kontakt getreten« waren.[87] Darunter: Adolf Holl. Der katholische Verband *Junges Leben* und die sozialistische Jugend organisierten Bustouren zum Eisernen Vorhang, um die Gäste mit dem »realen Sozialismus« zu konfrontieren. Im Gegensatz zur Österreichischen Volkspartei wollte die katholische Kirche die Arbeiterjugend nicht den Kommunisten überlassen und errichtete deshalb Informationsstände und hielt Vorträge ab, unter anderem im Sokolsaal in der Favoritner Ettenreichgasse mit Adolf Holl. Obwohl *Die Presse* vorab behauptet hatte, »in Übereinstimmung mit allen nichtkommunistischen Tageszeitungen Österreichs … über das Jugendfestival kein Wort zu berichten«,[88] erschienen drei lange Artikel. Im Abschlussbericht musste *Die Presse* dann zugeben:

> Das Festival ist ganz anders verlaufen, als von den Kommunisten und auch anders als von deren Gegnern erwartet worden war. Diese auch in manchen wesentlichen Dingen unerwartete Entwicklung ist eine günstige Entwicklung gewesen. (…) Dankbar muss man aber geradezu den Veranstaltern für die Begegnung mit jenen fremden Welten aus anderen Kontinenten sein, die so angenehm überraschte, und für die Lehren, die sich daraus ableiten lassen: »Solche Begegnungen sollten nicht nur dann gesucht werden, wenn es die Kommunisten wollen«, sagte nach Abschluss des Festivals ein junger Katholik.[89]

Dass es sich bei dem Katholiken um Adolf Holl gehandelt hat, ist unwahrscheinlich, aber auch für ihn kündigte sich in diesem Sommer eine neue Zeit an. Abgezeichnet hatte sich diese Entwicklung bereits im April 1956, als er seinem Tagebuch anvertraut hatte: »Die Manneskraft wird stärker.«[90] Nach Exerzitien im Bildungshaus St. Gabriel fährt der Jugendkaplan im Sommer dieses Jahres auf Ferienlager nach Bad Fischau. Dort lässt er das abgelaufene Schuljahr Revue passieren und fragt sich: »Warum Kinder, Jugend, Familien, Predigt, Beichtstuhl? Studium?«[91] Wieder ermahnt er sich zu täglicher Gewissenserforschung, zu »Anbetung, Güte, Bescheidenheit (den Doktortitel nicht verwenden) und Buße«. Das Lager verlief harmonisch und er hätte eigentlich zufrieden sein können, wäre nicht sein leidiges Problem wieder virulent geworden: »Diese verquollene Männlichkeit im Gesichtsausdruck – ich unglückseliger Mensch – – Ich bin ein Mann – –. Recht sehr isoliert komme ich mir vor. Im Inneren des Taifuns.«[92] Mit dem Öffnen der vatikanischen Pforten für einen neuen Geist war es dann nur noch eine Frage der Gelegenheit, wie lange er dem Ansturm widersteht.

Im Juni 1958 feierte die Pfarre St. Johann das silberne Jubiläum ihres Dechants Heszle. Holl knüpft daran Überlegungen über das Bild des Vaters an: »Seine Sanftmut ist nicht Schwäche, sondern Weisheit. Zynismus und Übersättigung, Langeweile und Lebensüberdruss sind ihm fremd, er weiß um die Schönheit der Welt und liebt sie.«[93] Solche Gedanken tauchten offenbar auf, weil sein Vorgesetzter diesem Bild so gar nicht entsprach. Nach fünf Jahren im Pfarr- und Schuldienst hatte sich eine gewisse Routine bei Adolf Holl eingestellt. Aussicht auf neue intellektuelle Herausforderungen, die ihm Schwung hätten verleihen können, bestand keine. Vielmehr ist dem Jubilar die Lockerheit seiner Kapläne suspekt. Die Stimmung unter den geistlichen Herren dürfte nicht die beste gewesen sein. »Die Wunden. Die Enttäuschungen. Die Müdigkeit. Die Traurigkeit. Die Trägheit«, so beschreibt Adolf Holl zu Ferienbeginn 1958 seine Gemütslage. Tapfer kämpft er sich durch die Exerzitien, die ihm seinen Zustand der Lethargie vor Augen führen. Er nimmt sich vor, »von Messe zu Messe zu leben, denn »die Messe habe ich immer geliebt«.[94] Als ihm im Herbst ein Lehrerkollege auf den Kopf zusagt, dass er »Josefinist« sei, dass ihm die Schule vor die Seelsorge gehe, sind die beiden Pole abgesteckt, zwischen denen sich die Spannung seines Lebens aufbaut.

Am 17. Mai 1959 trat die Kommission zur Vorbereitung des von Johannes XXIII. gegen den Widerstand von manchen seiner Kurienkardinäle angekündigten Konzils erstmals zusammen. Eine Woche danach weilte der Legionär Mariens Adolf Holl in Mariazell und stellte fest: »Die Welt ist in Ordnung – wenigstens dort im Heiligtum. Alles steht dort, wo es hingehört.«[95] In der Rückschau muten diese Worte – vergleichbar mit Reinhold Schneiders Besuch in der Wiener Schatzkammer – als Abgesang auf eine Welt an, der er fünfzehn Jahre lang treu ergeben war. Der Eindruck verstärkt sich, wenn er ergänzt: »Ich denke jetzt öfter an die Liebe. Sie ist die Lösung. Aber wie weit ist das noch bis dahin ...« Für ihn persönlich war es nicht mehr weit.

Die Liebe trat noch in diesem Jahr in sein Leben. Und zwar bei einem pastoralen Besuch in seiner alten Heimatpfarre Breitensee. Eine Freundin der dortigen Pfarrjugendführerin bat ihn zu sich nach Hause. Als Heurigenmusiker spielte ihr Mann jeden Abend in seinem Lokal und sie fühlte sich offenbar einsam. Sie bewirtete den Kaplan und setzte sich zu ihm auf den Diwan.[96] Als er die Wohnung in der Nacht verließ, war er entjungfert – und elend ob seines schlechten Gewissens. Gleichzeitig hatte die erfahrene Frau in ihm aber auch die Lust nach mehr geweckt.

Im Leben, so scheint's, geht's genauso wenig linear und kausal zu wie in der Geschichte. Verändert man an einer Stelle etwas, so zeigen sich die Auswirkungen davon meist an einer ganz anderen. Die Teilnahme seiner Kapläne an den Weltjugendfestspielen dürfte kaum im Sinne des Herrn Dechants von St. Johann gewesen sein. Hinter deren Rücken schleicht er jedenfalls zum Stephansplatz und sucht bei der Diözesanleitung um Versetzung seiner Hilfspriester an. Als Adolf Holl dem ihm väterlich zugetanen Pfarrer von Breitensee, Monsignore Jakob Zeggl, davon berichtet, erwidert der nur: »Du hast Dich wirklich verändert.«[97] Das ist dem mit sich ringenden Jünger Jesu selbst bewusst.

> Wo sind meine Gebete, mein Jesus, ganz tief unten bist, mein süßer Jesus. Du weißt ja, dass ich Dich immer noch liebe, in all meiner Trauer, in all meiner Schwäche, im Ekel, im Überdruss. (…) Aber was so sehr zu beklagen ist: dass ich keine religiöse Existenz führe. Ich bin zum Priester geweiht und bete weniger als früher, da ich noch keiner war. Und dafür »studiere« ich Philosophie.[98]

Mit Goethe ließe sich sagen: »O tönet fort, ihr süßen Himmelslieder! / Die Träne quillt, die Erde hat mich wieder!«[99]

Anmerkungen

1 s. Raphael Utz: *Die Flegeljahre des Josef Stalin*. In: *Die Welt*, 10.6.2007.
2 Tb. 4, 7.5.1953.
3 *Loseblatt-Tagebuch* vom 26.6.1953 bis 21.9.1968, 18.7.1953.
4 Gespräch mit Adolf Holl am 16.12.2016.
5 Ebd., 20.10.1953.
6 Hellmut Diwald: *Anspruch auf Mündigkeit*, S. 135.
7 Zit. nach Diwald, S. 137.
8 Ebd., S. 150.
9 s. u. a. *Im Keller*, S. 118f.
10 *Religionen*, S. 58f.
11 *ReVisionen*, S. 401.
12 s. *ReVisionen*, besonders: Hans Steiner: *Bewährungsproben*. Ebd., S. 270–275.
13 *Loseblatt-Tagebuch*, 4.1.1954.
14 *Wie ich ein Priester wurde*, S. 70.
15 *Wie ich ein Priester wurde*, S. 69.
16 s. *Zur frohen Zukunft*, S. 18.
17 *Loseblatt-Tagebuch*, 16.4.1954.
18 s. *Wie ich ein Priester wurde*, S. 70.

19 *Loseblatt-Tagebuch*, 28.5.1954.
20 Ebd., 25.6.1954.
21 Ebd., 26.6.1954.
22 Ebd., 27.6.1954.
23 *Wie ich ein Priester wurde*, S. 118.
24 Zit. nach: Regina Bucher, Bernhard Echte, Eva Zimmermann (Hrsg.): *Hugo Ball. Dichter Denker Dadaist*. Nimbus Verlag, Wädenswil 2015, S. 18.
25 Hugo Ball: *Die Flucht aus der Zeit*. Kösel / Pustet Verlage, München 1931, S. 106f.
26 s. Martin Mittelmeier: *DADA. Eine Jahrhundertgeschichte*. Siedler Verlag, München 2016, S. 129.
27 Emmy Hennings: *Hugo Balls Weg zu Gott*. Kösel / Pustet Verlage, München 1931, S. 48.
28 Norbert Lange: »*Gadji Beri Bimba*« – *Hugo Balls Sprachenwunder*. In: Michael Braun (Hrsg.): *Hugo Ball. Der magische Bischof*. Verlag Das Wunderhorn, Heidelberg 2011, S. 79–94, S. 80.
29 Ebd., S. 80f.
30 *Flucht aus der Zeit*, S. 100.
31 Gerhard Deny: *Gegenwelten. Die religiösen Fluchtlinien Hugo Balls*. In: *Balls Sprachenwunder*, S. 127–141, S. 132.
32 s. *Balls Sprachenwunder*, S. 91.
33 Ebd.
34 ORF-Interview mit Günther Nenning, 15.6.1975 (siehe Einleitung).
35 Hugo Ball: *Byzantinisches Christentum. Drei Heiligenleben*. Duncker & Humblot Verlag, München und Leipzig 1923, S. 132.
36 Helmut Krätzl: *Im Sprung gehemmt. Was mir nach dem Konzil noch alles fehlt*. Verlag St. Gabriel, Mödling 1998, S. 29.
37 Helmut Krätzl: *Meine Kirche im Licht der Päpste. Von Pius XII. bis Franziskus*. Tyrolia Verlag, Innsbruck 2016, S. 13.
38 *Im Sprung gehemmt*, S. 30.
39 *Ich bin ein Ägypter*. Interview von Stefan Winkler mit Adolf Holl. *Kleine Zeitung*, 11.5.2003.
40 *Zur frohen Zukunft*, S. 42.
41 Ebd.
42 Ebd.
43 *Wie ich ein Priester wurde*, S. 118.
44 *Loseblatt-Tagebuch*, 2.7.1954.
45 Information von Adolf Holl beim Gespräch vom 16.12.2016.
46 Gutachten von Albert Mitterer vom 22.11.1954 im Wiener Universitätsarchiv.
47 *Loseblatt-Tagebuch*, 4.11.1954.
48 Ebd., 10.1.1955.
49 Ebd., 10.11.1954.
50 Ebd., 22.7.1954.
51 Diesem Gedanken ist das Buch *Die Krankheit zum Tode* gewidmet. Ein Kapitel ist überschrieben mit: *Verzweiflung ist:* »*Die Krankheit zum Tode*«. An einer Stelle heißt es dort: »Zu einem Selbst gezwungen zu sein, das er nicht sein will, das ist seine Qual, das ist, dass er sich selbst nicht loswerden kann.« Søren Kierkegaard: *Die Krankheit zum Tode und anderes*. Deutscher Taschenbuch Verlag, München 1976, S. 40.
52 *Was ich denke*, S. 7.
53 *Loseblatt-Tagebuch*, 13.10.1956.
54 Henri Perrin: *Tagebuch eines Arbeiterpriesters*. Kösel Verlag, München 1955.
55 *Loseblatt-Tagebuch*, 22.9.1956.
56 Ebd., 17.9.1956.
57 Ebd., 15.12.1954.

58 Zit. nach: *Kirche in säkularisierter Gesellschaft*, S. 97.
59 Ebd., S. 99.
60 s. www.erzdioezese-wien.at.
61 *Tod und Teufel*, S. 15.
62 Ebd.
63 *Loseblatt-Tagebuch*, 14.11.1956.
64 Ebd., 24.1.1956.
65 Ebd.
66 Ebd., 18.3.1956.
67 Ebd., 31.10.1956.
68 *Loseblatt-Tagebuch*, 15.12.1956.
69 *Tod und Teufel*, S. 15.
70 Gespräch mit Adolf Holl am 16.12.2016.
71 *Loseblatt-Tagebuch*, 5.10.1957.
72 Ebd., 30.4.1958.
73 Ebd.
74 Gespräch mit Adolf Holl am 16.12.2016.
75 *Wie ich ein Priester wurde*, S. 74.
76 *Der letzte Christ*, S. 117.
77 Ebd., S. 119.
78 Die folgenden Ausführungen folgen Adolf Holls Essay *Geld und Geist. An den Wurzeln Europas*. In: Wespennest Nr. 134 (März 2004).
79 Ebd.
80 *Der letzte Christ*, S. 113.
81 Adolf Holl: *Kecke Worte aus Perugia*. In: *Die Presse*, 11.12.2009.
82 Ebd.
83 Ebd.
84 s. *Der letzte Christ*, S. 115.
85 Ebd.
86 *Loseblatt-Tagebuch*, 2.7.1958. Der Jesuit Pater Aimé Duval brachte 1956 seine erste Schallplatte mit religiösen Chansons heraus, nachdem er davor in Cafés und Bistros gesungen hatte. Er machte Tourneen durch ganz Europa, die ihn 1965 sogar hinter den Eisernen Vorhang nach Warschau führten. Was Adolf Holl damals formuliert hat, wird ihn lebenslang weiter beschäftigen, bis hin zur Publikation *Der lachende Christus* (2005).
87 *Dr. Schiwago war der Bestseller des Festivals*. In: *Die Presse*, 8.8.1959. Weitere Informationen über das Fest finden sich bei Hans Hautmann: *Die Weltjugendfestspiele 1959 in Wien*. Auf der Website der Alfred Klahr Gesellschaft: www.klahrgesellschaft.at/Mitteilungen/Hautmann_3_99.html.
88 *Die Freiheit war attraktiver als das KP-Festival*. In: *Die Presse*, 6.8.1959.
89 *Hinter den Kulissen des Festivals*. In: *Die Presse*, 9.8.1959.
90 *Loseblatt-Tagebuch*, 8.4.1956.
91 Ebd., 13.7.1956.
92 Ebd.
93 *Loseblatt-Tagebuch*, 22.6.1958.
94 Ebd., 1.7.1958.
95 Ebd., 24./25.5.1959.
96 Gespräch mit Adolf Holl vom 16.12.2016.
97 *Loseblatt-Tagebuch*, 13.11.1959.
98 Ebd.
99 *Faust* I, Vers 783f.

Säkularisierung

Mit uns zieht die neue Zeit

Mit der Entdeckung der Weiblichkeit ging Holls Sozialisation einher. Er hatte etwas ge-, aber auch etwas verlernt. Die Richtungsänderung seines Lebens hatte einen Wechsel der Perspektive zur Folge. Sein anderer Blickwinkel entspricht der geistigen Strömung der frühen Neuzeit. Die Ansicht, »dass der Mensch durch seine von Gott geschaffene Natur ein soziales Wesen, zum Zusammenleben mit anderen geschaffenes Wesen sei«,[1] bedeutet eine Abkehr vom Klosterwesen. Es lag in der Luft, dass in dieser Zeit der Mönch Martin Luther die Ordensschwester Katharina von Bora heiratete. Darüber hinaus kam es zu einer Verstädterung. Die Stadt wurde nicht mehr als ein die Gotteskinder verschlingender Moloch gesehen, sondern als Repräsentationsraum der Entfaltung des Individuums. Das hatte eine Umformung des Denkens über das Gemeinwesen zur Folge. Die Städte selbst wurden zu Fürsten und die Konzilien stellten die Kirche vor. »Musste eine solche Versammlung nicht selbst den höchsten Amtsträger der *universitas*, den Papst in der Kirche, den König im Königreich, zurechtweisen dürfen?«[2]

Im September 1959 bezog Adolf Holl in der Pfarre zur schmerzhaften Mutter Gottes auf der Neulerchenfelder Straße 47 in Wien-Ottakring seine Kaplanswohnung. Die Übersiedlung markiert seinen Übergang in ein neues Zeitalter: jenes der Glaubenskriege. Am Ende des Jahres notierte er in sein Tagebuch. »Die Lösung der Spannungen, unter denen ich lebe – die Kanzel, der Altar, der Beichtstuhl – und das ›Privatleben‹. Das Bedürfnis nach Entspannung – weil es zu anstrengend ist, immer im blendenden Licht zu leben. Das Herabsteigenmüssen vom Tabor.«[3] Er hatte die himmlischen Sphären verlassen und war in die Niederungen der Welt herabgestiegen. Die in zahlreichen Exerzitien eingeübte Sündenreflexion trat allmählich hinter das Erforschen zurück, wider was oder wen da angeblich gesündigt wurde. In seinen radikal aufklärerischen Zeiten erschienen ihm die Favoritner Jahre als geistlose Zeit.

> Ich wollte von dort oft weg, weil es geisttötend war. (…) Meine zweite Dissertation habe ich nur angefangen, damit ich etwas zum Denken habe. Ich habe nicht gewusst, ob aus der überhaupt etwas wird und wie das Ganze weitergehen soll. Ich war zwischendurch – verzweifelt möchte ich nicht sagen, erschöpft auch nicht. Aber so etwas in der Art.[4]

Aus späterer Sicht waren es aber auch gute Jahre. In der Schule hatte Holl inzwischen reüssiert. Das hat auch mit dem Wechsel von der Hauptschule ans Gymnasium zu tun. Dem ersten in Favoriten. Bis dahin war man der Ansicht, wie sein nachmaliger Schüler und Urfavoritner Gerhard Foitl-Tuschl meinte, dass man in einem Arbeiterbezirk so etwas nicht brauche.[5] Mit der Eröffnung des Gymnasiums Ettenreichgasse sitzen nun Sechzehnjährige beim Kaplan Holl in der »Heimstunde«. Mit denen weiß er mehr anzufangen. Im Herbst 1959 musste die fünfte Klasse in einer Dependance in der Reinprechtsdorfer Straße in Wien-Margareten logieren. Dort drückte auch Peter Henisch die Schulbank. Die erste Religionsstunde versäumte der kränkliche Schüler. Die Kollegen berichteten ihm von einem neuen »Reli-Lehrer«, der ganz anders war als die bisherigen Katecheten. Das bestätigt auch Foitl-Tuschl: »Die durchschnittlichen Religionslehrer dort waren irgendwelche Kuttenfreunde, die einfach gestrickt waren. Deshalb war es für Holl natürlich leicht. Er hat einen anderen Geist hineingebracht.«[6]

Als der »Herr Professor« zum zweiten Mal die Klasse betritt, ist der Schüler Henisch sofort angetan von dem Lehrer: »Er hatte eine Art zu sprechen, bei der man das Gefühl hatte, er hat was zu sagen; und er hat sofort Themen angesprochen, die interessant waren, sodass man aufgehört hat, unter der Bank Hausübungen für andere Fächer zu schreiben.«[7] Holl macht die Burschen mit den Existenzialisten Camus und Sartre bekannt, weist auf Ernst Bloch und Sigmund Freud hin, referiert über Dostojewskis *Großinquisitor* aus den *Brüdern Karama-*

sow und schickt sie in den Film *Der Abtrünnige* nach dem Roman von Georges Bernanos. Auf dem Lehrplan stand das alles nicht.

Henisch fing Feuer. Der »philosophische Eros« war in ihm geweckt worden. »In Holls Stunden keimt etwas auf wie Philosophie. Da merken wir, dass es so etwas gibt wie Geist. In uns. Zwischen uns. Vielleicht auch über uns. Da Holl Religionsstunden hält, könnte es sich auch um den Heiligen Geist handeln.«[8] Darüber fängt Henisch an, die Bibel und sogar die *Bekenntnisse* von Augustinus zu lesen. Er gesteht seinem Lehrer, dass er das Alte Testament interessanter findet als das Neue. Über Monate hinweg wird in der Religionsstunde über »die Freiheit des Willens« diskutiert, als Entscheidung zwischen Gut und Böse. Henisch schreibt dazu seinen ersten literarischen Essay, worin er ausführt, dass es keine Freiheit des Willens geben könne, da »Gut und Böse oder jedenfalls die Auffassung davon, gesellschaftlich bedingt seien«.[9] Er traut sich jedoch nicht, seinen ersten auf Schreibmaschine geschriebenen Text den Lehrer lesen zu lassen, legt ihm die Thesen aber mündlich dar. »Bist a Marxist«, soll Holl schmunzelnd zu seinem Schüler gesagt haben. Trotzdem erwartet sich der Gymnasiast von seinem »Reli-Lehrer« im Gegensatz zum Mathematikprofessor ein günstiges Urteil und fordert seine Mutter deshalb auf, in seine Sprechstunde zu gehen. Dort erfährt sie dann, dass ihr Sohn »ein philosophischer Kopf« sei und sie ihn studieren lassen sollte. Bei an existenziellen Fragen weniger interessierten Schülern wie Gustav Ernst oder Lukas Resetarits hat der Religionslehrer keine so starken Eindrücke hinterlassen.

Seit geraumer Zeit beschäftigt sich Holl nicht mehr nur mit theologischen, sondern vor allem mit philosophischen Fragen und Autoren und entwickelt einen ausgeprägten Sensus für die Fragen der Zeit. Er registriert, dass eine Generation heranwächst, für die der Marxismus kein Teufelswerk mehr ist, sondern ein Instrument der Entnazifizierung, die den wachen jungen Leuten dringend geboten schien. Der einzige Eintrag in Holls Tagebuch im Jahr 1960 lautet: »Ernst Bloch schreibt ein Buch: *Das Prinzip Hoffnung*. Vor ein paar Tagen dachte ich: Fides quaerens intellectum ist nicht mehr angehend heute; heute sucht die spes – was? – sich selbst?«[10] Eine neue Zeit war angebrochen. Mit der Rasanz dieser Entwicklung konnte die behäbige katholische Kirche nicht Schritt halten. Zu Pfingsten 1960 erging das »Motu proprio«[11] zur Einsetzung von zehn Vorbereitungskommissionen auf das Ökumenische Konzil. Der Einfluss der Nachkriegskirche hatte zu diesem Zeitpunkt, wie eine ORF-Dokumentation festhält[12], seinen Zenit erreicht; ab da begann die Absetzbewegung der Gläubigen.

Das bekommt Adolf Holl in der kleinen Pfarre in Neulerchenfeld zu spüren. Dort hatte er jetzt die weibliche Jugend zu betreuen. Die Pfarrchronik von 1963 vermerkt trocken: »Grundsteingasse 37. Die Kinderbewahranstalt (Kindergarten etc.) hat wegen der geringen Zahl der Kinder (wegen Arbeitslosigkeit betreuen die Mütter ihre Kinder selbst) geschlossen, es werden die Schwestern vom hl. Geist ins Mutterhaus nach St. Koloman in Stockerau zurückberufen. Der Trakt wird für Jugendseelsorge (Mädchen) eingerichtet.«[13] Dort erteilt Holl seine geistlichen Instruktionen – mit schwindender Beteiligung und dementsprechend abnehmender Begeisterung des Kaplans. Penibel verzeichnet die Pfarrchronik alljährlich die Mitglieder in der Pfarre und insbesondere die Kirchgänger. Laut Statistik vom Herbst 1960 wohnen in der Pfarre 13 216 Katholiken. Von den 2851 Nichtkatholiken sind 1096 evangelisch, 1403 ohne Bekenntnis, 352 Diverse (Altkatholisch, Juden, Sekten etc.).[14] Eine Zählung der täglichen Kirchenbesucher an einem Sonntag im Herbst 1958 ergab noch 2057 Köpfe. Im Jahr nach Beendigung des Zweiten Vatikanischen Konzils, zu Ostern 1966, fanden nur noch 1605 Personen ins Gotteshaus. Solche soziologischen Betrachtungsweisen gewinnen für Adolf Holl zu Beginn der Sechzigerjahre rapide an Bedeutung.

Wissenschaftliche Laufbahn

In Anbetracht der Perspektivlosigkeit seines Daseins als Kaplan in Neulerchenfeld und als Religionslehrer »im gottlosen Favoriten« taucht die alte Idee einer akademischen Karriere wieder auf. Es muss ihm als eine Art Rettungsanker erschienen sein, als ihn sein inzwischen emeritierter, weil kranker Lehrer Albert Mitterer Anfang 1960 fragt, ob er nicht eine Stelle als Universitätsassistent am dogmatischen Institut annehmen wolle. Ab diesem Zeitpunkt bastelt Adolf Holl zielgerichtet an einer »wissenschaftlichen Laufbahn«.[15] Seinen damaligen Interessen entsprechend beginnt er, an einer philosophischen Dissertation zu arbeiten. Der Himmel und somit die Theologie sind ihm entschwunden, der Mensch und somit die Philosophie in seinen Fokus geraten.

Mit Beginn der Roaring Sixties zieht der Zweifel bei Adolf Holl ein. Auf fünfzehn Jahre Katechismus und Kasteiung folgten nun ebenso viele der Lust und der Liebe an Welt, Weib und Wissenschaft. Diese Trias wird ihn in den kommenden Jahren alles infrage stellen lassen, was sich an Glaubensgewissheiten in den Jahren, in denen er geistig im Mittelalter weilte, angesammelt hatte. Doch bei aller Kritik an Glaubensinhalten, die er üben wird: Anders als so mancher Renegat hat er den Glauben als solchen nie denunziert. Wie auch? Damit hätte er sowohl seine Jugend der Lächerlichkeit preisgegeben, als auch seine Zukunft. Ohne Glaube keine Kommunikation. Und Kommunikation wird für ihn in den nächsten Jahren zum entscheidenden Faktor. Es hatte sich bei ihm eine »Müdigkeit im Gebet«[16] und eine Wachheit im Gespräch eingestellt.

Noch im ersten Jahr des neuen Dezenniums reicht er seine philosophische Dissertation ein: *Seminalis Ratio – ein Beitrag zur Begegnung der Philosophie mit den Naturwissenschaften*[17], und bereitet sich danach auf das Hauptrigorosum vor. Ein Aktenvermerk des Unterrichtsministeriums weist Adolf Holl ab dem Herbstsemester 1960/61 »als nichtständigen Hochschulassistenten« am Institut für Spezielle Dogmatik der Katholisch-Theologischen Fakultät aus.[18] In dieser Eigenschaft stehen ihm als Bruttomonatsbezug in der ersten Gehaltsstufe 1950,– Schilling zu. Zwei Jahre später, am 8.8.1962, wird ein »Antrag auf Weiterbestellung« genehmigt und er rückt in die fünfte Gehaltsstufe mit 3489,– Schilling auf.

Am 26. Mai 1961 wird er zum Doktor der Philosophie promoviert, wobei er als Studienrichtung Philosophie, Psychologie sowie mittlere und neuere Geschichte gewählt hatte.[19] Um im akademischen Getriebe Fuß zu fassen, fängt Adolf Holl nun auch an, wissenschaftlich zu publizieren. Seit 1946 existierte die von Otto Mauer und dem Mitbegründer der Katholischen Hochschulgemeinde Karl Strobl OSB herausgegebene Zeitschrift *Wort und Wahrheit*. Sie war rasch zu einem angesehenen Forum katholischer Intelligenz herangewachsen, in der ab 1950 nicht nur Friedrich Heer, Franz König, Kurt Schubert und Otto Schulmeister, sondern auch Literatinnen wie Ilse Aichinger oder Ingeborg Bachmann und Literaten wie Gerhard Fritsch oder Herbert Zand veröffentlichten. Zu diesem Kreis stößt nun auch Adolf Holl und veröffentlicht unter anderem einen Beitrag zur *Krise der Aktion*[20].

Friedrich Heer war in Österreich wohl der Erste, der sich mit »Gottes erster Liebe«[21], den Juden, beschäftigte und damit (indirekt) den Holocaust aufs Tapet brachte. Der Erfinder des *Gesprächs der Feinde* (1949) machte sich früh dadurch Feinde, dass er die österreichische Staatsdoktrin als dem ersten Opfer Hitlers in Zweifel zog und die Verstrickung der katholischen Kirche mit dem Nationalsozialismus thematisierte. Gemeinsam mit Otto Mauer bildete er eine Achse, die quer zur offiziellen staatlichen und kirchlichen Fahrrinne lag und umso unangenehmer war, als sich die beiden Intellektuellen grundsätzlich zu Staat und Kirche bekannten. Friedrich Heer lehrte als Privatdozent an der Universität Wien über die Geistesgeschichte Europas. Als er sich 1961 um einen Lehrstuhl bewarb, wurde er abgelehnt und stattdessen als Dramaturg ins Burgtheater abgeschoben. Diese österreichische Methode, Selberdenker, die Sidesteps von der jeweiligen Parteilinie wagen, kaltzustellen, wird bald danach auch Adolf Holl zu spüren bekommen.

Noch versieht Adolf Holl aber brav seinen Dienst. Mindestens einmal im Jahr sind Priester dazu angehalten, Exerzitien zu absolvieren. Anfang Juli 1961 unterzieht sich Holl wieder dieser Übung – mit einem gewissen Unwillen. Die Vorträge langweilen ihn; sie veranlassen ihn aber, über sich selbst als Priester nachzudenken:

> Dass ich Priester bin, zeigt der gläubigen Reflexion, dass ich vor allem zum Priester tauge, zum Priester geboren bin. Das Übrige muss ausgefüllt werden. In der Hoffnung auf die Providenz stelle ich die Frage, ob wohl mein schwacher Punkt (C. G. Jung), mein Schatten und die daraus fließenden Sünden Seinem Plan sich einfügen lassen – zum Beispiel, um meinen Hochmut zu brechen.[22]

Kurz versucht er noch, sein schlechtes Gewissen wegen seiner erotischen Ausflüge in gut katholischer Manier als Gottespädagogik zu verbrämen. Schon am Tag danach erinnert er sich jedoch der Vorwürfe von Pater Weiß und Pfarrer Zeggl bezüglich seiner Veränderung und gesteht sich Augenblicke »schwerster Anfechtung im Glauben« ein. Mit diesen Gedanken gerät auch sein Priesterbild ins Wanken, befördert durch seinen Kontakt mit Traugott Lindner, der die Gruppendynamik als angewandte Sozialwissenschaft nach Europa brachte. Von ihm lernt Holl soziologische Herangehensweisen, als sie miteinander an einem Buch über das Priesterbild von Gymnasiasten arbeiten. Das Buch endet mit einem Appell, den Priester als Menschen wahrzunehmen: »Wenn die neueren hagiografischen Bemühungen sich immer mehr um historische Genauigkeit bemühen, ... so ließe sich Ähnliches auch über die weithin fehlende Reflexion über das Menschliche des Priesters sagen.«[23] Ein paar Jahre später ist sein Erschrecken dann groß über der Erkenntnis, dass er etwas geworden ist, was Jesus gar nicht wollte: Priester.[24] Nach den Exerzitien 1961 stellt er das Priesterwesen noch nicht generell infrage, sondern nur, was er mit diesen »primitiven, von freundlichem Lächeln begleiteten Vorträgen« noch zu tun hat. Mehr denn je fühlt er sich alleingelassen.

> Allein mit dem Ärgernis des Zölibats – Antonius in der Wüste. Allein mit meinem Leben. Allein mit meinen Rissen – zwischen der Neigung zur Ruhe und der beschaulichen Arbeit und dem Ekel an ihr; dem Hieratischen in mir und dem »Weltlichen«; der Neigung zur weiblichen Zärtlichkeit und der Unfähigkeit zur Ehe, der Gemütlichkeit und der Sehnsucht nach einem sich in Leidenschaft verzehrenden Leben.[25]

Antonius wurde Mitte des dritten Jahrhunderts in Ägypten als Sohn wohlhabender christlicher Bauern geboren. Nach dem frühen Tod seiner Eltern nahm sich Antonius, wie tausend Jahre nach ihm Franz von Assisi, besonders ein Jesuswort zu Herzen: Wenn du vollkommen sein willst, geh, verkauf deinen Besitz und gib das Geld den Armen; so wirst du einen bleibenden Schatz im Himmel haben (Mt 19,21). In dieser Krisenzeit, die den Untergang des römischen Reiches einleitete, fiel es offenbar leicht, dem Leben zu entsagen. Die Triebe werden abgetötet schon bei Lebzeiten, insbesondere der des Geschlechts, man darf von einer Art beharrlicher Vorwegnahme des Sterbens sprechen. Die dadurch gewonnene Gelassenheit verleiht dem Asketen eine starke Überlegenheit über die am Leben Hängenden.[26]

Die Keuschheit ist somit ein Machtinstrument, sie verleiht dem Asketen eine besondere Autorität. Wer Macht ausüben will, so ist sich Holl bewusst, »muss äußerst strengen Prüfungen sich unterziehen. Unter ihnen ist die Forderung nach Keuschheit die wichtigste«[27]. Athanasius, Bischof von Alexandria (ca. 298–373), der das Leben des Antonius für die Nachwelt aufzeichnete, war sehr daran gelegen, den Einsiedler nicht nur als Weisen darzustellen, der seine Leidenschaften zu beherrschen wusste, sondern überdies als kirchentreuen Mönch, der sich nie gegen Autoritäten stellte. Keuschheit und Gehorsam gehören eben untrennbar zusammen, ebenso wie Unkeuschheit und Ungehorsam, christlich gesprochen: Ketzerei. So wurde mit dem Bruch des Zölibatsversprechens aus Holl ein Ketzer.

Athanasius berichtet, dass sich Antonius im Alter von 35 Jahren an den Rand der Wüste zurückzog, um den Kampf mit den Dämonen aufzunehmen, sprich: mit den teuflischen Versuchungen der Begierde. Als er nach zwei Jahrzehnten zurückkehrte, war er von Gott erfüllt und in die tiefsten Geheimnisse des Lebens eingeweiht.

Die Ferien verbringt Adolf Holl im Sehnsuchtsland des Humanismus, in Griechenland. Immer klarer erscheint ihm eine akademische Laufbahn als Ausweg aus seinem Dilemma. Die wissenschaftliche hatte inzwischen ebenso an Fahrt aufgenommen wie seine erotische Karriere. Das »Karnalische«, das »lange Zeit schlummernd überdauern« kann, wie er nicht anlasslos nach dem Weihnachtsurlaub 1960/61 im Tagebuch festhielt,[28] ist inzwischen ebenso hellwach wie das Kritische. Nach einer Venenerkrankung beginnt er im Herbst 1961 an einer Habilitationsschrift zu arbeiten: *Religionsphänomenologische Analyse des 13. Buches der Confessiones. Wiener Beiträge zur Theologie*, wird sie heißen und »Albert Mitterer in Verehrung und Dankbarkeit zugeeignet«[29] sein. Damit waren die Voraussetzungen für eine akademische Karriere gegeben. Der Ordinarius und spätere Dekan an der Katholisch-Theologischen Fakultät Walter Kornfeld (1917–1988) zeigt sich bereit, den Theologen Holl in sein Institut aufzunehmen. Er begutachtet die Habilitation und resümiert:

> So erscheint dem Referenten die Aufteilung in elementare, strukturelle und reflektierte Imagination einen durchaus eigenständigen Denkansatz zu verraten, was wiederum darauf hinweist, dass der Habilitant zu Hoffnungen eher auf religionsphilosophischem als religionshistorischem Gebiet berechtigt. (…) Auch die Auswahl des Themas qualifiziert den Habilitanten als wissenschaftlich zuverlässig, da von ihm tatsächlich Neuland betreten wurde.[30]

Neuland hat Adolf Holl wohl insofern betreten, als er dieses letzte Kapitel der *Bekenntnisse* des Augustinus mit der Archetypenlehre von C. G. Jung abgeglichen und sich dabei auf Karl Rahner bezogen hat. Als Zweitgutachter wird der Philosoph und Mathematiker Beda Thum (1901–2000) bestellt. Der Benediktinerpater aus Metten war 1962 von Salzburg nach Wien berufen worden und lehrte dann zehn Jahre Philosophie an der Katholisch-Theologischen Fakultät. Sein Gutachten fällt nicht so freundlich aus: Er bemäkelt, dass der Habilitant ein bestimmtes Werk nicht berücksichtigt habe und dass »die Unterscheidung zwischen einer unreflektierten, immanenten (Bekenntnis, Frage, Anruf) und reflektierten religiösen Intention (Sprechen von Gott) terminologisch nicht glücklich getroffen zu sein scheint«.[31] Seine Einwände gehen aber nicht so weit, dass er die Arbeit nicht zur Annahme empfehlen würde.

Guten Mutes reicht Adolf Holl deshalb im Sommer 1962 ein Ansuchen um Lehrbefugnis ein. Der Akt liegt, sehr zur Frustration des Bittstellers, fast ein Jahr im Dekanat. Erst am 2.4.1963 stellt das Professorenkollegium der Katholisch-Theologischen Fakultät unter dem Vorsitz des Dekans Karl Binder an das Ministerium das Ansuchen, dem Kaplan Dr. phil. und Dr. theol. Adolf Holl die Lehrbefugnis für Religionswissenschaft zu erteilen. Wieder vergeht Monat um Monat. Regulär hätte Adolf Holl im Wintersemester 1963/64 anfangen können, doch der Minister Drimmel hatte keine Eile. Er war zweifellos darüber informiert, dass der angehende Dozent seinen innerparteilichen Feinden, den Linkskatholiken um Friedrich Heer, nahestand. Also beschloss er in typisch österreichischer Weise, die Sache in die Länge zu ziehen. Erst mit Datum 8.12.1963 wird der »Beschluss des Professorenkollegiums der Katholisch-Theologischen Fakultät der Universität Wien vom 2.4.1963 auf Erteilung der Lehrbefugnis für Religionswissenschaft an den Kaplan Dr. phil. und Dr. theol. Adolf Holl aufgrund des § 11 Abs. 3 der Habilitationsnorm vom 19.11.1955, BGBl. Nr. 232/1955 genehmigt«[32]. Während sein Kommilitone Helmut Krätzl als Stenograf in der zweiten Session des Konzils mit den Kirchenfürsten in Rom zusammensaß, hatte man ihn in Ottakring versauern lassen.

Im darauffolgenden Sommersemester (genau am 2.3.1964) kann er endlich loslegen und beginnt mit einer Vorlesung über *Neuere religionsphilosophische Probleme (Scheler, Jaspers, Rahner)*.[33] Im darauffolgenden

Wintersemester 1964/65 steht er bereits im Auditorium maximum vor Hörern aller Fakultäten und hält am Freitag von 15 bis 16 Uhr sein *Religionsgespräch der Gegenwart* ab. Diese im Untertitel *Einführung in die Problematik von Religionsphilosophie, Religionswissenschaft, Theologie* genannte Vorlesung ist bestens besucht und wird deshalb zu einem Buch ausgearbeitet;[34] Skripten gibt der Dozent keine aus. Er kam schon warmgeredet in diese Lehrveranstaltung, denn unmittelbar davor trägt er zwei Stunden lang über *Religionsphilosophie* vor. In der Zeit vom 1.4.1964 bis 30.9.1964 erhält er für eine einstündige Vorlesung 2376,– Schilling, danach wird der Betrag auf 2472,– Schilling erhöht.[35] Einkünfte, die nach dem Ausscheiden aus dem Schuldienst seinen kargen Kaplanslohn doch beträchtlich aufbessern.

Erste Auffälligkeiten

In den Jahren, in denen Adolf Holl vorwiegend mit Weiblichkeit und Wissenschaft beschäftigt war, hatte sich weltpolitisch einiges getan. Seit 20. Jänner 1961 saß John F. Kennedy als Präsident der USA im Weißen Haus in Washington D. C. Im Oktober 1962 hatte er die Kubakrise zu meistern, welche die Welt in die Schockstarre eines drohenden Atomkriegs versetzte. Zur selben Zeit zogen 2540 Kleriker aus 133 Ländern gemessenen Schrittes in den Petersdom in Rom ein, zur ersten Session des Zweiten Vatikanischen Konzils. Deutschland war im Sommer 1961 durch den Mauerbau in Berlin zum Hotspot des Kalten Krieges herangereift und geriet im Herbst des Folgejahres durch die *Spiegel*-Affäre in die Schlagzeilen. Nach einem kritischen Artikel über das NATO-Konzept eines atomaren Erstschlags wurde die Redaktion des Nachrichtenmagazins einen Monat lang von der Polizei besetzt. Vergleichsweise beschaulich das Geschehen in Österreich: Bei den Nationalratswahlen im November 1962 ging die ÖVP mit leichten Zugewinnen als stärkste Partei knapp vor der SPÖ hervor, die leichte Stimmenverluste hinnehmen musste. Die Große Koalition wurde fortgesetzt.

Adolf Holl ist in dieser Zeit anderweitig beschäftigt. Im Februar 1962 beklagt er den Zustand der Katholischen Jugend, seine »Unentschlossenheit in Bezug auf meine weiblichen Bekannten« und seinen latenten Abfall vom Glauben (»Langsam bist du abgefallen, nicht schnell«). Er ist aber immer noch gewillt, »Gott zu dienen durch meine religiöse Existenz; dann erst: Predigt, Schule, Wissenschaft, Pfarre«.[36] Zu Sommerbeginn begibt er sich wie jedes Jahr zu Exerzitien, diesmal ins Schloss Karlslust im Waldviertel. Dort notiert er dann:

> Ich verfüge noch über eine Reserve an Ernst, die dem Lachen entzogen bleibt. Aber der innere Abbau: die einfachen Appelle der Vorträge sind nicht mehr fraglos; was heißt das – Ehre Gottes. Die kritische Haltung gegenüber der Form der Vermittlung – sie macht auch vor dem Evangelium nicht halt. (…) Die Selbstverständlichkeit wird von der Reflexion angenagt. Jesus müsste bleiben.[37]

Am folgenden Tag fragt er sich, ob sein Streben nach einer wissenschaftlichen Karriere »unpriesterlich« sei, denn für einen Theologen wie ihn dürfe es keine »reine« Wissenschaft geben. Und doch erkennt er, dass dort seine »Berufung« liegt, während die übrigen »Dienste« für ihn Pflichterfüllung bedeuten, gleichbedeutend mit Beamtenmentalität – »und vor der graut mir«.[38] Die Zweifel, die in ihm nagen, spiegeln sowohl die Umbrüche der vorrevolutionären Zeit, die er bewusstseinsmäßig durchlebt, als auch jene der aufkommenden 68er-Bewegung.

Im Frühjahr 1963 beendete Adolf Holl seinen Schuldienst mit einer Maturaklasse. In dieser saß sein Schüler Peter Henisch. Während in Rom die Kardinäle zum Konzil paradierten, äußerte er den Wunsch, im Fach Religion zu maturieren. Der Lehrer riet ihm, sich die Ausgabe des Magazins *Der Spiegel* zu besorgen, in der über den Konzilstheologen Hans Küng und sein Verhältnis zur Kirche berichtet worden war.[39]

> Die Maturafragen haben sich im Wesentlichen darauf bezogen, wobei ich von einer Liberalisierung gesprochen habe, die jetzt im Kommen ist. Da hat mich Holl eingebremst vor den Kollegen, was mich gewundert hat: Er meinte, das kann man nicht Liberalisierung nennen.[40]

Das war vorausschauend gedacht. Obwohl Johannes XXIII. in seiner Enzyklika *Mater et Magistra* von 1961 seine Kirche gemahnt hatte, die Zeichen der Zeit wahrzunehmen, war mit einer Revision alter Lehren (etwa die Rehabilitation Galileis) nicht zu rechnen. Die Bremser im Vatikan hielten ihren Bleifuß bereits in Bereitschaft. In Bewegung setzen konnten sie ihn, als der Papst am 3. Juni 1963 seinem Krebsleiden erlag. Nicht ganz drei Wochen später stieg nach fünf Wahlgängen weißer Rauch aus dem Schornstein der Sixtinischen Kapelle auf: Der Erzbischof von Mailand, Giovanni Battista Montini, stellte sich auf dem Balkon des Petersdoms dem Kirchenvolk als Papst Paul VI. vor. Schon am 29. September setzte er das Konzil fort, bei dem er im Hintergrund bereits sehr aktiv gewesen war. Als er am 4. Dezember die zweite Session schloss, war auch der erste römisch-katholische Präsident der Vereinigten Staaten tot: Am 22. November 1963 war John F. Kennedy in Dallas erschossen worden. Das wichtigste Ereignis des Jahres in der Pfarrchronik von Neulerchenfeld: »Erster Teil der Orgel fertiggestellt und auch bezahlt (350 000,– S).«

400 Jahre davor, im Dezember 1563, hatte das Reformkonzil von Trient geendet, das ein paar Monate vor Luthers Tod (1546) einberufen worden war. Vor allem in der letzten Session »traten Forderungen nach einer Umgestaltung des Bischofsamts zu einem genuin geistlichen Amt, ohne gesellschaftliche Begehrlichkeiten. (…) Die Verbesserung der Seelsorge und damit die Anbindung der Laien blieb ein Hauptanliegen.«[41] Zudem rang man sich zu einem einheitlichen Messbuch, dem Missale Romanum, durch. Damit hoffte man, gegen die reformatorischen Ketzer gerüstet zu sein. Das Tridentinum leitete den Gestaltwandel der christlichen Religion »vom gemeinsamen Haus der vor allem auch regional organisierten mittelalterlichen christlichen Kirche zu vergleichsweise straff organisierten Bekenntniskirchen«[42] ein. In der 23. Sitzung am 15. Juli 1563 war außerdem beschlossen worden, dass das Sakrament der Priesterweihe »dem Empfänger ein unauslöschliches Siegel, eine dauernde geistliche Gewalt« verleihe.[43] Bei seinem geistigen Flug durch das christliche Abendland dürfte Adolf Holl zu Beginn des Jahres 1963 in Trient zwischengelandet sein.

Dieses Jahr läutete die Ära der 68er ein: Am 20. Februar dieses Jahres ging am Berliner Theater am Kurfürstendamm die Uraufführung von Rolf Hochhuths Stück *Der Stellvertreter* in der Inszenierung von Erwin Piscator über die Bühne und produzierte den ersten und heftigsten Theaterskandal der Nachkriegsgeschichte im deutschsprachigen Raum. Die Erschütterungen dieses kulturpolitischen Bebens waren bis Basel und Wien zu spüren. Das Stück spielt im Vatikan und erzählt vom Jesuitenpater Fontana, der Pius XII. bestürmt, er solle deutlich Stellung nehmen gegen die Massenvernichtung der Juden in

Hitlerdeutschland. »Die Staatsräson verbietet, Herrn Hitler als Banditen anzuprangern«, lässt der Autor den Papst antworten. Hochhuth hatte den empfindlichsten Nerv nicht nur der Nachkriegskirche, sondern der -gesellschaft in Deutschland und Österreich getroffen.

Seinen ersten großen Auftritt auf offener Bühne hatte Holl vor der Karlskirche. Bei einem Jugendgottesdienst am 31. Oktober 1964 um 19 Uhr durfte er die Predigt halten. Tausende Jugendliche strömten auf den Karlsplatz, um zu hören, was der Kaplan zu sagen hatte. Anders als der legendäre Abraham a Sancta Clara 300 Jahre vor ihm polterte er nicht gegen die Laster der Christenheit, sondern sang ein Loblied auf das städtische Leben. »Wien ist eine Messe wert«, nannte er in Anspielung auf Heinrich IV. seine Kanzelrede.[44]

> Wer in der Stadt lebt, ist immer schon der Leistung verschwistert. (…) Wer als Städter die Leistung verleugnet, … der ist menschlich verarmt. (…) Wer in der Stadt lebt, ist immer schon der Bildung verschwistert, der guten Lebensart auch. (…) Wer als Christ und als Junger zumal die Bildung verschmäht, … der hat das große Erbe derer vertan, die als Christen der Welt Unvergängliches schenkten in den Werken der Baukunst, der Malerei, der Dichtung und Musik. Wer in der Stadt lebt, ist immer schon der Hoffnung verschwistert, der Zukunft verschworen. Von den Städten brachen allemal die Pioniere und die Eroberer auf, Sättigung suchend für ihren Hunger nach dem nie betretenen Land. (…) Was Leistung, Bildung und Hoffnung dem Städter bedeuten, das gewinnt im Licht des Evangeliums eine neue Gestalt.[45]

Mit dem opportunistischen König, der um der Macht willen den Glauben leichten Herzens wechselte, hatte das nicht viel zu tun, wozu Holl die katholische Jugend aufrief. Vielmehr steckte darin ein Aufruf zur Rebellion, sich nicht mit dem Vorgefundenen zufriedenzugeben. Nicht beuget das Knie, sondern erhebt das Haupt, lautete die Botschaft. Mit dieser aufmüpfigen Predigt wurde er bei den Obrigkeiten erstmals auffällig. »Passen S' auf!«, ließ ihn Minister Drimmel wissen und den Antrag auf Lehrbefugnis des Dozenten liegen.[46] Generalvikar Jakob Weinbacher musste die Gemüter besänftigen. Just als sich Adolf Holl auf seine Lehrtätigkeit vorbereitete, war das »christliche Trauerspiel« Hochhuths auch im Wiener Volkstheater in der Regie von

Direktor Leon Epp zu sehen. Der besonnene Dramatiker, Übersetzer und Kritiker Piero Rismondo lobte die brisante Wiener Aufführung gegenüber der polemischen in Berlin und kam bei allen Einwänden gegenüber der Dramaturgie zur Einschätzung, dass das Stück Szenen enthielte, die »durch die Kraft der Gestaltung wirken. Weil sie echt sind, aus einer echten und gerechten Ergriffenheit des Autors, aus einer echten und gerechten Scham, aus einem echten und gerechten Zorn entsprungen«.[47] Ebendieser Zorn hatte nun auch Adolf Holl ergriffen.

> Das erste Mal, wo mich eine wütende Erregung gepackt hat, war diese Geschichte mit dem »Stellvertreter«. (…) Und zwar haben mich damals gegiftet … die Reaktionen hauptsächlich der katholischen Publizisten. Da habe ich mich gewundert über die Frechheit. (…) Wenn man das Verhalten des Papstes während des Krieges bedenkt, dann haben wir doch furchtbar viel Butter am Kopf, zergangene Butter, die ist inzwischen schon heruntergeronnen, und die haben diese Chuzpe, diese Frechheit, diese Borniertheit, zu sagen: Was der Herr Hochhuth sich da traut, den Heiligen Vater tut er da angreifen, wo kommen wir da hin, wenn wir den Heiligen Vater angreifen.[48]

Statt wie anständige katholische Publizisten den Papst mit geschraubten Worten in den Medien zu verteidigen, nimmt der Herr Dozent an einer Diskussionsveranstaltung in der Universität teil und kritisiert den Heiligen Vater heftig und deftig. Die zwiespältige Haltung von Pius XII. gegenüber dem Nationalsozialismus und vor allem sein Schweigen zum Holocaust sind seither vielfach beleuchtet worden. Der Vatikan sah sich 2003 sogar gezwungen, sein Geheimarchiv für unabhängige Forscher zu öffnen. Trotzdem herrscht bis heute keine Einigkeit in der Einschätzung der Rolle von Pius XII. Klar ist, dass der Papst aufgrund seines Antikommunismus vom Faschismus verführbar war, aber auch, dass er nach Hitlers Anordnung der Deportation aller Juden aus Rom im September 1943 ein »Kirchenasyl für alle flüchtigen Juden in Rom und im besetzten Italien«[49] bestimmt hatte und so 4500 Juden gerettet werden konnten. Vor allem weiß man heute, was damals niemand ahnen konnte: dass sich Hochhuths Stück aus einer äußerst trüben Quelle speiste, nämlich aus Gesprächen, die er 1959 in Grottaferrata nahe Rom mit dem österreichischen Titularbischof Alois Hudal geführt hatte,[50] dem Autor der

Grundlagen des Nationalsozialismus also, der in den Dreißigerjahren zum »Hoftheologen der Nazis« avanciert war. Seit seiner Absetzung als Direktor der *Anima* (dem deutschsprachigen Priesterkolleg in Rom) 1952 grollte er dem Papst. Folge dieses Auftritts von Holl in der Universität war, dass sich Dekan Karl Hörmann telefonisch bei ihm meldete und ihn ermahnte.

Sex und Soziologie

Nach fast zwei Jahren, in denen Adolf Holl seinen »Gewissensspiegel« unbenutzt ließ, findet sich am 16. Mai 1964 wieder ein Eintrag in sein Tagebuch:

> Ich habe mich eingelassen – mit dieser Frau, mit dem Atheismus, mit der modernen wissenschaftlichen Sachlichkeit. Die Frage lautet: Wo hört dieses schrankenlose sich Einlassen auf. Schrankenlosigkeit ist gefährlich.[51]

Diese Notiz bringt die Entwicklung in den vergangenen beiden Jahren auf den Punkt. Er hatte inzwischen ein »Privatleben« – in Form einer fixen Geliebten. Die Frau eines Bäckereibesitzers in Favoriten war allerdings nicht die einzige. Auch mit einer alten Jugendliebe aus Breitensee hatte er sich eingelassen. Es scheint, als holte er seine unterbrochene Pubertät nach. Seit seiner Entdeckung der körperlichen Liebe wird ihm die Einsamkeit zum Problem. »Man kann nicht immerfort beten. Dann bleiben die Kriminalromane. Oder die Anfechtung, auszugehen …«[52] Besser man erhält Besuch. Die Besuche einer fremden Frau mit großem Auto beim Herrn Kaplan in Neulerchenfeld werden auch dem einen oder anderen Pfarrangehörigen nicht entgangen sein. Noch reiht Holl sie unter »die Geschichte meiner Verwirrungen im Fleisch« ein. Und versucht, ihnen ein Ende zu setzen.

Vergeblich. Noch während des Sommerurlaubs 1963 auf der Südtiroler Seiser-Alm legt er ein Gelübde ab. Doch er hält sich nicht daran. Zu Beginn des Jahres 1964 tritt er die Flucht nach vorne an und spricht sich im Wirtshaus *Zum grünen Anker* mit dem Ehemann seiner Geliebten aus. Aber dann kam der Frühling. Die Katholische Arbeiterjugend Österreichs machte eine Wallfahrt nach Mariazell. Kaplan Holl reist am 1. Mai mit einer Delegation seiner Mädchen aus der Pfarre an und quartiert sich im Rohrbacherhof ein. Die ersten beiden Tage sind mit Gottesdiensten, Arbeitskreisen und Ausflügen ausgefüllt.[53] Am Sonntagabend wird es ruhig. Er hört, wie jemand das Nebenzimmer bezieht. Eine Begegnung am Gang. Es ist seine Geliebte. Lakonischer Kommentar: »neuer Rückfall«.[54] Die Affäre geht weiter.

Unter den Augen der Gnadenmutter hatte die irdische über die himmlische Liebe gesiegt. Als er wieder allein ist, blickt er aus dem Fenster in die Nacht – und sinniert. Die Sommerferien verbringt er wieder in den Bergen, sitzt abends vor der Hütte, schaut ins Tal und erinnert sich an Mariazell. Allerlei geht ihm durch den Kopf. Ein paar Wochen später, Anfang September 1964, nutzt er Exerzitien in Lainz, um die vergangenen Jahre Revue passieren zu lassen und eine (vorläufige) erotische Bilanz zu ziehen: »Zwei Mädchen und drei Frauen. Die Exerzitien in Karlslust ändern nicht viel – nur die bunte Auswahl reduziert sich«,[55] schrieb er bereits neben die Jahreszahl 1962. Und ängstigt sich – vor sich selbst, vor seiner »Schwäche«. In Lainz versucht er neuerlich, sich Rechenschaft über die vergangenen Monate und Jahre zu geben:

> Trotzdem ängstige ich mich vor der Versuchung auf dem Lager, fürchte ich die Demütigung, das schamvolle Zurückkehren, die zunehmende Schwächung des Willens, fürchte ich meine Haltlosigkeit in Gegenwart von Frauen. Fürchte vor allem meine Unruhe, die mich, ich weiß nicht wohin, treibt, nichtig durch und durch und doch so schwer zu ertragen.[56]

Ein Riss geht durch ihn hindurch. Auf der einen Seite der heftige Wunsch, sein Priestertum zu erhalten, nicht »befleckt« vor den Altar treten zu müssen, andererseits die Sehnsucht nach der Welt, für ihn gleichbedeutend mit Liebe und Lehre. Beide Sphären werden ihm letztlich fremd bleiben; und er bleibt zeitlebens ein geistig Rast- und Heimatloser. Das ist es last, but not least, was sein Leben für uns so exemplarisch macht.

> Befremdlich ist mir diese heutige Welt geblieben: Sie liebt nicht die Worte der Bibel, die Worte der Väter. Eine Welt der Mathematik, der

nachprüfbaren Erkenntnisse. Diese Differenz wollte ich aufheben, hineingehen in die Welt, und verlor dabei mein Bestes aus den Augen.[57]

Vorerst geht er noch tiefer hinein – in die Welt der Wissenschaft. Auf Betreiben seines Lehrers Leo Gabriel hatte er sich als Stipendiat im neu gegründeten *Ford-Institut* (heute *Institut für Höhere Studien, IHS*) beworben. Der durch die nazistischen »Säuberungen« intellektuell ausgedünnte Lehrkörper der einst hoch angesehenen Alma Mater Rudolfina (der Universität Wien also) könnte seine alte Blüte wiedererlangen, wenn es gelänge, »die über die ganze westliche Welt verstreuten Mitglieder wieder einzusammeln«,[58] so die Überlegung von Friedrich August von Hayek, die er Henry Ford II. vortrug, um finanzielle Mittel für dieses Projekt flüssigzumachen. Der Industrielle leitete die Sache an seine Stiftung weiter, die damals die in Europa unterentwickelten Sozialwissenschaften fördern wollte. Nach Abzug der Besatzungstruppen aus Österreich schien Wien ein guter Standort, um nach Ost- und Südosteuropa auszustrahlen. Für eine Kontaktaufnahme mit offiziellen Stellen reiste Paul F. Lazarsfeld im Jänner 1958 erstmals nach Wien.

Was folgte, ist ein Lehrstück in österreichischer Proporzpolitik, nachzulesen in dem Essay Christian Flecks (Anm. 58). Es dauerte jedenfalls bis Herbst 1963, bis das Institut die schon lange bereitliegende erste Tranche der Ford-Foundation in Empfang nehmen konnte. Als Hindernisse hatten sich laut Lazarsfeld drei Faktoren herausgestellt: Erstens verteidigten die Universitätsangehörigen ihre Pfründe, zweitens misstrauten einander die beiden Regierungsparteien aufs Heftigste und drittens galt es, die »Beziehungen der katholischen Kirche zu den Sozialwissenschaften« zu berücksichtigen.[59] Mit Letzterem war vor allem die »Gruppe von Linkskatholiken um Friedrich Heer«[60] und Erika Weinzierl angesprochen. Um die innerparteilich ruhigzustellen, gelangte Holl quasi auf einem ÖVP-Ticket vom zuständigen Minister Drimmel als Scholar in die alte Volksschule in der Stumpergasse in Wien-Gumpendorf, um im neu geschaffenen Institut für Höhere Studien und Wissenschaftliche Forschung ein postgraduales Studium aufzunehmen. Zu den politischen Hürden gesellte sich eine Aufnahmeprüfung, ausgerechnet in jenem Fach, das nicht zu Holls Stärken zählte: in Mathematik. Auch dieses Hindernis überwand der Scholar mit einiger Anstrengung.

Laut Protokoll der ersten Sitzung des provisorischen Kuratoriums des zu gründenden *Instituts für Fragen der Wirtschafts- und Sozialwissenschaften* vom 9.10.1962 wurde die Leitung des Instituts Univ.-Prof. Dr. Slawitscho Sagoroff übertragen, großkoalitionär beigeordnet wurde ihm Prof. Dr. Adolf Kozlik.[61] »Beide Herren werden vom Kuratorium auf vier Jahre bestellt und angewiesen, loyal und produktiv zusammenzuarbeiten.« Diese Anweisung hielt das Kuratorium, bestehend unter anderem aus dem ehemaligen Finanzminister Reinhard Kamitz, dem Wiener Bürgermeister Franz Jonas, dem Außenminister Bruno Kreisky sowie dem Ministerialrat Dr. Alfred Weikert in Vertretung des Unterrichtsministers Drimmel, offenbar für nötig. Immerhin konnte knapp drei Monate danach das Institut offiziell gegründet werden. Als Arbeitsprogramm der nächsten drei Jahre nahm man sich vier Punkte vor, darunter folgende:

1. Schule und Elternhaus. Eine Untersuchung über Schulleistung und Schulbelastung im Zusammenhang mit den sozialen Gegebenheiten der Familie und der elterlichen Anteilnahme am Jugendlichen.
2. Familien- und Gleichaltrigenbeziehung verschiedener sozialer Gruppen jugendlicher Mädchen. Eine Untersuchung über den Zusammenhang zwischen Sozialbeziehungen und Vorbildtypen.[62]

Das war wie maßgeschneidert für einen »Basisarbeiter« in der Jugendbetreuung wie Adolf Holl. Außerdem plante das Kuratorium für November 1964 eine *Philosophisch-Theologische Woche*. Der Herausgeber der Korrespondenz von Charles Darwin und langjährige Präsident des American Council of Learned Societies, Professor Frederick Burkhardt, bezweifelte allerdings, dass eine derartige Vortragsreihe in den Rahmen des Instituts gehöre. »Professor Burkhardt betont, dass Religionssoziologie als solche in den Lehrplan gehört und als Unterrichtsfach gebracht werden soll, nicht aber in Form einer philosophischen Vortragsreihe.«[63] Ein Referat sollte auch Adolf Holl halten, und zwar zum Thema *Soziologische Aspekte des religiösen Phänomens*. Des Weiteren wollte man Leo Gabriel, Karl Rahner, Helmut Thielicke, Ernst Topitsch, August Wetter einladen.

Der inzwischen vom Unterrichtsminister zum Vizebürgermeister mutierte Heinrich Drimmel wollte allerdings »keinen einseitigen weltanschaulichen Einfluss ausgeübt sehen«[64] und Karl Jaspers heranziehen. Argumentiert wurde auch, dass Holl als Scholar nicht als Vortragender auftreten könne. Da man sich nicht einigen konnte, endete die Sache – typisch österreichisch – mit dem Aufschieben der Entscheidung.

Dem Protokoll beigegeben war auch ein Fünfpunkteprogramm über die Aufgaben der Scholare. Zwölf Stunden wöchentlich sollten über acht Monate hinweg Vorlesungen und Seminare besucht werden, wobei Letztere »aus Diskussionen von kurzen Beiträgen von Teilnehmern oder aus ›Frage-Antwort-Spiel‹« bestehen sollten.[65] Der ursprüngliche Plan von Hayeks, prominente Emigranten zurückzuholen, unter anderem Charlotte Bühler, Adolf Sturmthal oder Gottfried Habeler, konnte nicht verwirklicht werden, aber eine Internationalisierung fand durchaus statt. Allerdings stellte das Kuratorium nach dem ersten Jahr fest, dass die meisten Vortragenden nur sehr kurz tätig waren. Den Eindruck eines planvollen Vorgehens hinterlassen die ersten Protokolle des Kuratoriums insgesamt nicht, eher den des österreichischen Durchwursteln. Doch dank des Engagements der Austroamerikaner wie Paul Lazarsfeld oder Oskar Morgenstern gelang es doch, bedeutende Gelehrte nach Wien zu holen.

So referierte Oskar Morgenstern über *Spieltheorie*, Jürg Niehans aus Zürich über *Geldtheorie*, der in Minneapolis lehrende österreichische Philosoph Herbert Feigl trug *Zur Logik der wissenschaftlichen Erklärung* vor, Dwaine Marvick von der University of California berichtete über *Patterns of political recruitment in different political systems*, Gabriel Marcel aus Paris hielt einen Vortrag zum Thema *Philosophie – Théologie négative, Athéisme* und aus Deutschland reisten unter anderem die Soziologen René König und Helmut Schelsky an. Bei den Vorlesungen des Baseler Soziologen Robert H. Reichardt, der während der vier Semester, die Holl am IHS verbrachte, Leiter der soziologischen Abteilung war, nickte der Scholar gelegentlich ein.[66] Neben seiner Pfarrarbeit unterrichtete er ja auch selbst an der Universität, im Sommersemester 1965 erstmals Religionssoziologie.[67] Er hatte sein Lebensthema gefunden.

Die Zeit im *Ford-Institut* bedeutete für Adolf Holl einen Paradigmenwechsel: Nicht mehr die mit Jesu Tod und Auferstehung abgeschlossene Offenbarung war sein Forschungsgegenstand, sondern die sich laufend weiterentwickelnde Gesellschaft. Die thomasische Devise »sola fide« (allein durch Glauben) wurde von der popperschen

»until further notice« (bis auf Widerruf) abgelöst. »Und zweifeln heißt denken«: Wittgensteins Aphorismus wird zu einem Holl'schen Lebensmotto. Nach der irdischen Liebe hatte auch die irdische Erkenntnistheorie über die himmlische (des Glaubens) gesiegt. »Glaube intellektuell verstanden«, hält Holl Anfang 1965 fest, »ist die Bereitschaft, die Geheimnisse zu ertragen (negativ) und positiv das ergriffene Nachsinnen über sie.«[68]

In diesem Winter musste er erfahren, dass Skepsis auch in Liebesangelegenheiten angebracht ist. »Ich glaube, sie kann Freundschaft halten«, ermutigte Josefine Holl ihren Sohn, nachdem er ihr seine Absicht kundgetan hatte, die Liebesbeziehung zu beenden. Ihre Spekulation hielt aber einer Überprüfung nicht stand. Immer wieder kommt ihn die Geliebte in seiner Wohnung besuchen oder bittet ihn nach einem gemeinsamen Konzertbesuch, den Wagen nochmals zu parken. Holls resignativer Schluss: »Möglicherweise kann ich auch nicht Freundschaft halten, und man spürt das.«[69] Er überlegt deshalb, ihr die Wohnung zu verbieten, ergänzt jedoch, »aber meine Schritte kann ich mir nicht verbieten, wenn der Brennstoff wieder einmal verbraucht und nur mehr glühende Asche vorhanden ist«.[70] Mit Oscar Wilde hätte er auch sagen können: »Ich kann allem widerstehen – nur nicht der Versuchung.«

Seine kopernikanische Wende barg die Gefahr, ihn zu verbrennen, als Priester, als Mann, als Wissenschaftler: »Diese anthropologische Wende der Neuzeit ... ist eine große Versuchung. Gott interessiert weniger: der Geist aber reibt sich wund dabei.«[71] Kurz vor Semesterende verschuldet er einen Autounfall und hat den Eindruck, »man schlägt nach mir«.[72] Sein Selbstverständnis ist ramponiert. Er fragt sich, was ihm als Priester heute noch zu tun bleibt: Es gibt den Arzt, den Wissenschaftler, den Maler, den Musiker, seit Neuestem auch den (Tiefen-)Psychologen, den Politiker. Aber »wie besorge ich die Sehnsucht der Menschen nach dem Außeralltäglichen?«[73] Zugleich fragt er sich, ob die Soziologie nicht doch nur »ein methodisches Erheben menschlichen Geschwätzes« und als solches »schal gewordenes Salz« ist? Es wird ein bitterer Sommer für Adolf Holl. Mittendrin hat er einen Traum, in dem er venezianische Gondeln sieht und Winkel, in die er sich mit seiner Geliebten verdrückt, »um einander zu verwunden, grundlos, bodenlos«.[74] Der Spagat, den er zwischen Himmel und Erde zu spannen versuchte, drohte ihn zu zerreißen.

Reduktion

Unterdessen war Adolf Holl also in seine Ära des Galileo Galilei vorgerückt. Der hatte zu seiner Verteidigung gegen den Vorwurf der Häresie die Theologen in einem Brief (1613) aufgefordert, »die Heilige Schrift besser und angemessener, das heißt in Überstimmung mit den gefundenen Ergebnissen« zu lesen.[75] Auch der Priester Holl hatte nicht die Absicht, die Magie (der Messe) gegen die naturwissenschaftlichen Erkenntnisse auszuspielen. Magie, so hieß es in einer Wittenberger Disputation von 1667, »sei das Wissen um verborgene Dinge und die Kunst, mit Hilfe dieses Wissens Dinge zu bewerkstelligen«.[76] Was Holl unter dem Mysterium fidei im Akt der Wandlung verstand, kam dieser Definition ziemlich nahe. Mit der Liturgiereform war die Eucharistiefeier aber entmystifiziert worden – somit dem Ersten und Letzten, was ihn an den Offenbarungsglauben band.

Am Ende der zweiten Session des Konzils, am 4. Dezember 1963, war von Paul VI. die Konstitution *Sacrosanctum Concilium* zur Liturgiereform erlassen worden. In Paragraf 2 des Punktes 36 hieß es dort: »Da bei der Messe, bei der Sakramentenspendung und in den anderen Bereichen der Liturgie nicht selten der Gebrauch der Muttersprache für das Volk sehr nützlich sein kann, soll es gestattet sein, ihr einen weiteren Raum zuzubilligen.« Punkt 48 legte die Zelebration am »Volksaltar« nahe: »So richtet die Kirche ihre ganze Sorge darauf, dass die Christen diesem Geheimnis des Glaubens nicht wie Außenstehende und stumme Zuschauer beiwohnen; sie sollen vielmehr durch die Riten und Gebete dieses Mysterium wohl verstehen lernen und so die heilige Handlung bewusst, fromm und tätig mitfeiern.« Zwar beschwor der Papst in seiner Enzyklika *Mysterium fidei – Über die Lehre und den Kult der heiligen Eucharistie* vom 15. September 1965 noch einmal das Geheimnis des Gedächtnisses, aber der Zauber verflog.

Die Pfarrchronik von Neulerchenfeld vermerkt für das Jahr 1965: »Am 7. März wurde die deutsche Sprache bei der allgemeinen Messe eingeführt und einige liturgische Änderungen in der heiligen Messe. (…) Mit dem neuen Kirchenjahr wird die deutsche Sprache auch auf die Präfation einschließlich des ›Sanctus‹ ausgedehnt.« Das war auch der Zeitpunkt, an dem das Zweite Vatikanische Konzil feierlich beendet wurde. Es ist nicht so, dass Adolf Holl damals keine Hoffnungen in die Erneuerung der Kirche gesetzt hätte. In einem Gespräch mit Hugo Portisch für dessen Dokumentation *Österreich II* gibt er zu Protokoll:

> Wir waren damals alle miteinander aufgeregt, ich habe eine Predigt gehalten: Der Papst steigt ins Flugzeug und es hebt sich wie ein silberner Vogel, nach New York fliegt er und redet dort. Wir haben wirklich alle das Gefühl gehabt, jetzt werden die Fenster aufgerissen und die Türen werden aufgemacht und durchziehen wird's. (…) Bei wir spreche ich von meinen Amtsbrüdern, von den Kaplänen und Pfarrern usw., das war eine Aufbruchsstimmung, durchaus. (…) Da war die liturgische Erneuerung, man hat die Messe mit dem Gesicht zum Volk gelesen.[77]

Was ihm damals noch als Errungenschaft erschien, stellte sich mit der Zeit als ein Vorgang heraus, der – vergleichbar jenem, den Walter Benjamin im Zusammenhang mit dem *Kunstwerk im Zeitalter seiner technischen Reproduzierbarkeit*[78] konstatiert hat – mit dem Verlust der Aura verbunden war. Die neuzeitliche Alltäglichkeit zersetzte allmählich die sakrale Atmosphäre. Untrennbar verbunden damit ist Langeweile. So gesehen hat die Liturgiereform zweifellos zur Ausdünnung des Kirchenvolks beigetragen. Andererseits wäre die Ernüchterung der Christenheit auch ohne sie vonstattengegangen. Am Schluss der Neulerchenfelder Pfarrchronik von 1965 hält die Statistik trocken fest: »Taufen 146; Sterbefälle 178; Austritte 29; Wiedereintritte 18; Kirchenbesucher Frühjahr 1424; Herbst 1853; Kommunion-Empfang 53 000.«

Noch im Herbst dieses Jahres war die von Adolf Holl zum Buch ausgearbeitete Vorlesung über »Das Religionsgespräch der Gegenwart« erschienen[79] – mit dem Segen (respektive der Druckerlaubnis) des Erzbischöflichen Ordinariats. Kardinal König lieferte sogar ein Vorwort dazu. Darin beklagte er »die Religionsverfolgung des militanten Atheismus« und fragte, inwieweit »die moderne Technik und der neue Wissenschaftsglaube, die zivilisatorische Vereinheitlichung der Welt« daran mitwirken. Zugleich forderte er zum Dialog auf: »mit den Nichtkatholiken, mit den Nichtchristen und mit den Ungläubigen«.[80] Ebendiesen Dialog führte Holl damals mit seinen Kommilitonen im *Ford-Institut*. Nicht unbedingt mit dem vom Kardinal erwünschten Ergebnis. »Mit tiefem Schrecken merke ich die Reduktion, unter der ich stehe, begreife die Zeit nicht, in der dies alles geschieht.«[81] Ein Dreivierteljahr später notiert er zum Stichwort Reduktion:

> Gestern im Gespräch mit Frau Pawloff, die mein Religionsgespräch gelesen hatte, versuchte ich die Kirche der Zukunft zu skizzieren – dachte doch meine Leserin, dass ich dieselbe abschaffen wolle.[82]

Diesen Eindruck konnte man als Leserin durchaus gewinnen, wenn man die Argumente abwägt, die Holl in seinem Buch für und gegen die Religion ins Treffen führt. Zwar fragt er, worauf der Fortschrittsglaube eigentlich seine Überlegenheit gegenüber der Religion stützt? Schließlich könne »im Gegensatz zum wissenschaftlich-technisch-zivilisatorischen Fortschritt von einem moralischen Fortschritt der Menschheit kaum die Rede sein«.[83] Er erwähnt jedoch nicht, dass die (insbesondere drei monotheistischen) Religionen in ihrer jahrtausendelangen Geschichte den moralischen Fortschritt der Menschheit kaum befördert, sondern ihm nicht selten sogar entgegengewirkt haben. Holls persönlicher moralischer Anspruch: »Wie kann sich die Religion gegen diese Relativierung wehren? Wir wagen die These: Letzten Endes nur durch die Praxis.«[84] An dieser Stelle blitzt in dem sonst nüchtern und sachlich verfassten Buch etwas auf, das den Stil späterer Werke prägen wird: Ironie – und in ihrer Königsdisziplin: Selbstironie. Diese Praxis, so meint er, darf sich freilich nicht in irgendeinem Kaplan erschöpfen, »der die Arbeiter seiner Pfarrei dadurch für sich einzunehmen sucht, dass er sich schlampig kleidet und groben Dialekt spricht«.[85] Die launige Bemerkung turnt ein wenig darüber hinweg, dass Holl mittlerweile eine große innere Spannung bezüglich seines »Amtsverständnisses« als Priester auszuhalten hatte. Er versteht sich als Charismatiker, der es schwer hat, sich durchzusetzen, weil »die von ihm beigebrachten Indizien für die Legitimität seines Anspruchs weitaus anfechtbarer sind als die klar umgrenzten Funktionen des Amtes«.[86] Ebendieses Amt steht für ihn eigentlich bereits zur Disposition. Erstmals wagt er hier die Frage, ob es »ein Verrat an Christus«[87] sei – um sophistisch zu antworten: »Der kirchliche Glaube verneint diese Frage im Rekurs auf den Stiftungswillen Jesu.« Ein paar Jahre später wird er ebendiesen Stiftungswillen offen bezweifeln. Mit dem Kopf ragt er bereits ins Luftige der Aufklärung, nur der Körper steckt noch in der Kutte Abraham a Sancta Claras fest.

Noch ist es seine Absicht, »das Christentum in das befürchtete religionslose Zeitalter der Zukunft hinüberzuretten«.[88] Er beruft sich auf den anglikanischen Bischof John A. T. Robinson (1919–1983) und dessen Schrift *Honest to God*,[89] die innerhalb von zwei Jahren zehn

Auflagen erlebte. Robinson peilte darin ein Christentum ohne Religion an. Unter Wissenschaftlern und von Holl im *Religionsgespräch* zitierten aufgeklärten Theologen wie Dietrich Bonhoeffer, Rudolf Bultmann oder Paul Tillich galt die »Säkularisierungstheorie« damals als State of the Art. Sie besagt, dass die Moderne notwendigerweise zu einem Niedergang der Religion bis hin zu ihrer Auflösung führe. Schon Max Weber (1864–1920), der Begründer der modernen Soziologie, wagte die Prognose, dass die Rationalität die Welt entzaubern und alte Mysterien hinwegfegen werde. Diese These ist in dem seither vergangenen Jahrhundert falsifiziert worden. Hauptfehler war nach dem Religionssoziologen Peter L. Berger, dass man den »Pluralismus als einen von mehreren Faktoren« missverstanden hat, »die Säkularisierung fördern; tatsächlich aber ist Pluralismus, also die Koexistenz verschiedener Weltanschauungen und Wertesysteme in ein und derselben Gesellschaft, *die* große Veränderung, die die Moderne für die Stellung der Religion sowohl im Bewusstsein des Individuums als auch in der institutionellen Ordnung herbeigeführt hat.«[90] Von der »Rückkehr der Religionen« ist seit der Jahrtausendwende nicht nur vielfach die Rede gewesen, sie hat die Welt seit 9/11 auch dramatisch verändert. Kommentar des streitbaren Kulturphilosophen Terry Eagleton:

> Der westliche Kapitalismus hat es fertiggebracht, nicht nur den Säkularismus, sondern auch den Fundamentalismus hervorzubringen – eine bemerkenswerte dialektische Meisterleistung. Nachdem er Gott erschlagen hat, hilft er nun, ihn wieder ins Leben zurückzuholen, als Zuflucht und Kraftquelle für diejenigen, die sich von der raubgierigen Politik des Kapitalismus bedroht fühlen.[91]

So weit war man zu Zeiten des Kalten Krieges mit dem militanten Atheismus im Ostblock noch nicht. Wie Holl das Christentum retten wollte, deutet er am Schluss des Buches an: »Hungrige speisen, Durstige tränken usw. seien alltägliche und somit profane Handlungen, die mit Religion nichts zu tun hätten; dennoch ereignet sich gerade in ihnen das Entscheidende: Was ihr dem Geringsten meiner Brüder habt getan, das habt ihr mir getan.«[92] Allmählich nimmt Gestalt an, was seine Mutter schon früh erkannt hatte: Er wird zum »Kantengeher«. Was er ins Buch nicht hineinschreiben konnte, vertraute er seinem Tagebuch an:

So falsch dieses Bild (der Leserin, Anm.) auch ist: Es steht unter einer reduktiven Bewegung, der ich mich überantwortet sehe. Reduktion worauf? Aufs kernhaft Wichtige, Entschiedenheit, Ermöglichende? Oder aufs Nichts, das unruhig Dahinschäumende, die eigene Grundlosigkeit und Bodenlosigkeit?[93]

In dieser Stimmung ging Adolf Holl ins nächste Jahr – nicht gerade als Protegé von Kardinal König, so doch als wohlgelittener Arbeiterpriester. Der Erzbischof von Wien hatte die Zeichen der Zeit erkannt. »Der Katholizismus in Österreich ist eine großartige Traditionskulisse, hinter der sich aber das Neuheidentum ausbreitet«, zitierte das Neulerchenfelder Pfarrblatt eine Zeitung.[94] Königs Linie war, die österreichische Kirche nicht parteipolitisch zu positionieren, wohl aber gesellschaftspolitisch.[95] Die lange vernachlässigte Arbeiterschaft war aus dieser Sicht eine Missionshoffnung für die schrumpfende Kirche. Seit einem Kondolenzbesuch bei Bundespräsident Adolf Schärf kurz nach dessen Amtsantritt (1957) galt der Wiener Erzbischof (vor allem bei der ÖVP) als »roter Kardinal«. Dabei war die Annäherung zwischen katholischer Kirche und Sozialdemokratie ein Tasten im Dunkeln. Zur positiven Atmosphäre trug wohl bei, dass die SPÖ in der Konkordatsfrage eingelenkt hatte, und die Gespräche 1961 zu einem guten Ende geführt worden waren. In der Folge besuchte Kardinal König Betriebe, Gewerkschaften und »Arbeiterpfarren«.

Vor Ostern 1966 stand die Ottakringer Pfarre Neulerchenfeld für eine Visitation auf seinem Terminplan. Anlass war der Wechsel an der Spitze der Pfarre. Nach 44 Jahren trat Monsignore Josef Schmid zugunsten von Augustin Neudecker in den Ruhestand.

> Nach feierlichem Empfang haben wir am Samstag 26. III. mit Eminenz um 18 Uhr die erste Konzelebration, an der der Pfarr- und Dekanatsklerus teilnimmt. Eminenz hält die Predigt. Anschließend bespricht sich der Kardinal mit dem Pfarrkirchenrat und Pfarrausschuss. Eine Jugendversammlung schließt den Tag.[96]

Am Tag darauf fand eine Unterredung mit dem Pfarrklerus statt, bestehend aus Dechant Schmid und seinen drei Kaplänen Herbert Dolana, Adolf Holl und Bernhard Stöveken. Dann ging man zum gemütlichen

Teil über: Nach einem gemeinsamen Mittagessen stand eine Tarockpartie auf dem Programm. Das Kartenspiel war eine der unverfänglichen Vergnügungen von Priestern, dem Holl mit Kaplanskollegen in Favoriten regelmäßig nachgegangen war. Seit seiner Entdeckung lustvollerer Freizeitbeschäftigungen hatte er dafür allerdings kaum noch Zeit. Schon bei den Exerzitien im Sommer 1961 hatte ihn eine Konferenz über priesterliche Lebensführung aufgeregt.

> Um 15 Uhr darf nicht zu viel zugemutet werden, die Jause wartet schon ... Gehört es denn konstitutiv zum Priester, dass er gern ein bisserl tarockiert, ein bisserl Wein trinkt, an freien Tagen spazieren geht – immer ein bisserl von allem sich vergönnt? O Feuerbrand Jesu Christi, man zündet mit dir nur mehr Zigarren an.[97]

Sein Zorn über das offizielle Amtsverständnis dürfte durch den Ablauf der Visitation nicht kleiner geworden sein. In seiner privaten Zeitrechnung setzt Adolf Holl seinen »Abschied vom Mittelalter«[98] mit 1973 an. Tatsächlich war er Mitte der Sechzigerjahre bereits im 18. Jahrhundert angekommen. Wenige Tage vor Kardinal Königs Besuch schreibt er ins Tagebuch: »Ich verfüge über keinen klar erkenntlichen Auftrag mehr.«[99]

Karriereknick

Zweifel beschlichen Adolf Holl aber auch in seiner Funktion als Wissenschaftler, erfordert die Soziologie doch viel statistische Detailarbeit. Darin sah er nicht seine Stärke. Vielmehr beobachtete er »innerlich ein gewisses Zurückschrecken von der geduldigen Kleinarbeit, oder, eher, eine Erfahrung der Vergeblichkeit des Mosaik-Legens«.[100] Mehr liegt ihm an der Spracharbeit. Anzunehmen ist, dass ihm beim Verfassen des *Religionsgesprächs* seine Leidenschaft fürs Formulieren, sein schriftstellerisches Talent bewusst geworden ist. Demgegenüber trat sein Interesse an der »ordentlichen Behandlung einer Quelle« – sei sie theologischer oder soziologischer Natur – in den Hintergrund. An der Schwelle zur Lehrkanzel haderte er ein wenig damit, dass seine Begabung mehr im künstlerischen Bereich und weniger in der Spezialisierung zu liegen schien und bezichtigte sich des Dilettantismus.[101] Ebendieser ist nach einem Axiom des begnadeten Dilettanten Egon Friedell aber die Voraussetzung für Kreativität.

> Nur beim Dilettanten decken sich Mensch und Beruf; und darum strömt bei ihm der ganze Mensch in seine Tätigkeit und sättigt sie mit seinem ganzen Wesen, während umgekehrt allen Dingen, die berufsmäßig betrieben werden, etwas im üblen Sinne Dilettantisches anhaftet: irgendeine Einseitigkeit, Beschränktheit, Subjektivität, ein zu enger Gesichtswinkel.[102]

Die Allgemeingültigkeit dieser Ansicht mag bezweifelt werden, auf Adolf Holl trifft sie jedoch zu. Aus seiner Einsicht zieht er auch den richtigen Schluss: »Es empfiehlt sich somit die globale Vorgangsweise der Essayistik, die ich ganz gut kann, mit Verwendung eines zunehmend knapper und gefühlskälter werdenden Stils.«[103] Diesen »Holl-Sound« hat er stetig weiterentwickelt und in *Braunau am Ganges* zum Höhepunkt gebracht. Da ihm sein Priestertum problematisch geworden war, gewinnt jene Profession an Bedeutung, die ihm schon in der Schulzeit als Alternative vor Augen stand. Mit dem Tagebucheintrag deutet sich ein persönlicher Paradigmenwechsel an: vom Seelsorger zum Schriftsteller und Journalisten.

An seinem Stil feilen konnte er im Wintersemester 1965/66 bei einer Vorlesung für Hörer aller Fakultäten über *Religionsphilosophie*.[104] Holls wissenschaftliche Karriere trat nun in eine entscheidende Phase. Durch den krankheitsbedingten Ausfall seines Lehrers Johannes Gabriel verlor er einen Förderer. Der im Herbst 1965 nachrückende Levitikus-Spezialist Walter Kornfeld war aber auch geneigt, dem Dozenten Holl den Lehrstuhl für Religionswissenschaft anzuvertrauen. Der Kandidat für eine ordentliche Professur legte sich deshalb ins Zeug und kündigte für das Sommersemester 1966 gleich drei Vorlesungen an: eine zweistündige für Hörer aller Fakultäten über *Die modernen Hochreligionen*, eine zweistündige über *Religionsphänomenologie* und eine einstündige über *Religionssoziologie*.[105]

Möglich war das, weil es im Institut für Höhere Studien etwas chaotisch zuging. Bereits im Sommer 1965 war in einem Bericht an das Kuratorium Klage über den »Mangel an einem Gemeinschaftsleben der Institutsangehörigen« geführt worden: »Ein leeres Haus, wo Fremde aneinander vorbeigehen«,[106] hieß es darin. Die Lage wurde durch den Rücktritt des Institutsleiters Sagoroff kaum besser. Auf Anfrage von Professor Lazarsfeld bei der Kuratoriumssitzung vom 18.5.1965 erklärte Professor Morgenstern, ab Juli verantwortlich für das Institut zu sein und im September die Leitung zu übernehmen.[107] Hörerverträge in Soziologie wurden unter anderem verlängert für: Edeltraud Brandstaller, Gerhard Drekonja, Adolf Holl, Manfred Scheuch. Unter den Absolventen fanden sich dann: Wilfried Daim, Hilde Hawlicek, Norbert Leser, Egon Matzner, Ewald Nowotny, Hans Strotzka und etliche mit späterhin weniger prominenten Namen. An dieser Liste ist abzulesen, dass Adolf Holl sich nicht nur thematisch von der Theologie wegbewegt hatte, sondern auch personell. Er war vom katholischen allmählich ins sozialistische Milieu hinübergeglitten.

Heimisch hat er sich da wie dort nicht gefühlt. Der Grund dafür: »Ich bin mir selber fremd, fremd sind mir andere, Gott ist meist fern.«[108] Seine Fremdheit fällt ihm besonders in Gesellschaft auf, vorzüglich unter Frauen. Vor Ostern hält er im Schloss Wildegg mit seinen Pfarrmädchen Einkehrtag. Eine Herausforderung. Wenn die glockenhellen Stimmen das *Lied des Herrn* anstimmen, »wird das Land, in dem ich lebe, fremd. Ist fremd für mich ... in seinem Glauben an den kollektiven – nicht individuellen – Fortschritt, in der fleißigen Wissenschaftlichkeit, im Aktivismus. So lebe ich denn in Suspension.«[109] Prophetische Worte. Ein Dutzend Jahre verließ er nun schon den »vorgeschriebenen Level der Gehirntätigkeit« bei der Zelebration der Messe, eben wie einer, der »schief in die Welt hineingeschraubt worden ist«.[110] Etwa halb so lang versuchte er nun schon »auszubrechen in Liebkosungen«.[111] Von Erlöstheit, wie Nietzsche sie in seinem *Zarathustra* von den Priestern gefordert hatte (»Bessere Lieder müssten sie mir singen, dass ich an ihren Erlöser glauben lerne: erlöster müssten mir seine Jünger aussehen!«), keine Spur. Jetzt stand auch noch seine Karriere auf der Kippe.

Kurz vor Adolf Holls 36. Geburtstag stirbt am 4. Mai sein verehrter Lehrer Albert Mitterer. Ein Ereignis von symbolischem Wert. Drei Wochen später erhält er einen Anruf, dass es schlecht stünde um seine Professur. Anfang Juni versucht Walter Kornfeld ihn zu beruhigen, dass noch keine endgültige Entscheidung getroffen sei. Doch die Sache war gelaufen. Die Abstimmung im akademischen Senat ging gegen ihn aus. Entscheidend war das Argument des Gutachters seiner Habilitationsschrift, Beda Thum, dass der Kandidat Holl keinerlei wissenschaftliche Publikationen aufzuweisen hätte.

> Gespeicherte Gefühle (sie laden unter anderem auch »Ideen« auf) können gären. Die zunehmende Rationalität in der Strategie (Semmering-Klausur) dürfte nicht zu einer Vernachlässigung der Gefühle überhaupt führen.[112]

So steht's im Tagebuch. Bedeutet hat das zweierlei: Erstens entflieht er der Frustration im Grandhotel Panhans am Semmering wieder einmal mittels Liebkosungen, allerdings nicht von seiner Geliebten. Zweitens lässt er seine Gefühle gegenüber den akademischen Würdenträgern weiter gären. Er teilt dem Dekanat mit Datum 1. Juli mit, dass er sich außerstande sieht, »den für mich vorgesehenen Lehraufträgen aus Religionswissenschaft für das Studienjahr 1966/67 nachzukommen; ich beabsichtige lediglich eine einstündige Vorlesung anzukündigen«.[113] Das tat er dann auch. Statt »sich mit Detailfragen der Augustinusforschung«[114] zu befassen – wie es seiner Ausbildung gemäß gewesen wäre –, kündigt er eine Vorlesung für Hörer aller Fakultäten zum Thema *Soziologie der religiösen Kommunikation* an. Seine diesbezüglichen Überlegungen erscheinen dann zwei Jahre später in Buchform unter dem Titel *Gott im Nachrichtennetz*[115] – notabene ohne kirchliche Approbation. Er hat sich darum auch gar nicht mehr bemüht. In dieser Publikation beschreibt er nicht nur thematisch neue Wege, sondern auch, was die Tonlage anbelangt. Keck richtet er den kirchlichen Obrigkeiten gleich zu Beginn Folgendes aus:

> Ein großer Teil der geistigen Auseinandersetzungen in der Neuzeit bestand nicht zuletzt in der Bemühung unabhängiger Geister, »ohne Gängelband« (so *Schopenhauer*) forschen und lehren zu dürfen, was nicht ohne schwere Konflikte abging, hatte doch die mittelalterliche Kirche das Bildungsmonopol inne.[116]

Ebendiese Konflikte ist er nun bereit, ganz persönlich auszutragen. Ab Heft 6/1966 hatte Chefredakteur Rudolf Augstein im *Spiegel* mit einer Serie begonnen, die sich mit Joel Carmichaels Buch über *Leben und Tod des Jesus von Nazareth* auseinandersetzte.[117] Im Sommer schlägt Adolf Holl nun dem Mitherausgeber der Zeitschrift *Neues Forvm*,

Günther Nenning, wegen seiner guten Kontakte zum ORF vor, eine Fernsehsendung dazu zu machen. Im November 1966 kommt diese tatsächlich zustande.

> Der Funktionär Adolf H. sagte nun in dieser Diskussion im Fernsehen, also vor wahrscheinlich mehr Zusehern und -hörern als bei einer Vorlesung, den Satz: »Wissenschaftlich kann das leere Grab nicht bewiesen werden«. (…) (Der Vorgesetzte des Funktionärs Adolf H., … weil er das Rot der Könige trägt, soll er von jetzt ab für uns einfach DER KÖNIG heißen), … war also bestürzt über die Fernsehsendung, genauer über die zitierte Äußerung seines Untergebenen.[118]

Die Verunsicherung unter den Gläubigen war groß. Aus dem Mund eines Priesters war der zentrale Topos des Christentums infrage gestellt worden: die Auferstehung Jesu Christi. Weitere Fragen wurden an den Herrn Kaplan herangetragen: Ist Er übers Wasser gegangen? War Maria Jungfrau? Ins Tagebuch schrieb Adolf Holl: »Bultmann sagt: Nein. Und was sagen wir? Dass die Fragen unzulässig sind, von falschen Voraussetzungen ausgehen? Oh mein Gott, was für eine unerquickliche Position.«[119]

In Anbetracht dessen, wer inzwischen auf dem Lehrstuhl saß, um den er sich beworben hatte, war seine Bereitschaft zu argumentativen Manövern erheblich gesunken. Der 1929 in Oberschlesien geborene Hubertus Mynarek hatte sich erst in diesem Jahr habilitiert und war von Bamberg an die Wiener Universität gewechselt. Es war schwer einzusehen, wieso er Holl vorgezogen worden war. Vor allem angesichts der weiteren Entwicklung kann man fragen, ob sich die katholische Kirche Österreichs damit nicht einen Bärendienst erwiesen hatte. Denn im November 1972 schickte Mynarek einen 23-seitigen Brief an den Papst, in dem er seinen Kirchenaustritt begründete. Darin hieß es unter anderem, dass »die Untugenden der Unwahrhaftigkeit, der Heuchelei, des Pharisäertums« ihn zu seinem Schritt bewogen haben. Man könne, so Mynarek weiter, »als Zölibatsbrecher ganz gut *in* der Kirche leben, wenn man ansonsten brav und gehorsam wiederkäut, was die Vorgesetzten lehren«.[120] Seine Trauung mit einer um zwanzig Jahre jüngeren Frau betrachtete der vor Kurzem noch das Amt des Dekans der Katholisch-Theologischen Fakultät Ausübende als »offenes und ehrliches Zeichen des Protests«.[121] Mynarek wurde zwangspensioniert.

Holl ging einen anderen Weg. Ein derartiger Bruch wäre für ihn einer Amputation von Gliedern seiner Biografie gleichgekommen. Aber er hatte etwas gelernt. Die TV-Diskussion hatte ihn gelehrt, die Medien als wirkungsvolles Instrument des Protests einzusetzen. Er machte in der Folge exzessiv davon Gebrauch. Vor den Blitzen der Obrigkeiten nach medialen Gewittern pflegte er sich später des Öfteren in den Urlaub zurückzuziehen. Diesmal kam ihm die Einladung zu einer Studienreise in die USA gelegen.

Leiden am System

Die Ablehnung der Professur für den Dozenten Holl machte eine Neuorientierung nötig. Die Reise in die Vereinigten Staaten gab ihm dazu Gelegenheit. Die Abwesenheit des Kaplans ist in der Neulerchenfelder Pfarrchronik folgendermaßen verzeichnet: »Von Mitte Jänner bis Ostern befand sich Dr. Adolf Holl, unser Kaplan, durch Vermittlung des Herrn Kardinal auf einer Vortragsreihe und Studienreise in den USA.« Höhepunkt dieses Aufenthalts war ein Besuch bei dem Altösterreicher Herbert Feigl (geboren 1902 in Reichenberg, heute Liberec) in Minneapolis. Dort hatte der einstige Schüler von Moritz Schlick und Mitglied des Wiener Kreises 1953 das *Minnesota Center for the Philosophy of Science* gegründet. Kennengelernt hatten sich Feigl und Holl im IHS und sie verstanden sich so gut, dass der Institutsgründer den Philosophen, Soziologen und Theologen Holl einlud, an seinem Zentrum zu lehren. Er war davon überzeugt: »Sie werden die Kutte bald ausziehen.«[122] Die Versuchung für Adolf Holl war groß. Es waren auch keine beruflichen, sondern persönliche Gründe, die ihn das Angebot dankend ablehnen ließen: Er brachte es nicht fertig, seine Mutter in Wien allein zurückzulassen.

Womit sich Adolf Holl in den USA intensiv beschäftigte, war Medientheorie. 1962 hatte Marshall McLuhan das Ende des Gutenberg-Zeitalters ausgerufen.[123] Seit seiner Konversion zum Katholizismus unterrichtete der Kanadier ausschließlich in römisch-katholischen Institutionen, so auch an der St. Louis University, Missouri. Dort wurde er zum Doktorvater des Jesuitenpaters Walter J. Ong, der in den Sechzigerjahren zu einem einflussreichen Experten für neue Kommunikationstechnologien wurde. In einer autobiografischen Notiz gibt Adolf Holl darüber Auskunft:

> Meine – zunächst wissenschaftliche – Beschäftigung mit dem Fernsehen reicht in das Jahr 1966 zurück, als ich die Leitung eines *Arbeitskreises für Kommunikationsstrategie* am Seelsorgeinstitut übernahm. Dies führte zu meiner Reise nach den USA, führte zum Buch *Gott im Nachrichtennetz*. Meine Gedanken bezüglich der Verringerung der Bedeutung der Buchkultur sind hauptsächlich von P. Ong SJ beeinflusst worden. Ich meine jetzt manchmal, dass wissenschaftlich relevante Informationen bald elektronisch gespeichert und weitergegeben werden. Dass das Buch im herkömmlichen Sinn vielleicht der Literatur, dem Essay vorbehalten bleiben wird. (…) Jedenfalls habe ich die Chance, dem Metier des Fernsehens praktisch näherzutreten, interessiert wahrgenommen.[124]

Holl hat den Studienaufenthalt in den USA weidlich genutzt. Mit dem Wissen, das er von dort mitnahm, zählte er in Europa zur Avantgarde. Vieles, was auf dem alten Kontinent erst im Zuge der Digitalisierung in den Achtzigerjahren ins kollektive Bewusstsein drang, wurde damals auf den amerikanischen Universitäten diskutiert. Holl befand sich im Jahr des Erscheinens von McLuhans berühmtestem Buch, *The Medium is the Massage*,[125] auf der Höhe des wissenschaftlichen Diskurses zur Medientheorie. Als sein *Gott im Nachrichtennetz* erschien, wussten nur Spezialisten, was eine deutschsprachige Öffentlichkeit darin erfahren konnte: »In vielen Gebieten der Wirtschaft, Technik und Wissenschaft ist das auf Alphabet basierende Informationswesen durch datenverarbeitende Maschinen verändert worden, die auf binären Codes aufgebaut sind.«[126] Als Soziologe sieht er auch schon, dass diese »überaus fleißigen« Maschinen den braven Buchhalter, »den Urenkel des ägyptischen oder babylonischen Schreibers«[127], ersetzen werden.

Auf seiner Amerikareise könnte Adolf Holls Idee Form angenommen haben, den verkrusteten Katholizismus zum intellektuellen »Licht der Welt« zu machen. In seinem Buch zitiert er aus einem Vortrag des Romanciers und Publizisten Rudolf Krämer-Badoni über die »Last, als Intellektueller katholisch zu sein«: »Wenn Theologen sich für künstlerische, politische und andere hiesige Bezirke interessieren, haben sie die Pflicht und Schuldigkeit, entweder außerordentlichen

Sachverstand zu entwickeln oder aber ... eine ganz neue Disziplin zu lernen – Schweigen.«[128] Im Anschluss daran skizziert Holl, wie er sich die »Umstrukturierung der Großkirchen« hin zu einem »offenen System« vorstellt:

> Es darf als ausgemacht gelten, dass die ... Dilemmata der Großkirchen hinsichtlich ihrer Kommunikationsprobleme nicht bloß durch eine grundsätzliche ... Diskrepanz zwischen christlicher »Gläubigkeit« und unchristlicher »Weltlichkeit« gegeben sind ..., sondern einfachhin durch die derzeitige organisatorische Gestalt dieser Kirchen.[129]

Holl hatte also einen Reformeifer entwickelt. Liest man als Resümee des Buches, dass er sich »eine stärkere Akzentuierung des gesellschaftlichen Engagements« der Kirche wünscht, da dem Christentum »von seiner Wurzel her ein durchaus gesellschaftskritischer, ja revolutionärer Zug« eignet,[130] dann ist klar, dass er damals zu einem europäischen Befreiungstheologen mutiert war. Mit dem Projekt der Intellektualisierung der Kirche ist Adolf Holl gescheitert, mit seiner Forderung nach einem größeren Engagement von ihr zur Besserung gesellschaftlicher Verhältnisse, keineswegs. Heute tönt diese Aufforderung direkt aus dem Vatikan. Was nichts daran ändert, dass die Großkirchen in Europa weiter schrumpfen. Die Religion stirbt entgegen der Säkularisierungstheorie deshalb aber nicht aus. Sie findet anderswo statt.

In der Einschätzung einer schleichenden Aushöhlung der Kirchenfundamente dürfte Holl mit dem Pfarrer Neudecker eines Sinnes gewesen sein, in der Bewertung der Ursachen dafür weniger. Neudecker klagt in der Pfarrchronik von 1967: »Die Seelsorgearbeit scheint in einer Übergangskrise zu stecken. Die alten Formen nach Naturständen und die K. A. ziehen nicht mehr richtig. Dazu der Umwandlungsprozess nach den Beschlüssen des II. Vatikanischen Konzils.« Noch während Holls Abwesenheit wurde mit dem Umbau des Altars nach den neuen liturgischen Vorschriften begonnen. Am Passionssonntag, dem fünften Sonntag der Fastenzeit, konnte in Neulerchenfeld die Messe zum ersten Mal »versus populum« (hin zum Volk) zelebriert werden. Nicht nur die Liturgie, auch das Pfarrleben sollte erneuert werden. Die schlecht besuchten Fastenpredigten wurden zugunsten einer Vortragsreihe aufgegeben. *Familie und moderne Gesellschaft*, *Die Ehe sagt Ja zum Menschen*, *Mut zur Erziehung* lauteten die Themen.[131] Sie trugen eindeutig nicht die Handschrift des Kaplans Holl.

Der stand nach seinen intellektuellen Höhenflügen in den Vereinigten Staaten nun wieder mitten in der Ottakringer Pfarrpraxis – und das nahezu ausschließlich. Der Aufbruch in eine neue Zeit gestaltete sich dort derart, dass die »Statio« beim Fronleichnamsfest erstmals auf dem kleinen Platz in der Grundsteingasse mit einem »Deutschen Hochamt« gefeiert wurde. Mit vorprogrammierter Frustration des Pfarrers:

> Wir haben es zur Kenntnis genommen, dass wir eine Minderheit sind. Die vielen Gaffer und noch mehr die Gleichgültigen und Ungläubigen, die es an primitivster Rücksichtnahme auf die religiösen Gefühle fehlen lassen, von ehrfürchtiger Scheu dem Numinosen gegenüber kann man gar nicht mehr reden, verdienen es nicht, das Mysterium Corporis Christi zu ihnen zu tragen.[132]

Für einen Geist wie Adolf Holl, der gerade noch Einblick in die neuesten technologischen und wissenschaftlichen Entwicklungen geworfen und Schlüsse daraus gezogen hatte: eine Zumutung. Das dürfte dem Diözesanchef bewusst gewesen sein. Er zieht deshalb seinen intellektuell unterforderten Untergebenen zu höheren Aufgaben heran und trägt ihm auf, an einem Strukturerneuerungskonzept zu arbeiten. Darin unterscheidet der medial geschulte Theologe Holl zwischen populären und unpopulären Maßnahmen: Zu Ersteren zählt er die »Anweisung an den Klerus, in der Beichtpraxis alle Möglichkeiten zur milden Beurteilung der schuldlos bloß standesamtlich Verheirateten und des abusus matrimonii (Ehemissbrauch, Anm.) auszuschöpfen«. Des Weiteren empfiehlt er eine Senkung der Kirchensteuer. Als unpopulär schätzt er die Forderung der »Erhöhung des Firmungsalters auf 18 oder 21 Jahre« ein, um einen echten Entscheidungscharakter zu gewährleisten. Der radikalste Vorschlag betrifft »interne Maßnahmen«: »Baldige Einführung von part-time und full-time Diakonen, beiderlei Geschlechts, ab dreißig Jahren, mit Ehemöglichkeit«.[133] Als ihn »die bischöfliche Vater-Gestalt« anruft und sein Konzept lobt, ist er zu Tränen gerührt.

Besondere Anliegen des Wiener Kardinals waren die Versöhnung mit der Ostkirche (noch während des Konzils hatte er mit Otto Mauer die Stiftung *Pro Oriente* gegründet) sowie der Dialog zwischen Wissenschaft und Religion. Wer wäre besser geeignet, einen solchen zu führen, als sein wissenschaftlich vielfach versierter Kaplan. Der nächste Auftrag des Kardinals an ihn lautete deshalb, ihn bei einer Rede zu unterstützen, die er in Lindau am Bodensee am 1. Juli 1967 vor Nobelpreisträgern halten sollte. In seinem Referat zum Thema *Überwindung des Galilei-Traumas im Verhältnis von Kirche und Profanwissenschaft* trat der Erzbischof dann dezidiert für eine (kirchliche) Rehabilitierung des ketzerischen Gelehrten ein. Ironie der Geschichte: Als die Rede ein Jahr später auf Russisch vorlag, fühlte sich ausgerechnet ein sowjetischer Ideologe bemüßigt, sie zu »widerlegen«. »Ich gestehe, darauf bin ich heute noch stolz. In einer anderen Rede (die er für den Kardinal schrieb, Anm.) ging es um die Theologie der Kommunikation.«[134] Dem Erzbischof war offenbar bewusst, dass ein Gebildeter wie Adolf Holl in seiner Pfarre an geistiger Auszehrung leiden musste.

Wie viele Intellektuelle verstand sich der Kaplan als Anwalt des Volkes, aber nicht unbedingt als Teil von ihm. Eine Dystonie entsteht daraus erst, als ihm – nicht zuletzt durch seine Diözesantätigkeit – klar wird, einem System zu dienen, an dem er doch beträchtlich leidet.[135] Er fragt sich, ob sein inneres Gleichgewicht dadurch herzustellen sei, dass er »trotz alledem im System verharrt, aber bei vergleichsweise ärmlichen Lebensumständen.«[136] Tatsächlich hatte er bisher in keinen sonderlich komfortablen Verhältnissen gelebt. »Alle drei Kapläne bekommen für ihre Wohnungen neue Ölöfen aus der Kirchenkasse … Die Herren sollen, vielfach ohne Bedienerin, schnell zu einem warmen Zimmer kommen, wenn sie aus der Schule oder Glaubensstunden heimkommen.«[137] Der wirtschaftliche Aufschwung machte sich auch in der Kirche bemerkbar. Da Pfarrer Neudecker um eine gedeihliche Arbeitsatmosphäre sehr bemüht war, ließ er im darauffolgenden Jahr umbauen:

> Neue Kaplanswohnung im 1. Stock des Seitentrakts. Kaplan DDr. Holl bekam so die Möglichkeit, seine Zimmer-Kabinett-Wohnung um ein großes Sprech-Gesellschaftszimmer zu erweitern, abgesehen davon, dass er nun ungestört die Wohnung mit Bad, Vorraum usw. für sich allein zur Benutzung hat. Auf diese Weise sollte … die Voraussetzung zu einem guten Klima in der seelsorglichen Tätigkeit geschaffen werden. Die Kosten dieser Wohnungsadaptierung beliefen sich auf gut S 60 000,–, wovon das Bauamt der Erzdiözese einen Teil trug.[138]

So vermeldet die Pfarrchronik. Nun konnte er Jugendgruppen zu sich einladen, die Mutter in der Pfarre wohnen lassen und später sogar einen ehemaligen Schüler und Wehrdienstverweigerer vor den Behörden verstecken: Mit Heinz Knienieder (1941–1986) trat Adolf Holl in ebenjenen Dialog mit einem Ungläubigen, der vonseiten der Kirchenführung als opportun angesehen wurde. Ob das, was dabei herauskam, im Sinne des Kardinals war, muss dahingestellt bleiben. Denn der marxistische Intellektuelle Knienieder brachte Holl stramm »auf Linkskurs«.[139]

Revolution

Längst bewegte sich der Zeitreisende mitten in der Aufklärung. Die 68er-Bewegung strebte ihrem Höhepunkt zu; es fehlte nicht mehr viel zum Sturm auf die Bastille. Für das Wintersemester 1967/68 kündigt der Dozent Holl wieder eine Vorlesung für Hörer aller Fakultäten an: *Die Einstellung zur Kirche. Sozialpsychologie der sogenannten Fernstehenden* war ihr Titel. Mit den Fernstehenden hatte er seine Erfahrung – in der eigenen Pfarre. »Die Arbeiter stehen noch immer abseits, gleichgültig das Mindeste, ablehnend oder gar noch mehr. Für viele existiert die Kirche in ihrem Alltagsleben nicht mehr. Eine Wand, die nicht zu durchbrechen ist!«,[140] verlieh Pfarrer Neudecker seiner Enttäuschung in der Pfarrchronik Ausdruck. Doch man wollte sich den Schwung aus dem Konzil nicht nehmen lassen, weder auf diözesaner noch auf pfarrlicher Ebene. Man ging von einem Umwandlungsprozess aus, der die traditionelle Seelsorgearbeit in die Krise geführt hatte. Dieser Zeitenwende sollte mit neuen Formen begegnet werden. Auf dem Stephansplatz liefen die Vorbereitungen zu einer Diözesansynode, in der Neulerchenfelder Straße eröffnete man ein *Kirchenforum*. Einmal im Monat sollte mitten in der Kirche eine Diskussion mit Prominenten stattfinden. Der erste Gast, dessen Konterfei das Titelblatt des Pfarrblatts vom November zierte: DDr. Günther Nenning. Mit ihm wollte Holl über ein Thema sprechen, das einem Brief des Kardinals an die Gläubigen entstammte: Fehler der Kirche in der Vergangenheit, Lehren für die Zukunft. In diesen Dingen ließ sich König maßgeblich von Richard Barta beraten, dem Chefredakteur der *Kathpress*, der bereits am Katholikentag 1952 mitgearbeitet hatte und Mitautor des *Mariazeller Manifests* war. Barta setzte sich für die Aussöhnung von Kirche und Sozialdemokratie ein, weil er davon überzeugt war, dass die Kirche nicht dieselben Fehler wie in der Ersten Republik machen sollte. Seine Devise war: »Die Kirche hatte einen falschen Weg eingeschlagen und will jetzt den richtigen gehen.«[141] Im Prinzip lag Holl mit der Initiative des *Kirchenforums* ganz auf dieser Linie. Die Veranstaltung wurde ein Erfolg, sogar der Pfarrer räumte ein: »Das Forum verlief sachlich, ernst und offen. 300 Teilnehmer hatten sich eingefunden, viele fremde Gesichter, jüngere Altersjahrgänge als sonst.«[142]

Vonseiten der Bischofskonferenz war man sich darüber im Klaren, »dass die Umsetzung der Initiativen des Konzils in den Alltag der ›Ortskirchen‹ … keinen Aufschub duldete«.[143] Angedacht waren regionale Synoden. Die stießen im Vatikan aber auf Widerstand, weil man darin offenbar eine Dezentralisierung witterte. Offizielle Sprachregelung war deshalb die »Einleitung eines synodalen Prozesses«.[144]

Ob das für 1968 für Wien geplante Mini-Konzil (Diözesansynode) nicht ein Schlag ins Wasser sein wird, weiß kein Mensch. Vielleicht ist es wirklich so, dass sich die katholische Bevölkerung von der Kirche nichts Neues erwartet, im Grunde nichts an ihr auszusetzen hat und sich höchstens gelegentlich über die Höhe der Kirchensteuer ärgert. Würde das nicht bedeuten, dass die Kirche in Wirklichkeit längst aufgehört hat, irgendeine Bedeutung im Alltag der meisten Menschen zu haben?[145]

Der Artikel war ungezeichnet, der Ton lässt ihn aber unschwer Adolf Holl zuschreiben. Er lag mit seiner Einschätzung nicht ganz falsch. Beim »synodalen Prozess« kam die typisch katholische Strategie zur Anwendung: Man ließ ein Papier nach dem anderen kursieren, das allen vorgaukelte, sich beteiligen zu können, ohne dass es irgendjemanden gegeben hätte, der die diversen Arbeitsgruppen koordiniert und ihre Ergebnisse zusammengeführt und beschlussfähig gemacht hätte.

Adolf Holl stand der Sinn aber sowieso nach etwas anderem, als sich mit den Laien (etwa in der Katholischen Aktion) herumzuschlagen. Er wollte sich vielmehr zum Anführer einer Klerikerbewegung machen. Vom Laienapostolat, so erinnert sich Trautl Brandstaller an

Diskussionen mit Adolf Holl, hielt er nicht viel.[146] Wie damals üblich, gründete man eine Zeitschrift. Im Herbst 1967 erschien erstmals *das freie Wort*, redaktionell betreut von miteinander befreundeten Klerikern, darunter Pfarr- und Studienkollegen von Holl, sowie einigen seiner Tarockpartner: Herbert Bartl, Günter Benes, Herbert Dolana, Gustav Granditsch, Karl Grubmann, Heribert Holzer, Leopold Kaupeny, Helmut Krätzl, Johannes Nedbal, Hans Schinner. In der Zentrale wurde natürlich beargwöhnt, was sich da in Ottakring zusammenbraute. Man beauftragte einen Aufpasser. Der Pfarrer von Probstdorf, Dr. Josef Klima, wurde am 20.3.1968 von Kardinal König offiziell »zum Zensor der Zeitschrift *das freie Wort*« bestellt.[147] Nötig war das offenbar nach folgender Ankündigung der Redaktion in der ersten Ausgabe:

> Ist das Reservoir an konstruktiven Ideen beziehungsweise fundierter Kritik, wie es der Klerus doch wohl darstellt, wirklich ausgeschöpft worden? Wir meinen, dass das nicht der Fall ist und laden hiermit zur freien Meinungsäußerung ein. (…) Es wird nicht überflüssig sein, die Stellung unseres Unternehmens zur vorgesetzten Kirchenbehörde zu umschreiben: Unser Vorhaben ist von dort (erstens) nicht inspiriert und (zweitens) auch nicht verboten worden. In diesem Raum werden wir uns zu bewegen suchen.[148]

Ein Raum, den Adolf Holl in der Folge permanent auszudehnen versuchte – so lange, bis er an seine Grenzen stieß. Warum er ebendiese suchte, hat mit dem Schwinden seines Selbstverständnisses als Priester zu tun. Zu Beginn des historisch bedeutsamen Jahres 1968 vertraut er dem Tagebuch seine Selbstzweifel an: »Eine traurige Gesellschaft, der Stand, dem ich angehöre. (…) Traurig, wie wir sind, versuchen wir, über die Menschen Macht auszuüben, anstatt sie zu ›Jüngern zu machen‹. Tragische Groß-Inquisitoren sind wir alle.«[149] Nur wenig später, nach der Lektüre eines Berichts über den dritten Kongress des Europäischen Instituts für Priesterhilfe, der im September 1967 in Luzern stattgefunden hatte, schreibt er jenen Satz, der sein weiteres Leben bestimmen sollte: »Ich bin etwas geworden, was es nach Jesu Lehre gar nicht geben sollte, nämlich Priester.«[150]

Da brodelte es bereits in Paris. Am 2. April hielt Karl Dietrich Wolff, der Vorsitzende des Sozialistischen Deutschen Studentenbundes (SDS), eine Rede im größten Saal der Philosophischen Fakultät in Nanterre. Darin ging es nicht mehr um Respektlosigkeiten gegenüber Würdenträgern (wie kurz davor von Daniel Cohn-Bendit), sondern Wolff trägt jene Themen an die Seine, für die am Main schon seit einem Jahr auf die Straße gegangen worden war: Vietnamkrieg, autoritäre Staatsstrukturen, Kritik am kapitalistischen System etc. In der Folge weiten sich die Proteste auf die Sorbonne aus. Als die Kommilitonen von Nanterre für eine Kundgebung ausgesperrt werden sollen, kommt es zum Eklat.

> Als die Einheiten der kasernierten Compagnies républicaines de sécurité (CRS) versuchen, die Anführer der abziehenden Studenten festzuhalten, fliegen die ersten Pflastersteine, ein Polizist wird schwer verletzt. (…) In Kreisen der Aktivisten finden Absprachen statt, und am Montag beschleunigt sich die im Entstehen begriffene »Bewegung«. Am Abend dieses 6. Mai 1968 wird sie ihre ersten Barrikaden bauen.[151]

Am Tag des 38. Geburtstags von Adolf Holl, einem warmen, sonnigen Frühlingstag, bewegt sich dann von der einen Seite ein Demonstrationszug von Studenten, von der anderen Seite marschieren Gewerkschafter zur Place de la République. Von dort ziehen sie gemeinsam weiter zur Place Denfert-Rochereau. Die scheinbare Solidarität zwischen Studenten- und Arbeiterschaft war allerdings trügerisch; zu weit lagen die jeweiligen Interessen auseinander.

Was den Pariser Studenten General de Gaulle, das war den Wiener Redakteuren des *freien Worts* der Pontifex maximus. Am 25. Juli erließ Paul VI. seine letzte Enzyklika: *Humanae vitae – Über die rechte Ordnung der Weitergabe menschlichen Lebens*. Zu diesem als »Pillen-Enzyklika« in die Kirchengeschichte eingegangenen Rundschreiben fand am 31. Juli eines von Helmut Zilks berühmten *Wiener Stadtgesprächen* im ORF statt, an dem auch der Kaplan Holl in seiner Eigenschaft als »Geistlicher Assistent der Fernsehkommission im diözesanen ›Katholischen Zentrum für Film, Funk und Fernsehen‹« teilnahm. Darin sagte er den folgenschweren Satz: »Ich hoffe auf einen neuen Papst!« Mit dieser allgemein als Rücktrittsaufforderung aufgefassten Äußerung wurde er weit über katholische Kreise hinaus schlagartig berühmt. Der *Express* titelte *Es muss ein neuer Papst her* und berichtete:

»Der Wiener Priester stellte sich damit in eine Linie mit 87 amerikanischen Theologen, die schon vor Tagen die Entscheidung des Papstes offen abgelehnt hatten. Dozent Dr. Holl wurde Donnerstag von Reportern förmlich gejagt. Er war allerdings seit Vormittag unauffindbar.«[152] Am Tag darauf hatte Holl *Die Neue Zeitung* in der Pfarre zu Gast und gab Hans Mahr ein Interview – in einer Adjustierung, die zu seinem Markenzeichen werden sollte: »Schwarzer Rollkragenpullover, schwarze Hose, in der linken Hand eine Zigarette ... in der rechten eine Mokkaschale.«[153] Jetzt konnte er im Umgang mit Medien anwenden, was er im *Ford-Institut* und in Amerika gelernt hatte. Am Ende des Artikels wird Holl mit den Worten zitiert: »Jetzt langt's mir. Ich fahre auf Urlaub. Dort werde ich mich von den anstrengenden Tagen erholen. Und wenn ich zurückkomm', dann haben sich die Gemüter hoffentlich beruhigt.«

Diese etwas kokette Erwartung erfüllte sich nicht. Inzwischen war Pfarrer Neudecker aus dem Urlaub zurückgekehrt und klagte der Pfarrchronik sein Leid:

> Am 3. August, Samstag, ca. 16.30 sah ich, dass Kaplan Dr. Holl mit zwei Männern in die Kirche ging. Dort wurden, wie sich erst später herausstellte, gestellte Aufnahmen in leerer Kirche für ein Interview gemacht. Dieses erschien dann am Sonntag, 10. August, während Dr. Holl schon im Urlaub weilte. Dieser Artikel verursachte eine neue Welle der Empörung und zeigte, dass die Äußerungen im Fernsehen nicht emotionell zu deuten waren, sondern bewusst aufrechterhalten wurden.[154]

Als Konsequenz reicht der Pfarrer schriftlich seine »Resignation« (Rücktritt) ein und bittet den Kardinal um eine Audienz, um ihm persönlich seine Gründe dafür darzulegen. Am 13. August empfängt der Erzbischof den Pfarrer Neudecker und überzeugt ihn von seiner Betroffenheit. Er erzählt dem Leidtragenden, dass er selbst an seine Abdankung gedacht, sich aber dagegen entschieden habe, und fordert den Pfarrer auf, zu bleiben. Auch habe er Adolf Holl in seinem Urlaubsdomizil im Waldviertel angerufen und ihn telefonisch zur Rede gestellt. Bei diesem Gespräch hat König angekündigt, zur Beruhigung der Gemüter einen Brief an die Bischöfe Österreichs zu schicken, in dem die Konsequenzen aus dieser Affäre aufgelistet sind.

1. Der hochwürdige Herr Dr. Holl, der formell – ich war mir dessen nicht bewusst – noch immer Geistlicher Assistent der Fernsehkommission im diözesanen Katholischen Zentrum für Film, Funk und Fernsehen war, hat diese Stelle bereits niedergelegt.
2. Er hat zur Kenntnis genommen, dass er nicht mehr im Fernsehen oder Rundfunk sprechen wird.
3. Sein zuständiger Pfarrer in der Pfarre Neulerchenfeld, Dr. Neudecker, der bisher den hochwürdigen Herrn verteidigt hat und ihn schätzte, hat mir die schriftliche Resignation auf seine Pfarre eingereicht, um damit seine Betroffenheit und seinen Protest auszudrücken.
4. Die theologische Fakultät wird nach Semesterbeginn in der ersten Fakultätssitzung zu diesem Vorfall Stellung nehmen.
5. Ich werde mich persönlich an den Hl. Vater wenden, um mich wegen der Äußerungen des hochwürdigen Herrn Dr. Holl namens meiner Diözese zu entschuldigen unter Hinweis auf die vielen Protestschreiben, die die gefallenen Äußerungen unseres Diözesanpriesters schärfstens ablehnen.[155]

Das Imperium schlug zurück. Nun war in diesem Telefonat vereinbart worden, dass der Brief nur an die Bischöfe gehen sollte, er wurde aber an alle Dechanten weitergeleitet. Daraufhin fühlte sich Holl nicht mehr an die Abmachung gebunden, fuhr nach Wien und gab ein nächstes Interview. Diesmal Heinz Nußbaumer für den *Kurier*. Auf die Frage, was er anstelle des Papstes geschrieben hätte, antwortete Holl: »Ich hätte grundsätzlich auf die Bedeutung der Fruchtbarkeit für eine christliche Ehe hingewiesen – ohne jedoch den einzelnen ehelichen Akt zum Gegenstand einer ›Schlüsselloch-Moral‹ zu machen.«[156]

Ausführlich widmet sich das September-Heft des *freien Worts* den päpstlichen Ausführungen. »Die Enzyklika ist … ein recht krampfhafter Versuch, die nach dem Konzil aufgebrochene Entwicklung, das ›Aggiornamento‹ der Kirche, zu bremsen beziehungsweise rückgängig zu machen«, hieß es im Leitartikel. Und nochmals die Aufforderung: »Sollte Paul VI. … der nachkonziliaren Entwicklung in der Kirche und dem Problemkreis der Geburtenkontrolle nicht gewachsen sein, so wäre es naheliegend, dass er den Gedanken, sein Amt zurückzulegen, wahrmacht.« Im Impressum dieser Ausgabe war immer noch angegeben: »Mit kirchlicher Druckerlaubnis.« Hatte der Zensor versagt? »Im Priesterrat war über das unbequeme Blatt heftig diskutiert worden. Ein Verbot stand im Raum. Ich bot damals an, vermittelnd in die Redaktion zu gehen, wenn das sowohl von der Kirchenleitung wie von Adolf Holl akzeptiert werden würde«,[157] berichtet Paul M. Zulehner. Im Priesterrat war der Entzug der Druckerlaubnis oder die Einstellung des Blattes überlegt worden. In dieser Situation lud der oberste Priester der Diözese zur Aussprache – und zwar mit Vertretern der Redaktion. Mit der Einstellung tat man sich wohl auch deshalb schwer, weil das Blatt prominente Befürworter gefunden hatte, unter anderem den neuen Vorsitzenden der SPÖ. »Ich habe mich darüber sehr gefreut, dass Sie auch prominenten Politikern der Opposition breiten Raum zu einer Meinungsäußerung eingeräumt haben«, hieß es in einem Leserbrief von Bruno Kreisky.[158]

Nun wollte nicht nur die Kirche in der Arbeiterschaft nach Schäfchen Ausschau halten, sondern auch die Sozialdemokratie im katholischen Milieu auf Stimmenfang gehen. »Kreisky hat natürlich taktisch agiert und wollte die katholischen Stimmen haben. Sein Wahlsieg 1970 wäre ohne den Einbruch ins katholische Lager nicht gelungen.«[159] Aus taktischen Überlegungen einigte man sich bei der Sitzung im erzbischöflichen Palais auf folgenden Modus vivendi: »Zu den bisher tätigen Redakteuren (Holl, Pawek, Pawlowsky, Schlegel) stießen die Herren Mironovici, Pelinka und Zulehner. Die Idee des Teamworks ... bindet nunmehr alle Redakteure zu gleicher Verantwortung für das Blatt und dessen Gestaltung.«[160] Vorerst war Ruhe eingekehrt.

Nach außen hin gab sich Adolf Holl cool, innerlich jedoch spürte er, dass sich Revolutionäres ereignet hatte. Er zog Bilanz:

> Die Stimme des Pater Weiß: Bleib wie du bist. (...) Letzte Weihnachten war ich noch bei ihm, später hat er *das freie Wort* angezeigt, und so war dann nichts mehr zu machen. Zwanzig Jahre Pater Weiß. Ich bin nicht geblieben, der ich war, ich habe mich geändert. (...) Die Kritik erstreckt sich nun bis in den Vollzug der süßen Messe hinein, also bis in meine innerste Motivation. Meine religiöse Motivation. (...) Jesus selbst aber bleibt solange hoffnungslos relativiert, als man ihn als großen Religionsstifter ansieht. Wer sich also von ihm grundlegend motivieren lassen will, sieht sich heute gezwungen, das sogenannte Religiöse zu kritisieren. Ich auch.[161]

Anmerkungen

1 *Europa in der frühen Neuzeit*, S. 42.
2 Ebd., S. 48.
3 *Loseblatt-Tagebuch*, 8.12.1959.
4 *Zur frohen Zukunft*, S. 46.
5 Gespräch mit dem ehemaligen Landesschulinspektor Gerhard Foitl-Tuschl am 27.6.2017.
6 Ebd.
7 Gespräch mit Peter Henisch am 15.9.2016.
8 Peter Henisch: *Religionsunterricht*. In: *Wespennest Sonderheft: Adolf Holl. Zwischen Wirklichkeit und Wahrheit*. Mai 2000, S. 54–56, S. 55.
9 Ebd., S. 56.
10 *Loseblatt-Tagebuch*, 3.11.1960. Der Satz über den Glauben, der nach Wissen sucht, stammt aus dem *Proslogion* des Anselm von Canterbury (1033–1109), einem frühscholastischen Werk, das den ersten ontologischen Gottesbeweis enthält und deshalb philosophiegeschichtlich einflussreich war.
11 Apostolisches Schreiben des Papstes.
12 *Die katholische Kirche in der Zweiten Republik*. Eine ORF-Dokumentation von Walter Erdelitsch. Auf YouTube unter: www.youtube.com/watch?v=XMiwUXEXKBk.
13 *Chronik der Pfarre Neulerchenfeld von 1890 bis 2001*. Eintrag von 1963.
14 s. *Pfarrchronik Neulerchenfeld*.
15 *Wie ich ein Priester wurde*, S. 77.
16 *Loseblatt-Tagebuch*, 25.6.1961.
17 Die gedruckte Fassung hieß dann: *Seminalis ratio – ein Beitrag zur Begegnung der Philosophie mit der Naturwissenschaft*. Herder Verlag, Wien 1961.
18 s. Aktenvermerk des Bundesministeriums für Unterricht vom 21.7.1960: »Neubestellung als nichtständiger Hochschulassistent im Institut für Spezielle Dogmatik«. In der Akte Holl im Universitätsarchiv.
19 s. Vita beim Gesuch um Lehrbefugnis.
20 Adolf Holl: *Die Krise der Aktion*. In: *Wort und Wahrheit* 16 (1961), S. 778–782.
21 Friedrich Heer: *Gottes erste Liebe*. Bechtle Verlag, München 1967.
22 *Loseblatt-Tagebuch*, 3.7.1961.
23 *Priesterbild*, S. 178f.
24 *Was ich denke*, S. 15: »Luzern 1967. Ich bin etwas geworden, was es nach Jesu Lehre gar nicht geben soll, nämlich Priester.«
25 *Loseblatt-Tagebuch*, 5.7.1961.
26 Ebd., S. 140f.
27 Adolf Holl: *Tod und Teufel*. Deutscher Taschenbuch Verlag, München 1976, S. 189.
28 *Loseblatt-Tagebuch*, 29.1.1961.
29 Auf Wunsch des Verlages wird der Titel der gedruckten Fassung der Habilitation geändert in: *Die Welt der Zeichen bei Augustin. Religionsphänomenologische Analyse des 13. Buches der Confessiones*. Herder Verlag, Wien 1963.
30 Gutachten von Univ.-Prof. Dr. Walter Kornfeld im Wiener Universitätsarchiv.
31 Gutachten von Univ.-Prof. Dr. Beda Thum vom 26.11.1962 im Wiener Universitätsarchiv.
32 Schreiben von BM Drimmel vom 8.12.1963 an das Dekanat im Universitätsarchiv.
33 s. Vorlesungsverzeichnis der Universität Wien.
34 Adolf Holl: *Das Religionsgespräch der Gegenwart. Voraussetzungen und Prinzipien*. Styria Verlag, Graz / Wien / Köln 1965.
35 Korrespondenz zwischen Ministerium und Dekanat in der Akte Holl im Wiener Universitätsarchiv.

36 *Loseblatt-Tagebuch*, 11.2.1962.
37 *Loseblatt-Tagebuch*, 4.7.1962.
38 *Loseblatt-Tagebuch*, 5.7.1962.
39 In der Nummer 40 (3.10.1962) hatte *Der Spiegel* mit einer Serie über das Konzil begonnen.
40 Gespräch mit Peter Henisch am 15.9.2016.
41 *Europa in der frühen Neuzeit*, S. 111f.
42 Ebd., S. 152.
43 s. *Wie ich ein Priester wurde*, S. 32f.
44 Der Ausspruch »Paris ist eine Messe wert« wird Henry Quatre (1553–1610) zugeschrieben, der für die Anerkennung seines Thronanspruchs durch die mächtige Katholische Liga (beziehungsweise durch den Papst) vom Calvinismus zum Katholizismus konvertierte. Nach seiner Taufe am 25.7.1593 konnte er am 27.2.1594 in der Kathedrale Notre-Dame de Chartres gesalbt und als Heinrich IV. zum König gekrönt werden.
45 Adolf Holl: *Wien ist eine Messe wert*. Abschrift der Predigt auf dem Karlsplatz vom 3.10.1964.
46 Gespräch mit Adolf Holl am 3.1.2017.
47 Piero Rismondo: *Rolf Hochhuths heißes Eisen*. In: *Die Presse*, 25./26.1.1964.
48 Interview mit Günther Nenning am 15.6.1975.
49 Edwin Baumgartner: *Theater um einen Papst*. In: *Wiener Zeitung*, 19.2.2013.
50 Hansjakob Stehle: *Streitfall Papst Pius XII*. In: *Focus*, 22.6.1998.
51 *Loseblatt-Tagebuch*, 16.5.1964.
52 Ebd.
53 s. *Wie ich ein Priester wurde*, S. 132.
54 *Loseblatt-Tagebuch*, 3.9.1964.
55 Ebd., 3.9.1964.
56 Ebd., 4.9.1964.
57 Ebd.
58 Die penibel recherchierte Geschichte der Institutsgründung ist nachzulesen bei Christian Fleck: *Wie Neues nicht entsteht. Die Gründung des Instituts für Höhere Studien in Wien durch Exösterreicher und die Ford-Foundation*. In: *Österreichische Zeitschrift für Geschichtswissenschaften* 11 (2000), S. 129–177, S. 131.
59 Ebd., S. 133.
60 Ebd., S. 134, Anm. 13.
61 Protokoll der ersten Sitzung des provisorischen Kuratoriums des zu gründenden Instituts für Fragen der Wirtschafts- und Sozialwissenschaften, die am 9.10.1962 in der Österreichischen Nationalbank stattgefunden hat. In: Archiv des Instituts für Höhere Studien.
62 Soziologisches Forschungsprogramm 1963–1966. In den Protokollen des IHS.
63 Protokoll über die fünfte Sitzung des Kuratoriums des *Instituts für Höhere Studien und Wissenschaftliche Forschung* am 18.6.1964.
64 Ebd.
65 Beilage zum fünften Protokoll des Kuratoriums.
66 Gespräch mit Adolf Holl und seiner damaligen Kollegin am IHS, Christine Bausch, am 3.2.2017.
67 s. Vorlesungsverzeichnisse der Universität Wien. In: Universitätsarchiv.
68 *Loseblatt-Tagebuch*, 5.2.1965.
69 Ebd., 7.2.1965.
70 Ebd.
71 Ebd., 8.2.1965.

Glückliche Kindheit, 1931

Der Knabe Adolf, 1933

Josefine Holl in Venedig, 1950

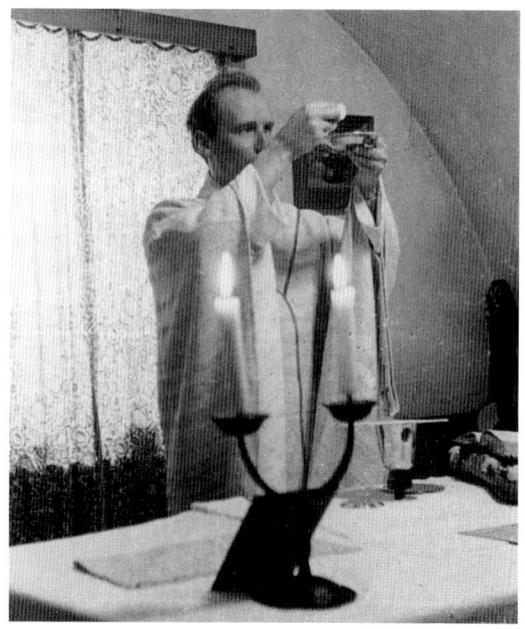

Der junge Priester, Radstädter Tauern, 1956

Wanderung auf den Dachstein, 1959

Adolf Holl traut ein Paar

Die »Spiegel«-Korrespondentin Inge Santner-Cyrus

Der Hilfsschilehrer in den Hohen Tauern, 1964

Aussicht auf den Bischofsstab, 1966

Der Gastgeber Adolf Holl in der Pfarre Neulerchenfeld, 1966

Neulerchenfelder Pfarrforum, zu Gast Günther Nenning (rechts), 1967

Holl mit dem Redakteur des »Freien Worts«, 1969

In der Zeit der »Dienstagsrunden«, 1969

Der Zauberer, 1971

Michael Horowitz

Die Kreisky-Jahre, 1972

Der fröhliche Rebell, 1978

Auf Reisen für das ZDF, Jerusalem 1980

Indonesien, 1993

Der Trickster, 1981

Der Weltreisende, 2002

Der Schriftsteller, 2005

Walter Famler

Walter Famler

Die Oldies, Holl und Inge Santner-Cyrus, 2004

Adolf Holl mit Deuserband in seiner Wohnung

72 Ebd., 15.7.1965.
73 Ebd., 15.7.1965.
74 Ebd., 30.7.1965.
75 *Europa in der frühen Neuzeit*, S. 198.
76 Ebd., S. 201.
77 Gespräch mit Hugo Portisch für die Dokumentation *Österreich II* am 10.12.1998. Im ORF-Archiv.
78 Walter Benjamin: *Das Kunstwerk im Zeitalter seiner technischen Reproduzierbarkeit.* Suhrkamp Verlag, Frankfurt/Main 1966.
79 Adolf Holl: Das Religionsgespräch der Gegenwart. Voraussetzungen und Prinzipien. Styria Verlag, Graz/Wien/Köln 1965.
80 Ebd., S. 5f.
81 *Loseblatt-Tagebuch*, 7.2.1965.
82 Ebd., 14.12.1965. Bei Frau Pawloff handelt es sich um Freda Meissner-Blau.
83 *Religionsgespräch*, S. 103.
84 Ebd., S. 102.
85 Ebd., S. 103.
86 Ebd., S. 130.
87 Ebd., S. 131.
88 Ebd., S. 159.
89 John A. T. Robinson: *Honest to God.* John Knox Press, London 1963. Deutsch: *Gott ist anders.* Chr. Kaiser Verlag, München 1963.
90 Peter L. Berger: *Altäre der Moderne. Religion in pluralistischen Gesellschaften.* Campus Verlag, Frankfurt/Main 2015, S. 8.
91 Terry Eagleton: *Der Tod Gottes und die Krise der Kultur.* Pattloch Verlag, München 2015, S. 242f.
92 *Religionsgespräch*, S. 172f.
93 *Loseblatt-Tagebuch*, 14.12.1965.
94 Neulerchenfelder Pfarrblatt vom November 1966 im Pfarrarchiv der Pfarre Maria Namen. Der Artikel ist ungezeichnet, könnte aber von Adolf Holl stammen, der Beiträge für das Pfarrblatt verfasste.
95 s. *Die katholische Kirche in der Zweiten Republik*. ORF-Dokumentation von Walter Erdelitsch.
96 Pfarrchronik von Neulerchenfeld 1966.
97 *Loseblatt-Tagebuch*, 5.7.1961.
98 Adolf Holl: *Mein Abschied vom Mittelalter*. In: *Radikalität im Heiligenschein*. Hrsg. von Rudolf Bahro. Herzschlag Verlag, Berlin 1984, S. 53–61.
99 *Loseblatt-Tagebuch*, 17.3.1966.
100 *Loseblatt-Tagebuch*, 17.3.1966.
101 Ebd.
102 Egon Friedell: *Kulturgeschichte der Neuzeit. Die Krisis der europäischen Seele.* C. H. Beck Verlag, München 1927, S. 48.
103 *Loseblatt-Tagebuch*, 17.3.1966.
104 Vorlesungsverzeichnis der Universität Wien im Universitätsarchiv.
105 Ebd.
106 Bericht für das Kuratorium und den wissenschaftlichen Beirat, Juni/Juli 1965.
107 Protokoll der Kuratoriumssitzung vom 18.5.1965.
108 *Loseblatt-Tagebuch*, 17.3.1966.
109 Ebd., 4.4.1966.
110 *Religionen*, S. 97.

111 *Loseblatt-Tagebuch*, 17.3.1966.
112 Ebd., 6.6.1966.
113 Schreiben Adolf Holls an das Dekanat vom 1.7.1966 im Universitätsarchiv.
114 s. *Wie ich ein Priester wurde*, S. 97.
115 Adolf Holl: *Gott im Nachrichtennetz. Religiöse Information in der modernen Gesellschaft.* Rombach Verlag, Freiburg / Breisgau 1968.
116 Ebd., S. 12.
117 Joel Carmichael: *The Death of Jesus.* Macmillan Publishers, London 1963. Deutsch: *Leben und Tod des Jesus von Nazareth.* Szczesny Verlag, München 1965.
118 Franz Josef Weißenböck: *Wer war Adolf H.* SOG Edition, Wien 1976, S. 15.
119 *Loseblatt-Tagebuch*, 2.12.1966.
120 *Küss mich, Priester.* In: Der Spiegel 47/1972.
121 Ebd.
122 Gespräch mit Adolf Holl am 3.2.2017.
123 Marshall McLuhan: *The Gutenberg Galaxis: The Making of Typographic Man.* University of Toronto Press, Toronto 1962. Deutsch: *Die Gutenberg-Galaxis. Das Ende des Buchzeitalters*, München 1968.
124 Autobiografischer Bericht von Adolf Holl vom 20.9.1969 im Diözesanarchiv.
125 Marshall McLuhan: *The Medium is the Massage. An Inventory of Effects.* Penguin Books, London 1967. Der Titel geht auf einen Druckfehler zurück. Eigentlich hätte es »Message« heißen sollen. Doch McLuhan war begeistert davon. Der neue Titel treffe die Sache noch besser, so McLuhan, weil die Medien gleichsam unser gesamtes Sensorium massieren, so wie die Werbeindustrie Auge und Ohr bearbeitet.
126 *Gott im Nachrichtennetz*, S. 75.
127 Ebd.
128 Ebd., S. 149.
129 Ebd., S. 151f.
130 Ebd., S. 155.
131 *Neulerchenfelder Pfarrchronik des Jahres 1967.*
132 Ebd.
133 Beiblatt im *Loseblatt-Tagebuch* mit Datum 4.12.1967.
134 *Holl-Brevier*, S. 187.
135 Im *Loseblatt-Tagebuch* vom 15.7.1967 heißt es: »Hier habe ich dem System gedient und war glücklich darüber. Einem System, an dem ich doch beträchtlich leide.«
136 Ebd.
137 *Neulerchenfelder Pfarrchronik des Jahres 1966.*
138 *Neulerchenfelder Pfarrchronik des Jahres 1967.*
139 Zum Leben und Werk Heinz Knieniders erschien nach seinem Tod ein Extraheft der Zeitschrift *Wespennest*: Nr. 68/1987.
140 *Neulerchenfelder Pfarrchronik des Jahres 1967.*
141 Gespräch mit Trautl Brandstaller, die ihre journalistische Karriere in der Kathpress begonnen hatte, am 19.7.2016.
142 Ebd.
143 *das freie Wort.* Meinungsblatt für den Klerus der Erzdiözese Wien. Jg. 1/1967, Nr. 1., S. 1.
144 Gespräch mit Trautl Brandstaller am 19.7.2016.
145 *Neulerchenfelder Pfarrblatt vom November 1967.*
146 Gespräch mit Trautl Brandstaller am 19.7.2016.
147 Kopie eines Schreibens von Kardinal König mit der Ziffer 1461/68 im Besitz von Adolf Holl.

148 *das freie Wort*, Jg. 1, Nr. 1., S. 1.
149 *Loseblatt-Tagebuch*, 12.2.1968.
150 Ebd., 19.3.1968.
151 Norbert Frei: *1968. Jugendrevolte und globaler Protest*. Deutscher Taschenbuch Verlag, München 2008, S. 13.
152 *Es muss ein neuer Papst her*. In: *Express*, 2.8.1968.
153 *Gegen Papst und für die Pille: TV-Kaplan Holl*. Interview von Hans Mahr mit Adolf Holl. In: *Die Neue Zeitung*, 10.8.1968.
154 *Neulerchenfelder Pfarrchronik des Jahres 1968*.
155 Ebd.
156 *Wenn er dem Amt nicht gewachsen ist*. Interview von Heinz Nußbaumer mit Adolf Holl. In: *Kurier*, 30.8.1968.
157 Paul M. Zulehner: *Mitgift*, S. 197.
158 *Gut gemacht*. Leserbrief von Bruno Kreisky. In: *das freie Wort*, Jg. 1, Nr. 7/8, S. 10.
159 Gespräch mit Trautl Brandstaller vom 19.7.2016.
160 *Krisis*. In: *das freie Wort*, Jg. 1, Nr. 10, S. 1.
161 *Loseblatt-Tagebuch*, 21.9.1968.

Zeit des Zorns

Affären und Affekte

»Und dann hat sich langsam ein Reif in die Geschichte gemogelt.«[1] Gemeint war von Adolf Holl die kirchenpolitische Entwicklung zum Ausgang des Jahrzehnts. In einem psychisch anstrengenden Prozess hatte er sich vom Mittelalter in die Neuzeit katapultiert. Und vermeinte sich eins mit der Kirche. Mitten in der Periode des Erneuerungseifers bekam die Kirche Angst vor der eigenen Courage und vollzog eine Kehrtwende. Dazu mag beigetragen haben, dass in diesem Sommer 1968 jenes Ungeheuer wieder blutige Urständ feierte, das Rom seit Jahrzehnten und besonders seit 1956 wieder in Furcht und Zittern versetzt hatte: der Panzerkommunismus überrollte die Tschechoslowakei. Bei so viel Nordwind, mag man sich in Rom gedacht haben, wäre es angezeigt, die Pforten wieder zu schließen, die man zum Durchlüften der Kirche geöffnet hatte. Mit dem »Prager« endete auch der »römische Frühling«.

Für Holl waren die historische und seine persönliche geistige Entwicklung des vergangenen Lustrums unumkehrbar. Er marschierte vorwärts in die neue Zeit und stellte Fragen: Was hat mich zur Kirche gebracht? Was ist dran am Christentum? Nicht zuletzt: Wer war sein Stifter? Er tat das, wozu Kant knapp 200 Jahre davor aufgefordert hatte: »Sapere aude! Habe Mut, dich deines eigenen Verstandes zu bedienen.«[2] Und zwar, wie es bei Kant heißt, »ohne Leitung eines anderen«. Am Ausgang des Menschen aus seiner selbst verschuldeten Unmündigkeit musste er allerdings seine Sicherheit abgeben – in Bezug auf Gewissheiten und Werte. Vergleichbar der Vertreibung aus dem Paradies: Plötzlich wusste der Mensch, dass er nackt war. Holl musste also ausprobieren, wie er ohne Anleitung auskommen konnte.

Anders als etwa Hubertus Mynarik und andere Abtrünnige versuchte er aber zu retten, was noch zu retten wäre. In einem bemerkenswerten Interview antwortete er etliche Jahre später Günter Kaindlstorfer auf die Frage, ob er noch im 18. Jahrhundert halte: »Ich halte schon im 20. Jahrhundert, aber ich versuche halt noch, bestimmte Grundorientierungen herüberzuretten.«[3] In diesem Zeichen steht das folgende schriftstellerische Werk Adolf Holls. Welche Orientierungen denn noch herüberzuretten wären, da das Christentum seit der Aufklärung doch philosophisch erledigt wäre, hakte der Interviewer nach: »Es wird Sie vielleicht überraschen, aber am wichtigsten erscheint mir die Weltfremdheit«, so Holl. Ein anachronistisches Gefühl, dem er in seinem berühmtesten Buch, *Jesus in schlechter Gesellschaft*, exemplarisch Ausdruck verliehen hat. Es könnte Wolfgang Ambros zu jenem Jesus inspiriert haben, den er auf seiner LP *Eigenheiten* von 1973 besungen hat: »Das Leben ist ein Heidenspaß, für Christen ist das nichts.«[4]

Während Adolf Holl auf Urlaub weilte, quoll am Stephansplatz der Postkasten über. Darin lag auch ein handgeschriebener Brief vom St. Pöltner Bischof Franz Žak, den die Bischöfe von Gurk-Klagenfurt, Innsbruck und Salzburg mitunterschrieben hatten. In diesem Schreiben an Kardinal König hieß es: »Priester und Laien, auch solche, die von der Enzyklika enttäuscht sind, verurteilen die ›lausbübischen‹ (uti dictur) Äußerungen Dr. Holls aufs schärfste und erwarten eine Klarstellung und Zurechtweisung vor der Öffentlichkeit, vor der dieses scandalum gegeben wurde.«[5] Folge davon war der Anruf des Vorsitzenden der Bischofskonferenz bei Holl in dessen Urlaubsdomizil und die dabei besprochene Erklärung (s. Kap. Revolution). Welche Ängste der Kaplan in jenem heißen Sommer des Kalten Krieges in der österreichischen Kirche ausgelöst hatte, brachte Pfarrer Neudecker auf den Punkt: »Ich betrachte das Vorgehen Dr. Holls als einen direkten Angriff auf die Verfassung der Kirche. Denn das Papsttum ist göttlicher Einsetzung und *das* Fundament der Kirche, das ihr allein Dauer und Halt und Irrtumslosigkeit gibt.«[6] Das war sehr klar gesehen.

Holl hatte den österreichischen Klerus gespalten: in Papsttreue und Papstkritiker. In der Posteingangsstelle der Erzdiözese Wien befanden sich auch Schreiben, die für ihn eintraten. Der Pfarrer der niederösterreichischen Gemeinde Lichtenegg etwa stellte sich »vollinhaltlich« hinter seinen Wiener Mitbruder:

Die Äußerung Dr. Holls im Fernsehen hat eine Vorgeschichte, die Sie wahrscheinlich kennen. Es wird auch Dr. Holl nicht verborgen geblieben sein, dass aus Kreisen, die das vatikanische Klima kennen, die Besorgnis laut wird, der Hl. Vater verliere zusehends an Spannkraft zur Führung seiner Geschäfte. Zudem ist die Frage eines eventuellen Rücktritts von ihm selbst ja auch erwogen worden. (...) Ein Sprecher des Vatikans habe vor Laien beteuert, der Hl. Vater weine jeden Tag über die bösen Fortschrittlichen. Worauf eine junge schwedische Delegierte gesagt haben soll: »Wenn er die Auseinandersetzung nicht mehr durchstehen kann, soll er eben abtreten.« Ebenso wenig dürfte der Unwille über die eigenmächtigen Eingriffe des Papstes in den Verlauf des Konzils sowie über die Zölibatsenzyklika Dr. Holl unbekannt geblieben sein. Dass sich bei einer solchen Sachlage in einem engagierten Mann ein psychologischer Stau bildet, ist verständlich.[7]

Persönlich betroffen war hingegen der Pfarrer von Neulerchenfeld, der sich redlich bemüht hatte, seinen Kaplänen Holl und Stöveken ein angenehmes Arbeitsklima zu schaffen, und sich nun hintergangen fühlte. Da half es auch nichts, dass Holl zu ihm gesagt hatte, dass es ihm leidtue. Neudecker vermutete andere Gründe für den »psychologischen Stau« Holls als sein Lichtenegger Amtskollege und klagte sein Leid nicht nur dem Kardinal, sondern über viele Seiten auch in der Pfarrchronik. Er lobte Holls »pfarrseelsorgerliche Ambitionen«, obwohl er als Dozent »nur eine Bezahlung als Kaplan hat« und sich »durch Vorträge und Auftritte im Rundfunk seine Zulagen verdienen« muss. Auch hatte er »aufgrund seiner Stellung viele sozial hochgestellte Besucher«, musste sich aber bis vor Kurzem »Zimmer und Kabinett mit einem Mitkaplan teilen«. Darin vermutete der Pfarrer den »geheimen Stachel für seine Explosivität« und schlug vor: »Wäre es nicht möglich, ihn in St. Peter, Wien 1, als Kurat zu bestellen, ihm dort eine repräsentative Wohnung zu geben. Dort hätte er ein entsprechendes Publikum für seine wertvollen Predigten und eine Möglichkeit zur Entfaltung.«[8] Solcherart wäre der Pfarrer den unliebsamen Quälgeist losgeworden.

Der dachte aber nicht daran, das Feld zu räumen, weshalb Neudecker seine Resignation erneuerte und diese am 31. Oktober auch angenommen wurde. Dr. Gebhard Müller, der Pfarrer der Nachbargemeinde Maria Namen, wurde gebeten, auch die Leitung von Neulerchenfeld zu übernehmen. Bevor Müller seinen Posten mit 1. Jänner 1969 antrat, setzte er sich mit den beiden Kaplänen zusammen, »um zu einem reibungslosen Zusammenwirken zu kommen«, wie es in der Pfarrchronik heißt. Und weiter: »Dr. Holl legte auf Aufforderung des Pfarrers die Prüfung der Mädchen-Jugendgruppe zurück und auf einige Zeit auch die Redaktion und Gestaltung des *Neulerchenfelder Pfarrblatts*.« Noch blieben ihm *das freie Wort* und die Universität. In beiden »Medien« setzte er sich intensiv mit der Rolle des Priesters auseinander. *Der katholische Priester. Genese, Diagnose, Prognose* hieß die Vorlesung für Hörer aller Fakultäten, die er im Wintersemester 1968/69 gemeinsam mit dem Assistenten des Ordinarius Rudolf Weiler, Paul M. Zulehner, hielt. In seiner Autobiografie betrachtet der spätere Pastoraltheologe die doppelte Zusammenarbeit – in der Redaktion des *freien Wortes* und an der Universität – ambivalent: »Für meine mediale Arbeit habe ich viel bei Adolf Holl gelernt«; andererseits: »Adolf Holl behielt … bis heute sein völlig archaisches Priesterbild«.[9]

Priester kritisieren Priester, titelte Adolf Holl im *freien Wort* einen Bericht über den dritten Kongress des Instituts für Europäische Priesterhilfe in Luzern (s. Kap. Revolution, Anm. 150) und zitiert in dem darauffolgenden Artikel den Bibliker Josef Blank:

> Ein besonderes Amtspriestertum kennt das Neue Testament nicht. Es kennt eine Reihe von Gemeindeämtern, von Dienstleistungen und Charismen, aber unter der Bezeichnung für diese Dienste taucht die Bezeichnung HIEREUS, Priester, an keiner einzigen Stelle auf. (…) Das neue Gottesverhältnis, wie Jesus es lehrt und praktiziert, bedeutet seinem Sinn und seiner Konsequenz nach das Ende jedes besonderen Kultpriestertums.[10]

Diesem Gedanken geht Holl in der nächsten Zeit akribisch nach – bis hin zur kompletten Infragestellung der katholischen Kirche in *Jesus in schlechter Gesellschaft*: »Die Tempelkritik Jesu taucht keineswegs unvermittelt auf, sie ist vielmehr vorbereitet von der Hand der Propheten, vornehmlich von Amos, Hosea, Jesaja, Jeremia, woselbst sich kräftige Kritik an Kult und Priesterschaft regt.«[11] Dass er andererseits in der vom Priester ausgeführten Kulthandlung der Transsubstantiation weiterhin den Wesenskern des Christentums erkennt, der von ebendiesem bleiben wird, ist der unauflösbare Widerspruch in Adolf Holl, mit dem er (künftig) leben musste.

Mit Widersprüchen leben musste auch der Primas der österreichischen Bischöfe – allerdings mehr mit äußeren. Über die Affäre Holl war noch kaum Gras gewachsen, da brach bereits die »Affäre Irmgardis Strauß« über ihn herein. Die Ordensschwester der »Kongregation der Töchter des göttlichen Erlösers« unterrichtete im Theresianum in Eisenstadt Deutsch, Geschichte und Latein. Kardinal König hatte die begabte Lehrerin 1966 kennengelernt und spontan für die Sendung *Christ in der Zeit* nominiert. Als TV-Nonne, die vehement kirchliche Reformen einmahnte, erlangte sie rasch Bekanntheit. Im Herbst 1968 erteilte ihr der Orden Sprechverbot, weil sie angeblich eine zu enge Freundschaft mit einem Kollegen in der Schule unterhalten hätte. Unter dem Titel *Liebesbrief-Affäre* wurde die Sache in den Medien verhandelt. *Das freie Wort* ergriff sofort Partei für Irmgardis Strauß und vermutete eine Intrige zweier Mitschwestern hinter der Angelegenheit.[12] Dass es um mehr ging als erotische Abschweifungen, argwöhnte Barbara Coudenhove-Kalergi: »Ihre Schülerinnen lasen im Deutschunterricht Brecht und Handke, trugen Hosen und sahen ›verbotene‹ Filme. (…) Was sie sagte, war eine harte Kritik an den ›vorkonziliaren Zuständen‹ in manchen Klöstern und ein eindrucksvolles Plädoyer für die Emanzipation der Frau in der Kirche.«[13] Man drängte Irmgardis Strauß, den Habit abzulegen und den Orden zu verlassen, was sie ablehnte. Daraufhin wurde sie von ihrer »Exklaustrierung« informiert und lebte – vergleichbar mit Adolf Holl ab 1976 – als »Nonne in Zivil«.

Das neue Jahr begann für Kardinal König mit einem Paukenschlag: Am letzten Tag des Jahres 1968 sahen die Steirer eine Silvesterpredigt ihres Bischofs Josef Schoiswohl im Fernsehen. Am selben Tag hörten sie in den Rundfunk-Nachrichten, dass ihr Bischof zurückgetreten sei, was eine kognitive Dissonanz bei ihnen auslöste. Irritiert darüber war man auch am Wiener Stephansplatz, hatte der Oberhirte der Diözese Graz-Seckau seinen Amtsbruder doch erst unmittelbar vor seiner Abreise »mit unbekanntem Ziel« darüber informiert, obwohl sein Rücktrittsgesuch schon am 27. November vom Papst unterzeichnet worden war. Die Hintergründe dieses abrupten Abschieds erfuhr man nach und nach. Der einst als sittenstreng und konservativ geltende Bischof hatte – vergleichbar mit Holl – eine rasante geistige Entwicklung durchgemacht. Nach dem Zweiten Vatikanum berief er einen ständigen Priesterrat ein, der ihn beraten sollte, baute die Beteiligung von Laien aus, reformierte die Priesterausbildung und sorgte insgesamt für eine Demokratisierung. Das ging so weit, dass er vorsichtig am Dogma der Unfehlbarkeit des Papstes zu rühren begann. Als er im Herbst 1968 in den Vatikan pilgerte, um dem Papst persönlich eine Lockerung der Zölibatsvorschriften abzuringen, war der Bogen offenbar überspannt. Es erwartete ihn »ein Kesseltreiben konservativer Amtsbrüder (…) Sein Hauptwidersacher Opilio Rossi, Apostolischer Nuntius in Wien, hatte den Vatikan stets über die Alleingänge des Grazer Bischofs auf dem Laufenden gehalten. (…) Von Klerikern wird die Nuntiatur deshalb gern ›Denunziatur‹ genannt.«[14] Bischof Schoiswohl kehrte zurück in seine Heimatgemeinde Guntramsdorf und blieb bis zu seinem Tod 1991 einfacher Pfarrer.

Von Holl war ein Rückzug an einen Seitenaltar der Kirche trotz seiner Vorliebe für die »stille Messe« nicht zu erwarten. Für das Sommersemester 1969 bereitete er eine Vorlesung zum Thema *Das Führungsklima der Groß-Kirchen*[15] vor. Material dazu hatte er während des Synodalprozesses genug sammeln können. Nach außen hin gerierte sich die Kirche reformfreudig und demokratisierungswillig. Der Wiener Kardinal forderte sogar offiziell zur Kritik auf: »Die Kritik an all dem, was an der Kirche angreifbar ist, erscheint mir heute wünschenswert«, schrieb er im *Neuen Forvm*.[16] Die Haltung des Oberhirten: gewähren lassen; Rom nicht reizen, aber auch die Vorwärtsstürmer nicht vertreiben. Das kann man als kluges Manövrieren in stürmischen Gewässern betrachten oder aber – wie Holl damals – als Opportunismus. Der Enzyklika *Humanae vita* hatte Kardinal König durch die *Mariatroster Erklärung* (22.9.1968) den Stachel zu ziehen versucht. Darin heißt es: »Wenn sich jemand gegen die Lehre der Enzyklika verfehlt, muss er sich nicht in jedem Fall von der Liebe Gottes getrennt fühlen und darf dann auch ohne Beichte zur heiligen Kommunion hinzutreten.« Im Hintergrund jedoch waren längst die Dunkelmänner der römischen Kongregation für Glaubenslehre aktiv und prüften in einem »Informationsprozess« Holls Aussagen in den Medien. Die Untersuchung wurde im Mai 1969 ergebnislos eingestellt.[17]

Das war wohl der Zeitpunkt, zu dem Adolf Holl zu seinem nächsten Coup ansetzte. Im Jänner 1967 war nach einem erfolgreichen Volksbegehren das neue Rundfunkgesetz in Kraft getreten, das den ORF unabhängiger von politischer Einflussnahme machen sollte. Ob das gelang, sei dahingestellt, es inspirierte jedenfalls ORF-Redakteure zu kritischen politischen Magazinen wie *Prisma*, *Horizonte* oder später zur legendären Diskussionssendung *Club 2*. Ab 1969 moderierte Kurt Tozzer die *Horizonte*. An ihn trat Adolf Holl mit der Idee heran, eine Sendung über *gefallene Priester* zu machen. Das Thema hatte nicht nur aufgrund von Holls Privatleben einiges an Brisanz. »Auffällig ist derzeit ein gewisser Schrumpfungsprozess innerhalb des Klerus, und zwar aufgrund schwindender Kandidatenzahlen und der zunehmenden Neigung bei den Geistlichen, die ›Laisierung‹ anzustreben«, vermerkte er in einer Ausgabe des *freien Worts*, das der »zunehmenden Unzufriedenheit« unter dem österreichischen Klerus gewidmet war.[18] Die Verantwortlichen konnten Holls Idee etwas abgewinnen und beauftragten ihn, da er selbst im Fernsehen ja nicht mehr auftreten durfte, mit einem Drehbuch. Einen Monat nach dem Hochamt des Hippie-Zeitalters, dem Woodstock-Festival,[19] ging die von Erwin Fischer moderierte Sendung am 12. September 1969 on air.

Darin waren dann *gefallene Priester* zu sehen, die vor ihren Ehefrauen auf einem Esstisch mit kariertem Tischtuch eine »Hausmesse« zelebrierten. Der Skandal war perfekt. Kaum eine österreichische Zeitung, die nicht darüber berichtete. Von der »Geschmacklosigkeit des Jahres« sprach der *Kurier* am Tag danach, und von einem »Verrat an den Mitbrüdern, die tapfer zu opfern bereit sind«, und traf damit den Tenor der Kommentare. »Es hat in letzter Zeit kaum eine Sendung des Fernsehens gegeben, die in vielen, ja in den meisten Einzelheiten so schief, ja sogar ›falschgelegen‹ ist«, verkündete die *Kleine Zeitung* ihren Lesern, während *Die Presse* von »glatter Manipulation« sprach. Die Aufmachung in den Boulevard-Medien war dementsprechend.

Entgegen seiner bedächtigen Art sah sich Kardinal König gezwungen, relativ rasch zu reagieren. Erstmals nahm er bei einer Sühnekreuzzugversammlung in der Stadthalle am 14.9.1969 »zur Sache Holl« Stellung. Das konnte die Flut an Forderungen nach Maßregelung natürlich nicht verhindern, die in den folgenden Wochen über das erzbischöfliche Palais hereinbrach. Darunter Protestschreiben der Pfarren Ebenfurth, Felixdorf, Hanfthal (Laa an der Thaya), Hernstein, Pottenstein, St. Veit an der Triesting, Wolkersdorf sowie der Pfarrer von Graz (hl. Schutzengel), Graz (Graben), Graz (St. Peter), Modriach, Mooskirchen, Nestelbach, Oberwölz, Pack, Weinburg, Schwanberg, Spielfeld etc.[20] Dass ausgerechnet ein Priester zum »Haupteinpeitscher der Kirchenfeinde« geworden war, wie der Dechant von Sitzendorf in seinem Brief an den Kardinal formulierte, erzürnte nicht nur ihn.

> Eine bodenlose Gemeinheit dieser Kollegen (in der Sendung, Anm.) ist es, zu behaupten, dass so wie sie selbst und ihre Freunde ein heiliges Treueversprechen gebrochen haben, obzwar sie es freiwillig im Zölibatsgesetz gelobt haben, es auch von allen anderen Priestern gebrochen würde. Ihre eigene Ehre gilt ihnen also nichts, und dies im Namen der Freiheit und fortschrittlichen Menschlichkeit. Gott selbst aber sagt: ›Der Lügner und Treulose ist vor dem Herrn ein Gräuel‹.«[21]

Der Wiener Erzbischof hatte also dringend Handlungsbedarf. Schweren Herzens entschloss er sich in Absprache mit dem Priesterrat zu Einschränkungen der Tätigkeiten Adolf Holls und teilte ihm diese dann auch schriftlich mit. Darin warf er Holl zuerst vor, sein Wort, »ohne Kontaktaufnahme mit mir nicht im Fernsehen tätig zu werden«, gebrochen zu haben, und zog daraus folgende Konsequenzen:

> Sie dürfen an der Theologischen Fakultät der Universität Wien ohne meine schriftliche Zustimmung nicht mehr ankündigen. Im Falle einer Übertretung dieses Verbots sehe ich mich gezwungen, sofort die nach österreichischem Konkordat Artikel V, § 4, notwendige Zustimmung für die Dozentur an der Theologischen Fakultät zurückzuziehen.

> Ferner sehe ich mich gezwungen – bis zu einem etwaigen schriftlichen Widerruf – Ihnen zu untersagen, sich in einer wie immer gearteten Weise an Sendungen, die Themen des kirchlichen Bereiches oder der Theologie behandeln, oder auch bloß inhaltlich berühren, im Hörfunk und Fernsehen sowohl im Inland wie auch im Ausland zu beteiligen. Im Falle der Nichteinhaltung dieses Verbots würde ich ebenfalls die oben zitierte Zustimmung für die Dozentur an der Theologischen Fakultät zurückziehen.[22]

Im Vergleich zu Galilei war das milde. Noch untersagte der Kardinal dem Ketzer nicht grundsätzlich seine Lehrtätigkeit, sondern stellte ihn »nur« unter Kuratel. Für einen Freigeist wie Adolf Holl war das ein Affront, den er so nicht hinzunehmen bereit war. Er hatte sich bald nach der TV-Dokumentation über die *gefallenen Priester* in einem Brief an seinen Dienstherrn folgendermaßen gerechtfertigt:

> Überaus wichtig war mir das Bewusstsein, von meiner Wiener Obrigkeit toleriert zu werden. Zwischen meinem Willen zur Loyalität und dem Vertrauen, das manche junge, unzufriedene, kritische Menschen in mich zu setzen schienen, werde ich nach wie vor hin und her bewegt. (…) Mein Verhältnis zur Obrigkeit muss wohl angespannt bleiben. Ich kann nicht jedes Mal anfragen, weil sonst meine Rolle mit jener der – notwendigen – Kirchenführung verschmelzen würde.[23]

Im Übrigen informierte er die Medien und aktivierte sein Netzwerk. Die *Aktion Katholische Studentenpresse* erstellte unter der Federführung des späteren Kriminalsoziologen Arno Pilgram ein Flugblatt mit zwölf Forderungen an den Kirchenfürsten. Darin verlangten die Studenten unter anderem eine Diskussionssendung zwischen den Kontrahenten im Fernsehen, eine Modifikation des Konkordats, um »den Vatikan zur Anerkennung von Menschenrechten zu zwingen«, sowie dem Dozenten Holl einen Lehrauftrag »im Rahmen der soziologischen Studienrichtung« anzubieten.[24] Holl konnte die Unterstützung von Juristen gut gebrauchen. In der Ankündigung seines Rücktritts aus der Redaktion des *freien Worts* berichtet er zuerst über die Maßnahmen gegen ihn und ergänzt: »Es ist mir nicht möglich, gegen die Beeinträchtigung meiner akademischen Lehrtätigkeit, zu der ich das Recht durch redliche Arbeit erworben habe, Rekurs anzumelden: Das Konkordat sieht solches nicht vor.«[25] Den Finger in die offene Wunde des Kardinals legte der Schriftsteller Eduard Christoph Heinisch, als er ihm schrieb: »Nun haben Sie etwas getan, was den gegenwärtigen ›Säuberungen‹ in der CSR ähnlich sieht. Gerade von Ihnen, sehr geehrter Herr Kardinal, hätte ich das am wenigsten erwartet.«[26]

Demgegenüber standen zahlreiche Stimmen, denen die Sanktionen nicht weit genug gingen. Quo usque tandem abutere, Adolphus, patienta nostra? (Wie lange noch, Adolf, wirst Du unsere Geduld missbrauchen?), fragten einige Gebildete unter seinen Verächtern. Exemplarisch dafür mag ein Brief des Pater Superior der Oblaten der makellosen Jungfrau aus Steyr-Münichholz an den Linzer Bischof gelten. Er betrachtete die *Horizonte*-Sendung als »Religionsstörung« und führte dann aus:

> Ich habe mich auch in der unseligen Nazizeit für die Kirche eingesetzt, stand deshalb einige Male vor der Gestapo, war mit KZ bedroht und hatte drei Jahre lang Redeverbot und Verbot jeder öffentlichen Amtstätigkeit. (...) Es wäre bedauerlich, wenn die Meinung aufkäme, und solche Äußerungen hört man, dass die Bischöfe nicht den Mut hätten, sich für den Papst und die Kirche einzusetzen, während die sogenannten »Progressiven« in der Kirche immer lautstarker und ungehinderter an der Selbstzerstörung der Kirche arbeiten können.[27]

Es mag heute widersprüchlich und unverständlich erscheinen, dass gerade jemand, der unter massiven Einschränkungen der Meinungsfreiheit und Berufsausübung im Dritten Reich zu leiden hatte, ebensolche forderte. Er verlangte aber nichts anderes als etwa die *Bildpost*: »Wer ist dieser Dr. Holl eigentlich, der mit seiner superfortschrittlichen Einstellung mindestens einmal im Jahr Österreichs Gläubige schockiert? Vor allem aber – so fragen sich viele – warum schweigt zu all dem seine vorgesetzte kirchliche Stelle und gewährt ihm Narrenfreiheit.«[28] Die Hand, die einen füttert, beißt man nicht, ist die Denkweise hinter solchen Äußerungen. *Das freie Wort* war dagegen mit der Maxime angetreten: »Wir haben uns entschieden, Widersprüche eher als Kompliment, denn als Enttäuschung aufzufassen: Wären alle unserer Meinung, dann erübrigte sich wohl die Herausgabe eines Meinungsblattes.«[29] Mit Einsprüchen von innen tut sich nicht nur die Kirche schwer, auch Staats-, Partei- und Firmenchefs haben damit ihre Probleme. In der vorletzten Ausgabe des *freien Worts* machte Peter Pawlowsky im Zuge eines Artikels über die Bischofssynode nochmals die Linie des Blattes deutlich. Zuerst zitierte er den Generaldirektor des Herold-Verlags, der in seiner Eigenschaft als *Furche*-Chefredakteur ebendort geschrieben hatte:

> Es ist doch wohl selbstverständlich, dass in einer katholischen Zeitung keine Artikel gegen die katholische Kirche erscheinen und in einer sozialistischen Zeitung keine Artikel gegen die sozialistische Partei. Die Eigentümer würden sich mit Recht bedanken, wenn solche Dinge geschehen würden.[30]

Diese Äußerung von Willy Lorenz spießte Peter Pawlowsky mit der Anmerkung auf, dass Wenn-Sätze würdelos seien, und ergänzte: »Kritik hat mit Unterscheidung zu tun und davon hält man im Hause Herold offenbar nicht allzu viel, wenn man nach der Führungsspitze urteilen darf.«[31] Der »Dank« blieb nicht aus. Als Redakteur des *Volksboten* war Pawlowsky allerdings Angestellter des Tyrolia- und nicht des Herold-Verlags. Obwohl sein Haus in dem Artikel überhaupt nicht vorkam, verbot ihm der Generaldirektor des Tyrolia-Verlags, weiterhin für *das freie Wort* tätig zu sein, wie das Blatt in seiner letzten Ausgabe vermeldete.

In der österreichischen Kirche endete der kurze Sommer der Anarchie also im Herbst 1969. Mit der Nummer 11/12 wurde im zweiten Jahr seines Erscheinens *das freie Wort* aus Anlass des Ausscheidens seines Spiritus Rectors Adolf Holl mit einer Ausgabe zum Thema *Die Freiheit, die wir meinen* eingestellt.

Jesus in weiblicher Gesellschaft

Ende 1969 war es dann so weit. »Endlich«, kommentierte Adolf Holl für sich, als bei ihm das Telefon läutete und ihn die *Spiegel*-Korrespondentin für Osteuropa am anderen Ende der Leitung um ein Interview bat. Der in der Freiheit der Lehre eingeschränkte Wissenschaftler bereitete sich auf ein ausführliches Gespräch über Ursachen und Hintergründe vor. Als Inge Santner-Cyrus dann in der Tür stand, machte sie ihm rasch klar, dass sie wenig Zeit hätte, der Artikel müsse in zwei Stunden fertig sein.[32] Leidenschaftslos und lakonisch listete die Journalistin die »Provokationen« des Kaplans auf, schätzte die Nöte des Kardinals richtig ein und resümierte:

> Als Holl mit dem Zölibats-Skandal das »schon bei früheren Anlässen gegebene Ärgernis erneuerte« (König), konnte der Appeasement-Kardinal nicht mehr viel tun. Er gab seinen engstirnigen Pfarrern nach, warf dem Dozenten auch seinerseits »mangelndes Verantwortungsbewusstsein« vor und begnügte sich damit, die allerärgste Sanktion zu vermeiden: Holls Suspendierung vom Priesteramt.[33]

Nun hatte es Adolf Holl also in den *Spiegel* und damit aus dem engen Kreis des österreichischen Katholizismus hinaus auf die internationale Bühne geschafft. Eine Genugtuung. Dass sich damit auch in anderer Hinsicht neue Perspektiven auftaten, ahnte er damals noch nicht. Mit Inge Santner-Cyrus tritt nicht nur eine erfahrene Autorin und mit machtverliebten Männern vertraute Journalistin in sein Leben, sondern auch eine selbstbewusste Frau, die dem »Zauber der Montur« (auch in Form einer Soutane) kaum zu erliegen droht. Die Auslandskorrespondentin für das deutsche Renommiermagazin *Spiegel* und die angesehene Schweizer *Weltwoche* kann Holl weder mit stilistischen Kniffen beeindrucken noch mit Männlichkeitsattitüden. Sie steht zudem außerhalb des »katholischen Milieus«, in dem sich Holl – trotz allem – immer noch weitgehend bewegt. Sie eröffnet für ihn in mancherlei Hinsicht neue Chancen.

Neu auszurichten galt es nicht nur das Berufsleben, sondern auch seine erotische Karriere. Parallel zu den Differenzen mit seiner Kirche liefen auch Diskussionen in seinem Privatleben. Auslöser dafür war die Taufe eines Kindes seiner Geliebten im Mai 1968. »Ruckartig bewusst geworden: Diesem (solch einem) Kind soll nicht geschadet werden.«[34] Es handelte sich zwar nicht um ein leibliches Kind von ihm, doch es führte ihm die Leiblichkeit seiner Geliebten vor Augen und verfolgte ihn bis in seine Träume.[35]

Offene Beziehungen waren im Zuge der »sexuellen Befreiung« in den Sechzigerjahren zwar en vogue, doch zeigte sich nicht nur an der legendären *Kommune 1* sehr bald, dass solche Lebensformen ebenso ihre Tücken hatten wie die bürgerliche Kleinfamilie.[36] Über seine ehemaligen Schüler Gustav Ernst und Peter Henisch war Adolf Holl in dieser Zeit auch informiert über die Gründung der Zeitschrift *Wespennest*, die das freie und offene Wort pflegen wollte. Helmut Zenker und Peter Henisch, die das Blatt aus der Taufe hoben, fanden sich mit ihren Freundinnen im 20. Bezirk zu einer WG zusammen. Mit von der Partie war auch noch die Mieterin der Wohnung, Helmut Zenkers Oma, die sich der jungen Leute annahm, auch wenn sie die häuslichen Vorgänge mitunter nicht verstand.[37] Zeitweise anwesend waren noch zwei Amerikaner und als Besucher Gustav Ernst und Heinz Knienieder. Letzterer versteckte sich dann ab Februar 1971 in Holls Neulerchenfelder Pfarrei vor der Militärstreife. Ein gutes Jahr lang gehen die beiden am Brunnenmarkt miteinander einkaufen, kochen auf dem zweiflammigen Gasherd Suppe und philosophieren, mehr über die Welt als über Gott.[38] Während Zenker und Ernst leninistisch ausgerichtet waren, verkehrten Henisch und Knienieder auch mit bürgerlichen Menschen und Medien, was zu allerlei Konflikten führte. Der Stoff, der die WG letztlich sprengte, war jedoch weniger ideologischer als erotischer Natur.

> Es war nicht leicht, als sich die Beziehungen geöffnet haben. Es hat dazugehört, dass man das nicht so eng sieht und auf einmal sind die erotischen Funken gesprungen und in jedem Zimmer haben irgendwelche miteinander geschlafen. Wenn die Oma hereingekommen ist, hat sie sich zu uns aufs Bett gesetzt und uns Vorträge gehalten, dass das so nicht geht. Im Wesentlichen sind die Konflikte von daher gekommen, weil wir damit nicht fertiggeworden sind.[39]

Mit der Erfahrung, dass die freie Liebe nicht unbedingt frei macht, insbesondere die Frauen nicht, war die *Wespennest*-WG keineswegs allein. Gründeten die Vorstellungen über sexuelle Verfügbarkeit doch im Wesentlichen auf »Männerfantasien«.[40] Die beschäftigten auch Holl, der hinter dem Schutzmantel des Zölibats im Kreis um das *Neue Forvm* nach erotischen Abenteuern Ausschau hielt. Nach zehn Jahren Sexualleben war auch das schlechte Gewissen darüber fast verstummt. Was ihn mehr plagte, waren Gedanken, die mit seinem Selbstverständnis als Priester zu tun hatten.

Bereits im Winter 1968 war sein Erschrecken groß, als er bei einer Predigtvorbereitung wieder einmal den Johannesprolog las und einen Vers plötzlich ganz anders als bisher verstand. Darin ist von allen die Rede, »die nicht aus dem Blut, nicht aus dem Willen des Fleisches, nicht aus dem Willen des Mannes, sondern aus Gott geboren sind«.[41]

> Ich war dazu erzogen worden, diesen Satz asketisch aufzufassen, als Kontra gegen die Fleischeslust. An jenem Nachmittag aber kam mir der Gedanke, diesen Satz nicht als geschlechtsfeindlich auszulegen, sondern als familienkritisch. In dem Sinn also, dass alles, was mit der Familie zusammenhängt, Zeugung und Blutsbande, für die Geburt aus Gott unerheblich ist.[42]

Im Gegensatz zu künstlerischen Produkten von Gottfried von Einems *Jesu Hochzeit* über Martin Scorseses *Letzte Versuchung Christi* bis zu Dan Browns *Da Vinci Code*, die über Jesu Verheiratung spekulierten, gehört seine Ehelosigkeit zu den wenigen sicheren Elementen der biblischen Überlieferung. Aber ging sie auch mit einer Absage Jesu an die Geschlechtlichkeit einher, fragte sich Holl. Dem Zweifel daran ging er nicht zuletzt aufgrund des Unbehagens nach, das ihm die traditionelle katholische Auslegung im Hinblick auf seine Geliebte bereitete. Was wäre, notierte er, hätte der Evangelist sagen wollen, dass diese Familiengeschichten – Vater, Mutter, Kinder, Großeltern, Tanten, Erziehung – für die Macht, Kinder Gottes zu werden, belanglos wären?[43] Als er seine These den Gläubigen in einer Predigt vortrug, hieß es am Ende wie immer: Vergelt's Gott. Kein Murren hallte durch das Kirchenschiff. Das war der Ursprung seines Buches: *Jesus in schlechter Gesellschaft*.

Seine Überlegung zog weitreichende Konsequenzen nach sich, denen er im Anschluss an den Testlauf bei der Messfeier nachging. Insbesondere nach dem Skandal der Sendung mit den *gefallenen Priestern* gewann die Sache an Brisanz. Holl setzte sich an seinen Schreibtisch und prüfte sorgsam die biblischen Texte. Ergebnis seiner Studien war ein Vortrag, den er im April 1969 vor renommierten evangelischen und katholischen Theologen zum Thema *Autorität und Autoritätskritik im Neuen Testament* hielt.

> Weder zur Institution der Familie noch zum System der politischen und religiösen Herrschaft, auch nicht zur kulturellen Selbstverständlichkeit sozialer Schichtungen hatte der Nazarener ein besonders herzliches Verhältnis entwickelt. (…) Eine priesterliche Autorität wäre in den ersten Jahrzehnten nach dem Tod Christi unter seinen Anhängern unmöglich gewesen. Ihre hierarchische Verfassung habe sich die Kirche erst später genehmigt, im Verlauf ihrer Mutation zu einer Staatsreligion.[44]

Bumsti.[45] Holls Jesus stellt im Grunde alles auf den Kopf, was in der Welt Geltung hat: Familie, Geld, Macht. Diese Theorie trug er den Professoren vor. Damit waren 2000 Jahre Kirchengeschichte mit einem Schlag infrage gestellt. Anders als die Kirchgänger diskutierten die Herren Theologen das Referat ausführlich, hatten gegen die Grundaussage zuletzt jedoch genauso wenig einzuwenden wie die Gottesdienstbesucher.

Ob der historische Jesus seine Geschlechtlichkeit auslebte wie Adolf Holl, wissen wir nicht. Dementsprechend zurückhaltend hätte die katholische Kirche in Sachen Sex sein können. Tatsächlich schuf sie die strengste Sexualmoral, die jemals erfunden wurde.[46] Der Grund dafür (und dieser Blutspur geht Holl in der Zeit um den Jahrzehntwechsel nach) ist: ohne Erotik keine Religion – und vice versa. Die Kirche ist besessen von Sex, weil sie über die Sexualität die Menschen beherrscht. Auf Jesus kann sie sich dabei allerdings nicht berufen. Der war in diesen Dingen indifferent.

> Was er hinsichtlich Familie und Sexualität wirklich gedacht hat, ließe sich vielleicht mit einem Satz beschreiben, der im ... vierten Kapitel des Romans *Der Mann ohne Eigenschaften* von Robert Musil steht: Nun, es könnte wahrscheinlich auch anders sein. In welcher Weise anders – die Antwort auf diese Frage sucht man bei Jesus vergebens. (…) Familie und Geschlecht haben ihn nicht festzuhalten vermocht, diesbezüglich jedenfalls blieb er ungebunden. Womit eine Fahrkarte gelöst wurde, die noch heute gültig ist.[47]

Der Sexualtrieb ist eine anarchische Kraft. Ihn in das Korsett einer bürgerlichen (Doppel-)Moral zu zwängen, die die Ängste der Männer vor der Sexualität der Frauen in Paragrafen goss, haben mehr Probleme geschaffen als gelöst. Nach zigtausend Jahren Patriarchat wäre es nun an den Frauen, eine praktikable Sexualmoral zu entwickeln.

Jesus hat sich im Gegensatz zur Kirche herausgehalten: »Halt mich nicht fest«, sagt er zur Maria aus Magdala, die auf zahlreichen Darstellungen der christlichen Kunstgeschichte mit einer erotischen Aura umgeben ist und als Symbol weiblicher Sexualität gelten mag. Diese Haltung hat sich Adolf Holl in dem ablaufenden Jahrzehnt zu eigen gemacht, zuerst in erotischer, im Zuge seiner Jesus-Studien auch in intellektueller Hinsicht. Sichtbares Zeichen seiner »verhatschten« Lage in dieser Zeit war ein Gipsbein, das er im Frühling 1969 verpasst bekam. Es warf ihn auf sich selbst zurück.

> Die Einstellung zur Geschlechtlichkeit meinerseits könnte sich herleiten von jener Nichtbeachtung der herkömmlichen Regeln seitens Jesus (Familie, Herrschaft, soziale Schichtung und Distanz). Also im Sinne von: das interessiert mich nicht. Hiermit gerätst Du freilich in Widerspruch zur Auferstehung des Fleisches und auch in Widerspruch zum (zur Auferstehung bestimmten) Fleisch der Geliebten.[48]

Die Trennungsdiskussionen mit seiner Geliebten hatten an Intensität zugenommen. Einkehrtage auf Schloss Walpersdorf nutzt der Rekonvaleszente zur »Rollenüberprüfung«: »Man sagt, der Klerus als Stand ginge zu Ende. (...) Ist Weihe (ordo, ordinatio) nicht zumindest als diffuse Rollenerwartung nach wie vor erforderlich?«[49] Als Familienvater mochte er sich selbst nicht vorstellen. Genauso wenig, wie er sich einen Papst imaginieren wollte, der einen Kinderwagen über den Petersplatz schiebt. Legitimität für seine Position holte er sich aus den Evangelien. Er interpretierte die umstrittene Jungfrauengeburt als »einen sehr alten und höchst erfolgreichen Versuch ..., die Emanzipation Jesu von allem Familiären – einschließlich des Sexualbereichs – wirksam zu symbolisieren«.[50] Die Zeugung durch Gott enthebt Jesus dem in der Menschheitsgeschichte so wirkmächtigen »genealogischen Prinzip«. Die Kirche leitete aus dem Durchbrechen dieses Prinzips ihren Asketismus (Zölibat) ab, was ihr finanzielle Vorteile verschaffte, da keine Erbhöfe entstehen konnten. Ein durchaus kommunistischer Ansatz.

Eine konsistente jesuanische Sexualmoral konnte Adolf Holl nicht ausmachen. Einerseits verschärfte der Jesus der Evangelien die seinerzeit geltenden Normen der Juden, indem er sich entschieden gegen Ehebruch und Ehescheidung aussprach, andererseits pflegte er nicht nur Umgang mit Ehebrechern beiderlei Geschlechts, sondern exkulpierte sie auch: Als die Pharisäer ihm eine Ehebrecherin vorführen und ihre Steinigung verlangen, ignoriert er die Ankläger zuerst, fragt sie dann, ob sie selbst ohne Sünde seien, und sagt, nachdem sich alle aus dem Staub gemacht hatten, zu der Geächteten: »Auch ich verurteile dich nicht.«[51] Legt mich nicht fest, ist die Haltung, die am ehesten daraus abzuleiten ist. Sie kam Adolf Holl sehr entgegen. Die zur Herrschaft gelangte Staatskirche musste zur Absicherung ihrer Macht den Sexualtrieb reglementieren und kanalisieren. Dass sie dabei nicht unbedingt im Auftrag Jesu agierte, damit konfrontierte und provozierte Adolf Holl seine Kirche. Und rechtfertigte damit so nebenbei seine Lebenspraxis.

Ebendiese steht auf dem Prüfstand, erst recht nach dem Skandal mit der Sendung über die *gefallenen Priester*. Holls innerer Zwiespalt, die Widersprüchlichkeit seines Lebens, geht über den Zölibatsbruch weit hinaus. »Ohne die Legitimierung durch die Lebenspraxis wird die Messe ritualistisch leer«,[52] notiert er am Ende des Jahrzehnts in sein Journal. Und das trifft ihn ins Mark. Kurz davor hat er einen Vortrag in Linz gehalten und in der anschließenden Diskussion seinen persönlichen Rollenkonflikt artikuliert: »Gesellschaftskritische Tätigkeit verträgt sich nicht mit der Tätigkeit eines Kultdieners. (...) Der Kultdiener stützt das Bestehende, feiert fromm die vorgefundene Ordnung. Der Prophet, Kritiker, Philosoph tut das ziemliche Gegenteil.«[53] Im Publikum löst er damit Erstaunen aus. In Allerseelenstimmung war ihm bewusst geworden, wie sehr er am Verlust der stillen lateinischen Messe laborierte. Für ihn ist damit eine Klerikerkultur gestorben, die es – nach seinen Forschungen über Jesus – nie hätte geben sollen. Eine No-win-Situation, die bei ihm verschärft wird durch einen konservativen Impuls, den er lebenslang nicht aufgibt: »Die römische Kirche ist seit längerer Zeit kaum mehr katholisch im antiken Sinn des Wortes. Das Katholische in ihr ist nur mehr in Resten vorhanden; diese zu stärken, kann ein Grund sein, warum ich in dieser Kirche verharre.«[54] Alles in allem ein Rucksack prall voll mit Problemen, mit dem er sich in das neue Jahrzehnt schleppt.

Geburt eines Bestsellers

Die inneren und äußeren Konflikte gingen Adolf Holl an die Nieren. Am Beginn des Jahres 1970 gebietet ihm eine Nierenbeckenentzündung Einhalt. Die Krankheit verschafft ihm Zeit, eine Art Lebensinventur zu machen. Das Ergebnis fasst er zwei Wochen vor seinem 40. Geburtstag dann so zusammen: »Mit meiner Liebe am Ende, mit der Wissenschaftskarriere am Ende, mit der (konkreten) Kirche am Ende? Mit dem Geld sicher am Ende. Vier Jahre Endspiel?«[55]

Der Reihe nach: Mit seiner Geliebten verkehrt er seit Dezember des Vorjahrs meist nur noch schriftlich: Man schreibt sich Briefe. Irgendwann in diesem Frühjahr hört auch die Korrespondenz auf. Das Vorlesungsverzeichnis der Universität Wien vermerkt für das Sommersemester 1970 bereits zum zweiten Mal: Univ.-Doz. Holl wird nicht lesen. Aus dem Synodalprozess hat er sich bereits mit seinem Ausscheiden aus der Redaktion des *freien Worts* verabschiedet. Sein regelmäßiges Einkommen besteht nur noch aus seinem Kaplanslohn in der Höhe von 2700 Schilling netto; seine Ersparnisse aus besseren Zeiten gibt er mit 3400 Schilling an.[56] Vielleicht hat Martin Buber recht damit, dass Erfolg keiner der Namen Gottes ist, ob Holl dieser Spruch in seiner Situation getröstet hätte, darf aber bezweifelt werden. Noch während des Nierenleidens erinnert er sich aber an den Rat seines verstorbenen Mentors Jakob Zeggl: »Lass dich einladen«,[57] hatte der Pfarrer von Breitensee, nicht in profanem Sinn, gemeint zu ihm gesagt. Das nimmt sich Adolf Holl zu Herzen.

Auf den ersten Blick triviale Einladungen treffen auch ein. So wird er etwa zu Vorträgen in die Bundesländer eingeladen und tingelt als Reisender in Sachen Gottes durch die Lande. Um seinen Zorn im Zaum zu halten, tritt er im April in Salzburg von Haschisch umnebelt vor die Studenten. Über den Papst und den Inhaber des Lehrstuhls für Spezielle Dogmatik in Wien, Karl Binder, findet er trotzdem keine freundlichen Worte. Eigentlich kam Holl ja wegen Ernst Bloch nach Salzburg. Über den Philosophen, der ihn damals am meisten begeisterte, hatte die spätere Wiener Stadträtin Ursula Pasterk dissertiert. Sie lud Holl zur Fernsehdiskussion, die Bloch und Ivan Illich im Rahmen der *Humanismusgespräche* über die Zukunft der Religion führen sollten. Über die Apokalypse gerieten die beiden aneinander.[58]

> Illich, sein Gesicht in Hochbetrieb wie ein Großrechner mit vielen kleinen Lämpchen, hatte etwas Beklommenes über den drohenden Untergang der Menschheit gesagt, als ihm Ernst Bloch ins Wort fuhr: Auf einen Weltuntergang müsse sich Illich, als Christ, doch eher freuen. Einen Augenblick lang waren alle die Lichtlein des Priesters Illich erloschen.[59]

In der Nachbetrachtung der Reise beschleicht Holl Unbehagen, insbesondere bei der Aussage Illichs, dass der Forscher »selbst als Individuum in einer Welt überleben ... muss, die er grundlegend verändern will.«[60] Im Gegensatz zur Kirche war Kritik an allem Bestehenden an den Universitäten, in denen Holl Vorträge hielt, hoch erwünscht. Bei Holl löst das gemischte Gefühle aus, die er auf der Heimfahrt so artikuliert: »Von fern her der Schmerz (...) Harte und verborgene Wirklichkeit, die mich einlädt.«[61] Wieder in Wien, lädt der Dozent dann Studenten zu Diskussionen in seine Wohnung. Diese Treffen werden zum Ausgangspunkt für seine berühmten »Dienstagsrunden«, bei denen er Intellektuelle nach einer ausgeklügelten Auswahl zu Gesprächen laden wird.

»Es wird wie eine Neugeburt sein, wenn der eigentliche Ernst die Fassade der religiösen Konventionen und die Gewohnheiten der Völker durchbricht«,[62] zitiert Holl in seinem Journal Karl Jaspers und bezieht den Satz auf sich. Es war ihm klar, dass er sich nach dem Annus horribilis 1969 neu erfinden musste. Mit den Einladungen zu Vorträgen, Artikeln, Interviews haben sich im Frühling 1970 neue Perspektiven für ihn aufgetan. Er glaubt einen »diffusen Auftrag« zu erkennen, den es zu präzisieren galt. Nach der Lektüre eines Essays über den *Abschied von den Kirchen* im *Spiegel*[63] kommt ihm Folgendes in den Sinn:

Prüfung des für mich entscheidenden Impulses: Ich knie neben dem alten Priester in Breitensee, als Ministrant, und es ist Wandlung. Das will ich auch tun. (…) Ich bilde mir ein sagen zu können: Wenn es mir gelingt, das Entscheidende meines Impulses von damals mir noch einmal anzueignen, in veränderter Gestalt, dann könnte dies auch für andere orientierend sein. Ist es vielleicht dies: Wandlung als Weltverwandlung hic et nunc, trotz bestehender alter Ordnungen, ewiges Leben, Paradies hic et nunc im erfüllten Augenblick, und wiederum entschwindend, mit Rückfall ins Nochnicht.[64]

Nach seinem 40. Geburtstag sieht die Welt nicht mehr ganz so trist aus. In seinem Tagebuch macht er sich ausgiebig Gedanken über die Zukunft der Kirche, die Zukunft des Kultes, an dem ihm so sehr liegt, also über seine persönliche Zukunft. »Kann die Priesterehe dem Kultus Wiederherstellung bringen, angesichts der starken Abfallbewegung von ihm?«, fragt er sich in den Ferien. Antwort hat er keine. Braucht er auch nicht. Entscheidend ist, die richtigen Fragen zu stellen. Dann ändert sich nahezu von selbst die Richtung des Lebens.

»Ich will Gedanken mitteilen, sonst eigentlich nichts.«[65] In einem Predigtzyklus brachte Holl seine Überlegungen zum Johannesevangelium unter das Kirchenvolk. Warum aber nur einem Publikum, das zu seinen Überlegungen stets nur »Vergelt's Gott« zu sagen wusste, mochte sich Inge Santner-Cyrus gedacht haben. Holl war mit ihr in losem Kontakt geblieben. Als er ihr von seinen Bibelforschungen berichtet, fragt sie ihn, warum er seine Ideen zu Jesus nicht in Buchform bringen und damit einer größeren Öffentlichkeit zugänglich machen möchte. Diese Saat trifft bei ihm insofern auf fruchtbaren Boden, als er bereits im Zuge seiner Jesus-Forschungen im Frühjahr 1969 notiert hatte: »Wo die Massen dürftig werden, Altweibercharakter annehmen, verfällt das würdevolle Auftreten, weil ihm die Folie abgeht.«[66] Ungewollt wurde Inge Santner-Cyrus zu einer Art Engel des Herrn, der ihm den Weg in die Zukunft wies. Im Sommer 1970 beginnt Holl damit, seine Predigten über Jesus in Buchform zu bringen. Eine Disposition schickt er an diverse Verlage, unter anderem an die Deutsche Verlags-Anstalt.

> Da ich das von mir geplante Buch weder für Fachtheologen noch auch in erster Linie für solche Leser schreiben möchte, die durch die konfessionell gebundenen Verlage erreicht werden, sondern für einen breiteren Leserkreis, habe ich mich an Sie (und nicht an jene Verlage, mit denen ich bisher zusammengearbeitet habe) gewandt.[67]

In Stuttgart trifft der Brief auf den Lektor Felix Berner, der in einer verlagsinternen Notiz seine Vorgesetzten auffordert, lebhaftes Interesse an dem Projekt anzuzeigen. Als er das Plazet bekommt, schreibt er dem Autor zurück: »Exposé und Leseprobe des von Ihnen geplanten Buches ›Abweichler Jesus‹ haben wir mit steigendem Interesse gelesen. Wir glauben, ein solches Werk könnte sehr gut in unser Programm passen.«[68] Der Beginn einer zehnjährigen Zusammenarbeit.

Ende Oktober schickt Berner einen Verlagsvertrag und bittet den Autor um Titelvorschläge. Holl schlägt zahlreiche Varianten vor, die im Verlag diskutiert werden. Er selbst verlässt sich inzwischen auf den journalistischen Spürsinn seiner neuen Freundin Inge Santner-Cyrus und plädiert noch vor Jahresende für *Jesus in schlechter Gesellschaft*. Im Hintergrund sollten folgende Epitheta zur näheren Bestimmung dieser Gesellschaft zu erkennen sein: Abweichler, Obdachlose, Benachteiligte, Psychopathen, Vagabunden, Dirnen, Ketzer, Unangepasste, Arme, Alkoholiker, Zigeuner, Heilige, Kriminelle, Neurotiker, Arbeitsscheue, Schwärmer, Verwahrloste, Abnorme, Asoziale, Mystiker, Verwahrloste, Außenseiter, Aufwiegler, Revolutionäre, Abwegige, Analphabeten, Künstler, Hysteriker, Rebellen. Eine Menge Identifikationsmöglichkeiten. Diese Fülle an Ausgegrenzten war gestalterisch aber nicht umsetzbar. Es fand sich deshalb eine von Adolf Holl und Inge Santner-Cyrus sorgfältig gewählte und positionierte Auswahl daraus auf dem roten Umschlag schräg unterlegt hinter dem schwarzen Haupttitel.

In diesen Monaten muss ihm bewusst geworden sein, dass er mit der *Spiegel*-Journalistin auf jemanden getroffen war, der wie kein anderer sein Leben bereicherte – intellektuell, schriftstellerisch und last, but not least: persönlich. Sie wiederum fühlte sich vielleicht als Korrespondentin eines Presseorgans, das sich gern mit Machthabern anlegte, von seinem Widerstandsgeist angesprochen. Es gibt ein paar gute äußerliche Gründe für die Faszination der beiden aneinander; dass sie für den Rest ihres Lebens ein symbiotisches Liebespaar wurden, kann damit freilich nicht hinreichend erklärt werden. Santner-Cyrus gelang es offenbar früh, Holls Zornesenergie produktiv zu kanalisieren, anstatt sie ungehemmt explodieren zu lassen.[69] So wird etwa für den angekündigten Besuch Felix Berners im Jänner des neuen Jahres generalstabsmäßig ein »Heurigenabend« in der Österreichischen Gesellschaft für Literatur geplant – mit einer langen Einladungsliste, auf der unter anderem folgende Namen auftauchen: Otto F. Beer, Trautl Brandstaller, Milo Dor, Herbert Eisenreich, Peter Henisch, Rudolf John, Heinz Knienieder, Harald Leupold-Löwenthal, Josef Mikl, Günther Nenning, Heinz Nußbaumer, Teddy Podgorski, Robert Schindel, György Sebestyén, Hilde Spiel, Alfred Treiber.[70] Im Sinne Holls: nicht unbedingt eine jesuanische Gesellschaft. Der Besuch Felix Berners in Wien hat stattgefunden. Wer von den geladenen Gästen anwesend war, ist nicht zu eruieren. Der Verlagslektor bedankt sich jedenfalls nach seiner Rückkehr nach Stuttgart beim Autor für die gelungene Veranstaltung.

Während er an seinem Aufstieg als Buchautor arbeitet, denkt Adolf Holl über den Abstieg der Kirche nach, »wie weit (und ob überhaupt) mit dem Verfall zu gehen sei«.[71] Denn die Kirche trägt einen Januskopf. Auf der einen Seite das verbissene Gesicht, dem Armut, Gehorsam, Keuschheit eingeschrieben ist; auf der Rückseite jedoch das milde Antlitz der Barmherzigkeit. Auf Letzterem setzt Adolf Holl sein Jesus-Bild auf.

> Es ist zu bedenken, dass in der Kirche zweierlei auftritt, dessen Verschwinden für die gesellschaftliche Lage vielleicht bedenklich wäre: einmal der Reservatscharakter mit Chancen, den einzelnen zu wappnen gegen die Uniformierung des Bürokratischen in Arbeit

und Freizeit; zum anderen die Chance, durch Emanzipation von ältesten und in der Kirche vielleicht am zähesten fortlebenden Einstellungsmustern starke Energien freizusetzen. (...) Von Letzterem lebe ich jedenfalls.[72]

Prophetische Worte. Dem Unternehmen *Rettet das Christentum* dient sein folgendes Werk. Nötig wären dazu möglicherweise die Preisgabe der Priesterklasse sowie der Verzicht auf Apologetik. Was bliebe dann von der Kirche? »Die zarte Ahnung, Jesus könnte durch die Religionskritik nicht erledigt, weil von ihr gar nicht erfasst, sein.«[73] Seine Tagebuchnotizen geben beredt darüber Auskunft, dass die Auseinandersetzung mit Jesus und einer möglichen Zukunft der Kirche unvermindert anhält. Zur Ablenkung besucht er mit Freundin M. das Burgtheater und erschrickt in der Pause der Vorstellung: Vor seinem geistigen Auge taucht Kardinal König auf und fragt ihn, wo das Kreuz bliebe?

Die wesentlichsten Thesen seines Buches fasst er zu Beginn des Jahres in einem Artikel für das *Neue Forvm*[74] zusammen.

> Sämtliche Kirchenarchitekten werden von Jesus brotlos gemacht. Brotlos auch die Tempeldiener und Kirchenpriester, alle, soweit deren Tätigkeit an heilige Orte gebunden ist, denn diese braucht es nach Ansicht Jesu in der Zukunft nicht mehr zu geben. (...) Deutlicher wird Hosea: Mit dir, Priester, will ins Gericht ich gehen. Hosea findet auch die geradezu klassische Formulierung der prophetischen Tempelkritik: Denn Liebe will ich, nicht Opfer; Gotteserkenntnis, nicht Brandopfer – was von Jesus wörtlich übernommen wird.[75]

Darüber unterhält er sich unter anderem mit dem Doyen der österreichischen Judaistik, Kurt Schubert, und erfährt von ihm, dass auch der Wiener Erzbischof seinen *Forvm*-Artikel gelesen habe. Nach der Burgtheater-Vision das zweite Mal, dass er auf den »mahnenden Vater«[76] gestoßen wird. Anlass genug, ihn anzurufen. Bei diesem Telefonat zeigt Holl Verständnis für die Motive des Kardinals, seinen Spielraum einzuschränken. Der Dienstherr fragt, »ob das, was ich schreibe, noch katholisch ist«,[77] und meint, dass es auch andere Exegeten gebe. Holl signalisiert Gesprächsbereitschaft und der Kardinal wünscht ihm alles Gute. Bevor der Umbruch des Buches Korrektur gelesen werden muss, erholt sich Adolf Holl wie jedes Jahr beim Skifahren; nicht am Semmering, sondern in St. Moritz, wo er im Hotel Badrutt absteigt. Bei seiner Rückkehr findet er einen Brief des Lektors, der ihm die Fahnen für Ende April ankündigt.

Eine gewisse Leere breitet sich in Adolf Holl aus. Auf einer langen Reise nach Holland reflektiert er seine gegenwärtige Befindlichkeit und muss feststellen: »Schon lange nicht hab' ich mich auf etwas intensiv gefreut, es schon gar nicht mehr erwarten können.«[78] Über Amsterdam fährt er in die Stadt von Hieronymus Bosch, nach 's-Hertogenbosch, und trifft dort den Generalvikar des römisch-katholischen Bistums. Dass es dort verheiratete Priester gibt, goutiert er gar nicht. Solche »Teilzeit-Priester« sind nicht nach seinem Geschmack: »Allzu glatt, allzu angepasst, es fehlt die Erregung.«[79] Die steht ihm nach seiner Rückkehr ins Haus.

Sein Lektor teilt ihm mit, dass der Verlag den Erscheinungstermin seines Buches wegen eines Konkurrenzprodukts aus eigenem Haus vorzieht. Die ersten Leseexemplare wurden bereits verschickt und ab 9. Juni werden zirka 10 000 Exemplare ausgeliefert.[80] Der Autor hatte bereits einen Vorschuss von 3000 DM erhalten. Damit sich das für den Verlag rechnete, mussten bei einem geplanten Ladenpreis von 18 DM zirka 17 000 Bücher verkauft werden. Gekostet hat das Buch dann 20 DM. Nach einem Gewinn sah es bereits zu Ferienbeginn aus. Einen Monat nach dem Verkaufsstart war die erste Auflage vergriffen und es musste nachgedruckt werden. Ein Bestseller.

Der allerdings nicht vom Himmel fiel; Adolf Holl hat – beraten von Inge Santner-Cyrus und seinem Verlag – einiges an Medienarbeit geleistet. Zum Beispiel ein Auftritt in der Akademie der bildenden Künste bei Professor Mikl, bei dem eine internationale Schar von Journalisten anwesend ist: Trautl Brandstaller (*Neues Forvm*), Hans Dichand (*Kronen Zeitung*), R. Erich (*ARD*), Friedrich Heer für diverse deutsche Blätter, Alan Levy (*New York Times*), Dolf Lindner (ORF), Heinz Nußbaumer (*Kurier*), Inge Santner-Cyrus (*Spiegel*), Ernst Trost (*Express*) etc., insgesamt etwa sechzig Opinionleader. »Gesellschaftliches Ereignis. Dauerte bis 2 Uhr nachts«, berichtet Adolf Holl nach Stuttgart.[81] Anfang August geht *Jesus in schlechter Gesellschaft* in die dritte Auflage, im November wird das 50 000. Exemplar angedruckt. Kommentar Adolf Holls: »Seitdem der Erfolg meines Buches feststeht: langsame Tage. (…) Ich empfinde mich als still lebend. Ich bin dazu da, mir Urteile zu bilden.«[82]

Von Ottakring nach New York

Nach vier Jahren Endspiel und dem Tasten nach einer (neuen) Bestimmung in der Welt gab es wieder etwas, wofür es sich zu leben lohnte.[83] Nicht nur die Schriftstellerei hatte einen Weg aus der Krise gewiesen, auch die Intensivierung der Beziehung zu Inge Santner-Cyrus. Die ging langsam vonstatten. Über viele Monate traf man sich gelegentlich zum Gedankenaustausch. Die engagierte Korrespondentin ist auch viel in Osteuropa unterwegs. Dass mehr als berufliches Interesse in der Luft liegt, ist beiden aber klar. Als sie bereits ein Paar sind, reflektiert Holl, dass er die Fehler, die er in der früheren Beziehung gemacht hat, vermeiden muss.»Ich habe nicht angemessen mich hingewendet, ihr zugewendet, ich wollte mich bewahren. Die neue Beziehung sollte eine bessere Zuwendung sein, ich soll da etwas lernen.«[84] Von Inge, das ist ihm längst bewusst, wäre eine Menge zu lernen. Umgekehrt spürt auch die mit beiden Beinen im Leben stehende Witwe, dass sie es bei diesem »Pfaffen« mit weit mehr als einem einfachen Kaplan zu tun hat. Als sie im Herbst 1971 in die USA reist, plagt ihn bereits die Sehnsucht nach ihr.

Zur inneren kommt allmählich die äußere Unruhe. In Deutschland formierte sich ab 1970 die Rote Armee Fraktion (RAF), die außerparlamentarische Opposition (APO) machte sich auf den langen Weg durch die Institutionen, seit 1969 verhandelten die beiden Großmächte USA und UdSSR in Helsinki und Wien über die Begrenzung strategischer Waffen[85], die Apollo-11-Mission hatte im Juli 1969 erstmals Astronauten auf dem Mond spazieren lassen, im April 1970 gab Ringo Starr die Trennung der Beatles bekannt usw. Im von Papst Paul VI. anlässlich eines Besuchs von Bundespräsident Franz Jonas im Vatikan als »glückliche Insel« (Isola felice) apostrophierten Österreich regierte seit März 1970 Bruno Kreisky; zuerst mit einfacher, ab Oktober 1971 mit absoluter Mehrheit. Während in Rom die Signale auf »Vorwärts zurück« gestellt wurden, lud Kreisky die österreichische Bevölkerung dazu ein, mit ihm ein Stück des Weges der Modernisierung zu gehen.

Einzig das SALT-1-Abkommen gerät in den Fokus von Adolf Holl. »Es wird über die Vermeidung des Weltuntergangs verhandelt«,[86] kritzelt er auf ein Briefpapier des Hotels Al Porto in Ascona. Im Übrigen befasst er sich am Lago Maggiore jedoch mit einem Interview, das Max Horkheimer dem *Spiegel* gegeben hatte. Darin sprach der

Chefsoziologe der *Frankfurter Schule* von der Zerstörung dessen, was bisher den Sinn des Lebens ausgemacht hatte: Familie, religiöse Restbestände, Leistungsprinzip. Nach der Negation der Verneinung, so Holl dialektisch geschult, käme nun ein Zustand, in dem beides enthalten wäre: »Man wird ja sagen zur Verneinung des Alten und zu dem, was zu dieser Verneinung geführt hat.«[87] Nach der Lektüre von *Jesus in schlechter Gesellschaft* schreibt ihm die renommierte Wiener Wissenschaftsforscherin Helga Nowotny, dass sie in den letzten drei Kapiteln »ein Suchen nach angemesseneren Formen des Fühlens«[88] gefunden habe, als es die gebräuchliche Soziologie betreibt. Denn die, so Nowotny, sei der Mühe nicht wert. Holl fühlt sich dadurch in seiner Abwendung von der Soziologie in einem marktwirtschaftlich brauchbaren Sinne bestätigt. Er will von den Leuten auf der Straße verstanden werden, nicht von einer Elite im akademischen Elfenbeinturm.

»Vom Volk verstanden zu werden, ist eine sehr hohe Ehre«[89], hatte er während der Arbeit an *Jesus in schlechter Gesellschaft* in sein Journal eingetragen. Das Volk jedoch ist nicht so einfach bereit, sich auf Neues einzulassen. »Die Leute halten eben noch, misstrauisch wie sie sind, am Alten fest (man kann nie wissen).«[90] Diese Erkenntnis zieht er aus den Vorgängen rund um das Erscheinen des Buches. Wie der *Kurier* berichtete, war es schon davor zu Protestaktionen gekommen.

> Während die ersten 15 000 Exemplare des Buches an die Händler ausgeliefert wurden, begann in Holls Pfarre bereits der Nervenkrieg. Während der Nacht wurden die Plakate mit der Buchankündigung von wütenden Kirchengehern abgerissen, der Titel allein genügte zum allgemeinen Ärger. (…) Immer wieder stellen verstörte Gläubige dem Buchautor am Telefon die Frage: »Haben Sie bedacht, wie viele Menschen Sie damit in die religiöse Unsicherheit stürzen?« (…)
>
> »Es ist nicht zu umgehen«, sagt er, »dass ältere unter den Kirchenfrommen getroffen werden, aber das ist nicht die Absicht. Ich will sie nicht kränken. Mir aber geht es zuerst um die Wahrheit – ich glaube, dass alles wahr ist, was ich da jetzt geschrieben habe. Und ich bewerte die Freiheit des Denkens höher als die Sicherheit im Glauben.«[91]

Als die ersten Exemplare über die Ladentische gehen, erscheinen diesmal nicht nur in österreichischen Medien Berichte, Interviews und Rezensionen über *Jesus in schlechter Gesellschaft* und lösen erneut einen Sturm der Entrüstung von Verunsicherten aus. Ein Rechtsanwalt schreibt dem Buchautor etwa: »Ihre Verantwortung ist schwer, wenn Sie solche soziologisch verbrämten Bücher der fachlich ungebildeten Masse vorzulegen wagen. (...) Obwohl Sie die gleichen Anfangsbuchstaben haben wie Adolf Hitler, glaube ich kaum, dass man einmal ›Heil Adolf‹ sagen wird.«[92] Man darf vermuten, dass er seinerzeit gern »Heil Hitler« gesagt hatte. Aus Salzburg erreicht den Autor und in Kopie den Kardinal der Brief einer Katholikin, die mutmaßlich auch damals schon zugange war:

> Ich kann alle Bischöfe nur noch auf den Knien bitten, doch endlich etwas Konkretes in unserer furchtbaren Glaubenskrise und in der katastrophalen Sittenlosigkeit zu unternehmen. Wir sind bereits am Ertrinken! (...) Ich könnte eine ganze Reihe aufzählen, wie es bei uns zugeht, was sich die Modernisten heraustun und kein Bischof greift ein. (...) Die Abrechnung des Ewigen Richters wird einmal furchtbar ausfallen, das ist sicher.[93]

In dieselbe Kerbe schlägt ein Gerichtsrat, wenn er Kardinal König wissen lässt: »Leider stelle ich immer wieder fest, dass unsere Hirten ebenso wie die Elternschaft gegenüber der Jugend die starke Hand vermissen lassen. Gebe Gott, dass beide Teile bald erkennen, was ihre Pflichten von ihnen verlangen.«[94] Überwiegend sind es Akademiker und Adelige, die sich vor der Volksaufklärung fürchten. Ein Graf bringt die Sache auf den Punkt: »Nicht immer ist es gut, allein das Gehirn zu fragen. Auch ein heiliger Zorn ist manchmal heilsam. Nehmen Sie das Herz in die Hand und ziehen Sie im Fall Dr. Dr. Holl die Konsequenzen.«[95] In einem Schreiben an das erzbischöfliche Ordinariat wird Holl das Epitheton ornans »Diabologe« verpasst. Selbst der Verlag bleibt nicht verschont. »Ihr arme Lumpen! Ja, ›der Teufel geht umher‹, wusste schon St. Petrus. (...) Die Teufel holt bald der Oberteufel, euer Bruder und Chef!!!! Nie wieder ein Buch von Deutsche Verlagsanstalt!«[96]

Der erzbischöfliche Sekretär Fritz Dollmanits hatte in diesem heißen Herbst alle Hände voll damit zu tun, kalmierend auf die erregten Gemüter einzuwirken. Meist variiert er folgende Formulierung in seinen Antworten auf die Beschwerden: »Maßnahmen in dieser

Angelegenheit werden von der Diözesanführung bereits vorbereitet.«[97] Die Vorbereitung sieht so aus, dass der Kardinal in einem Brief vom 19. Juli den Kaplan fragt, ob er noch an Jesus Christus als den Sohn Gottes glaube. »Diese Frage beantworte ich mit ja«, antwortet ihm Adolf Holl umgehend. Mit seinem persönlichen Glauben hätte das Buch gar nichts zu tun, ergänzt er sophistisch.

Vielmehr habe ich in der Haltung eines wissenschaftlichen und kritischen Denkens geschrieben, und freilich vornehmlich für jene, die Theologisches ohnehin kaum lesen, aber für den Menschen Jesus Interesse haben. Für die Jugend also, für kirchenferne Gebildete (...) Meine Absichten, wenn es schon gesagt werden soll, sind pastoraler Art.[98]

Ziehgroßmutter Walch hätte diesen Brief wohl nicht durchgehen lassen (s. Kap. Völkerwanderung, Anm. 82). Allenfalls der letzte Satz hätte vor ihrem gestrengen Auge Bestand gehabt: »Jedenfalls ist mir noch nie der Gedanke gekommen, meine Priesterfunktionen niederzulegen.« In der Diözese hatte man ordentlich zu tun, um zu verhindern, dass genau das erzwungen wird. Leicht machte es Holl den dort mit ihm Beschäftigten nicht. Die Korrespondenz von Kardinal und Kaplan war bald danach in österreichischen Medien nachzulesen. Eine Zusammenfassung davon brachte der *Spiegel* Mitte August. In diesem Artikel erfuhr die Öffentlichkeit auch, dass der Wiener Erzbischof die Theologische Fakultät der Universität Wien und eine Gesamtösterreichische Theologische Kommission damit beauftragt hatte, festzustellen, ob Holl noch den rechten katholischen Glauben habe.[99] Im Gegenzug gibt der solcherart inquisitorisch Untersuchte Anfang September der Illustrierten *Quick* ein Interview. In der Schlagzeile wird er mit dem Satz zitiert: »Jesus hat sich selbst nie als Sohn Gottes bezeichnet.«[100] Vielmehr als die sechs Thesen, auf die er sein Buch darin eindampft, erhitzt die kreuzbraven Katholiken die Tatsache, dass ein Priester einem »Sexmagazin« Rede und Antwort steht. Ein Höhepunkt seiner Medienkarriere wird dann im Sommer 1974 ein Artikel von ihm über den Film *Der Exorzist* im Männermagazin *Playboy* sein.

Für manche, die die Illustrierte offenbar gelesen hatten, reichte die Tatsache, dass sich ein Kleriker mit einem »Schmuddelblatt« gemein machte, sich also in jene Gesellschaft begab, in der sich laut Holl Jesus vorwiegend aufhielt. Da konnte es schon zu analogen »Hasspostings« kommen. So erhielt Holl etwa einen anonymen Brief folgenden Inhalts:

> Sie wohnen im Pfarramt, zahlen keinen Zins, beziehen als Kaplan noch Gehalt u. schreiben in einem der größten Schmierblätter (*Quick* Nr. 39) über Jesus Christus Sachen, dass wir uns an den Kopf greifen. (...) Verschwinden Sie doch aus der Kirche ... Sollen wir Sie verjagen? (...) Sie bekommen für den Verrat an der Kirche sehr viel Geld, also verschwinden Sie in die Versenkung. Der Judas hat auch für seinen Verrat Geld bekommen u. ein schönes Ende genommen. So ein Ende werden Sie auch nehmen. Sie sind noch ärger als der Judas!!!![101]

Tatsächlich war der private Klingelbeutel des einfachen Kaplans noch nie so prall gefüllt. »Eingebracht hat es dem Priester, der ein Monatssalär von 3700 Schilling (= 511 Mark) bei freier Wohnung bezieht, bislang etwa 30 000 Mark Honorar und den Ruf eines Ketzers.«[102] Als sich im Herbst die Bischofskonferenz mit der Causa Holl befasst, wird der Frage nachgegangen, wie mit dem ersten Priester umzugehen sei, der die Ansicht verbreitete, dass Jesus nur »ein hervorragender Mensch ist, der nach seinem Tod zu einem Gott gemacht wurde«.[103] Die Mitbrüder des Vorsitzenden haben, wie Holl seinem Verlag mitteilte, »den schwarzen Peter dem Wiener Erzbischof gelassen«.[104] Seinem Lektor signalisiert der Bestsellerautor seine Bereitschaft, nicht nur weitere Pfarrveranstaltungen in Wien abzuhalten, die bisher »immer bummvoll« gewesen seien, sondern auch eine Vortragsreise durch Deutschland zu absolvieren: »Je kürzer desto besser (Ich mache das nämlich alles nicht besonders gern).«[105] Am Schluss des Schreibens fragt er augenzwinkernd: »Noch etwas: Haben Sie einen Rat, was ich mit dem vielen Geld machen soll?« Bald danach sollte es ihn davor bewahren, auf der Straße zu stehen.

Doch nicht nur die in ihrem Jesusbild Bedrohten formierten sich, es meldeten sich auch Menschen zu Wort, die von ihrer Kirche keine neuen Verketzerungen wünschten. Ein Leser der *Arbeiter-Zeitung*, die über mögliche Sanktionen gegen Holl spekulierte, appelliert folgendermaßen an den Erzbischof:

> Ich bedaure es zutiefst, dass es immer mehr Anzeichen gibt, dass das Amt die Tür zur Welt wieder zuschlagen möchte, und zwar ge-

rade so, dass die im Gespräch mit der Welt engagierten Mitchristen vor die Tür gesetzt werden. Herr Kardinal, ... erkennen Sie doch ... das Versagen kirchenamtlicher Verkündigung und geben Sie jenen Gelegenheit und Chance, die nach neuen Wegen der Verkündigung suchen. (...) Disziplinäre Maßnahmen sind in einer Gemeinde der Freien nicht am Platze, sie sind als Mittel der Auseinandersetzung unter Christen einfach unwürdig. Sie sind Zeichen von Autoritarismus und Unfreiheit – also von Unchristlichkeit.[106]

Diesmal bringt der Bischofssekretär Walter Kirchschläger das Dilemma des Kirchenoberen zum Ausdruck, wenn er dem Absender vorhält, nicht zwischen der persönlichen Glaubensüberzeugung eines Menschen, »der frei wählen kann«, und »der Glaubensauffassung eines Mannes« zu unterscheiden, »der von der Kirche beauftragt ist, den Glauben der Kirche zu verkünden«.[107] Denn der eigentliche Druck auf den Chef am Stephansplatz kam nicht aus der Bevölkerung, sondern aus dem Vatikan.

Der damalige Großinquisitor, also der Präfekt der Kongregation für die Glaubenslehre, hieß Franjo Šeper. Er steht seit Längerem mit dem Erzbischof in Wien in Sachen *Jesus in schlechter Gesellschaft* in Kontakt. Einen Tag vor Heiligabend 1971 macht eine Verlagsangehörige nach einem Telefonat mit Holl folgende interne Mitteilung: »Die gesamtösterreichische Theologie-Kommission hat befunden, dass die Thesen von Herrn Holl noch als katholisch zu betrachten sind.«[108] Die Beiträge in dem theologischen Gutachten stammten vorwiegend von ehemaligen Lehrern Holls: Wolfgang Beilner, Karl Binder, Ferdinand Klostermann, Walter Kornfeld, Johann Kosnetter und Weihbischof Alois Stöger.[109] Sie brachten offenbar nicht das von Kardinal Šeper erwünschte Ergebnis. Er schreibt seinem Amtsbruder in Wien: »Ich meine jedoch, mit theoretischen Stellungnahmen sei die causa Holl nicht erledigt. Trotz seiner Irrtümer kann Holl immer noch Beichte hören und predigen. Ew. Eminenz hatte mir doch Massnahmen gegen die Person Holls versprochen.«[110] Die Strategie der Deeskalation Kardinal Königs schien an ihr Ende gekommen. Denn es ist sehr wahrscheinlich, dass Felix Berner ebendiese richtig eingeschätzt hatte: »Vielleicht spielt Kardinal König den ihm zugesteckten Schwarzen Peter gar nicht aus, sondern hält ihn so lange in der Tasche, bis er vergessen ist.«[111]

Der Kurienkardinal sorgt dafür, dass der österreichische Weg, die Sache in die Länge zu ziehen, bis Gras darüber gewachsen ist, nicht weitergegangen werden konnte. Er beschließt, eine eigene Untersuchung zu den Thesen Holls in der Kongregation für Glaubenslehre anfertigen zu lassen. Assoziationen mit dem Prozess gegen Galileo Galilei zu erwecken, war sicher nicht im Sinne des Wiener Erzbischofs. Er kannte seinen Kaplan und wusste, dass mit dessen Sturheit ebenso zu rechnen sei wie mit jener des italienischen Gelehrten. Der hatte in seinem Prozess all jene als »geistige Pygmäen« bezeichnet, die an seinen Lehren zweifelten. »Das Urteil der Inquisition, das ihm am Ende die Weiterverbreitung seiner Ideen und seine Lehrtätigkeit untersagte, ging auch auf seine trotzige Unerbittlichkeit zurück.«[112] Ähnliches war auch Holl zuzutrauen.

Das Schicksal nahm seinen Lauf. Ein Jahr nach Erscheinen von *Jesus in schlechter Gesellschaft* berichtete der Glaubenshüter in Rom seinem Amtsbruder in Wien vom Ergebnis der Untersuchung:

> Der Fachberater, der von der Glaubenskongregation mit der Prüfung des Buches beauftragt wurde, hat … die Liste der im Buche vorgefundenen falschen Behauptungen und mit der Glaubenslehre nicht zu vereinbarenden Aussagen ergänzt. Dieser Fachberater betont mit großem Nachdruck, dass das Buch sehr gefährlich sei und dass die kirchliche Autorität hier eingreifen müsse. Energische Maßnahmen sind umso mehr notwendig, weil das Buch sich schon außerhalb des deutschen Sprachraums verbreitet und eine französische Übersetzung bereits erschienen ist.[113]

Am Schluss des Briefes fordert Kardinal Šeper den Vorsitzenden der österreichischen Bischofskonferenz dazu auf, ihm mitzuteilen, welche Regelung er für geeignet hält. Damit war Kardinal König unter Zugzwang. Noch vor Weihnachten 1971 hatte die DVA die US-amerikanischen Rechte an Holls Buch an den New Yorker Verlag Holt, Rinehart and Winston verkauft, im Februar 1972 lagen bereits Übersetzungen aus dem Niederländischen und Portugiesischen vor, und das 50 000. Exemplar war längst über den Ladentisch gegangen. Die Welt des Adolf Holl war nicht mehr dieselbe. Aus einem aufmüpfigen Ottakringer Kaplan war ein international beachteter Publizist geworden.

Endspiel

Der Wirbel, den Adolf Holls Buch ausgelöst hatte, machte ihn nicht kleinlaut, sondern angriffslustig. In der Ausgabe vom Februar 1972 erschien im *Neuen Groschenblatt*, der *Monatsschrift katholischen Glaubens*, wie sich die Zeitschrift im Untertitel nannte, ein Leserbrief, der von einer Veranstaltung im Kirchenraum der Seelsorgestation in Wien-Margareten nach einer Abendmesse berichtete. Auf die Frage einer Religionslehrerin nach der Gottessendung Jesu soll Holl geantwortet haben:»Er war sich sein ganzes Leben keiner Gottessendung bewusst.« Die Nachfrage, wie das in den Evangelien zu findende Sendungsbewusstsein zu interpretieren sei, repliziert Holl trocken:»Die meisten Evangelien und Paulusbriefe sind Legenden; deshalb auch der enorme Glaubensabfall und Kirchenaustritt, weil man die Märchen satthat.«[114]

Dass er in Mitteleuropa in einer vergleichsweise komfortablen Lage war, wird ihm beim Betrachten eines Fotos in Rudolf Schermanns Buch *Die Guerilla Gottes*[115] bewusst.»Das Foto zeigt einen jungen Mann, der aus … der französischen Übersetzung meines *Jesus in schlechter Gesellschaft*«vorliest.[116] Aufgenommen worden war das Bild bei einer Pressekonferenz, bei der der Jesuitenpater Luis Eduardo Peceller öffentlich der Befreiungstheologie abschwor. Er sei, so Peceller, von dieser subversiven Theologie infiziert worden, die»nicht den Jesus der Evangelien und Katechismen, sondern einen Rebellen, einen Feind des kapitalistischen Systems und Umstürzler des Bestehenden verkünde«.[117] Vorausgegangen war dem Auftritt des Paters ein 133 Tage dauernder Aufenthalt bei der guatemaltekischen Polizei. Ein Jahr davor war der Bischof von El Salvador, Óscar Romero, während der Zelebration einer Messe erschossen worden. Am Tag davor hatte der Erzbischof in seiner letzten Predigt noch einen eindringlichen Appell an die Militärjunta gerichtet:»Im Namen Gottes und im Namen dieses leidenden Volkes, dessen Wehklagen täglich eindringlicher zum Himmel steigen, flehe ich Sie an, bitte Sie inständig, ersuche ich Sie im Namen Gottes: Machen Sie der Repression ein Ende.«[118] Auf dem Schreibtisch des inzwischen von Papst Franziskus seliggesprochenen Märtyrers soll ein Exemplar von *Jesus in schlechter Gesellschaft* gelegen haben.

Im Europa diesseits des Eisernen Vorhangs war mit derartigen Ereignissen nicht zu rechnen. Auch wenn Adolf Holl nicht in direktem

Kontakt mit den lateinamerikanischen Befreiungstheologen stand, so war er mit seinen in den Siebzigerjahren verfassten Büchern dieser theologischen Richtung zweifellos geistig verbunden. Wobei ihm die Doppelmühle, in die er damit geriet, immer klarer wurde. Retrospektiv schätzte er in den *Übungen in Kirchenkritik* seine Position folgendermaßen ein:

> Hier in Österreich beziehungsweise Europa habe ich in den letzten Jahren wenig Anlass gehabt, mich über mein Religionsbekenntnis besonders zu freuen. Anders war das bei Auslandsreisen, unter anderem einmal nach Brasilien und einmal nach Südafrika. Dort braucht man sich als Katholik nicht zu genieren. Im Gegenteil. Dort findet man in christlichen Kirchen ein kräftiges Potenzial an Widerstand gegen korrupte und diktatorische Verhältnisse, in dem die befreiende Lehre der Bibel lebendig ist. Dort findet man eine Kirche der Armen, in der die christliche Liebe zur täglich geübten Praxis wird.[119]

Der doppelte Widerspruch bestand zum einen darin, dass der Einsatz für die »schlechte Gesellschaft«, in der sich der von Holl entworfene »Armeleutechristus« bewegt hatte, im Westen – anders als etwa in Lateinamerika – kaum Leib und Leben bedrohte, und andererseits in der Unvereinbarkeit zwischen politischem Engagement und der kultischen Andacht (s. Kap. Jesus in weiblicher Gesellschaft, Anm. 52), die Holls Hauptmotiv bei der Berufswahl war. Freiheit und Wohlstand sind kein guter Nährboden für Religion (und in der Folge auch nicht für Religionskritik).

Anders die Situation in Osteuropa. Dorthin nimmt Inge Santner-Cyrus ihren nunmehrigen Lebensgefährten Adolf Holl des Öfteren mit. Während bei Holls Dienstagsrunden die geladenen Intellektuellen bei Fleischlaberln und Alkoholika mit dem Kommunismus liebäugeln, erlebt er auf diesen Reisen unmittelbar die Wirklichkeit des real existierenden Sozialismus. »Die großartigen linken Kämpfer haben alle gesoffen und gefressen wie die Bären und sind dann wieder gegangen. Sie haben sogar seine Zigaretten geraucht«, schildert der oftmalige Teilnehmer der Runden, Gerhard Foitl-Tuschl, die Abende.[120] Holl hingegen erlebt am eigenen Leib, dass man im Paradies des Kollektivismus praktisch nie allein war. Das zeigte sich zum Beispiel daran, dass die Schnappverschlüsse des Koffers auf dem Hotelzimmer geschlossen waren, auch wenn man sie vor Verlassen des Raumes offen gelassen hatte. Die Methoden der Gesinnungserforschung mit darauffolgender Sanktionierung bei Abweichen von der offiziellen Lehre waren in den realsozialistischen Staaten inzwischen weit ausgeprägter als in der katholischen Kirche. »Aufmüpfige Theologen werden zwar immer noch suspendiert; aber verbrannt werden sie nirgendwo mehr«, zeigte sich Holl im Nachhinein von der nicht ganz freiwilligen Milde der heiligen Mutter Kirche angetan.[121] Verhaftung, Folter und Verschwinden bei subversivem Verhalten, so erfuhr das Paar aus dem Westen hinter vorgehaltener Hand sogar von KP-Funktionären, standen in den Ländern hinter dem Eisernen Vorhang auf der Tagesordnung. Santner-Cyrus hatte ihren hochfliegenden Gefährten auch diesbezüglich auf den Boden der Tatsachen zurückgeholt. Eine gewisse Ernüchterung bei Adolf Holl konnte nicht ausbleiben.

Die Intellektuellen, die er in den Siebzigerjahren jeden Dienstag zu einem Jour fixe versammelte, wollten vom Leben hinter dem Eisernen Vorhang im Grunde nichts wissen. Erörtert wurde dort zum Beispiel die Frage, »ob wir der Journalistin Ulrike Meinhof … Unterstand in unseren Wohnungen gäben, wenn sie plötzlich auf der Wohnungstürschwelle stünde«.[122] Gelegentlich, so berichtet der Schweizer Autor und Kulturjournalist Robert Stauffer, lief es auch auf einen Monolog hinaus, etwa wenn Friedrich Heer abendelang seine Assoziationsketten rasseln ließ. Auch gestritten und geschimpft wurde eifrig. Bei einer Debatte über Beckett und Ionesco sah Ursula Pasterk den Schweizer schon mal als einen Faschisten an, insbesondere, wenn er sich über ihre Schwärmerei für die *Frankfurter Schule* lustig machte.[123] Fallweise, so erzählt Trautl Brandstaller, hat sich das verengt auf eine Frauenrunde.[124] Holl betätigte sich nicht ungern als »Witwentröster«: Er lud Frauen ein, die gerade von ihren Männern verlassen worden waren und sich bei ihm ausweinten. Nicht immer blieb es bei der Seelsorge. In zehn Jahren waren unter anderem folgende Persönlichkeiten dienstagabends gelegentlich zuerst in der Neulerchenfelder Straße und später in der Hardtgasse anzutreffen: Trautl Brandstaller, Gustav Ernst, Roman Haller, Friedrich Heer, Peter Henisch, Heinz Knienieder, Sigrid Löffler, Günther Nenning, Ursula Pasterk, Anton Pelinka, Monica und Teddy Podgorski, Helmut und Leomare Qualtinger, Wolfgang Reiter, Inge Santner-Cyrus, Franz Schuh, Brigitte Schwaiger, Eva Tesar. Einmal hatte er sogar den berühmten polnischen Autor Andrzej Szczypiorski zu Gast. Der hätte nicht nur über den Aufstand im Warschauer Ghetto, an dem er beteiligt war, oder über das KZ Sachsenhausen, in dem er interniert war, erzählen können, sondern auch authentisch über die aktuelle Entwicklung Polens. Das Interesse der anwesenden österreichischen Intelligenzija daran war mäßig.[125] Die Treffen dauerten jedenfalls oft bis zwei, drei Uhr nachts. »Nach längeren Auslandsaufenthalten, infolge von Dreharbeiten zu seinem Fernsehfilm über Weltreligionen, beendete Adolf Holl 1981 die Zusammenkünfte, da er sie als stagnierend empfand.«[126]

Mit den Dienstagsrunden schuf sich Adolf Holl ein analoges Netzwerk, das so etwas wie eine Versicherung sein konnte, falls etwas passieren sollte. Dass etwas im Busch war, ahnte er, in gewisser Weise hatte er es sogar darauf angelegt. In der Ausgabe nach dem Bericht über *Jesus in schlechter Gesellschaft* gab er der *Quick* noch ein Interview, das mit der Frage endete, was passieren könnte: »Man kann mir die Lehrbefugnis entziehen, meine schriftstellerische Tätigkeit einengen, vielleicht darf ich nicht mehr predigen oder die Messe lesen. Das würde mich schwer treffen. Ich hoffe aber, ich werde nicht wehleidig sein, wenn es Schusterbuben hageln sollte.«[127] Er bereitete sich also auf einen mehr oder weniger harten Exit vor. Dass sein Bestseller als Türöffner in sämtliche Redaktionsstuben deutschsprachiger Medien diente, stärkte seine Position dabei nicht unerheblich – mental und ökonomisch. Vom *profil* über *Die Presse*, den *Spiegel*, der *Welt*, der *Weltwoche* bis zur Hamburger *Zeit* wird er in den kommenden Jahren immer wieder Gastbeiträge liefern. Mithilfe von Inge Santner-Cyrus war er doch noch geworden, was ihm vor der Matura als Alternative zum Priesterberuf vorgeschwebt hatte: Journalist.

Sein Spiel auf der Medienorgel sieht er allerdings nur als Kür. Die Berufung gilt dem Buchautor. Noch vor Weihnachten 1971 trägt er seinem Lektor ein neues Buchprojekt an. Im März des Folgejahres schickt er bereits zwei Probekapitel. Es soll darin um ein eminent katholisches Thema gehen, das aber – wie sich zeigen wird – wenig populär ist: Sterben und Tod – und was kommt danach? »Unsere Gesellschaften haben keinen Konsens mehr bezüglich der Frage nach dem Sterbenmüssen«, ist der Ausgangspunkt seiner Überlegungen.[128] Er erinnert sich an den alten Bauern Seibold in seiner »Initiationsgemeinde« Kirchberg. In Holls Buch kramt der in seinem Dachstübchen und entdeckt allerlei, was sich im Laufe eines Christenlebens dort so angesammelt hat. Ob er dabei auch Antworten auf letzte Fragen bekommt? Holl macht eine Art geistige Entrümpelung, um Platz für Neues zu schaffen. Etwas in ihm lag im Sterben. »Ein gewisser Mut ist erforderlich im Umgang mit sich selbst, wenn lang gehegte Gedanken einer neuerlichen Prüfung auf ihre Brauchbarkeit hin unterzogen werden sollen.«[129] In Stuttgart schaut man mit einer gewissen Sorge auf das Räumkommando aus Wien. Aus einer Umfrage während des Synodalprozesses weiß man, dass die Frage eines Lebens nach dem Tod nur noch für 34,7 Prozent der Katholiken ganz oben auf der Liste ihres Interesses steht. Holl geht es aber um etwas anderes. Er hat sich »einer geschichtlichen Kraft angeschlossen«[130] und will wissen, wie es mit ihr und folglich mit ihm weitergeht. Was muss sterben, um neues Leben hervorzubringen?

In der *Presse* schreibt Holl über eine *Enquete unter Christen*, erschienen als Sonderheft der Zeitschrift *Wort und Wahrheit*. 86 Beiträge (vier davon von Frauen) beschäftigten sich darin mit der Krise der Kirche.

> Das Wort klingt fatal und das Krankenbett, Sterbebett ist nicht weit. Manche Diagnostiker geben dem Patienten noch eine Chance, andere geben ihn auf, wiederum andere wollen sich nicht festlegen und lieber abwarten. (…) Wer würde so vermessen sein zu erwarten, dass die Christen in 2000 Jahren eine Heiterkeit sich angeeignet hätten im Hinblick auf Verfall und Tod. (…) Kinder und Frauen sind nicht zugelassen im Rat der Männer, wenn sie sich den Kopf zerbrechen über den Zustand der römisch-katholischen Kirche. (…) Man darf … von einem berechtigten männlichen Misstrauen gegenüber gewissen anarchischen Tendenzen des Weiblichen und Kindlichen sprechen.[131]

Unüberhörbar der ironische Unterton, ebenso, welche Art von Kirche er sich wünscht. Und Wünsche können nicht irren, wird er später einmal sagen. Holl witterte den Verwesungsgeruch in den Kathedralen. Mit seinem neuen Buch will er ihm das Beißende nehmen. Das Manuskript steht zu diesem Zeitpunkt kurz vor dem Abschluss.

Unmittelbar mit dem Tod konfrontiert wird Adolf Holl, als Anfang Juli 1972 sein Onkel Franz stirbt. Indirekt, als er bald danach ein Schreiben seiner Kirchenbehörde erhält, in dem ihm mitgeteilt wird, dass er vom Kaplansdienst befreit ist und sein Gehalt eingestellt wird. Im Simultanschach Rom gegen den Rest der Welt musste Wien ein Bauernopfer bringen, um den König zu retten. Nicht wehleidig lässt er seinen Verlag wissen, dass dies für ihn auch ein Stück Freiheit bedeute.[132] Er kann sich auf das Schreiben und Lehren konzentrieren. Noch geht er nicht davon aus, an der Universität nicht mehr arbeiten zu können. Auf Vermittlung Kardinal Königs, der ihm keineswegs jegliche Lebensgrundlage entziehen will, konnte er im Sommersemester 1972 gemeinsam mit Kurt Schubert am Institut für Judaistik ein Seminar zum Thema *Jenseitsvorstellungen und Gesellschaftsstruktur* abhalten. Für das Sommersemester 1973 kündigt er auf der Soziologie eine Vorlesung über *Soziologie des Dogmatismus* an. Zugleich nutzt er das Renommee seines Bestsellers zur Präsenz in der »guten Gesellschaft«. Mit Trautl Brandstaller und dem Abgeordneten Heinz Fischer ist er im Dezember 1972 zu Gast bei Karl von Frisch, dem im Jahr darauf gemeinsam mit Konrad Lorenz und Nikolaas Tinbergen der Nobelpreis für Medizin zuerkannt wird.

Ein paar Wochen davor war er zu einem Gespräch ins erzbischöfliche Palais zitiert worden. Der Kardinal hat diese Unterredung so lange hinausgezögert wie möglich. Nun kann er nicht mehr aus. Wie jedes Mal öffnet er dem Kaplan persönlich die Tür zu seinem Salon, streckt ihm die Hand entgegen und bittet ihn, Platz zu nehmen. Dann beginnt die hochnotpeinliche Befragung. »Zwei Punkte«, kommt der Kardinal sehr bald in medias res, »seien nach wie vor wichtig: Ob Christus der Sohn Gottes sei. Ob er die Kirche und damit die Priester gewollt habe.« Vom Zölibat und seinem Bruch ist nicht die Rede. Ein paar Jahre später wird Holl über diese Unterredung berichten:

> Vielleicht wäre es angemessen, wenn ich – in einer neuen Auflage meines Buches – ein klärendes Nachwort schreiben würde, sagt der Kardinal. Das lehne ich ab, ich will meine wissenschaftlich begründeten Thesen nicht zurückziehen, man möge mich widerlegen, sage ich, das sei bis jetzt nicht geschehen.[133]

Es darf bezweifelt werden, dass es an der Chronik der laufenden Ereignisse etwas geändert hätte, wenn Adolf Holl seinen Thesen »abgeschworen« hätte. Seine Demontage war eine (in Rom) beschlossene Sache. Alles Mögliche war in diversen Gutachten über Jesus Christus und Adolf Holl geschrieben worden, seit das Buch auf dem Markt war. Sogar eine Psychiatrierung des Autors war angeregt worden. Ein schlüssiger Beweis gegen seine Behauptungen war allerdings nirgends erbracht worden. Nach Holls Ablehnung eines Widerrufs hatte der Wiener Erzbischof aber nicht mehr die Wahl, die Sache weiter in die Länge zu ziehen. Er musste handeln.

Zu Jahresbeginn 1973 trägt Pfarrer Müller in die Pfarrchronik ein: »Die personelle Besetzung ist unverändert.«[134] Nicht dazu schreibt er, dass dies gemäß dem Wunsch des Präfekten in Rom und seiner eigenen Meinung nach längst anders sein sollte. Auf Aufforderung des Generalvikars Franz Jachym hätte Holl bereits im Herbst des Vorjahrs die Pfarrwohnung räumen sollen. Darauf hatte der nicht reagiert. Ab Jänner beginnt nun ein Tauziehen um seinen Verbleib in der Pfarre. Kanzleidirektor Jachym drängt zu Beginn des Jahres nochmals mit allem Nachdruck darauf,»ehestens die Wohnung zu räumen«[135], da sie bereits Kaplan Erwin Pfeifer zustehe. Holl ist aber keineswegs bereit, das Feld zu räumen. Er kämpft um das katholische Erbe – in sich und in der Welt. Seine Position dazu hat, zwar aus einer Negation heraus, aber durchaus zutreffend die *Neue Bildpost* beschrieben:

> Dieser Mann feiert täglich die Messe in der Kirche Zur schmerzhaften Muttergottes in Wien, er kämpft gegen die eigene kirchliche Obrigkeit, die er ironisch »Funktionäre« nennt. (…) Und das Interessante dabei: Holl fühlt sich nicht als »Ketzer« oder hoffnungsloser Utopist. Er ist überzeugt, für die Kirche Wertvolles zu tun.[136]

Einen Beitrag dazu soll sein neues Buch leisten, das nun fix *Tod und Teufel* heißt. Während in Stuttgart die Korrekturfahnen angedruckt werden, marschieren die Schusterbuben aus Rom an. Die »Befreiung« vom Kaplansdienst reicht dem Präfekten nicht. »Herr Holl setzt seine schriftstellerische Tätigkeit fort (vgl. einen scharf kritischen Aufsatz in der *Weltwoche* des 21.3.1973) und scheint als Universitätsdozent in Wien weiterzuarbeiten. Durch das Ausbleiben einer offiziellen Verurteilung ist eine gefährliche Lage entstanden. Wenn keine Regelung getroffen wird, sieht die Glaubenskongregation sich verpflichtet einzuschreiten.«[137] Hatte der Autor des Artikels in der *Neuen Bildpost* noch bedauernd gemutmaßt, dass der Wiener Erzbischof machtlos zu sein scheint, »da die Zeit der Bannflüche und Scheiterhaufen« vorüber sei, sinnt der Glaubenshüter im Vatikan danach, den Ketzer mundtot zu machen.

Dass es eng für ihn wird, wusste Adolf Holl. Dem Generalvikar antwortet er umgehend, aber nicht unbedingt umgänglich: »In meiner Unterredung mit dem Herrn Kardinal, die über dessen Einladung und in Gegenwart von Prälat Unger am 2. Oktober v. J. stattgefunden hat, habe ich in ausführlicher Rede meine Bedenken hinsichtlich der Ihrerseits von mir verlangten Wohnungsräumung vorgetragen und mich somit einer schriftlichen Antwort für enthoben erachtet.«[138] Die angebotene Ersatzwohnung würdigt er keiner Erwähnung, sondern ergänzt, dass er sich nach seiner Rückkehr aus den USA umschauen wird. Er hatte nämlich seine Fühler nach Übersee ausgestreckt und eine Einladung von der Lincoln University in Nebraska angenommen. Gegenüber Felix Berner witzelt er, dass man bald in der Zeitung von ihm lesen wird, »gelegentlich meines Dinners mit Präsident Nixon und Prof. Kissinger«.[139] Er berichtet seinem Lektor auch, dass er dem P.E.N.-Club beigetreten ist, »was mir im Hinblick auf allfällige Ketzerprozesse ganz guttut«.[140] Nach seiner Rückkehr aus den Vereinigten Staaten liegt dann der Umbruch von *Tod und Teufel* vor, von dem 15 000 Stück aufgelegt und Ende Juni ausgeliefert werden sollen.

Es ist immer dasselbe: Man kann sich noch so lange und intensiv ein Schreckensszenario ausmalen, wenn es dann eintritt, trifft es einen doch unvermittelt. Im April ist der seit 1971 mit dem Ehrentitel Monsignore ausgezeichnete Pfarrer von Neulerchenfeld in geheimer Mission unterwegs. Er »ventiliert« – wie es in der Pfarrchronik heißt – eine »starke personelle Umstellung«. Kurzum: Er sucht Nachfolger für seine Kapläne.

> Die bereits feststehende Entscheidung, dass das geplante Forum von drei Ordenspriestern aus Polen im Herbst in Neulerchenfeld die Arbeit aufnehmen wird, habe ich hochoffiziell beantragt, gleich am Anfang verkündet und mich auf kein »Warum« und »Weshalb« eingelassen.[141]

Seine Pläne sickern zum Pfarrbeirat durch, der daraufhin die Einberufung einer Pfarrversammlung fordert. Diese wird für den 13. Mai angesetzt, dem 43. Geburtstag Adolf Holls. Von den 115 abstimmenden Pfarrmitgliedern sprechen sich 98 für einen Verbleib des Kaplans aus. Es wird vereinbart, eine Pfarrdelegation zum Bischof zu entsenden.

Die Abordnung aus Ottakring versucht dann vergeblich, einen Termin beim Diözesanchef zu bekommen. Inzwischen sind diesmal etliche Schreiben pro Holl am Stephansplatz eingelangt. Auch Unterschriftenaktionen für ihn finden statt. Tenor der Bittgesuche an den Kardinal: »Der Beschluss: DDr. Holl soll bleiben, wurde in unserer Pfarre mit überragender Mehrheit gefasst. Ich bitte Sie nochmals, stehen Sie uns Neulerchenfeldern nicht gar so ablehnend gegenüber, lassen Sie uns auch zu Wort kommen.«[142] Die Pfarrangehörigen ahnen nicht, dass die Würfel längst gefallen sind.

Für den 29. Mai wird Adolf Holl wieder zu einem Gespräch in das erzbischöfliche Palais geladen. Jetzt geht es darum, den Dozenten persönlich davon in Kenntnis zu setzen, dass man ihm die Missio canonica entziehen müsse. Ein paar Tage später liegt das offizielle Schreiben im Postkasten der Pfarre Neulerchenfeld, wieder ein paar Tage später kann man es im *Kurier* nachlesen und danach auch noch in der *Welt*:

> Sie erhalten jetzt einen Brief, in dem Ihnen das erzbischöfliche Ordinariat meinen Auftrag mitteilt, dass ich mich gezwungen sehe, die Missio Canonica zu entziehen. (…) Sie wissen, dass mir dieser Schritt nicht leichtgefallen ist: Sie haben bei unserem letzten Gespräch am 29. Mai 1973, bei dem ich Ihnen diese bevorstehende Entscheidung ankündigte, versichert, dass Sie meine Beweggründe wohl verstehen und nicht als hart empfinden. Es ist mir trotzdem hart geworden. (…) Ich habe lange gewartet – nach der Meinung vieler zu lange. Noch länger zu warten, hätte aber mich ins Zwielicht gesetzt und mich als Bischof unglaubwürdig erscheinen lassen. Ich schreibe Ihnen nicht, um Ihnen Vorwürfe zu machen, ich will auch kein Urteil über Sie persönlich fällen. Ich habe den Menschen und auch den Priester Holl nicht abgeschrieben. Aber der klärende Schritt, der vom Bischof verlangt wurde – und mit Recht verlangt wurde –, musste einmal geschehen. Meine Tür und meine Ohren werden Ihnen auch in Zukunft offenstehen.[143]

Wieder einmal geht Holl danach auf Reisen. Er fährt nach Umbrien und besichtigt Orvieto und Assisi. Bis nach Rom fährt er nicht. Er hätte sonst die Meldung des Vollzugs der Eminenz von der Donau zu jener am Tiber persönlich überbringen können. In einem Schreiben vom 12. Juni berichtete der Erzbischof von Wien dem Kurienkardinal im Vatikan, dass er Adolf Holl die Missio entzogen hätte und dies »dem Betreffenden so interpretiert wurde, dass jede Lehrtätigkeit auch innerhalb des Gottesdienstes verboten ist«.[144] Auf Deutsch: Predigtverbot. In dem einer Unterschriftenliste aus der Pfarre beiliegenden Bittbrief an den Diözesanleiter hieß es deshalb: »DDr. Holl ist es in seinen Predigten gelungen, uns den Glauben näherzubringen. Bei seiner Messe war die Kirche stets überfüllt. Wollen Sie mit dem Predigtverbot dieser, für den Glauben doch günstigen Entwicklung ein Ende setzen?«[145] Die Pfarrangehörigen konnten nicht wissen, dass Kardinal König das Schlimmste verhindert hatte, indem er den Ball über die Alpen zurückgespielt hatte. Er berichtete dem Wächter des wahren Glaubens im Vatikan von den eingehenden Beratungen eines Fachgremiums in seiner Diözese, das von einer »zusätzlichen Suspendierung« Holls abgeraten hätte, da »damit zu rechnen ist, dass er öffentliche Erklärungen abgibt, die nach dem Kirchenrecht nötigen, die Suspendierung zurückzunehmen«. Damit richtet der Bischof von Wien dem Kurienkardinal in Rom aus, dass seine Forderungen auf kirchenrechtlich wackeligen Beinen stünden, und merkt am Schluss süffisant an, dass der Ball bei ihm liege: »Es ist Sache der Glaubenskongregation, eine reductio ad statum laicalem, wenn sie auf dem Standpunkt steht, vorzunehmen.«

Nun kam Holl sein Netzwerk in der »regierenden Gesellschaft« zugute. »Kultusminister« Fred Sinowatz stellte sich zum Beispiel auf den Standpunkt Charles de Gaulles, der über den mit der RAF sympathisierenden Jean-Paul Sartre gesagt hatte: »Einen Voltaire verhaftet man nicht.« In seinem Statement zum Lehrverbot für Adolf Holl, das Heinz Nußbaumer für den *Kurier* eingeholt hat, sagte Sinowatz: »Bei einem so ungewöhnlichen Menschen muss man großzügig sein. So ein Mann ist dazu da, Gedanken zu denken, herauszufordern und anzuregen.«[146] In seinem Artikel erwähnt Nußbaumer nebstbei, dass von Holls Buch *Jesus in schlechter Gesellschaft* inzwischen 110 000 Stück aufgelegt worden waren.

Gleichzeitig hatte sich eine »Initiativgruppe zum Problem ›Meinungsfreiheit in der Kirche‹« gebildet, die Unterschriften pro Holl sammelte und am 27. Juni einen Brief an den Wiener Erzbischof mit folgender Präambel schickte: »Wir befürchten, der Entzug der Missio canonica Adolf Holls könnte als Einschränkung der Bandbreite verstanden werden, die in der Kirche zumindest seit dem Zweiten Vaticanum existierte.«[147] Es folgte eine Liste mit 200 Unterschriften, darunter die Namen: Dr. Erika Adamovic, Dr. Franz Michael Adamovic, Dr. Michael Benedikt, Dr. Trautl Brandstaller, Dr. Ernst Bruckmüller, DDr. Wilhelm Dantine, Dr. Peter Diem (Bundesparteileitung ÖVP), Gustav Ernst, Otto Fielhauer (*Kronen Zeitung*), Hubert Gaisbauer (ORF), Dr. Karl Glück (Ministerialsek. im BM f. Justiz, ÖVP), Elfriede Hammerl (*Kurier*), Dr. Friedrich Heer, Wilhelm Holzbauer, Heinz Knienieder, Wolfgang Kos (ORF), Sigrid Löffler (*profil*), Dr. Harald Leupold-Löwenthal, Josef Mikl, Michael Mitterauer, Dr. Ursula Pasterk, Dr. Anton Pelinka, Heide Pils, Dr. Kurt Schubert, Dr. Stephan Schulmeister, Dr. Wolfgang Schüssel (Klubsek. des ÖVP-Parlamentsklubs), Dr. Willibald Sluga, Erich Sokol (Chefgrafiker ORF), Dr. Gerfried Sperl (*Kleine Zeitung*), Dr. Georg Springer, Ernst Trost (*Kronen Zeitung*), Dr. Werner Vogt, Dr. Erika Weinzierl, Dr. Walter Weiß, Dr. Manfried Welan. Eine illustre Gesellschaft, die am Stephansplatz, wenn schon nicht die Pummerin, so doch das eine oder andere Alarmglöckchen hat läuten lassen.

Holl hofft, dass noch nicht aller Predigten Abend ist. Beim Erlass der Maßnahme Ende Mai hatte er dem Kardinal versprochen, »in der Öffentlichkeit gegen diese Sanktion nicht zu demonstrieren«, wie der Ordinariatskanzler Krätzl protokolliert hatte.[148] Holl kündigte dabei allerdings auch an, dass es Proteste gegen das Predigtverbot geben werde: Er sehe dies zwar ein, »aber es wird in Neulerchenfeld ›Stunk‹ geben, da sehr viele Leute hinter ihm stehen«. Davon hatte sich der Kardinal nun überzeugen können.

Zurück von seiner Fahrt in die Heimat des heiligen Franz trifft zum Fest von Peter und Paul auch der von Monsignore Müller angeforderte polnische Pater ein. »Bangen auf beiden Seiten, ob's gelingt«, schreibt der Pfarrer kryptisch in die Pfarrchronik. Holl war zwar bewusst, dass er die Pfarre verlassen musste, doch statt Umzugskartons zu besorgen, geht er auf Promotiontour für sein neues Buch, von dem die ersten Exemplare ausgeliefert sind. Einer Diskussion stellt er sich in der Österreichischen Gesellschaft für Literatur, von einer anderen mit 700 Teilnehmern berichtet er Felix Berner, dass er aufgefordert wurde, »das Priesterkleid abzulegen – weil meine Ansichten für einen Geistlichen unwürdig seien«.[149] Ebenso dachte man in Rom. Die bisherigen Maßregelungen waren dem Präfekten nicht weitgehend genug.

> Die Kongregation für die Glaubenslehre ist der Meinung, dass eine weitere publizistische Tätigkeit Dr. Holls im Sinne seiner bisher veröffentlichten Bücher (ohne kirchliche Zensur) mit der Ausübung des priesterlichen Amtes oder mit dem Verbleiben im priesterlichen Stande schwer vereinbar ist. Wenn Eure Eminenz meine, dass eine »suspensio a divinis« in diesem Augenblick nicht am Platz sei, scheint es der hl. Kongregation, dass dem Dr. Holl wenigstens die Beichtjurisdiktion entzogen werden sollte.[150]

Mit der Unterschriftenliste auf dem Schreibtisch und der Schere im Kopf antwortet der Wiener Diözesanchef, dass er die Entwicklung über den Sommer abwarten möchte. Ein wenig hofft er vielleicht darauf, dass die Aufmerksamkeit für den Kaplan nach dessen Auszug aus der Pfarre nachlassen werde.

Trotz passiver Resistenz wusste Adolf Holl, dass er gehen musste. Am 27. Juli unterschreibt er den Kaufvertrag für seine neue Wohnung. Vom Ordinariatskanzler war ihm ein Kredit vom Bankhaus der Erzdiözese in der Höhe von 250 000 Schilling mit einer Verzinsung von 8,5 Prozent in Aussicht gestellt worden.[151] In den folgenden Tagen übersiedelt er und am 2. August gibt er der Honorarverrechnung seines Verlags die neue Adresse in Wien-Döbling bekannt.

Außenstände und Außenseiter

Wie beim Jesus-Buch schaut Adolf Holl in seinem neuen Domizil auf die Bestsellerliste vom *Spiegel* – und findet *Tod und Teufel* auf dem undankbaren elften Platz. Eine einstellige Ziffer im Ranking wird das Buch nie erreichen. Die bereits nach der Lektüre des Entwurfs geäußerten Befürchtungen des Lektors scheinen sich zu bewahrheiten:

> Eine Fülle von Material, von Kenntnissen, von Einsichten ist kondensiert worden, übrig geblieben ist nur die – allerdings gefällig dargebotene – Essenz. Ich weiß nicht, ob Sie sich darüber im Klaren sind, dass Sie damit dem Leser einiges abverlangen. Die starken Abbreviaturen … erfordern einen Leser, der auf Andeutungen reagiert und sie ausbaut … kurz, Sie wenden sich trotz der Vermeidung des

intellektuellen Fachjargons doch hauptsächlich an Intellektuelle, also nicht so sehr an die vielen »Seibolds«, die wissen wollen, wie man mit dem eigenen Sterben zurechtkommt.[152]

Auch wenn der Autor noch Nachbesserungen vorgenommen hatte, das Grundproblem blieb bestehen: »Wie komme ich vom Kopf weg, ohne auf ihn zu verzichten?«[153] Was aus Sicht des Verlags verkaufshemmend sein mochte, ist von Holl bewusst eingesetzt: Er will durch stilistische Gefälligkeit für »Seibolds« lesbar, zugleich aber für Akademiker ansprechend schreiben. Eine literarische Herausforderung. Für Werbezwecke stellte der Verlag Zitate aus den Medien zusammen.[154] Die Rezensionen und Reaktionen auf sein Buch mögen ein Trost gewesen sein. Der auf dem Sprung aus seinem Orden in die Ehe befindliche Jesuit Ladislaus Boros schrieb etwa: »Ich möchte Dr. Holl meine Sympathie schenken und ihn bitten, nicht aufzuhören, aufrichtig zu uns zu sprechen, selbst wenn seine Sprache manchmal für einige unangenehm ist.« Der *Südwestfunk* in Baden-Baden urteilte: »Ein behutsames Ausräumen der Lebenslügen, die sich nur allzu häufig aus einem falsch verstandenen Glauben ergeben können.« Für das *Publik-Forum* stellte das Buch »erste beherzte Schritte auf dem Weg zu einer erzählenden Theologie« dar. Besonders gefreut haben dürfte den Autor aber ein Brief des Literaturnobelpreisträgers von 1972, Heinrich Böll:

> Die unglaubliche Blindheit Roms macht ja den deutschen und österreichischen Episkopat zumindest »augenkrank«. Die fürchterliche Taktik, alles zu verschleppen, die »lange Bank« zu wählen ..., ist mörderisch, und vielleicht wäre es besser und für Sie leichter, die Trennung vorläufig zu akzeptieren und sich nicht von der tödlichen »Zeitlosigkeit« Roms umbringen zu lassen.[155]

Je nach Standpunkt konnte man die Sache auch ganz anders sehen. Einem Pfarrer der »Christengemeinschaft Wien« war ein Rezensionsexemplar zugegangen. Seine Stellungnahme: »Der Mann ergötzt sich ja noch an seiner Unwissenheit, kokettiert geradezu mit seiner eigenen Interesselosigkeit an den wirklichen Problemen und garniert das in gekonnter Weise mit schriftstellerischen Gags.«[156] Der Autor wäre zweifellos enttäuscht gewesen, hätte es nicht auch negative Reaktionen gegeben. Doch dass ausgerechnet im wichtigsten Magazin Deutschlands, für das seine Lebensgefährtin schrieb, ein Verriss erschien, mag geschmerzt haben. Unerwartet hätte das jedoch nicht sein müssen.

Im Herbst 1972 war das Buch *Jesus Menschensohn* des *Spiegel*-Gründers, Chefredakteurs und Herausgebers Rudolf Augstein erschienen. Eine Konkurrenz für *Jesus in schlechter Gesellschaft*. Wobei es bei Augstein weniger um den historischen Jesus geht als um eine Abrechnung mit der Theologie. »Wie weiland Thomas von Aquin zieht heute Rudolf Augstein seine ›Summe der Theologie‹, wobei die Bilanz allerdings völlig negativ ausfällt«, urteilte etwa *Die Zeit*.[157] Verständlich, dass sich auch Holl dazu berufen fühlte, ein Urteil dazu abzugeben. Er tat dies im *profil* und es fiel nicht sonderlich freundlich aus: Die Herleitung der kirchlichen Würde vom Gottessohn Jesus, so gibt Holl die Ausgangsthese Augsteins wider, beruhe auf einer Fiktion:

> Demonstriert werden soll, mit welchem Recht die christlichen Kirchen sich auf einen Jesus berufen, den es nicht gab, auf Lehren, die er nicht gelehrt, auf eine Vollmacht, die er nicht erteilt, und auf eine Gottessohnschaft, die er selbst nicht für möglich gehalten und nicht beansprucht hat. Die erklärte Absicht des Jesusbuches von Augstein ist mithin eine (aktuelle) politische. Weil die Kirchen aus den Erkenntnissen ihrer Theologen keine Konsequenzen ziehen, werden ihnen eben diese Erkenntnisse nochmal unter die Nase gerieben, auf 500 Seiten, ohne Rücksicht auf Verluste.[158]

Wie es im Medienbetrieb nun mal so ist, folgte die Rache auf dem Fuße. Der *Spiegel*-Chef gab dem Leiter des Ressorts »Geisteswissenschaften« und einstigen SS-Hauptsturmführer Georg Wolff den Ukas, *Tod und Teufel* zu rezensieren. Der befand dann unter dem Titel *Mystik auf Müll*, dass es sich dabei um »eine Deponie von Gedanken« handle, »von Freud oder Pascal oder aus einem Reiseprospekt auf die Kippe. Sie werden veralbert, verkalauert oder in Hamlet-Haltung betrauert.«[159] Dem Erfolg des Buches war diese Einschätzung nicht zuträglich.

Über Mangel an Publicity konnte sich Holl aber nicht beschweren. Die breite Berichterstattung über den Entzug der Missio sowie seinen Rausschmiss aus der Pfarre schuf eine hohe Aufmerksamkeit für sein Buch. Er selbst tat ein Übriges, um den Verkauf anzukurbeln. So gab er etwa seiner Lebensgefährtin ein Interview, allerdings für die *Weltwoche*. Über sein Leben der vergangenen Jahre sagte er:

Das ist widerspruchsvoll. Aber unlogisch ist es nicht. In meiner geistigen Entwicklung erkenne ich sehr wohl eine Logik. Und die sieht so aus: Angefangen habe ich als Bilderbuchpriester – fromm, gehorsam, ohne kritische Gedanken. Meine Vorgesetzten waren mit mir zufrieden. (…) Vor etwa zehn Jahren kam dann die negative Periode. Mir fiel auf, wie viel an meiner Kirche faul und falsch ist. Und heute weiß ich, dass ich weder rein positiv noch rein negativ sein darf.[160]

Damit war er endgültig in der Jetztzeit angekommen und bestimmte seinen Kurs für die Zukunft. Die siebenjährige Periode des Protestes neigte sich dem Ende entgegen. Nun setzte eine Trauer über das Verlorene ein, manifest geworden im Verlust der »stillen Messe«, »um den Verlust der einmal begriffenen und angeeigneten Sicherheit des Stils bezüglich der Messe, der damit gewährleisteten Entlastung«.[161] Des Weiteren der Trauer über das gewaltige Rieseln im altehrwürdigen Gemäuer der Kirche. Auf der Seite mit dem Interview war ein Kasten platziert mit dem Titel *Aussterbende Priesterschaft*: »430 000 Priester amtieren in r.-k. Kirche. 9000 scheiden pro Jahr aus. 18 000 legen pro Jahr das Amt nieder. Meistens heiraten sie«, war darin zu lesen.

Nachdem sich das staunende Publikum an seine soziologischen Seitenhiebe gewöhnt hatte, entdeckte Adolf Holl plötzlich *Die zweite Wirklichkeit*.[162] Anfang 1974 liest er Walter Niggs *Buch der Ketzer*, die autobiografischen Schriften der »kleinen Therese« (hl. Therese von Lisieux) und Carlos Castanedas 1968 erschienene *Lehren des Don Juan*, das Kultbuch der New-Age-Bewegung. Er fragt sich, warum ihm diese Bücher gefielen: »Weil in ihnen nach langer Zeit wieder eine Art des außeralltäglichen Erlebens beschrieben wurde?«[163] Damit hatte er seine Nase wieder steil im Wind, der sich gerade drehte. Vier Jahre nach Theodor W. Adorno war 1973 auch Max Horkheimer gestorben. Die Ära der Leitwissenschaft Soziologie lief allmählich aus. Aus biografischer Perspektive könnte eventuell geltend gemacht werden: Adolf Holl litt unter Entzug (der stillen Messe), wie Gabriele Sorgo später konstatieren wird. Als nächstes Projekt schlägt er seinem Verlag ein Buch über Mystik vor, denn »über Mystik schreiben heißt über Sexualität schreiben«.[164] So richtig überzeugt davon dürfte man in Stuttgart nicht gewesen sein. Wegen des großen Medienechos des Films *Der Exorzist* noch vor seiner Premiere in Europa schlägt man ihm im Sommer 1974 einen Band mit Erich Fromm über Satanismus vor. Ein

Jahr nach Erscheinen von *Tod und Teufel* war klar, dass sich der Erfolg von Holls erstem Buch bei der DVA nicht wiederholt hatte. »Dem erfreulichen Absatz des Jesus-Buches im zweiten Halbjahr 73 steht jetzt leider ein sehr unerfreulicher Rückfluss von Remittenden von *Tod und Teufel* in den ersten vier Monaten dieses Jahres gegenüber.«[165] Das war für Adolf Holl insofern unangenehm, als er sich mit dem Kauf der Wohnung verschuldet hatte. Dazu kam, dass wegen des guten Einkommens in den beiden vorangegangenen Jahren Ende 1973 eine hohe Steuernachzahlung fällig geworden war. Schon deshalb war es für ihn bedauerlich, dass aus einem geplanten Auftritt in Dietmar Schönherrs Talkshow *Je später der Abend* nichts wurde.

Noch im Herbst 1973 vereinbart Adolf Holl deshalb mit seinem Verlag ein monatliches Fixum, als »nicht rückzahlbaren Vorschuss auf meine Lizenzen in der Höhe von 38 000 DM«.[166] Ein halbes Jahr später sieht sich der Verlag gezwungen, ihm mitzuteilen, dass »Sie bei uns tief in die Kreide geraten«[167] sind. Es wird eine Reduktion der monatlichen Überweisung von 2000 auf 1750 DM vereinbart, ein Kinderbuch mit dem Arbeitstitel *Katechismus einmal anders* angedacht und Auftritte in Talkshows, darunter Robert Lembkes *Was bin ich?*, in Aussicht genommen. Nur aus der Reduktion des Fixums sollte wirklich etwas werden.

Äußerlich ist Adolf Holl in der kalten, rechnenden Moderne angekommen, innerlich plagt ihn jedoch die Sehnsucht nach der warmen, dunklen Mystik des Mittelalters. Auskunft über seinen Seelenzwist gab er in dem *Weltwoche*-Interview. Auf Inge Santner-Cyrus' Frage, was ihn noch bei dieser Kirche hält und ob er nicht seinen Dienst quittieren müsste, antwortet er:

> Ich denke nicht daran. Als Protesthandlung halte ich einen derartigen Schritt für unwirksam und unnütz. (…) Weil ich die gegenwärtige Gottesfinsternis als eine Durchgangsphase betrachte. In dieser Lage sollten wir behutsam sein. Trotz allem nämlich ist wahr, dass die letzten Fragen der Menschen derzeit immer noch von den Kirchen in Gang gehalten werden, die Fragen nach dem Woher und Wohin, nach dem Tod, nach dem unverdienten Leid. Wir machen das nicht besonders meisterlich, zugegeben. Aber unsere Konkurrenten – ich meine die Kommunisten beziehungsweise die liberal-kapitalistischen Ideologien – sind diesbezüglich noch schlechter.[168]

Unmerklich beschleicht ihn ein Widerstand gegen »diese Computer-Rationalität«. Ab nun steht sein Werk im Zeichen der Vereinbarkeit des Unvereinbaren. Den Phantomschmerz hatte er schon am Ende von *Tod und Teufel* eindringlich beschrieben, als er seine Empfindungen bei der »Wandlung« wiedergab: »Gleichwohl geschieht es dann und wann, dass für Augenblicke ich mir vorkomme, als ob ich mit den Augen in die Hostie eindringen, in sie einsinken würde, zusammen mit dem Gefühl, mich in einer Wölbung zu befinden.«[169] Diese Geborgenheit ist unersetzlich, vergleichbar nur mit jener eines Fötus im Mutterleib. War er aufgrund seiner »soziologischen Seinsweise« bei seinen »religiös musikalischen« Mitbrüdern bereits zum Outcast geworden, so dämmert ihm jetzt, dass ihn seine »metaphysischen Gefühle« auch bei seinen materialistischen Freunden in der Sozialdemokratie zum Outsider machen müssen. Und er ist sich dieses »heideggerschen Lebensgefühls« bewusst.[170]

> Der sich nahelegende Hinweis aufs Menschengeheimnis, aufs Verborgene, kann reaktionär wirken. Und will doch zugleich sich gegen den Maschinenkalkül wenden, gegen die Reduktion des Humanum auf diesen, gegen spätaufklärerische Homme-machine-Modelle, gegen miss-was-messbar-ist.[171]

Mitten in der Zeit seiner größten Publizität wurde es einsam in Adolf Holl. »Die Einsamkeit der Priester ist schlimm, ich habe sie empfunden.«[172] Er fragt sich, wie es weitergeht – mit ihm, mit seinem Werk. »Dieser Weg wird kein leichter sein, dieser Weg wird steinig und schwer / Nicht mit vielen wirst du dir einig sein, doch dieses Leben bietet so viel mehr«,[173] könnte der Refrain zu Holls weiterem Leben lauten.

Austauschen darüber kann er sich einzig mit Heinz Knienieder. Der sagt ihm, dass sich in seinen letzten drei Büchern (inklusive *Wo Gott wohnt*) »eine durchgängige Haltung zeigt, in der Historisches kritisch in die Gegenwart gehoben wird«.[174] Für beide gehört die »christliche Kultur« zu ihrer Identität, nur kommt bei Holl noch die »Trauer um entschwundene, vormals reiche Gefühle hinzu«.[175] Mit ihm zieht nicht vorbehaltlos die neue Zeit wie für den Marxisten Knienieder. Der kam zwar regelmäßig auf Besuch zu ihm, aber »er ist nie in eine Messe gegangen von mir, das hat er sich nicht gestattet. Und gleichzeitig hat mir der Heinz einmal geschrieben auf einer Ansichtskarte: Gott ist tot und lässt dich herzlich grüßen.«[176] Aus diesem Satz wird später der Titel der Wiederauflage von Adolf Holls Autobiografie werden.

Rückhalt hatte er natürlich auch von Inge Santner-Cyrus. Sie gab ihm »jenes Maß an Heimat, ohne das ich nicht leben kann«.[177] Doch die oft auf Reisen befindliche Journalistin ist »Insiderin, verkehrt mit Insidern«, während er zwischen allen Stühlen sitzt. Adolf Holl blieb nichts anderes übrig, als sein Außenseitertum produktiv zu machen. »Für meinen derzeitigen Beruf folgt: »Der Outsider sieht manches, was dem Insider verborgen bleibt.«[178] Das war ein Programm.

Abschied von Mutter und Messe

Mit dem Mystik-Buch wollte es nicht so recht vorangehen. Im Nachhinein vermutete Holl, dass dies auch mit der Sorge um seine Mutter zu tun hatte. Denn die liegt zum Jahreswechsel 1974/75 seit Wochen in einem Zustand der Müdigkeit im Bett. Fertig ist zum Jahresende das »Kinderbuch«; nur dass es kein Kinderbuch geworden ist. Es ist vielmehr eine Art Biografie des jüdisch-christlichen Gottes, der bekanntlich sein Testament geändert hat, in ironischem Stil verfasst und kaum voraussetzungslos zu lesen. Holl selbst ist klar: »Die Behandlung Gottes in meinem Kinderbuch als eines weltanschaulichen Inhalts gehört zur Destruktion, aber immerhin schon als ironisch-heitere, mit Überraschungseffekten und gelegentlichen Tiefsinnigkeiten.«[179] Der ursprünglich daran interessierte Verlag Ueberreuter dachte an ein Publikum von Pubertierenden. Tatsächlich wird *Wo Gott wohnt* zum Lieblingsbuch des Agnostikers und Bundeskanzlers Bruno Kreisky. Es dürfte dazu beigetragen haben, dass er Holl einladen wird, am neuen Parteiprogramm der SPÖ mitzuarbeiten.

Auch die DVA, die für den abgesprungenen Verlag Ueberreuter einspringt, erkennt nach Lektüre des Manuskripts rasch, dass sie dieses Buch nicht als Kinderbuch verkaufen kann. Holls Wunsch nach einer illustrierten Ausgabe wird deshalb nur in einer Sparvariante verwirklicht. Der Autor denkt darüber nach, das Buch als »Faction« anzulegen, also zwischen Fiktion und Fakten. Ähnlich wie mit der »erzählenden Theologie« war er seiner Zeit damit wieder ein gutes Stück voraus.

Während er an einer Disposition zu dem Buch mit dem Arbeitstitel *Die Eingeweihten* arbeitet, erfährt er von der Verschlechterung des Zustands seiner Mutter. Sie musste ins Franz-Josef-Spital eingeliefert werden, wo ein Lungenödem festgestellt wird, aber nichts Dramatisches, wie ihm die behandelnde Ärztin am Telefon mitteilt. Am Abend fährt Holl zu seiner Mutter ins Spital.

> Ich finde sie also guter Dinge im Bett, und dann sagt sie auf einmal: Also, ich danke dir schön für alles. Sag ich, was hast denn? Die Frau Doktor hat doch gesagt, es ist nix Ernstes. (…) Wir plaudern weiter und dann sagt sie auf einmal, aber wirklich aus heiterem Himmel: Du, Adolf, ich glaube, ich sterbe. So, als Sachverhaltsdarstellung. So … ganz ohne Betonung: Du, Adolf, ich glaub', ich stirb. Aber da muss die Krankenschwester etwas bemerkt haben. Denn die ist schon gekommen und hat mich weggeschoben und die Ärztin war schon da und auf einmal hat ein rotes Lamperl geleuchtet und man hat mich hinausgebeten, Herzalarm, und nach einer Viertelstunde, zehn Minuten war es vorbei.[180]

Wieder ein Abschied. In den darauffolgenden Tagen geht Adolf Holl viel spazieren und erinnert sich an Worte seiner Mutter. »Schreib nicht so kompliziert, das versteht man ja nicht, was du da zusammenschreibst: Schreib einfach!«[181] Es erscheint ihm als ihr Vermächtnis an ihn.

Mit diesem Auftrag macht er sich nun an das Mystik-Buch, gibt seinem Lektor Bescheid, dass er Hemmnisse überwunden hat und nach einem Skiurlaub in der ersten Märzhälfte das Projekt zügig in Angriff nehmen wird. Nebenbei teilt er mit, dass er zum Vizepräsidenten der Österreichischen Gesellschaft für Soziologie gewählt wurde. Mit dem Tod der Mutter fällt aber auch die letzte Reservation gegenüber demjenigen, was ihn noch an seinen alten Beruf bindet. Angespornt von der Medienpräsenz Hans Küngs nach dessen Ende 1974 erschienenem Buch »Christ sein« beschließt er, ein ausführliches Interview zur Ankurbelung des Verkaufs seiner Bücher zu geben. Das Ergebnis war dann das legendäre TV-Gespräch mit Günther Nenning (s. Prolog im Himmel, Anm. 3). Darin wird er von Nenning unter anderem nach dem Grund der Aufregung um seine Person respektive seine Bücher gefragt, ob es nicht darin läge, dass er die Gefühle der Gläubigen verletzt hätte und man das als »Verweigerung von Nächstenliebe« interpretieren könne, ganz abgesehen davon, ob die Gläubigen »richtig oder falsch denken«. Als er noch von Angesicht zu Angesicht zu den Menschen sprechen, also predigen durfte, so Holl, habe er sich darum bemüht, sie nicht vor den Kopf zu stoßen. »Beim Bücherschreiben fühle ich, dass ich das nicht mehr tun kann, diese Kränkungsvermeidung.« Und zwar, weil er will, dass sie sich ein wenig leichter tun im Leben. Wenn man den Widerstand der eingelernten Unterwürfigkeit gegenüber Obrigkeiten überwindet, »dann lebt sich's leichter«. Nenning macht ihn darauf aufmerksam, dass diese Obrigkeiten »in der Wirklichkeit der Gesellschaft eine bestimmte Funktion« haben: »In dem Augenblick, in dem man das Christentum als priesterlose Religion auffasst, kann man von der Amtskirche nicht verlangen, dass sie da mitmarschiert, denn sie würde ihre eigene Abschaffung betreiben.« Darauf Holl:

> Diese Art von Maulwürfen, zu denen ich mich zähle, von denen es eine reiche und von der Kirche natürlich nicht vermittelte Tradition gibt, nämlich die ketzerische, sogar die mystische, wenn man will, … die haben immer, solange man in der Geschichte der Kirchen (und der Islam gehört da dazu) denken kann, eine aufs Dach gekriegt. Diese Tradition, auf die zu berufen ich im Sinn habe, dieses Widerständige, dieses Gegenläufige, was also nicht mit den Wölfen heult, das braucht halt sehr lange Zeit, bis es sich herumspricht.

Nebst solchen Ketzereien hatte Holl nun als erster Priester öffentlich den Bruch des Zölibats gebeichtet. Dieses Outings hätte es gar nicht bedurft, um die Kirchenbehörde neuerlich auf ihn aufmerksam zu machen. Allein mit seinem Auftritt hatte er sich über das Verbot hinweggesetzt, im Fernsehen über kirchliche Dinge zu sprechen. Und damit richtig spekuliert. Seinem Verlag schreibt er, dass »die Wirkung des kirchlichen Fernsehverbots nachzulassen« scheint und er wieder zu TV-Diskussionen eingeladen wird, »was sich wiederum auf die Zeitungen niederschlägt«.[182] Das ist auch der Nuntiatur nicht entgangen. Im Vatikan war man ohnehin unzufrieden über die zu laschen Maßnahmen gegen ihn. Mehrmals war dem Ordinariat in Wien bereits nahegelegt worden, die Laisierung des unbotmäßigen Priesters zu betreiben –, »damit eine Ruhe ist«, wie ein Jesus-Gedicht von Adolf Holl endet.[183] Nun nimmt man einen neuen Anlauf.

Als ob Holl geahnt hätte, was auf ihn zukommt, versucht er im September in Le Corbusiers Wallfahrtskirche in Ronchamps eine stille Messe abzuhalten. Als Lesung war an diesem Tag eine Passage von Jeremia über das »Prophetenschicksal« vorgesehen: »Du hast mich betört, o Herr / und ich ließ mich betören; / du hast mich gepackt und überwältigt. Zum Gespött bin ich geworden den ganzen Tag, / ein jeder verhöhnt mich. (…) Sagte ich aber: Ich will nicht mehr an ihn denken / und nicht mehr in seinem Namen sprechen, / so war es mir, als brenne in meinem Herzen ein Feuer, / eingeschlossen in meinem Innern.« (Jeremia 20,7ff.). Dem Tagebuch vertraut er an, dass diese Sätze Orakelcharakter für ihn haben. Der Messner vereitelt allerdings seinen Versuch, eine stille lateinische Messe an einem Seitenaltar abzuhalten. Das hatte tatsächlich Orakelcharakter.

In den Herbstmonaten geht er daran, »sein Inneres in Ordnung zu bringen« und einen point d'appui (Ruhepunkt) zu finden.[184] Es fällt ihm auf, dass eine Menge äußerer Ereignisse relativ spurlos an ihm vorübergezogen ist: Watergate, Ende des Vietnamkriegs, Mondlandung etc. Schon am Schluss von *Tod und Teufel* war zu lesen: »Für mich ist die Wandlung wirklicher als die Mondlandung.«[185] Nun muss er sich eingestehen, dass sein eigentlicher Ruhepunkt in all den Jahren »die Tabernakelgegenwart« war. »Nie habe ich mich in dieser jetzigen Messe so wohl gefühlt wie bei einer stillen oder auch einem feierlichen (Hochamt) früher.«[186] Sein Tagebucheintrag kurz vor einer weiteren Vorladung auf den Stephansplatz wirkt, als würde er innerlich trainieren, dass ihm der geahnte Abschied vom Messelesen nicht allzu hart werde.

Am 11. Februar 1976 findet er sich wieder im Salon des Kardinals ein. Auf dem Tisch liegt eine Abschrift des TV-Interviews mit Günther Nenning. »Der stille Herr in der schwarzen Soutane«, wie Holl seinen Vorgesetzten beschreibt, sagt ihm, dass viele nicht damit einverstanden wären, dass er »als katholischer Priester die Messe zelebriere, bei gleichzeitiger Kritik an grundlegenden kirchlichen Dogmen«.[187] Wieder fragt er ihn, ob er sich nicht laisieren lassen wolle, oder es für ihn nicht besser wäre, eine neue Kirche zu gründen? Beides lehnt Holl kategorisch ab. Seine Entscheidung, katholischer Priester zu werden, sei unwiderruflich gewesen. Unter diesen Umständen, so der Kardinal, werde ihm vermutlich nichts anderes übrig bleiben, als ihm das Zelebrieren der Messe zu untersagen. Noch einmal berät er sich mit hochrangigen Mitbrüdern. Vierzehn Tage später wird Holl ein letztes Mal als amtierender Priester einberufen und erhält die offizielle Mitteilung seiner Suspension. Zum Glück musste seine Mutter das nicht mehr erleben.

Nun wusste Holl also Bescheid. In der Kapelle eines Studentenwohnheims in der Peter-Jordan-Straße liest er am 20. Februar 1976 seine letzte Messe. Danach hält er in seiner Wohnung noch ein paar Mal einen Wortgottesdienst ab.[188] Das war's dann für den Priester Adolf Holl. Der Schmerz saß tief und traumatisch. Am Tag seiner Entwürdigung erschien auf Initiative von Inge Santner-Cyrus im *Münchner Merkur* eine lange Erklärung, in der Holl die Gründe für seinen Wunsch darlegte, weiterhin innerhalb des katholischen Klerus und der Kirche zu bleiben.[189]

> Da ist der Entschluss, katholischer Priester zu werden. Ich habe ihn überlegt getroffen, er ist für mich eine Art Zusammenfassung dessen, was meine Kindheit und Jugend war, er gehört zu meiner Identität und Persönlichkeit, so wie sie geworden ist. Soll ich meine Kindheit und Jugend verleugnen? (…) Soll ich zwanzig interessante, spannungsreiche, ausgefüllte Lebensjahre verleugnen? Schließlich: Wird durch meinen »Austritt« das Problem erledigt, das die Bibelwissenschaften in Bezug auf den Priesterstand aufgeworfen haben? Alle drei Fragen beantworte ich mit nein, und bleibe folglich Priester. (…) Außerdem schützt mich das Kirchenrecht. Kein Funktionsentzug kann bewirken, dass ich aus dem Verband der Priester ausgeschlossen werde. Kanonisch gesprochen bleibe ich Priester, und das ist mir recht.

Nicht recht war das dem Verband der geistlichen Herren im Vatikan. Kardinal Šeper strebte nach wie vor nach einer Laisierung Holls. Ein paar Tage nach dessen 46. Geburtstag erreicht den Wiener Kardinal wieder Kunde aus Rom: »Inzwischen trafen bei der Kongregation Nachrichten ein, wonach Sie diesen Priester suspendiert haben. Die Kongregation ist der Ansicht, dass diese Maßnahme noch nicht ausreichend ist. Die Kongregation ist disponiert, Holl von Amts wegen in den Laienstand zu versetzen.«[190] Nicht angeführt war, wie die »Hl. Glaubenskongregation« das kirchenrechtlich umzusetzen gedachte. Doch darauf wollte man sich in Wien offenbar gar nicht einlassen. Man versuchte, den Ball flach zu halten, und argumentierte im Antwortschreiben pragmatisch. Seit der Suspension, so Kardinal König, tauche der Name Holl so gut wie nicht mehr auf.»Sein letztes Buch, *Wo Gott wohnt*, das vor einigen Monaten erschienen ist, trägt dazu bei, dass auch die Gegner der Kirche ihn kaum mehr ernst nehmen.«[191] Das war zwar nicht ganz zutreffend, aber taktisch klug. Ein nächster Schritt, so der Appell an die Ankläger, würde der Causa Holl nur neuen Auftrieb in den Massenmedien geben. Weiteren Wirbel für Holl und seine Bücher dürfte man in Rom dann auch wieder nicht gewollt haben. Und so blieb Adolf Holl Priester – bis heute.

Anmerkungen

1 Interview mit Hugo Portisch.
2 Kants Übersetzung der Verse des Horaz aus dem ersten Buch der *Episteln* findet sich als Leitgedanke der Aufklärung in seinem Aufsatz *Beantwortung der Frage: Was ist Aufklärung* von 1784.
3 *Katholizismus erledigt?* Interview mit Günter Kaindlstorfer. In: *Falter*, 29.8.1993.
4 Refrain des Songtextes von Wolfgang Ambros *Mir geht es wie dem Jesus*.
5 Brief von Franz Žak an Kardinal Franz König vom 10.8.1968. In: *Adolf-Holl-Mappe* im Diözesanarchiv.
6 *Neulerchenfelder Pfarrchronik des Jahres 1968*.
7 Brief des Pfarrers von Lichtenegg an Kardinal König, 27.8.1968. In: Archiv der Erzdiözese Wien.
8 *Neulerchenfelder Pfarrchronik des Jahres 1968*.
9 Paul M. Zulehner: *Mitgift*, S. 197.
10 *das freie Wort*, Jg. 1, Nr. 7/8, S. 2.
11 *Jesus in schlechter Gesellschaft*, S. 56.
12 *das freie Wort*, Jg. 1, Nr. 7/8, S. 1.
13 Barbara Coudenhove-Kalergi: *Rebellische Fernseh-Nonne*. In: *Die Zeit*, 25.7.1969.
14 *Grußlos davon*. In: *Der Spiegel* Nr. 4/1969.
15 Vorlesungsverzeichnis der Universität Wien.
16 Zit. nach *das freie Wort*, Jg., 1, Nr. 7/8, S. 12.
17 Werbetext von Adolf Holl vom 5.2.1971 für sein Buch *Jesus in schlechter Gesellschaft*. In: Archiv der Deutschen Verlags-Anstalt im Deutschen Literaturarchiv (DLA), Marbach / Neckar.
18 *das freie Wort*, Jg. 2, Nr. 2, S. 2.
19 Das Woodstock Music and Art Festival fand von 15.–17. August 1969 statt, allerdings nicht in Woodstock, sondern im ca. 70 km entfernten Ort Bethel, New York State.
20 Sämtliche Schreiben im Archiv der Erzdiözese Wien.
21 Brief des Dechants von Sitzendorf vom 17.9.1969 an Kardinal König. Im Archiv der Erzdiözese Wien.
22 Brief von Kardinal König an Adolf Holl vom 3.10.1969. Im Archiv der Erzdiözese Wien.
23 Brief von Adolf Holl an Kardinal König am 20.9.1969. Im Archiv der Erzdiözese Wien.

24 Flugblatt der *Aktion Katholische Studentenpresse*. In: *das freie Wort*, Jg. 2, Nr. 11/12, S. 3.
25 *das freie Wort*, Jg. 2, Nr. 10, S. 1.
26 Brief von Eduard Christoph Heinisch an Kardinal König vom 8.10.1969. Im Archiv der Erzdiözese Wien.
27 Brief des Pater Superior der Oblaten der makellosen Jungfrau in Steyr-Münichholz am 29.9.1969 an den Bischof von Linz. Im Archiv der Erzdiözese Wien.
28 *Narrenfreiheit für Kaplan Holl*. In: *Bildpost*, 20.10.1969.
29 *das freie Wort*, Jg. 1, Nr. 3, S. 1.
30 *Die Furche*, Nr. 39/1969, S. 2.
31 *das freie Wort*, Jg. 2, Nr. 10, S. 2.
32 Gespräch mit Adolf Holl und Inge Santner-Cyrus am 3.1.2017.
33 *An der Grenze*. In: *Der Spiegel*, Nr. 42/1969, S. 158.
34 *Loseblatt-Tagebuch*, 28.5.1968.
35 Gespräch mit Adolf Holl am 16.12.2016.
36 Die *Kommune 1* war eine politisch motivierte Wohngemeinschaft, die von 1967 bis 1969 dauerte und Vorbild für etliche Experimente des Zusammenlebens wurde.
37 Gespräch mit Peter Henisch am 15.9.2016.
38 *Der Ketzer und das Geheimnis: Adolf Holl*. In: Sendung *Menschenbilder*, ausgestrahlt am 25.1.1998 in Ö1.
39 Ebd.
40 s. Klaus Theweleit: *Männerfantasien. Bd. 1: Frauen, Fluten, Körper, Geschichte*. Verlag Roter Stern, Frankfurt/Main 1977.
41 Joh 1,13.
42 *Im Keller*, S. 111.
43 s. *Wie ich ein Priester wurde*, S. 36.
44 Ebd., S. 38.
45 Mit diesem Wort begann Adolf Holl eine Rezension über drei Bücher zur Religion in der modernen Kultur: *Kann denn Lachen Sünde sein*. In: *Die Presse/Spectrum*, 20.3.2004.
46 s. *Braunau am Ganges*, S. 22.
47 *Jesus in schlechter Gesellschaft*, S. 80.
48 *Konvolut*, 15.6.1969.
49 *Konvolut*, 29.4.1969.
50 *Jesus in schlechter Gesellschaft*, S. 78.
51 Joh 8,11.
52 *Konvolut*, 21.11.1969.
53 Ebd., 8.11.1969.
54 Ebd., 24.10.1969.
55 Ebd., 28.4.1970.
56 Ebd., 28.4.1970.
57 Ebd., 26.2.1970.
58 s. *Zur frohen Zukunft*, S. 321.
59 *Lieber Papst*, S. 108.
60 *Konvolut*, 23.5.1970.
61 Ebd., 8.4.1970.
62 Ebd., 1.5.1970.
63 Rüdiger Altmann: *Abschied von den Kirchen*. In: *Der Spiegel* 28/1970, S. 120f.
64 *Konvolut*, 7.7.1970.
65 Ebd., 8.8.1970.
66 *Konvolut*, 19.5.1969.

67 Brief von Adolf Holl an die Deutsche Verlags-Anstalt vom 1.8.1970. In: DLA.
68 Brief von Felix Berner an Adolf Holl vom 5.8.1970. In: DLA.
69 Dieser Eindruck ist in vielen Gesprächen mit den beiden entstanden.
70 Brief von Adolf Holl an Felix Berner am 21.1.1971. In: DLA.
71 *Konvolut*, 4.2.1971.
72 Ebd.
73 Ebd., 16.2.1971.
74 *Priesterlose Gesellschaft*. In: *Das Neue Forvm*, Jg. XVIII, Hf. 205/206, S. 1165–1169.
75 Ebd., S. 1166.
76 So bezeichnet Adolf Holl in seinem Bericht über die Vision Kardinal König. *Konvolut*, 11.2.1971.
77 Ebd., 21.4.1971.
78 Ebd., 23.5.1971.
79 Ebd., 24.5.1971.
80 Brief von Felix Berner an Adolf Holl am 3.6.1971. In: DLA.
81 Brief von Adolf Holl an Felix Berner am 18.6.1971. In: DLA.
82 *Konvolut*, 1.10.1971.
83 Noch in 's-Hertogenbosch hatte er in sein Tagebuch notiert: »Ich habe nicht, wofür ich lebe.« *Konvolut*, 24.5.1971.
84 *Konvolut*, 12.3.1972.
85 Die Strategic Arms Limitation Talks, SALT, führten im Mai 1972 zum SALT-1- und im Juni 1979 in Wien zum SALT-2-Abkommen.
86 *Konvolut*, 17.9.1971.
87 *Konvolut*, 28.8.1971.
88 Zit. nach *Konvolut*, 1.10.1971.
89 *Konvolut*, 10.7.1970.
90 Ebd., 13.7.1971.
91 *Der Vagabund aus Nazareth*. In: *Kurier*, 11.7.1971.
92 Brief eines Rechtsanwalts an Adolf Holl vom 30.7.1971.
93 Brief einer Salzburgerin an Kardinal König vom 6.8.1971. In: Mappe 1530/71 im Diözesanarchiv.
94 Brief eines Gerichtsrats an Kardinal König vom 1.8.1971. In: Mappe 1530/71 im Diözesanarchiv.
95 Brief eines Grafen aus Niederösterreich an Kardinal König vom 23.7.1971. In: Mappe 1530/71 im Diözesanarchiv.
96 Brief von Dr. Gruber und Freunde an die DVA. In: DLA.
97 Antwort von Fritz Dollmanits an eine Briefschreiberin vom 23.9.1971. In: Mappe 1530/71 im Diözesanarchiv.
98 Brief von Adolf Holl an Kardinal König vom 20.7.1971. In: Mappe 1530/71 im Diözesanarchiv.
99 *Zug nach unten*. In: *Der Spiegel*, Nr. 34/1971, S. 76f.
100 *Quick*, Nr. 39/1971, S. 31ff.
101 Anonymer Brief an Adolf Holl am 20.7.1971. In: Mappe 1530/71 im Diözesanarchiv.
102 *Der Spiegel*, Nr. 34/1971, S. 76.
103 Ebd.
104 Brief von Adolf Holl an Felix Berner vom 22.11.1971. In: DLA.
105 Ebd.
106 Brief an Kardinal König vom 22.7.1971. In: Mappe 1530/71 im Diözesanarchiv.
107 Brief von Walter Kirchschläger an den Briefschreiber vom 28.7.1971. In: Mappe 1530/71 im Diözesanarchiv.

108 Notiz von Gesine von Leer nach einem Telefonat mit Adolf Holl am 23.12.1971. In: DLA.
109 Theologisches Gutachten zu Adolf Holls *Jesus in schlechter Gesellschaft*. Hrsg. von Helmut Jahn und Franz Pospisil. Friedrich Karrer Verlag, Linz o. J.
110 Brief von Kardinal Šeper an Kardinal König vom 1.3.1972 in originaler Schreibung. In: Mappe 1530/71 im Diözesanarchiv.
111 Brief von Felix Berner an Adolf Holl vom 26.11.1971. In: DLA.
112 Felix Müller: *Der berühmte Satz, den Galilei nie sagte*. In: *Die Welt*, 27.3.2011.
113 Brief von Kardinal Šeper an Kardinal König vom 27.7.1972. In: Mappe 1530/72 im Diözesanarchiv.
114 *Holl im Löwenrachen*. Leserbrief im *Neuen Groschenblatt*, Nr. 2/1972.
115 Rudolf Schermann: *Die Guerilla Gottes. Lateinamerika zwischen Marx und Christus*. Econ Verlag, Düsseldorf 1986.
116 Adolf Holl: *In Gottes Ohr. Siebzehn Übungen in Kirchenkritik*. Patmos Verlag, Düsseldorf 1993, S. 82.
117 Ebd.
118 s. www.romerohausbonn.wordpress.com/oscar-romero/
119 *In Gottes Ohr*, S. 38.
120 Gespräch mit Gerhard Foitl-Tuschl vom 27.6.2017.
121 Ebd., S. 40.
122 Robert Stauffer: *Dienstagsrunde*. In: *Wespennest Sonderheft Adolf Holl*, S. 57–62, S. 60. Ulrike Meinhof war Mitbegründerin und Strategin der linken Terrorgruppe RAF (vulgo »Baader-Meinhof-Bande«).
123 Ebd.
124 Gespräch mit Trautl Brandstaller am 15.7.2016.
125 Gespräch mit Adolf Holl am 25.3.2017.
126 Anmerkung von Walter Famler nach dem Beitrag von Robert Stauffer.
127 *Quick*, Nr. 40/1971, S. 30–34.
128 *Konvolut*, 3.4.1971.
129 *Tod und Teufel*, S. 20.
130 *Konvolut*, 23.11.1972.
131 Adolf Holl: *Intellektuelle, Kinder und der liebe Gott*. In: *Die Presse*, 3./4.6.1972.
132 Brief von Adolf Holl an Felix Berner am 24.8.1972. In: DLA.
133 Adolf Holl: *Der Priester und sein Kardinal*. In: *Die Zeit*, 12.3.1976.
134 *Pfarrchronik Neulerchenfeld*, Beginn 1973.
135 Brief von Franz Jachym an Adolf Holl vom 22.1.1973. In: *Mappe Holl* im Diözesanarchiv.
136 Johannes M. Diethart: *Narrenfreiheit für Österreichs Martin Luther*. In: *Neue Bildpost*, Nr. 8, 20.2.1972.
137 Brief von Kardinal Šeper an Kardinal König vom 9.5.1973. In: *Adolf-Holl-Mappe* im Diözesanarchiv.
138 Brief von Adolf Holl an Generalvikar Jachym vom 25.1.1973. In: *Adolf-Holl-Mappe* im Diözesanarchiv.
139 Brief von Adolf Holl an Felix Berner vom 1.2.1973. In: DLA.
140 Brief von Adolf Holl an Felix Berner vom 16.1.1973. In: DLA.
141 *Pfarrchronik der Pfarre Neulerchenfeld 1973*.
142 Brief einer Mutter (wie sich die Absenderin selbst bezeichnet) an Kardinal König vom 13.8.1973. Angehängt ist eine Liste mit 25 Unterschriften für Holls Verbleib. In: Adolf-Holl-Mappe im Diözesanarchiv.
143 *Kurier*, 8.6.1973.

144 Brief von Kardinal König an Kardinal Šeper vom 12.6.1973. In: *Holl-Mappe* im Diözesanarchiv.
145 s. Anm. 135.
146 s. Anm. 136.
147 Brief von E. Zemanek an Kardinal König vom 27.6.1973. In: *Mappe Holl* im Diözesanarchiv.
148 Gedächtnisprotokoll der Aussprache mit Dr. Adolf Holl vom 29.5.1973 von Helmut Krätzl. In: Mappe Holl im Diözesanarchiv.
149 Brief von Adolf Holl an Felix Berner vom 4.7.1973. In: Verlagsarchiv DVA im DLA.
150 Brief von Kardinal Šeper an Kardinal König vom 5.7.1973. In: *Mappe Holl* im Diözesanarchiv.
151 Brief von Helmut Krätzl an Adolf Holl vom 9.7.1973. In: *Mappe Holl* im Diözesanarchiv.
152 Brief von Felix Berner an Adolf Holl vom 29.8.1972.
153 *Konvolut*, 13.12.1972.
154 Zusammenstellung von Rezensionszitaten. In: Verlagsarchiv DVA im DLA.
155 Brief von Heinrich Böll an Adolf Holl vom 23.8.1973. In: Verlagsarchiv DVA im DLA.
156 Brief des Pfarrers der Christengemeinschaft Wien vom 27.6.1973. In: Verlagsarchiv DVA in DLA.
157 Schalom Ben-Chorin: *Augstein wider die ganze Theologie*. In: *Die Zeit*, 29.9.1972.
158 Adolf Holl: *Augsteins Jesus-Buch*. In: *profil*, 27.10.1972.
159 Georg Wolff: *Mystik auf Müll*. In: *Der Spiegel*, 9.7.1973.
160 *Notfalls als letzter Priester ins Museum. Ein Gespräch von Inge Santner mit Adolf Holl.* In: *Die Weltwoche*, 12.9.1973.
161 *Konvolut*, 1.12.1973.
162 s. Adolf Holl (Hrsg.): *Die zweite Wirklichkeit. Esoterik, Parapsychologie, Okkultismus, Grenzerfahrung, Magie, Wunder*. Ueberreuter Verlag, Wien 1987.
163 *Konvolut*, 2.2.1974.
164 *Konvolut*, 10.1.1974.
165 Brief von Felix Berner an Adolf Holl vom 9.5.1974.
166 Ebd.
167 Brief von Felix Berner an Adolf Holl vom 19.7.1974. In: DLA.
168 s. Anm. 155.
169 *Tod und Teufel*, S. 194.
170 In der *Dialektik der Aufklärung* beklagen im Übrigen Adorno und Horkheimer die einseitige Herrschaft des »rechenden Denkens« in der Aufklärung ebenso wie Heidegger. Dort heißt es u. a.: »Die Zahl wurde zum Kanon der Aufklärung.« s. Silvio Vietta: *Etwas rast um den Erdball ...* Wilhelm Fink Verlag, Paderborn 2015, S. 38.
171 *Konvolut*, 12.6.1974.
172 *Zur frohen Zukunft*, S. 342.
173 Der Song *Dieser Weg* von Xavier Naidoo stürmte 2005 die Hitparaden.
174 *Konvolut*, 14.1.1975.
175 *Konvolut*, 16.1.1975.
176 *Menschenbilder*.
177 *Konvolut*, 9.12.1974.
178 Ebd.
179 *Konvolut*, 5.12.1974.
180 *Menschenbilder*.
181 Ebd.
182 Brief von Adolf Holl an Felix Berner vom 18.6.1975. In: DLA.

183 »Zu Ostern in Jerusalem haben sie ihn umgebracht / damit eine Ruhe ist«. So endet das Jesus-Gedicht. In: *Konvolut*, 25.1.1973.
184 *Konvolut*, 16.9.1975.
185 *Tod und Teufel*, S. 194.
186 *Konvolut*, 5.2.1976.
187 *Der Priester und sein Kardinal*. In: *Die Zeit*, 12.3.1976.
188 *Zur frohen Zukunft*, S. 362.
189 *Außerdem schützt mich das Kirchenrecht*. Inge Santner über Adolf Holl. In: *Münchner Merkur*, 25.2.1976.
190 Brief von Kardinal Šeper an Kardinal König vom 21.5.1976. In: *Mappe Holl* im Diözesanarchiv.
191 Brief von Kardinal König an Kardinal Šeper vom 16.6.1976. In: *Mappe Holl* im Diözesanarchiv.

Profanisierung

Mystik, Medien und Mächte

Tief drunten – in C. G. Jungs Keller der Seele – war Adolf Holl weniger auf seine Kirche als auf sich selbst böse. Das legen Eintragungen in sein Journal nahe. Er konnte sich nicht verzeihen, auf die »Märchen« hereingefallen zu sein. In seinem 46. Lebensjahr musste er sich wieder auf Identitätssuche machen. »Ist für mich eine kritische Identifikation mit der katholischen Kirche möglich? Wenn mein Dissens mit der katholischen Kirche total ist, dann habe ich die Identität eines heimatlosen Intellektuellen.«[1] Dabei blieb es. Er berichtet Heinz Knienieder von einer Lesung in Wiener Neustadt, bei der ihn ein Besucher fragte: »Woran glauben Sie?« Der Freund meint, dass sich darin ein Wissen darüber ausdrückt, dass es ohne Institutionen nicht gehe.[2] Dieses Wissen scheint Franz von Assisi gehabt zu haben, der sich nie gegen seine Kirche stellte, sosehr er in Leben und Lehre auch von ihr abwich. »Als Franz zu Ohren kommt, man errichte in Assisi ein Wohnhaus für seine Genossen, springt er aufs Dach des im Bau befindlichen Hauses und deckt es wütend ab.«[3] Seit seiner Reise nach Umbrien beschäftigt sich Adolf Holl mit dem Heiligen. Drei Jahre später wird die Franz-Biografie *Der letzte Christ* erscheinen.

Ähnlich wie Heinz Knienieder (s. Kap. Zeit des Zorns, Anm. 176) drückt Georges-Arthur Goldschmidt in seinem schönen Büchlein *In Gegenwart des abwesenden Gottes* die Paradoxie der Religion aus: »Die Schöpfungsmythen wurde ich leicht los. Seit der kopernikanischen Wende sind sämtliche Kosmogonien unglaubwürdig. Gott hat nun einmal die Welt nicht erschaffen, und das spricht immerhin für ihn.«[4] Nach dem Verlust der Geborgenheit in der Wölbung (s. Kap. Außenstände und Außenseiter, Anm. 169), die Assoziationen an die

Fruchtblase weckt, nach dem Verlust von Mutter und Messe also, fühlte Holl sich verwaist. Über »den Gott« predigen zu dürfen, wäre kein Ersatz für ihn gewesen, ganz abgesehen davon, dass es »unhöflich ist, über Abwesende zu sprechen«.[5] Wovon man nicht sprechen kann, hätten wir von Ludwig Wittgenstein lernen können, darüber muss man schweigen. In seinen *Vermischten Schriften* hat der mystische Philosoph diese Erkenntnis präzisiert: »Das Unaussprechbare (das, was mir geheimnisvoll erscheint und ich nicht auszusprechen vermag) gibt vielleicht den Hintergrund, auf dem das, was ich aussprechen konnte, Bedeutung bekommt.«[6]

Eine Einstellung, die Holl zu einem der Stilelemente in seinen Büchern macht. Er will das Unaussprechliche auf das sinnlich Fassbare, auf das Leibhaftige, wenn man so will, herunterbrechen. Eine Herkulesaufgabe. Um wie viel mehr, wenn es um Mystisches geht. Am Beginn seines Büchleins *Mystik für Anfänger* berichtet Holl vom Aroma des Frühstückskaffees in der Salzburger Wohnung der Tante Rosa (s. Kap. Todes- und Krankheitsfälle, Anm. 45) als seines ersten mystischen Erlebnisses.[7] Weil er sich unvermittelt geborgen fühlte. »Weder weiß ich, warum jener Augenblick für mich zu einem glücklichen wurde, noch kann ich dieses Glücksgefühl anderen Menschen vermitteln.« Um wie viel größer war sein mystisches Erleben beim »Zaubern« in der Messe. Zweifellos handelt es sich dabei um eine religiöse Erfahrung und ist weder durch die Kulturindustrie noch durch Konsum zu ersetzen. Und schon gar nicht durch den Revolutionskitsch marxistisch-leninistischer Prägung.

Du kannst nicht ständig mit Schaum vor dem Mund herumrennen, soll Inge Santner-Cyrus zu ihm gesagt haben.[8] Sie hatte im Rahmen ihres Berufs Gelegenheit gehabt, auch die andere Seite kennenzulernen. Kardinal König lud einmal im Jahr die Auslandskorrespondenten in Wien zu einem informellen Gespräch. Wer dabei neben ihm zu sitzen kam, wurde per Los entschieden. Ein paar Mal fiel das Los auf sie. Sie saß dann unmittelbar neben demjenigen, der ihren Lebenspartner seines Amtes und seiner Würden enthoben hatte. Doch auch der Gastgeber wusste, wer da an seiner Seite saß. Bei diesen Begegnungen erlebte die Journalistin den Kardinal als besonnenen und jovialen Menschen, der keinerlei persönliche Ressentiments gegen sie hegte. Ohne Hintergründe zu kennen, bekam sie Verständnis dafür, dass er als oberster Repräsentant der österreichischen Kirche so gehandelt hat, wie er es getan hatte. Folglich wirkte sie bei ihrem Gefährten auf Mäßigung ein.

Mit Erfolg: Die Institution der Kirche gerät für Holl in den kommenden Jahren zugunsten der »zweiten Wirklichkeit« aus dem Blickfeld. Von den Medien wird er zwar noch lange bevorzugt als »Kirchenkritiker« engagiert, sein Interesse daran lässt aber proportional zu seinem inneren Abstand vom Tabernakel nach. Es ist das in der Mystik schlummernde Subversive der Religion, das die großen Mystiker auszeichnet und auf das Holl sein Vertrauen setzt.

> Bei der Lektüre der großen Mystiker, wagemutiger Geister wie Kierkegaard oder Dostojewski, Wittgenstein, Bergson, Péguy oder Scholem vergisst man leicht, dass sie nie von dem sprechen, von dem sie sprechen, sondern von dem, was sie verfehlen. Meist kippt das mystische Denken am Ende in seine Unzugänglichkeit um, sein Unsagbares, seinen ersten und letzten Gegenstand.[9]

Seltsam kontrastiert zu Holls mystischen Stimmungen das von ihm mit inszenierte, neuerliche Rauschen im Blätterwald. »Kardinal von Wien möchte man nicht sein!«, schrieb Hermann Stöger im *Kurier*, nachdem Holl die Medien von dem Verbot der Ausübung des Priesterdienstes informiert hatte.[10] Der enge Mitarbeiter von Hugo Portisch zeigte für beide Verständnis: für den Ketzer und den Kardinal. Detailliert gab Holls Leibblatt *profil* seinen Lesern Auskunft über den Ablauf der Demontage.[11] Darin wird auch auf *Staberls* Kolumne in der *Kronen Zeitung* nach dem Interview mit Günther Nenning Bezug genommen: Richard Nimmerrichter hatte mit Unverständnis reagiert, wieso »die Amtskirche ihren Kaplan Holl ... nicht schon den verdienten Eselstritt verabreicht hat«, wenn sie schon – offenbar sehr zu seinem Bedauern – »heutzutage niemanden mehr verbrennt«.[12] Staberls Auslassungen, so berichtete das *profil*, sollen Thema beim Gespräch zwischen Kardinal König, Kaplan Holl und Vikar Zeininger gewesen sein. Gegen die angeblichen Falschbehauptungen im *profil* über Holls Suspension musste dann Kanzleidirektor Krätzl mit einem Leserbrief ausrücken. In acht Punkten listete er die »nicht ganz richtigen Darstellungen« auf, die auf den Leser allerdings den Eindruck von Haarspalterei machen mussten.[13] So widerspricht Krätzl etwa der Angabe des Magazins, dass »über siebzig wissenschaftliche Publikationen« Holls nichts vermögen »gegen die Konkordatsvereinbarungen, denen zufolge auch staatlich bezahlte Theologielehrer jederzeit von der Kirche beseitigt werden können«.[14] Polemisch merkt Krätzl an, dass bei der Zählung vermutlich »seine vielen Artikel in Tageszeitungen, Wochenblättern, vielleicht sogar jene im *Neuen Forvm*, im *Playboy* etc. dazu gezählt« wurden. Notiz des *profil* unter den Leserbrief: »Die Liste der (ausschließlich) wissenschaftlichen Fachpublikationen Adolf Holls (es sind exakt 63 Aufsätze und sieben Bücher) ist in der *profil*-Redaktion einzusehen.« Auch der Darstellung, dass Wissenschaftsministerin Firnbergs Versuch, »Holls Dozentur auf die Philosophische Fakultät und damit auf staatliches Hoheitsgebiet zu transferieren«, am Widerstand der Professorenschaft gescheitert sei, hält Krätzl entgegen: »Sicher wurde auch gefragt, welche wissenschaftliche Qualifikation Holl dazu eigentlich aufzuweisen hätte.« Auch da fragt sich der Leser nach dem Widerspruch: Wenn man jemanden nicht haben will, ist es das Billigste, seine Qualifikation infrage zu stellen.

Nicht erwähnt worden war – weder im Artikel noch im Leserbrief – das Gespräch, das Kardinal König mit Adolf Holl wenige Wochen vor der Ausstrahlung des Interviews mit Günther Nenning geführt hatte. An einem frühen Nachmittag im Mai 1975 läutete es an der Tür der Privatwohnung des pfarrlich expatriierten Kaplans. Als er öffnet, steht der Kardinal in schwarzem Anzug mit Priesterkragen vor ihm. Bei einem Glas Mineralwasser erkundigt er sich nach den Plänen Holls. Auch welche Auffassung der Abtrünnige nun von seiner Stellung als Priester hätte, interessiert den Kardinal. Nicht zuletzt fragt er ihn nach seiner finanziellen Lage und ob er Hilfe benötige. Eine Stunde sprechen die beiden miteinander; zuletzt gibt der Kardinal noch zu bedenken, was »der jüdische Gesetzeslehrer Gamaliel über die junge Christengemeinde in Jerusalem gesagt hatte: Wenn dieses Werk vom Menschen stammt, wird es von selber zugrunde gehen. Ist es aber von Gott, so könnt ihr es nicht zerstören.«[15] Es muss ihn persönlich getroffen haben, als bald danach das TV-Interview über den Äther ging.

Dass nicht nur aus dem Vatikan, sondern auch vonseiten der pragmatisierten Professorenschaft Pression auf Kardinal König ausgeübt worden war, lässt sich einem Schreiben des Dekans an den Sektionschef im Wissenschaftsministerium entnehmen.

> Für die Übersendung des interessanten Beitrags in der *Kronen Zeitung* danke ich Ihnen. Ich kann diese Ausführungen nur unterschreiben. (…) In einem Gespräch mit dem Kardinal haben meine Kollegen den Kardinal gefragt, welche Schritte er zu unternehmen gedenkt. Persönlich teilte mir Kardinal König mit, dass er einen endgültigen Schritt gegenüber Holl vorbereitet. Nur möchte er es nicht in der Weise tun, die Holl die Publicity vermittelt, die er sucht.[16]

Auch der damalige Rektor, der Anglist Siegfried Korninger, war vom Dekan kontaktiert worden. Im Gegensatz zu Ministerin Firnberg war offenbar sowohl die Professoren- als auch die Beamtenschaft gegen eine Rückkehr des Dozenten an die Universität. *Teufel komm raus* betitelte Franz Ferdinand Wolf in der *Wochenpresse* dann seinen Artikel über das ein Dreivierteljahr später erfolgte *Kardinalsedikt*. Auf Wolfs Frage an Holl, wie sich die Kirche in der gegenwärtigen politischen Situation verhielte, zitiert der Interviewer den Befragten so: »Die maßvoll reformistische Politik der Regierungen Kreisky I bis III hätte weniger Widerstand gehabt.«[17] Als Beispiele dafür führt Holl den Abtreibungsparagrafen, die Straflosigkeit für Homosexualität und die Strafrechtsreform an. Davor hatte er sich ganz privat gefragt, was ihn mit sozialdemokratischen Intellektuellen verbindet: »Das Widerständige, partiell Dissidente, die Weltfremdheit? Oder nur ein vages Linkssein?«[18] Das Ergebnis seiner Überlegungen fiel ernüchternd aus.

> Meine Religion, als mein Beitrag für katholisch sozialisierte und sozialistisch sozialisierte Reformisten / Intellektuelle, ist das Festhalten an bestimmten schönen Inhalten der jüdisch-christlichen Gefühlskultur, und zwar jenen, die mit Alienatio (Entfremdung, Anm.) zu tun haben, und die Aktualisierung / Ausdeutung dieser Inhalte. (…) Das ist jedenfalls nichts für den Parteitag und das Langzeitprogramm der SPÖ.[19]

Kurzfristig war die Allianz mit der Sozialdemokratie aber etwas, was seine Position stärkte. »Holl provoziert auf Teufel komm raus«, hatte Franz Ferdinand Wolf in seinem Artikel geschrieben. Das war insofern richtig, als Holl der Kirche den reaktionären Geist austreiben wollte, der sie seit 200 Jahren beherrschte. Der nächste Akt in der Dämonenaustreibung stand unmittelbar bevor.

Vierzehn Tage nach seiner Suspension kam Holls Büchlein *Wo Gott wohnt* auf den Markt. Anders als es der Schluss der Lobpreisung des *Gloria Patri* (*Wie es war im Anfang, so auch jetzt und allezeit und in Ewigkeit*) nahelegt, ist Gott darin nichts Statisches, sondern wandlungsfähig. »Was den Kindern zumeist verschwiegen wird, ist die Tatsache, dass Gott sich im Laufe der Zeit geändert hat.«[20] Aus einem orientalischen Despoten wird zuerst ein aufgeklärter Monarch und schließlich ein zwölfjähriger Gottesknabe, der lieber mit den Menschen lacht und weint, als im Himmel thront. Dem amtierenden Bundeskanzler gefiel die Geschichte so gut, dass er dem Autor persönlich schrieb, »mit wie viel Vergnügen ich Ihr schönes kleines Buch, *Wo Gott wohnt*, gelesen habe«.[21] In diesem Brief deutet der Kanzler auch an, dass für Holls universitäre Laufbahn eine »relativ befriedigende Lösung gefunden wurde«. Noch einmal sollte Holl im Jahr darauf an der Universität lehren, bevor er sich endgültig dem Medium Fernsehen verschrieb. Im *Kurier* hatte Edith Darnhofer bereits angezeigt, dass Holl mit einem »Freikolleg« über Religionssoziologie an die Universität zurückkehrt;[22] und zwar an der Fakultät für Wirtschafts- und Sozialwissenschaften. Was kann ich den Studenten dieser Fächer geben?, fragt sich Holl und sagt zu Edith Darnhofer: »Erst wenn der Überdruss zu groß ist, wird man beginnen, nach Religion zu fragen.« Zum damaligen Zeitpunkt war von der »Rückkehr der Religionen« noch keine Rede. Aus heutiger Sicht würde man vielleicht nachfragen: Welcher (Art von) Religion?

Mit einer westlichen Esoterik-, Wellness und Bio-Religion hat Holl (bis heute) nichts am Hut, schon gar nicht mit einem orientalisch-fundamentalistischen Wahhabismus. Aber nach dem Verlust seiner vertrauten Form der täglichen Ichverlorenheit, »einer Wirklichkeit neben, außerhalb, jenseits der vertrauten Alltagswelt«,[23] stellte sich für ihn schon die Frage, wie der Banalität des Alltags zu entkommen sei. Es packt ihn die Wehmut nach dem Salve Regina,[24] »der Wunsch nach jenem Reichtum im Mehr des schönen Scheins«.[25] Die Mystik in der Kirche in Innichen[26] ergreift ihn ganz anders als »die Dürftigkeit marxistischer Kulturprodukte«.[27] Mehr denn je ist er angezogen vom Geheimnisvollen.

> Und wenn ich ... vom Geheimnisvollen des Messelesens angezogen worden wäre, damals in Kirchberg und Breitensee? (...) So betrachtet

würde die Wendung zum Volk, protestantisch und neuerdings konziliar, ein Verzicht aufs Geheimnisvolle sein, und damit auch eine Trivialisierung. Denn, Bloch zufolge: Mysterien sind das Anti-Triviale schlechthin. Gegen diese Trivialisierung revoltiere ich immer noch.[28]

Etliche seiner folgenden Bücher sind unter anderem dieser Revolte geschuldet: von *Mystik für Anfänger* bis zu *Können Priester fliegen?*. Ausgangspunkt des letztgenannten Buches ist Kardinal Schönborns Bericht davon, »wie der Padre Pio sich vor einer Gruppe von Diplomaten in die Luft erhob, gegen seinen Willen«.[29] Im Physikunterricht, das weiß auch Holl, wäre eine solche Geschichte mehr als unpassend; trotzdem kann er sich der Faszination dieser Erzählung nicht entziehen. Er fühlt mit Wittgenstein, »dass selbst, wenn alle möglichen wissenschaftlichen Fragen beantwortet sind, unsere Lebensprobleme noch gar nicht berührt sind«.[30] Am Unaussprechbaren hat sich bereits der Mathematiker und Mystiker Blaise Pascal abgearbeitet:

> Alle Dinge sind hervorgegangen aus dem Nichts und getragen bis an das Unendliche. Wer wird diesen erstaunlichen Schritten folgen? Der Urheber dieser Wunder begreift sie. Kein anderer vermag es. Weil die Menschen diese Unendlichen nicht bedacht haben, haben sie sich vermessen an die Erforschung der Natur gemacht, als ob sie irgendein gleiches Maß mit ihr hätten. Das ist eine seltsame Sache, dass sie die Prinzipien der Dinge haben begreifen und von da zur Erkenntnis des Ganzen gelangen wollen, in einer Anmaßung, die ebenso unendlich ist wie ihr Gegenstand.[31]

Auf der Suche nach der verlorenen Kontinuität

Mit Reflexionen über das »Menschenbild« schlägt sich Adolf Holl Mitte der Siebzigerjahre herum. Bundeskanzler Kreisky hatte vier Dutzend Intellektuelle dazu eingeladen, »über die Revision des Parteiprogramms nachzudenken«.[32] Einer davon: Adolf Holl. Parteiprogramme pflegen nichts Praktisches, sondern etwas Ideologisches zu sein, hinter dem eine »philosophische Anthropologie« steckt. Dagegen hat Holl von vornherein Vorbehalte: »Kein einziges Menschenbild hat die Errichtung von Konzentrationslagern verhindert.«[33] Er wehrt sich grundsätzlich dagegen, den Menschen auf ein bestimmtes Bild festzulegen. Der Menschenbildner, so Holl weiter, »will die Menschen stets nach eben dem Bild formen, das er sich von ihnen gemacht hat«. Was gemeinhin zur Folge hat, dass der derart Gebildete nicht nach seinen Wünschen gefragt wird. Mit dieser für Holl typischen Erkenntnis endet auch sein *profil*-Artikel. Dementsprechend muss auch sein »Drang, sich anzuschließen, suspendiert bleiben«.[34]

Der beste Schutz des Freigeists vorm Bedürfnis, intellektuellen Unterschlupf zu suchen ebenso wie in ein Ressentiment zu verfallen, ist der Erfolg. Gegenüber seinem Lektor äußert Holl die Hoffnung, noch vor dem Sommer 30 000 Exemplare von *Wo Gott wohnt* absetzen zu können. Zugleich arbeitet er parallel an zwei weiteren Büchern. *Mystik für Anfänger* ist im Sommer 1976 bereits so weit gediehen, dass es theoretisch noch im selben Jahr erscheinen könnte. Aus finanziellen Gründen wäre das für ihn sogar wünschenswert gewesen, da der Vorschuss für das neue Buch bereits aufgebraucht ist. Holls Honorarkonto bei der DVA wies Anfang des Jahres 1976 einen Minussaldo von 44 000 DM auf, weshalb »sämtliche anfallenden Honorare und Anteile aus Nebenrechtserlösen gegen unsere offenen Forderungen verrechnet und weitere Honorare erst bezahlt werden, wenn der Minussaldo abgedeckt ist«.[35] Aus dieser Sicht war seine Suspension ein Glücksfall, verschaffte sie ihm doch wieder einmal jene mediale Aufmerksamkeit, die den Verkauf seiner Bücher ankurbelte. Holl nutzt die Medien nicht ungern als Bühne für seine Botschaften, aber keineswegs nur aus Gründen der Eitelkeit, sondern durchaus auch aus finanziellen Erwägungen. Er war auf die Einkünfte angewiesen. Aus marktpolitischen Gründen plädiert er gegenüber seinem Verlag dafür, das neue Buch erst Anfang 1977 herauszubringen.

Neben seinen Außenständen beim Verlag hat Adolf Holl auch Schulden bei seiner Kirche, da er seit geraumer Zeit keinen Kirchenbeitrag mehr bezahlt. Über 7000 Schilling haben sich bis zu seiner Suspension angesammelt.[36] Den Aufforderungen der Finanzkammer nach Erstattung des Fehlbetrags begegnet er mit Ignoranz. Eine Klage, so seine Spekulation, würde wieder einen Präzedenzfall schaffen, der sich medial verwerten ließ. Sein wichtigstes Publikationsorgan ist inzwischen das *profil*. Im Herbst 1976 schreibt er aus Anlass des Exorzismus an der Anneliese Michel aus der BRD einen Abriss der amtlich-katholischen Dämonenkunde, über den 750. Todestag von Franz von Assisi (gestorben am 3.10.1226), über eine Tagung der *Arbeitsgemeinschaft Christentum und Sozialismus*, über die *Sehnsucht nach dem Wunderbaren* sowie über die intellektuelle Unterforderung der Kinder im Religionsunterricht.

Mit seiner »Profanisierung« schreitet auch die »Reduktion« voran. Ein Jahr nach seiner Suspension – die Wortgottesdienste des »Messe-Vereins« sind längst eingestellt – erhält er unaufgefordert wieder ein Diözesanblatt zugeschickt und blättert darin. Von fern her flackert das ewige Licht auf und erinnert ihn daran, »wie weit weg ich von diesem Milieu schon bin«.[37] Freilich nicht ohne eine gewisse Wehmut, hatte er doch die Sinnlichkeit jenes Milieus als die seine akzeptiert. Doch »das alles ist Geschichte, ist vorbei und abgeschlossen. Wonach ich suche, ist eine Kontinuität zwischen damals und heute.«[38] Die ist aber nicht so leicht zu finden. Als wieder ein Mahnschreiben der Finanzkammer wegen des ausständigen Kirchenbeitrags bei ihm eintrudelt, denkt er – wie so mancher Katholik – kurz an den Kirchenaustritt. Befördert wird der Gedanke durch ein Angebot des *profil*-Herausgebers Peter Michael Lingens, in die Redaktion des Magazins einzutreten.[39] Das löst in Holl erst einmal das Gefühl aus, dass dreißig Jahre Religion genug seien. Es dauert lange, bis er akzeptiert, dass die Loslösung nichts ist, was in seiner Hand liegt. Sein Priestertum ist nicht abwaschbar.

In seinem Diarium macht sich Holl Mut, dass sein lebhaftes Interesse für religiöse Themen nachlässt und von den Kulturseiten ersetzt wird;[40] tatsächlich analysiert er zum Amtsantritt Jimmy Carters als Präsident der Vereinigten Staaten Anfang 1977 die religiöse Haltung des »Diakons für Washington«.[41] Ins Amt gehievt, so Holl, wurde er von der frommen schwarzen Bevölkerung. »Die scheinbare Naivität religiöser Überzeugtheit … verdankt sich einer Vergangenheit, die sich von der europäischen durch zwei entscheidende Tatsachen unterscheidet: die Befreiung vom Staatskirchentum und die Sklaverei der Neger.« Dadurch, dass sie unterdrückt und eben nicht an der Macht waren, hat der Religiosität der Afroamerikaner eine Unschuld bewahrt, die sie in Europa nicht erst mit dem Holocaust verloren hat, so sein Resümee. Nach dieser Unschuld sehnt er sich (immer noch). Denn sie hätte – theoretisch – das Zeug dazu, der Auflösung aller Strukturen, wie sie im Westen im Gange ist, Einhalt zu gebieten.

> Rückkehr, besser Vergegenwärtigung authentischer Kulturformen vorkolonialer Art seitens der Afrikaner und Lateinamerikaner: hierin ein positiver Ansatz zur Würdigung der katholischen Kultur? Die katholische Kultur wäre dann (auch) zu sehen als eine Art Herüberragens alter Kulturformen in die Jetztkultur kapitalistischer Art.[42]

Die Geister, die er rief, wird der Westen nicht mehr los. Holl entsinnt sich, wie strukturiert seine Tage früher waren: Messe, Brevier, Feste des Kirchenjahrs etc. Jetzt lebt er »in einem eher leeren Kontinuum, … ohne feierlichen Rekurs auf Vergangenheit«.[43] Er vermisst den Reichtum der Inhalte des mittelalterlichen Choralgesangs. Die marxistisch ausgerichteten Befreiungsbewegungen sind ihm geschichts- und gesichtslos gegenüber den Lebensformen von alters her, die die Menschen nicht nur geknechtet, sondern ihnen auch Halt gegeben haben. Heutige Christen wären demnach »Menschen, die eine alte Kultur noch verkörpern«.[44] Solche nostalgischen Anwandlungen, das ist ihm sonnenklar, könnten reaktionär missverstanden werden. Sein Antrieb ist aber kein reaktionärer, sondern tendenziell ein widerständiger, getragen mit Horkheimer von der »tiefinneren Überzeugung, dass am Bestehenden etwas unrichtig ist«.[45] Dann wäre diese Kultur »Trägerin von Trotzdem-Impulsen«, die »partiell zumindest gegen die Herren gerichtet« sind.[46] In diesem Punkt träfe sich die Religion dann mit dem Marxismus. Denkt man an den gemeinsamen Widerstand von Kirche und Gewerkschaft gegen die Ladenöffnung am Sonntag, so hat man eine Vorstellung davon, was gemeint ist. Es ist eine Auflehnung gegen die Durchkapitalisierung des Lebens, gegen die Leere der schönen neuen Warenwelt, die die bürgerlichen, angeblich christlich-sozialen Parteien vorantreiben. Noch zu Zeiten des Prager Frühlings soll Holl zu dem kommunistischen Intellektuellen Franz Marek gesagt haben: »In eine Partei, in der Sie etwas zu reden haben, würde ich auch eintreten.«[47] Tatsächlich hatte Franz Marek in seiner Partei schon länger nichts mehr zu sagen.

Dem Projekt, alte Widerborstigkeit für eine neue fruchtbar zu machen, ist sein Büchlein *Mystik für Anfänger* geschuldet. Die darin enthaltenen *Unterweisungen* sind kapitelweise eingeteilt in jenes, was ver-, und dasjenige, was gelernt werden muss zur »Beherrschung der Alltagsmystik in Wort und Schrift«.[48] Seine *Einschulung* richtet sich vorwiegend an die heutigen kleinbürgerlichen Christen, die von den mehr oder weniger subtilen Verweigerungen ihrer antiken Vorfahren manches lernen könnten:

> Die Urchristen befanden sich zum despotischen Charakter der damaligen öffentlichen Angelegenheiten in scharfer Opposition; irdische Machthaber mochten sie nicht einmal mit dem üblichen Würdenamen »Herr« anreden. Und weil sie den Zusammenhang zwischen Kaiser und Gott als Mystifikation durchschauten, verweigerten sie den Staatsgöttern den Weihrauch.[49]

In den Medien sieht Holl gar nicht so sehr Verbündete als Instrumente in der »Pflege der Ketzergesinnung«.[50] Rechtzeitig vor Erscheinen von *Mystik für Anfänger* im Frühjahr 1977 wird ein Porträt Adolf Holls ausgestrahlt, das der NDR im Jahr davor gedreht hat. Kurz nach seinem 47. Geburtstag startet im *profil* eine dreiteilige Serie *über die Stellung des Österreichers zur Kirche*.[51] Im ersten Teil malt er darin ein Zukunftsszenario der österreichischen Kirche, das ihrem heutigen Zustand mit den Pfarrzusammenlegungen recht nahe kommt: 1990 tritt Kardinal Helmut Krätzl vor die Öffentlichkeit und verkündet: »Wenn niemand mehr in die Messe gehen will, ... dann müssen wir eben Konsequenzen ziehen«, und gibt die Schließung der Hälfte der Kirchen im Bereich der Erzdiözese Wien bekannt.[52] Von einem »Abfall von einer frei gewählten priesterlichen Berufung«, wie sie ihm Norbert Leser dann in einer ausführlichen Replik auf die Serie vorwirft[53], kann eigentlich nicht die Rede sein. Die Kirche, das beweist seine intensive Beschäftigung mit ihr, hält Holl nach wie vor fest im Griff. Er sitzt weiterhin, wie Franz Schuh später einmal aus seiner areligiösen Perspektive heraus formulieren wird, in der Religionsfalle.

Klarer als Norbert Leser sah da schon Anton Pelinka in seiner Rezension über *Mystik für Anfänger*.

> Holl predigt der Internationale der Glaubenden die kleine Verweigerung. Auch in seiner Antihaltung ist er gegen das Große, ist ihm Größe verdächtig. Marcuses großartige Geste von der (revolutionären) »großen Verweigerung« ersetzt er durch die Aufforderung, die Großfürsten der Kirchen, Parteien, Lager einfach zu unterlaufen; nicht sie zu stürzen; sondern an ihnen vorbeizusehen und vorbeizugehen. Holl ist kein Revolutionär und kein Konservativer. Er ist Christ.[54]

Stolz vermeldet Holl seinem Verlag im September, dass im Sommer auch eine Rezension vom Mystik-Buch in der US-amerikanischen Zeitschrift *Your Church* erschienen ist.[55] Er steckt zu diesem Zeitpunkt bereits tief in der Arbeit am Franziskus-Buch, das bereits fix den Titel *Der letzte Christ* trägt. Im Herbst besucht ihn wieder einmal sein Lektor Felix Berner. Dabei drückt Holl ihm eine Disposition des für Herbst 1979 geplanten Buches in die Hand. Kurz vor Weihnachten macht Berner dann gegenüber seinem neuen Chef Stimmung für seinen Autor: »Es wird ein ernsthaftes Buch werden, natürlich mit der Holl'schen Fingerfertigkeit geschrieben und darum gut, ja unterhaltsam zu lesen, aber ganz ohne Volten und Finten, ohne die Verspieltheit der beiden letzten Bücher und auch ohne biografische Einlassungen.«[56] Mit Beginn des neuen Jahres tritt nämlich der ehemalige Chefredakteur der Zeitschrift *Christ und Welt*, Ulrich Frank-Planitz, als Geschäftsführer der Deutschen Verlags-Anstalt sein Amt an. Der scheint mit dem Holl'schen Œuvre nicht ganz glücklich gewesen zu sein. Doch der Vertrag über das Begleitbuch zur *Religionen*-Dokumentation war schon unterschrieben. Es sollte Holls letztes Buch bei der Deutschen Verlags-Anstalt werden.

Fernsehen und Fernweh

Mit 1. Jänner 1967 war das neue Rundfunkgesetz in Kraft getreten. Das Rundfunk-Volksbegehren vom Oktober 1964 für eine größere Unabhängigkeit des ORF vom politischen Einfluss der regierenden Großen Koalition war mit weit über 800 000 Unterschriften sehr erfolgreich gewesen. Da sich die Koalition aber auf keine Änderung einigen konnte, blieb der Entwurf für ein neues Gesetz vorerst in der Schublade. Erst nach der Nationalratswahl vom Frühjahr 1966 beschloss die nachmalige Alleinregierung der ÖVP mit den Stimmen der FPÖ ein neues Rundfunkgesetz und bestellte Gerd Bacher zum neuen Generalintendanten. Der leitete eine umfassende Programmreform ein, nicht unbedingt in Absprache mit den (betroffenen) Redakteuren. Das Ummodeln des ORF durch den neuen Chef am Küniglberg stieß ab 1970 auf Widerstand des neuen Bundeskanzlers. Kreisky versuchte den prononciert konservativen Bacher wieder loszuwerden. Was ihm 1974 vorerst auch gelang.

In die Ära des partei-, aber auch farblosen Ministerialjuristen Otto Oberhammer als Generalintendanten (1974–1978) fiel dann die Erfindung einer der berühmtesten Sendungen des ORF: des *Club 2*. Am 5. Oktober 1976 ging in der Verantwortung von Kuno Knöbl und Peter Huemer das erste moderne Talkformat des heimischen Fernsehens auf Sendung. Günther Nenning moderierte ein Gespräch über den Ausgang der deutschen Bundestagswahl. Ein paar Monate davor war das neue Politmagazin *Prisma* on air gegangen. Wie beginnt man ein solches Format?, fragten sich die Sendungsgestalter Trautl Brandstaller und Otto Anton Eder. Am besten mit »Adam und Eva«. Dabei ging es naturgemäß auch um das Thema *Frauen und Sexualität in der Kirche*. Was lag näher, als den in dieser Hinsicht erfahrenen Theologen Adolf Holl dazu zu interviewen. »Priester neigen dazu, die Frau als böses Wesen zu sehen, weil sie verführerisch ist«,[57] ließ er verlauten. Auch, dass die Frau – biblisch gesehen – aus der Rippe des Mannes, also einem nebensächlichen Teil des Körpers, entnommen worden war (Genesis 2,22), legt die untergeordnete Stellung der Frau nahe. Denkt man noch an die weithin praktizierte »Missionarsstellung« (Frau unten, Mann oben) ist die Hierarchie der Geschlechter in der Kirche klar, gab Holl zum Besten. Es gebe allerdings auch die Möglichkeit, sich auf Genesis 1,27 (Gott schuf also den Menschen als sein Abbild. (…) Als Mann und Frau schuf er sie) zu beziehen und die Bibel weniger »pfäffisch« zu lesen.

Am Stephansplatz hörte man das nicht gern. Kardinal König schrieb dem verantwortlichen Intendanten Franz Kreuzer einen Protestbrief gegen die kirchenfeindliche Sendung.[58] Kommentar Trautl Brandstallers: »Es war ein auch für kirchentreue Menschen akzeptables und verträgliches Interview. Die liberalen Grenzen des Kardinals sind da schon auch deutlich geworden.« Früher ließen Journalisten solche Interventionen nicht in Duckmäuserei verfallen, sondern stachelten sie dazu an, nachzulegen. Vielleicht lud man Adolf Holl deshalb dazu ein, einen *Club 2* zu moderieren.

Ich weiß nicht mehr, wer auf die Idee kam. Jedenfalls schien uns, gerade der im Jahr zuvor entlassene Priester, Doktor der Theologie und Doktor der Philosophie, und das Thema »Bankraub«, das wäre eine besonders absurde Kombination. Und das gefiel uns.[59]

So nahm Adolf Holl im Sommer 1977 zum ersten Mal als fix engagierter Talkmaster auf der berühmten, senffarbenen Clubgarnitur Platz; und danach in eineinhalb Jahrzehnten noch über siebzig Mal. Zwar hatte Holl schon ganz zu Beginn des *Club 2* einmal eine Sendung geleitet, wie sich Peter Huemer erinnert, aber da war man erst in der Findungsphase nach Moderatoren. Für etliche war die erste zugleich auch ihre letzte Sendung.

Das Erfolgsrezept beschrieb der *Spiegel* aus Anlass der 500. Sendung folgendermaßen: »Wir brauchen einen Kasperl, eine Gretel, unbedingt ein Krokodil und unter Umständen eine Großmutter. Und fertig ist die aufregendste, witzigste, lebendigste Talkshow des deutschen Sprachraums.«[60] Ein erster Höhepunkt seiner Zeit als Fernsehstar war ein *Club 2* über das *Jahrhundertthema Angst* am 24. August 1978. Dazu lud man unter anderem das Duo »Fausto« ein, bestehend aus dem Messerwerfer Jiří Hana und seiner Assistentin. Vor laufender Kamera zielte der Artist mit Messern zuerst auf einen Telefonseelsorger, der sich als Versuchskaninchen zur Verfügung gestellt hatte, und anschließend auf die barbusig an der Wand stehende Assistentin. Solche aktionistischen Einlagen waren im schummrigen Licht der Wohnzimmer-Atmosphäre des ORF-Studios keine Seltenheit. Die legendärste zweifellos, als ein Jahr danach Nina Hagen Frauen anschaulich machte, wie sie sich am besten selbst befriedigten. Es reichte unter Umständen aber schon, mit Hut auf der »pompösen und geschmacklosen Ledergarnitur« (© Peter Huemer) Platz zu nehmen, um die Telefone am Küniglberg heiß laufen zu lassen. So geschehen, als Adolf Holl am 2.6.1981 einen *Club* zum Thema *Kunst und Wahnsinn* leitete, an dem Joseph Beuys in seiner üblichen Adjustierung teilnahm und seine Kopfbedeckung die ganze Sendung nicht abnahm.

Ähnlich wie Günther Nenning gab Adolf Holl gern den Naiven, stellte vorgeblich simple Fragen, schwieg gelegentlich lange, machte aus seinen Sym- und Antipathien mitunter kein Hehl, rauchte viel und verfiel zum Leidwesen Peter Huemers immer wieder in seinen Wiener Vorstadtdialekt. Tatsächlich war Holl stets hervorragend vorbereitet, strukturierte mit sanfter Hand souverän das Diskussionsgeschehen, machte gelegentlich Zwischenbilanzen, um das Publikum »mitzunehmen«, und wurde derart zum »Spezialisten für die schwierigsten Themen in den Grenzbereichen menschlicher Kommunikation«.[61] Besonders nötig war seine sensible Gesprächsleitung zum Beispiel, als sich der Dramatiker Wolfgang Bauer einen Revolver an die Schläfe setzte und drohte abzudrücken: »Ich habe hier meine Smith&Wesson. (...) Jetzt entsichere ich die Smith&Wesson.«[62] Gastgeber Holl entschärfte die Situation mit der Frage: »Haben Sie überhaupt einen Waffenschein?«

An ein skurriles Ereignis erinnert sich Peter Henisch[63], der am 11.3.1982 zu einem *Club* zum Thema *Ohne festen Wohnsitz – Sandler und Vaganten* eingeladen worden war, weil er in seinem Buch *Vom Baronkarl* (1972) Geschichten über den legendären Favoritner Stadtstreicher aus dem Ersten Weltkrieg erzählt hatte. Mit am Couchtisch saßen noch der damalige Bezirksvorsteher des ersten Bezirks, Heinrich A. Heinz, der mit einer Verordnung Obdachlose aus seinem Territorium vertreiben wollte, der Spezialist für Subkulturen und dreifache Doktor Rolf Schwendter sowie ein Vertreter ebenjener »Vagabunden«. Der Bezirksvorsteher sprach nun den stets nachlässig gekleideten und ungepflegt wirkenden Universitätsprofessor Schwendter als den angekündigten Sandler an. Der echte war nämlich in Anzug und Krawatte erschienen.

Sozialthemen waren einer der Schwerpunkte, für die man seitens der Redaktion gern auf Adolf Holl als Diskussionsleiter zurückgriff. Der Themenbogen war aber laut Peter Huemer so weit gespannt wie bei kaum einem anderen Gastgeber des *Club 2*. *Latein abschaffen?* lautete etwa das in unregelmäßigen Abständen wiederkehrende Thema in der Sendung vom 22.2.1979.[64] Sehr zivilisiert gerieten dabei der damalige Student und spätere Staatssekretär Christoph Maznetter vom Komitee gegen Latein und der Landesschulinspektor Ernst Nowotny aneinander. Den auf Allgemeinbildung pochenden Schulinspektor prüfte Holl mit der scholastischen Unterscheidung zwischen Akzidentia und Substantia und der angeschlossenen Frage, ob Latein gleich wichtig wäre wie Mathematik? Es gehörte zu Holls Stärken, selbst »den flachsten Problemstellungen eine gewisse Tiefe verleihen zu können«,[65] sowie seine Fähigkeit zur Selbstreflexion. Anlässlich eines *Astrologen-Clubs* Ende 1983 schlug der *Kurier* vor, Holl statt als Diskussionsleiter als Dauergast zu etablieren:

> Die Gäste des *Clubs*, durchaus auch Fachleute, wirken neben diesem brillanten Generalisten blass, bisweilen sogar überflüssig. (...) Folgender Vorschlag wäre ... zu ventilieren: Holl wird als *Club*-Leiter

abgeschafft und durch einen Redakteur ersetzt ... Holl aber wird als mehr oder minder ständiger Gast in die *Clubs* integriert, dem sozusagen die Rolle des Staatsanwalts zufällt.[66]

Obwohl der einzige Bereich, über den man ihn nicht diskutieren ließ, kirchliche Themen waren, blieb Holl trotzdem »neben Günther Nenning beim Publikum der umstrittenste Gastgeber«.[67] Das mag an seinem Werdegang gelegen haben, daran, dass er bei seinen Moderationen hin und wieder auch monologisierte, oder – wie Huemer meint – an seiner dialektalen Ausdrucksweise und »bemerkenswerten Sturheit«.[68] Drei Jahre bevor der *Club 2* eingestellt wurde, beschloss Adolf Holl seine Tätigkeit in dieser Sendung am 26.3.1992 würdig mit einem Abend zum Thema *Leben bis zuletzt*.

Adolf Holls Rolle als Zelebrant der Hochämter des Medienzeitalters verschaffte ihm nicht nur finanzielle Erleichterung, sondern hatte auch den ihm gelegen kommenden Nebeneffekt, mit dem Leitmedium Fernsehen auf einen Schlag viel mehr Menschen zu erreichen als mit mehreren Auflagen von Büchern. Über die Flüchtigkeit des Mediums macht er sich keinen schweren Kopf. Für einen Soziologen erstaunlich wenig denkt er darüber nach, was das bewegte Bild in den Hirnen und Herzen der Menschen auslöst und welche Auswirkungen auf ihre Apperzeption damit verbunden sind. Die Frage, wie sich das Medium Film etwa zur »zweiten Wirklichkeit« verhält, hätte sich ihm schon nach dem Erfolg des *Exorzisten* stellen können. Sie taucht neuerlich auf in Zusammenhang mit den Fernsehprojekten, die an ihn herangetragen werden; zum Beispiel als Ende des Jahres 1977 der WDR bei ihm anklopft mit der Frage, ob er eine zwölfteilige Serie über Ketzer gestalten möchte. Daraus könnte dann auch ein Buch werden, schreibt Holl an Berner.[69] Der Pilotfilm über die Waldenser wird von der Sendeanstalt rasch budgetiert.

Als Höhepunkt seiner Fernsehkarriere kann die sechsteilige Serie über *Religionen* des ZDF gelten. Mitte 1978 erschien das viel beachtete Buch *Traumzeit*[70] des Ethnologen Hans Peter Duerr. Darin beschreibt er im Aussterben begriffene naturreligiöse Traditionen. Innerhalb eines Jahres erscheinen 170 Rezensionen über das Buch, was für einen Titel dieser Kategorie als Sensation gewertet wurde. Auch Holl liest das Buch mit heißem Begehren, findet er darin doch seine persönliche Situation über das »Zwischen den Welten-Sein«

beschrieben. »Seit ich als Priester nicht mehr tätig bin, ist jene Welt (die spätantik-mittelalterliche, Anm.) fast nur noch Erinnerung (wie für den zurückgekehrten – empathischen – Ethnologen), aber völlig zuhause in der normalen Alltagswelt der Industriemenschen bin ich nicht.«[71] Was Holl an diesen fremden Kulturen faszinierte, war ihr selbstverständlicher Umgang mit den unsichtbaren Mächten, mit der »zweiten Wirklichkeit«. »Als Zwerg oder Klopfgeist, Gespenst oder Schwarzmagier düpiert der Vertreter der zweiten Wirklichkeit den gesunden Menschenverstand, glückbringend, bedrohlich, mitunter auch schelmisch, und genau darin liegt die Pointe aller Nachrichten aus der Wunderwelt.«[72] Und daran hatte Adolf Holl seinen Spaß – mehr als bei einer Pop-Messe am Volksaltar.

Der Erfolg seines Buches trug Duerr auch eine Postkarte von Carlos Castaneda mit der Einladung ein, zum Sonnentanz der Cheyenne nach Oklahoma zu kommen, wo dem Ethnologen dann ein Adler erschien.[73] Die Erschütterungen, die die Wahrnehmungen aus der zweiten Wirklichkeit in der Wissenschaftswelt auslösten, registrierten natürlich auch die Medien und riefen etwa das ZDF auf den Plan. Man schlug Holl vor, eine Dokumentation über Weltreligionen mit ihm zu drehen. Holl seinerseits wendet sich an Duerr, der ihm mit Ansprechpartnern in diversen Ländern zu Hilfe kommt.

> Meine intensive Reisetätigkeit dauerte vom Herbst 1979 bis zum Frühjahr 1981. (…) Ägypten, Israel, Indien, Sri Lanka. Was ich in diesen Ländern erlebte, ließ mir die europäische Religiosität, meine eigene mit eingeschlossen, wie ein Kaffeekränzchen älterer Damen erscheinen.[74]

Insgesamt fünf Monate war Holl unterwegs und folgte den Spuren »längst vergessener Müdigkeiten«.[75] Er wird sich etwa an den Sekretär des koptischen Papstes Chenouda III. erinnern, der ein altes Ehepaar wegschickte, das sich von seinem geistlichen Oberhaupt ganz selbstverständlich die Lösung eines Rechtsstreits erwartete. Holl zürnte dem Sekretär, dem die »Selbstverständlichkeit des Umgangs mit den unsichtbaren Mächten«[76] – so wie dem modernen Menschen – offenbar schon abhandengekommen war.

Die Schwierigkeiten des Wandels zwischen den Zeiten und Welten empfand bereits der neuzeitliche Philosoph Blaise Pascal und brachte das gespannte Verhältnis von Naturwissenschaft und Religion auf den Punkt:

> Wir wissen, dass es eine Unendlichkeit gibt, und kennen doch ihre Natur nicht. Da wir wissen, es ist falsch, dass die Zahlen endlich sind, so ist es also wahr, dass es eine Unendlichkeit an Zahlen gibt. Wir wissen aber nicht, was sie ist: Falsch ist, dass sie gerade, und falsch ist, dass sie ungerade sei.[77]

In Indien erfuhr Holl, dass der gelehrte buddhistische Mönch Nagarjuna bereits das Sanskritwort für Leere im Repertoire hatte, »als Klammerausdruck, in welchem die Vielheit der Seienden und die Einheit des Seins notiert werden konnte«.[78] Die Buddhisten haben somit die Null erfunden und damit dem Kapitalismus den Weg geebnet. Das wird eine der Erkenntnisse sein, die Holl von seinen Reisen durch Afrika und Asien mitbringt.

> In der buddhistischen Kunst wurde die Null als Zeichen für den Begriff der Leere gebraucht, gelangte um 400 ... in die indische Mathematik und von dort zu den arabischen Gelehrten in Bagdad, die ab 900 das algebraische Rechnen erdachten. In Europa erschien dann 1212 die erste gemeinverständliche Darstellung der neuen Zahlenlehre. (...) So hatte der Kapitalismus vom Buddhismus das Rechnen gelernt.[79]

Adolf Holl wiederum hatte das Prinzip Sehnsucht gelernt, der Sehnsucht nach dem, was mit der Alltags- und Wissenschaftsvernunft nicht verständlich gemacht werden kann. Sie wird ihn in den nächsten Jahren noch ausgiebig beschäftigen. Denn mit dieser Sehnsucht war er nicht allein in der aufgeklärten, westlichen Gesellschaft. Am 24.1.1985 leitet er zum Beispiel einen *Club 2* zum Thema *Hexen, Teufel, Poltergeister*. Anwesend war dabei eine Dame mit dem Künstlernamen Ulla von Bernus, die behauptete, sie könne magisch töten. »Sie haben in der Tat es unternommen, ... jemanden vom Leben zum Tode zu befördern?«, fragte Holl.[80] Wie Peter Huemer berichtete, erhielt die Redaktion im Anschluss an die Sendung eine Vielzahl von besonders gut verklebten Briefen mit der Aufforderung, sie an Ulla von Bernus weiterzuleiten.[81] An der Diskussion teilgenommen hatte auch eine Wienerin, die einer satanistischen Vereinigung angehörte. Als die Runde mit dem Redakteur Huemer nach der Sendung noch gesellig beisammensaß, fragte sie Holl mit vielversprechendem Lächeln: »Na Herr Doktor, wollen S' an Schmerz?« Holl lehnte dankend ab, gab Peter Huemer zu Protokoll.[82] Der *Club*-Moderator wiederum resümierte: »Geschichten aus der Parapsychologie ... pflege ich zu verschlingen, weil sie eine Botschaft bringen, dass diese langweilige, banale Welt meines Alltags als Schriftsteller doch vielleicht nicht die letzte Auskunft ist.«[83]

Der letzte Ketzer

Bald nach der Zäsur in Adolf Holls Leben kam es auch zu einem Einschnitt in der Kirchengeschichte: Das Jahr 1978 ging als »Dreipäpstejahr« in die Annalen ein. Die Entführung seines Studienfreundes und ehemaligen Ministerpräsidenten Aldo Moro im Frühjahr 1978 durch die »Brigate Rosse«, eine kommunistische Guerillaorganisation, setzte Paul VI. zu. Wie jedes Jahr brach der Papst Mitte Juli in seine Sommerresidenz Castel Gandolfo auf. Noch am Abend der Ankunft bekam er Atemprobleme und danach einen Herzinfarkt. Drei Wochen später war er tot. Zu Beginn des Jahres hatte Adolf Holl Nachschau in Rom gehalten. »Der alte Zauber (Sankt Peter) wirkt nicht mehr auf mich, geblieben ist die kaum eingestandene Angst vor dem alten Mann im dritten Stock des Palastes«,[84] hält er in seinem Tagebuch fest.

Weitere drei Wochen nach dem Tod Pauls VI. wurde der Patriarch von Venedig, Albino Luciani, in einem nur eintägigen Konklave zum neuen Papst gewählt. Der Vorgang lässt Holl kalt. »Die Aura ist jetzt weg, auch die Furcht«, heißt es im Journal.[85] 33 Tage nach seiner Wahl in den Morgenstunden des 29. September 1978 fand eine Nonne Johannes Paul leblos in seinem Bett sitzend auf. Über seinen Tod gibt es ebenso viele Spekulationen wie darüber, wohin er die Kirche geführt hätte. Neuerlich trat das Kardinalskollegium zusammen, um ein Oberhaupt zu wählen. Am 16. Oktober zeigte sich dann der erste nichtitalienische Papst seit Hadrian VI. (s. Kap. Revisionen, Anm. 57) den jubelnden Menschen auf dem Petersplatz. Sechs Tage später trat der Erzbischof von Krakau, Karol Józef Wojtyła, sein Amt als Papst

Johannes Paul II. an. Holl träumte davon, zum Kardinal erhoben worden zu sein, nachdem er mit Jean-Paul Sartre durch die Reinlgasse in Wien-Penzing spaziert war.[86] Des Weiteren kommentierte er die Wahl nicht, auch nicht in den Medien.

Nur in seinen Träumen spielt ihm sein Drang, Geltung innerhalb der Kirche zu erlangen, fürderhin noch den einen oder anderen Streich. Seinen diesbezüglichen Fantasien wird er dann in seinem Büchlein *Falls ich Papst werden sollte* Ausdruck verleihen.[87] Allerdings nur noch als ironischer Kommentar, nicht als ernsthaftes kirchenpolitisches Programm. Sein imaginierter Papst Sistosesto (Sixtus VI.) geht lieber schwimmen, streichelt Katzen und schickt seiner Freundin per Brieftaube freundliche Zeilen, als dass er Audienzen abhält. Sein Wahlspruch wäre nicht »divide et impera« (teile und herrsche), sondern »solve et coagula« (löse und verbinde). So ein Papst war Johannes Paul II. wahrlich nicht. Unter dem Titel *Lieber Papst* legt Holl 1983 eine Sammlung von Essays aus den Jahren seit seiner Suspension vor.[88] Ein 1981 entstandener Text darin heißt *Gut geht's mir*. Er gibt die Richtung an, in die Holl zu Beginn der Achtzigerjahre in die Zukunft marschierte: Ich bin »dazu ausgebildet worden, in feierlichen und allgemeinen Kategorien zu denken. Das kommt mir seit einiger Zeit zunehmend komisch vor, dies männliche Sich-Aufplustern, als ob das Schicksal der Welt davon abhinge, was für Gedanken ich mir über sie mache.«[89] Es wird stiller in und um Adolf Holl.

Medialen Wirbel erzeugt noch einmal das Erscheinen seiner Franz-Biografie. Im Februar 1979 schließt er die Arbeit ab: »Ein besonderer Tag: Der Schreibtisch ist völlig leer.«[90] Ein genauer Terminplan gibt den weiteren Ablauf vor: Abzüge nach Ostern, Korrekturfahnen an die Druckerei ab 25.4., Umbruchabzüge ab 11.5., Seitenfilme an den Verlag am 22.5., Leseexemplare ab 7.6.[91] Umfangreiche Werbemaßnahmen begleiten das Erscheinen von Holls bisher dickstem Band zu Beginn der Sommerferien. Auch er selbst ist aktiv und plant, wichtige österreichische Journalisten zu sich einzuladen. Gegenüber seinem Lektor drückt er die Hoffnung aus, den emeritierten Ordinarius für Neutestamentliche Exegese in München, Otto Kuss, für eine Rezension im *Spiegel* gewinnen zu können. Sicherheitshalber schickt er persönlich ein Exemplar an Rudolf Augstein, im Gedenken an eine gemeinsame Veranstaltung anlässlich des Erscheinens von dessen *Jesus Menschensohn*: »Zu meiner Freude hat Doubleday bereits die amerikanischen

Rechte erworben, und so wächst mir die Frechheit zu, mir Ihr Interesse, ja Ihre Kritik zu wünschen.«[92]

Erst am 29. Oktober dieses Jahres erscheint dann eine Rezension des hauseigenen Redakteurs Manfred Müller im *Spiegel*. Darin geht er weniger auf das Buch als auf die Lebensgeschichte des Heiligen ein und konzediert ihm »Lustgefühle ganz eigener Art«. Wenig Verständnis zeigt Müller dafür, was den »letzten Ketzer« Holl an dem »letzten Christen« Franz faszinierte.

> Dieser Mann ... benannte nichts als Chiffren für »uneingeschränkte Offenheit für den anderen« und für eine »Menschenwelt, in der die gesellschaftlichen Außenseiter voll akzeptiert wären«, in der jedenfalls »unsere Hirnkapazität nicht nur zum Zählen und Rechnen tauglich ist« – ein »Franz in uns allen«, wie Holl meint, »als eine der unterdrückten Sehnsüchte unserer bürgerlichen Konstitution«. (…) Die Bettel-Tour als Glücksrezept gegen die Frustration einer kapitalistischen Leistungsgesellschaft? Das kommt mir auch nach 400 Seiten Holl ebenso pervers vor wie der Leistungsfetischismus von heute. Genauer: Das Franz'sche Bettler-Leben, das »fromme« oder »zärtliche«, war selber Leistungsfetischismus, war höchster Stress mit üblen Folgen, war Angepasstsein bis zur Selbstaufgabe – was sich aus den von Holl selbst präsentierten Fakten leicht ablesen lässt.[93]

Manches von dieser Position wird Holl in späteren Jahren übernehmen. Zu bedenken gab er, dass es der Heilige, der es nicht ertrug, dass jemand ärmer war als er, mit seinem Demuts-Leistungssport möglicherweise übertrieb (s. Kap. Der Priester – Anspruch und Wirklichkeit, Anm. 39). Es war nicht unbedingt vergnüglich, jemandem aus dem »Franz-Verein«[94] zu begegnen: Die »Minderbrüder« mussten ziemlich verwildert ausgesehen und ziemlich streng gerochen haben. Dass Franziskus auf der anderen Seite die urchristlichen Tugenden wie etwa Bedürfnislosigkeit, Eigentumslosigkeit, Friedfertigkeit, Gleichheit aller Menschen (vor Gott), Lauterkeit etc. in Reinkultur verkörperte, ist kaum zu bestreiten. In dieser Art von »Weltfremdheit« liegt stets etwas Subversives, das die Mächtigen der Welt immer bedroht und schief in die Welt eingeschraubte Menschen immer fasziniert hat. Da bei solchen Leuten das Bedürfnis, sich anzuschließen, suspendiert bleiben muss, war es von Kardinal König konsequent gedacht, als er Holl aufforderte, eine eigene Kirche zu gründen. Holl wollte aber ebenso wenig Religionsgründer werden wie Franziskus. Das dreißig Jahre später entstandene Büchlein *Wie gründe ich eine Religion*[95] ist keine Handlungsanleitung, sondern eine -verweigerung. Auch die gehört zum Programm des christlichen Narrentums (in den Augen der Welt). Diese Konzeption hat der Narr aus Assisi wie kaum ein anderer verkörpert: »Franz versucht zwischen Flucht und Etablierung zu vermitteln. ›Der dritte Weg‹.«[96] Ob das ein Zukunftsprogramm ist, wird sich noch weisen. Offensichtlich ist, dass die schöne neue Warenwelt nicht nur Adolf Holl unbefriedigt ließ. Als Günter Kaindlstorfer ihn fragte, ob er mit »Weltfremdheit« meine, so zu leben wie Franz von Assisi, sagte er:

> Genau das meine ich, diese existenzielle Fragwürdigkeit, dieses sonderbare Gefühl, das Franz von Assisi oder auch Buddha gehabt haben: »Ich bin schief in die Welt eingeschraubt, ich gehöre nicht richtig hierher, woher komme ich, wohin gehe ich«, alle diese Fragen. Und da kommen wir ins Philosophische: Max Horkheimer hat gesagt, die großen, universalitischen Religionen haben immer einen Unterschied gemacht zwischen Wirklichkeit und Wahrheit, zwischen der Welt, wie sie ist, und der Welt, wie sie sein soll. Daran kann man anknüpfen. Das wäre ein Punkt, den ich gern herüberretten würde. Wer auf diese Art von Unruhe, von Verzweiflung verzichtet, der ertrinkt in der Banalität, der ertrinkt in diesem Gesöff aus Coca-Cola und Michael Jackson und dem nächsten Malediven-Urlaub.[97]

Dass Gestalten wie Franz von Assisi ihre Wirkung auch auf künftige Generationen nicht verfehlen werden und Holls Franz-Biografie zu einem seiner nachhaltigsten Bücher werden könnte, lässt sich aus der Reaktion der österreichischen Schriftstellerin Karin Peschka (Jahrgang 1967) schließen. Zu Ostern 2010 bedankte sie sich via ORF für das Buch mit einem offenen Brief an Adolf Holl:

> Ich liebe dieses Buch. Warum? Keine Ahnung. Es ist wunderbar geschrieben, umfassend und genau. Sie erzählen darin, was man vom Leben des Franz und von seiner Zeit weiß, und überlassen der Leserschaft, ihn für verrückt zu halten oder eben für das, was man »heilig« nennt. (…) Der von Ihnen gezeigte Franz, der völlig aufgeht in dem Glauben daran, das Richtige zu tun, sich nicht beirren lässt,

auch wenn er als Narr verspottet wird, als heiliger Narr in einer ihm nicht verständlichen Welt.[98]

Ansatzweise erlebte sich auch Holl als einen solchen Narren. Er war zwar inzwischen ganz und gar in der (damaligen) Welt angekommen, der goldene Kelch, mit dem er die Messe gelesen hatte, stand in einer Vitrine in seinem Schlafzimmer, die »Reportagen von den Reisen des Papstes langweilen mich schon sehr«,[99] doch wie der Banalität der weltlichen Vergnügungen zu entfliehen wäre, beschäftigte ihn mehr denn je. Was an der Religion beziehungsweise den Religionen dran sei, dem ging er in den folgenden beiden Jahren mit dem Geld der Fernsehanstalt in Europa, Afrika und Asien nach.

Mit dem Erscheinen der Franz-Biografie endet so gesehen wieder eine Lebensphase. Noch bevor Adolf Holl zu seiner Reise für die ZDF-Dokumentation aufbricht, also noch vor dem eigentlichen Weihnachtsgeschäft, sind über 8000 Exemplare verkauft. Zwei Jahre später, am 19. Dezember 1981, läuft die erste Folge seines *Religionen*-Films im Fernsehen. Längst war er durch das Fegefeuer der Aufklärung gegangen, der Abschied vom Mittelalter restlos vollzogen; die »Bedürftigkeit« aber bleibt. Auf einem Manuskriptpapier des *Playboy* zieht er eine Bilanz über das auslaufende Jahrzehnt:

> Ein guter frischer Wind hat für mich geweht während der letzten zehn Jahre, der hat mich aus meinem Pfarrhaus hinausgeblasen und meinen Kopf durchlüftet, mir neue Freunde gebracht und eine Frau fürs Leben, brauchbare Gedanken und die Möglichkeit, sie drucken zu lassen. Zu danken habe ich weder Herrn Nixon noch Herrn Kissinger, sondern Herrn Bloch (Ernst, Philosoph, gest. 1977). Und natürlich dem günstigen Wind, wie nachzulesen im Evangelium Johannis, 3. Kapitel, Vers 8.[100]

Andere Wirklichkeiten

Bei der Nationalratswahl eine Woche vor Adolf Holls 49. Geburtstag konnte die Partei des regierenden österreichischen Bundeskanzlers den höchsten Stimmenanteil erzielen, den eine politische Vereinigung in der Zweiten Republik je errungen hatte. Mit 51 Prozent für die SPÖ ging Bruno Kreisky in seine vierte Amtszeit. Noch im selben Jahr bezog er im Westen der spanischen Ferieninsel Mallorca ein kleines Domizil. Dorthin lud er in der Folge nicht nur Staatsgäste wie Palästinenserpräsident Jassir Arafat oder den spanischen Regierungschef Felipe González, sondern auch immer wieder Journalisten. Vermutlich war es nicht Holls Artikel für das Männermagazin *Lui*[101], der dem Paar Holl / Santner-Cyrus eine Einladung nach Mallorca eintrug, sondern seine Mitarbeit beim Parteiprogramm sowie ihre Artikel für den *Spiegel* und die *Weltwoche*. Denn der Kanzler kannte auch Inge Santner-Cyrus bereits persönlich, nicht als Lebensgefährtin von Adolf Holl, sondern in ihrer Eigenschaft als *Spiegel*-Korrespondentin. Als solche hatte sie ihn im März 1978 nach Ostberlin begleiten dürfen, worüber der spätere Bundespräsident Heinz Fischer in einer Anekdote berichtete[102]. Kreisky kutschierte damals mit dem auf die Aufbauarbeit stolzen Erich Honecker durch die trübe Stadt. Der Staatsratsvorsitzende erwartete sich Anerkennung von seinem ausländischen Gast. Der konnte sich allerdings nur zu einem diplomatischen Satz durchringen: »Zu dieser Jahreszeit sind alle Städte trist«, konstatierte der Kanzler.

Und so fanden sich Adolf Holl und Inge Santner-Cyrus eines Tages auf Mallorca wieder. Holl mit dem Kanzler und seinem Chauffeur im knallgelben VW-Käfer-Cabriolet, die Damen, Hertha Firnberg mit ihrer Schwester, Hanni Konitzer von der *FAZ* und Inge Santner-Cyrus in einem zweiten Wagen. Während der Fahrt erzählte der Kanzler dem Mitarbeiter des *Neuen Forvms*, warum er dessen Herausgeber auf dem Parteitag 1968 einen »Wurstel« genannt hatte.[103] Günther Nenning hatte nach der traditionellen Maifeier der SPÖ auf dem Rathausplatz im *Neuen Forvm* Unterstützungserklärungen für jene Studenten des VSSTÖ publiziert, damals den Wiener Bürgermeister Franz Marek ausgepfiffen hatten.[104] Unmut gegen Parteigrößen bei Maifeiern gab es also nicht erst 2016. Ansonsten dürfte der Einblick in die Privatsphäre des Regierungschefs das Verlangen des Paares, der Partei beizutreten, nicht befördert haben.

Einig sind sich die beiden in ihrem Widerwillen gegen alles Bekennerhafte, das im Zeitalter von Postings und Likes omnipräsent geworden ist.

> Die schwarzen, gelben und roten Völker sind lange Zeit ohne diese abendländische Geständniskultur ausgekommen, und auch das bäu-

erliche Universum Europas ist von ihr nur schwach tingiert worden, bis zur Ankunft der Mähdrescher. (...) Niemand kann sich dem Zwang, eine Gesinnung zu haben, entziehen. (...) Unverlässliche Elemente sind gefährlich. Standpunktlosigkeit wird ungern gesehen. Man muss sich bekennen.[105]

Holl hatte genug von Glaubensbekenntnissen aller Art. Er macht sich auf die Suche nach »dem vulkanischen Wesen der Religion«,[106] das abseits der konfessionellen Verbände unverdrossen existiert, und stößt dabei auf Menschen, die sich dem ideologischen, moralischen, nationalistischen, rassistischen, religiösen, weltanschaulichen etc. Confiteor entziehen. Was geschieht mit der »abweichenden Mehrheit«, mit den mehr oder weniger lieben Alten, den Irren und Verbrechern, mit den Alkoholikern, Behinderten, Depressiven, Drogensüchtigen, Flüchtlingen, Gastarbeitern, Prostituierten, Transgendern?[107] Was macht man mit all den Menschen, die sich in die gängige Rationalität nicht einfügen lassen. Wie etwa Heinz, einem Fernlastfahrer, der behauptete, ihm sei Jesus erschienen. Am Steinhof, Wiens größter Nervenheilanstalt, diagnostizierte man »paranoide Schizophrenie« und gab ihm Medikamente. Wäre er nicht in Mitteleuropa geboren worden, so sinniert Holl, sondern in Afrika oder Lateinamerika, würde er »seine Abende im Kultschuppen verbringen und unter den Augen der Götter und Heiligen in Trance fallen ... Er könnte in Würde alt werden, allerdings ohne Pensionsversicherung.«[108] Holls Forschungsinteresse verschiebt sich in den kommenden Jahren darauf: »Was ist in die Leut' drinnen?«[109] Gerade der westliche Mensch verödet vor der modernen Sachlichkeit, konstatiert Holl in diesem Artikel.

Aus heutiger Sicht könnte man vielleicht formulieren, dass er sich mit dem sträflich vernachlässigten »Postfaktischen« der Conditio humana auseinandersetzt. Seine »Wesensschau« stemmt »sich gegen das Versinken in all den Jahreszahlen, Fakten, historischen Abläufen, die von den einschlägigen Wissenschaften angehäuft werden«.[110] Die moderne Wissenschaft verhält sich gegenüber der Irrationalität im besten Fall reserviert, um nicht zu sagen: hilflos. Sie behandelt sie als (noch) nicht erklärbare Phänomene und mit Psychopharmaka. Geholfen ist den Betroffenen damit meist nur bedingt und vorübergehend.

> Für die zweite Wirklichkeit gibt es keine Lehrkanzeln. In den USA allerdings, dem größten Markt für Außersinnliches und Transpersonales, werden bereits Vorlesungen unter der Bezeichnung »Anomalistik« gehalten, über jene Erscheinungen, die den Gesetzmäßigkeiten, dem »Nomos« der modernen Welterklärung zuwiderlaufen.[111]

Adolf Holl begegnet im Zuge seiner Reisen für die ZDF-Dokumentation Felicitas D. Goodman. Die 1914 in Budapest geborene Kulturanthropologin wanderte nach dem Zweiten Weltkrieg in die USA aus, studierte an der Denison University in Columbus (Ohio) und begründete in New Mexico das internationale *Cuyamungue-Institut* zur Erforschung und Lehre von rituellen Körperhaltungen und ekstatischer Trance. Sie wird für Holl zu einer wichtigen Auskunftsperson bei seiner Erforschung der »zweiten Wirklichkeit«. Er spürt, dass er dabei nicht unbeteiligter Wissenschafter bleiben kann, denn »ohne eigene Betroffenheit gibt es kein wirkliches Verstehen«.[112] »Verabschiedung vom coolen Diskurs, Ohren auf für die ›Stimmen‹«,[113] heißt die Devise. Bestärkt wird er darin von seinem Freund, dem »Wurstel« Günther Nenning, der ihn wissen lässt: »Ich glaube daran, dass hinter dieser Wirklichkeit (Welt) noch eine andere ist.«[114] Um ebendiese andere Wirklichkeit geht es Felicitas Goodman, die ihrerseits »lange Zeit als sachlich beobachtende Wissenschaftlerin in einigem Abstand vor der Wundertür« stehen blieb.[115] Eines Tages aber, sie hatte gerade von einem lieben Menschen Abschied nehmen müssen, ließ sie sich auf einer Bank nieder und weinte. Da hob plötzlich ein »silbernes Geläut wie von einer kleinen Glocke« an.[116] Es war nicht zu ermitteln, woher es kam und von wem, aber es tröstete sie. Genau solche Erlebnisse sind es, worin sich die erste Wirklichkeit mit der zweiten verbindet.

> Wie die Pygmäen im afrikanischen Urwald sagen, befindet sich die andere Wirklichkeit mit der gewöhnlichen am gleichen Ort, und ihre Ereignisse laufen auch zur gleichen Zeit ab. Sie ist der gewöhnlichen artverwandt, sie überschneidet sich mit ihr, aber sie ist gleichzeitig auch ganz anders, eine Welt des Zaubers und des Wunders, das Land, wo die Märchen auf den Bäumen wachsen und wo trotzdem alles wahr ist.[117]

Die Welt hinter der Welt beginnt Holl zu faszinieren, nachdem er seine Welt der sehr überschaubaren Sensationen verloren hatte. In Goodmans Seminaren lernten die Teilnehmer eine Welt von Feen und Zauberern, Zwergen und Geistern in Tiergestalt kennen. »Da gab es Vögel, die sie mitnahmen in wildem Flug, Wildschweine, die sie säugten, oder sogar den heilkundigen Bären.«[118] Da lebten all die Bizarrerien und Wildheiten auf, die die kapitalistische Wohlstandsgesellschaft nach der Implosion des »realen Sozialismus« in die zivilisierten (und notabene lukrativen) Bahnen einer Wellness-Kultur überzuführen hoffte. Mit seiner Spürnase witterte Adolf Holl eine Weile vor dem Fall der Berliner Mauer das Ende des sozialistischen Jahrhunderts (in Österreich vom Hainfelder Parteitag 1888/89 bis zum Antritt der Regierung Schüssel im Jahr 2000).

> Es wäre ja denkbar, dass eine Minderheit von normalen Paranoikern (Geschlecht: männlich) die Erörterung religiöser Themen schlicht monopolisiert hat und fortwährend in ein Vakuum hineinredet, während die wirklichen Menschen ganz andere Dinge im Kopf haben ...; dass Religion, als offiziell verabreichte, zwar Marxens Verdikt (»Opium des Volkes«) verdient; ihr heimliches Wunschwesen aber, als »lebendige Blume« (ebenfalls Marx) ein Menschengemeinsames ist, das – aller Ehren wert – von den diversen Geschäftsträgern Gottes nicht wirklich eingemeindet werden kann.[119]

Nicht zufällig spricht Holl an dieser Stelle von den männlichen Paranoikern, gibt es doch keine weiblichen Religionsgründer beziehungsweise Gurus. Daraus schließt Holl später auf die grundsätzliche Gottlosigkeit von Frauen. »In die Kirche gehe ich nur wegen der Musik, hat die Ziehgroßmutter gesagt. Was die Pfarrer machen, ist Hokuspokus«, erzählt er dann gleich zu Beginn seines Buches *Wie gründe ich eine Religion*.[120]

Eine seiner Lehrmeisterinnen in weiblicher und somit körper-, nicht kopfbetonter Religiosität war Felicitas Goodman. Im April 1981 trafen sich die beiden am Starnberger See und Holl nahm an einer ihrer Reisen in die zweite Wirklichkeit teil. Die Forscherin hatte inzwischen eine Methode entwickelt, »heutige Großstadtmenschen auf Ausflüge ins vorgeschichtliche Europa, zu den mittelalterlichen Maya oder zu den sibirischen Schamanen der Gegenwart« zu schicken.[121] Mit Holl gelang ihr das allerdings nicht: Er blieb am Boden. »Vielleicht weigerte sich der Herr Jesus, dem ich trotz der über mich verhängten Suspendierung vom Priesterdienst die Treue hielt, in einen Topf mit tierischen Geistern geworfen zu werden«,[122] merkt er süffisant an. Felicitas Goodman wird dann zu einer von Holls Kronzeuginnen dafür, dass Gottlosigkeit keineswegs Religionslosigkeit bedeutet. Der Umgang mit dem Jenseitigen ist bei Frauen nicht von einem Über-Ich geprägt wie bei den Männern. Was an theologischen Thesen und Dogmen von Männern in jahrhundertelanger Hirnakrobatik ersonnen worden ist, ist den Frauen nach Holls Ansicht wesensfremd; sie lassen sich allenfalls davon in ihren Bann schlagen. »Für mich ist das Religiöse nur dann wahr, wahrhaftig, wenn es Erlebnis ist«,[123] sagte die ursprünglich zur Linguistin ausgebildete Goodman zum Theologen Holl. Wie ihr, so schließt Holl daraus, geht es einer Menge »gottloser Frauen«. Sie pflegen einen anderen Umgang mit dem Jenseitigen.

> Die Dimension, in der Goodman von ihnen erwartet wird, ist ihr aus eigener Erfahrung vertraut. Sie wird nicht, wie in der christlichen Erzählung, erst nach dem Tod betreten, sondern sie koexistiert mit der Alltagswirklichkeit. In ihr gibt es weder Vergangenheit noch Zukunft.[124]

Seit Albert Einsteins »spezieller Relativitätstheorie« hat die moderne Physik allerlei Anhaltspunkte für die Mehrdimensionalität der »Wirklichkeit« entdeckt. Dazu haben Frauen offenbar einen direkteren Zugang, ist eine der unausgesprochenen Hypothesen in Holls »Brief«. Weshalb ihnen auch die Zukunft – nicht nur der Religion – gehört. Der jüdisch-christliche Gott ist jedoch ein eifersüchtiger. Er reagierte auf Holls Fremdgehen mit Liebesentzug. Bei einem Aufenthalt in Warmbad Villach im Winter 1982 fällt es dem Priester wie Schuppen von den Augen: »Ich hab' den Gauben verloren.«[125]

Nachdenken über ein zeitlos unzeitgemäßes Gefühl

Der 50. Geburtstag Adolf Holls war unspektakulär vorübergegangen. Ein Jahr nach dem runden Jubiläum träumt er, dass beim Zelebrieren einer Messe in der Breitenseer Pfarrkirche keine Hostie da ist, noch ein Jahr später nimmt er im Traum von Dekan Loidl eine Festschrift der Katholisch-Theologischen Fakultät für ihn in Empfang.[126] Trotz Glaubensverlustes lassen ihn Hochaltar und Hörsaal nicht in Ruhe. Virulent steckt der Wunsch nach Versöhnung in ihm. In der ersten Wirklichkeit wird es nach den weiten Reisen und der Beendigung der Dienstagsrunden ruhig in der Hardtgasse. Mit der Franz-Biografie und dem eben erschienenen *Religionen*-Band im Gepäck reist er im Oktober 1981 zur Frankfurter Buchmesse. Es wird quasi sein Abschiedsfest von der DVA, was er damals aber noch nicht wusste. Hatte er seinem Verlag davor doch ein nächstes Buchprojekt lanciert: *Die Eingeweide des Mitleids* lautet sein Arbeitstitel. Das war durchaus wörtlich zu nehmen, geht es dabei doch um etwas Körperliches.

Wieso habe ich drei Wochen lang eine psychisch kranke Frau beherbergt, fragte sich Holl; er hatte sie einmal bei einer Veranstaltung kennengelernt. Ebenso wie Heinz war ihr die Diagnose paranoide Schizophrenie gestellt worden. Jetzt tauchte sie bei ihm mit der Bitte um eine Bleibe auf, da sie obdachlos und auf Entzug sei. Sie sei als Versuchskaninchen an einem Forschungsinstitut drogenabhängig gemacht worden und werde jetzt von Geheimdiensten gejagt. Außerdem litte sie an Entzugserscheinungen, so ihre Geschichte. Wäre es nach Holls Intellekt gegangen, er hätte sie ins psychiatrische Krankenhaus am Steinhof bringen müssen, wo sie erneut mit Elektroschocks behandelt worden wäre. Er hat es nicht getan, sondern ihr Quartier gegeben – und fragte sich, warum? In den Augen Machiavellis oder Nietzsches wäre er unten durch gewesen. »Die Schwachen und Missratenen sollen zugrunde gehen, und man soll ihnen noch dazu helfen«, sagte Nietzsches Kopf.[127] Die Eingeweide Holls sprechen eine andere Sprache. Wieso ist es der Psychotikerin gelungen, Gefühle in ihm zu aktivieren. Und welche sind es eigentlich? Mitleid, Neugier, Höflichkeit, Lust auf Sex? Diesen Fragen will er nun auf den Grund gehen.

Von der ersten Idee weg hat Holl fast vier Jahre an dem Buch gearbeitet, bevor er einen Teil an seinen Verlag schickt. Eine Woche nach seinem 53. Geburtstag meldet sich sein Lektor telefonisch bei ihm. Der Geschäftsführer habe das Projekt abgelehnt, muss er Holl ausrichten.[128] Damit steht der Autor erstmals mit einem fast fertigen Buch ohne Verlag da. Für einen Schriftsteller, als der er seit einem Jahrzehnt lebte, eine bittere Pille. Kurz davor gratuliert ihm ein ehemaliger Amtsbruder zum Geburtstag und berichtet, dass sich an Sonntagen in vier Messen insgesamt nur noch achtzig Gläubige in der Pfarrkirche von Neulerchenfeld einfinden. »Zu Grunde gerichtet«, kommentiert Holl in seinem Tagebuch.[129] In der darauffolgenden Nacht träumt er, dass der Ehemann seiner ehemaligen Geliebten nun in der Pfarrkanzlei am Keplerplatz arbeitet. Er selbst ist dort schon seit fast einem Vierteljahrhundert nicht mehr zugange. Was wollen ihm all diese Reminiszenzen sagen? Er analysiert sich selbst: Die Neigung, die in der Kirche Verbliebenen herabzusetzen, »ist Selbstschutz, aber keine Lösung des Problems«.[130] Der Gedanke, wie mit seiner Vergangenheit umzugehen sei, plagt ihn schon länger. »Mich nicht um sie kümmern? Operieren (wegschneiden, zum Beispiel Vergangenes aus der eigenen Biografie)? Lächerlichkeit all dieser Attitüden.«[131] In Piacenza hatte er die antike etruskische »Bronzeleber« besichtigt. Sie ist ein Modell einer Schafsleber, in die Namen etruskischer Gottheiten eingraviert sind. Vermutlich diente sie Priestern als Lehrgegenstand, um auffällige Zeichen richtig zu deuten. Daran glaubte fast 2000 Jahre später natürlich kaum noch jemand. Und doch: Diese Glaubenswelt war doch nicht falsch, denkt Holl, nur weil sie nichts mehr taugt.

> Viele wahre Glaubenswelten anschauen wie im Museum? Mit Wahrheitskriterien kommt man hier nicht weiter. Die aufregende Frage ist also eher: Wie zerfällt eine Glaubenswelt im kollektiven Zweifel? Und: Wie entsteht eine Glaubenswelt durch kollektive Bekehrungserlebnisse?[132]

Hat die Änderung der Glaubensinhalte womöglich etwas mit der Änderung der Einstellung zur Sexualität zu tun? Holl kramt in seiner Biografie und kommt drauf, dass sein »Glaubensabfall« in Zusammenhang mit dem Zölibatsbruch stehen könnte. Die Übertretung eines Gebots als Erkenntnisgewinn – und damit Vertreibung aus dem »Glaubensparadies«. Er beginnt seine Biografie als Material der Geschichtsbetrachtung zu benutzen. »Stell dir vor, du hättest keine vergangenen Geschichten zur Verfügung, ... keinen Jesus, keine Tagebücher, keine alten Fotos, keine Ketzer. Was würde dann aus deinem nächsten Buch?«[133] Die eigene Lebensgeschichte als Steinbruch für die Skulpturen seiner Werke. Ausgangspunkt seiner Metamorphose vom Priester zum Schriftsteller ist ein Schuldgefühl.

Die Mitteilung, dass bei einer Franz-Diskussion, an der ich teilnehmen soll, auch eine »Kleine Schwester« mitdiskutieren wird, erinnert mich an meine eigenartigen Gefühle gegenüber Klosterfrauen. Eine Art Schuldgefühl. (...) Die Jungfrauen und die Witwen in Scharen, die den Aurelius aufmunternd anschauen in seiner Bekehrungsstunde. Ach, ich bin schlimm gewesen, hab' mein Pipperl nicht in Zaum gehalten.[134]

Holl ist den umgekehrten Weg des Augustinus gegangen. Nicht die Annahme der Askese, sondern die Abkehr davon steht am Anfang seiner Lebenszäsur. Nicht nur das. Zwischenzeitlich war er nicht nur promiskuitiv, sondern hat während einer Drehreise sogar ein Pornokino aufgesucht. Mit erstaunlichem Erkenntnisgewinn die Geschlechterverhältnisse betreffend: Im Film rackern sich die Männer ab, während die Frauen lustvoll stöhnen. Die letzte Sequenz aber stellt, »wie als Rache an den Männern, die Vergeblichkeit aller noch so angestrengten Bemühungen dar, Frauen jemals angemessen bedienen zu können«.[135] Ernüchtert fragt sich Holl, was ihm das sagen will.

In dem Begleitband zur TV-Serie geht er indirekt darauf ein. Er entdeckt einen Jesus, der die althergebrachten Geschlechterverhältnisse umkehrt. Dieser Jesus verpönt nicht die Lust, sondern die Macht des Mannes. »Der Wille des Mannes, als Potenzmaschine, wird zum Gegenstand einer Selbstkritik, deren Sehnsucht die erlöste Leiblichkeit liebesfähiger Menschen meint.«[136] Wieder heftet er sich an die Fährte einer verschütteten (christlichen) Tradition. Nicht die »abendländische Heilige Familie« mit einem »Pater familias« als Oberhaupt taucht aus dem Schatten der Geschichte auf, sondern unter anderem Doppelklöster für Männer und Frauen. Dort gelten andere Gesetze als in der Welt. An die Stelle »familiärer Dominanzrituale patriarchaler Art« setzt sein Jesus »einen Liebesverein, in dem es keine Unterordnung mehr gibt«.[137] Idealerweise herrschen dort nicht mehr (männliche) Macht und Narzissmus, sondern Gleichheit unter Brüdern und Schwestern. Zur Aufhebung der Distanzlasten[138] feiert man gemeinsam das Brotbrechen, im Gedenken an den mit allen Menschen mitleidenden Christus, dessen Aura lautere Güte ist.[139]

Genau diese Gesinnung findet Holl dann in der Geste des Martin von Tours. An der Hinwendung zu den Mühseligen und Beladenen zeigt sich laut Holl der Jesuswille.

Tatsache ist, dass die Anfänge der organisierten Mildtätigkeit gegenüber Armen, Kranken, Fremden mit der Entstehung der buddhistischen und christlichen Klosterkultur in Ost und West zusammenfallen. Seit damals spricht das Volk der Mönche und Nonnen sein beharrliches Nein zum Bestehenden, zu Besitzgier und Familiensinn.[140]

Genau das, was der Moralist Nietzsche zutiefst verachtete. Mitleid ist bei Martin etwas, »was man nicht tun muss, nix primär Ethisches (im Gegensatz zu all den Moralen). Eine Ausnahme eher denn eine Regel, etwas Seltsames.«[141] Der Entwurf einer Gegenwelt.

Hier tut sich in Ansätzen so etwas wie eine Holl'sche Theologie auf. Viel ausgereifter wird sie auch in den kommenden Büchern nicht. Aber ein paar Eckpfeiler sind auszumachen: Was der heilige Martin mit seiner Geste des Mantelteilens herstellt, ist nicht Gerechtigkeit, sondern Gleichheit. Das setzt eine Abstraktionsleistung voraus: »Das Erkenntnisnovum des Mitleids besteht darin, dass ich im Fremden (Bedürftigen, Feind) meinesgleichen erkenne, obwohl er nicht von meinem Blut ist.«[142] Holls Mitleid ist somit keine Frucht der Empathie, sondern eine der Vernunft; einer Vernunft allerdings, die der Welt entgegengesetzt ist, wird doch etwas durchbrochen, was in der Welt die Regel ist: Mitleidslosigkeit. Insbesondere bei Männern, wenn es um ihre Triebbefriedigung geht. Die Zivilisationsleistung der Männer müsste darin bestehen, Frauen nicht als Objekte zum Zweck ihrer Triebabfuhr, sondern als Mitmenschen zu sehen, eben als ihresgleichen. Dabei ist Mitleid – wie Holl selbstverständlich weiß – »keine Lösung des Problems, es ist vielmehr eine Weise, mit dem Problem zu leben«.[143]

Die Frage des Mitleids stellt sich Adolf Holl nicht zuletzt deshalb, weil er mit den Dienstagsrunden seine letzte »seelenwarterische« Funktion aufgegeben hatte. Zudem ist sein Zorn verraucht und dem Wunsch nach Versöhnung gewichen, nach Versöhnung mit seiner Kirche, mit seinem Jesus, der ihn angeblich nicht wollte, und mit den Frauen. Wohin mit dem nach wie vor vorhandenen priesterlichen Gefühl des Helfenwollens? Das natürlich keine ursprüngliche, sondern eine zivilisatorische Errungenschaft ist (wie Freud erkannte). »Ich habe das Gute nicht gewählt. Gutsein ist mir beigebracht worden. Was hindert mich daran, ein gepflegtes Puff mit Gewinn aufzumachen und zu betreiben?«[144] Mit dieser Frage kommt ein entscheidender Faktor ins Spiel. Denn selbstverständlich gilt für Holl das Diktum von Horkheimer / Adorno,[145] wonach das Mitleid die Regel der Unmenschlichkeit durch die Ausnahme bestätigt, die es praktiziert.[146] Unter kapitalistischen Verhältnissen ist Mitleid affirmativ. »Die Eingeweide des Mitleids«, das ist für Holl offensichtlich, »sind für das bürgerliche Ich eine ebensolche Konstante wie Aufstiegsdynamik und Geist der Utopie.«[147] Was bleibt dann vom »christlichen Ketzertum« gegen die weltlichen Werte übrig?

Damit gleichzeitig die Frage, ob jedwede gedankliche Militanz als verwerflich zu gelten hat, ob ein allgemeiner pazifistischer Brei, unter Verzicht auf Revolutionen, Klassenkämpfe, Befreiungskriege die einzige Alternative darstellt. Toleranz kann auch sein: Einebnung aller potenziell subversiven Gedanken vonseiten derer, denen der Status quo nützt, also der großen wirtschaftlichen und politischen Bürokratien. Die Unterschichtigen waren nie tolerant.[148]

Eine tiefe Kluft tut sich auf zwischen dem kleinbürgerlich katholischen Christentum und dem radikalen, wilden, intensiven der »Extremisten« – von Thomas Müntzer bis Óskar Romero. Ihre Solidarität mit den Armen war nichts weniger denn mitleidig. Diese Widersprüchlichkeit löst sich nicht einfach auf. Sie läuft mitten durch Adolf Holl hindurch. »Mitleid, Geschäft, Revolution habe die rationalisierende Denkbewegung, die Verallgemeinerung (›die Menschennatur‹) gemeinsam und zur Voraussetzung.«[149] Was wäre, so denkt Holl, wenn das Mitleid im Herzen des Kapitalisten schlüge, er eine »Doppelnatur« hätte, die so paradoxe Dinge erzeugt wie einen reichen Bettelorden. Eben weil Askese zu Reichtum führt. Im »bürgerlichen Herzen« scheint alles versammelt, »sprengkraftmäßig oder energetisch, der Zug nach oben und unten und seitwärts, sodass die Sachen umschlagen können, aus einem Manager wird ein Alternativer«.[150] Felicitas Goodman macht Holl auf die latente Einsamkeit ebendieses Stadtmenschen aufmerksam. Er muss alles mit sich selbst ausmachen, hat keine Stimmen von Göttern, Geistern oder Ahnen mehr zur Verfügung und wird darob schizophren. Womit sich der Kreis schließt und wieder von Heinz und der paranoiden jungen Frau, die Holl aufgenommen hatte, begonnen werden könnte.

In dem legendären TV-Interview hatte Günther Nenning den Schriftsteller Holl mit der Frage sekkiert, warum er sich mit all den vergessenen toten Gestalten herumschlage. Die Einsicht, dass da vor 800 Jahren einer war, der vielleicht recht gehabt hat, so Nenning, gibt wohl nicht genug her, um das Heute zu verändern. Es scheint, als habe diese Provokation bei Holl lange nachgewirkt. Noch in einer dem Tagebuch beigelegten *Geschichtsbetrachtung* notiert er, dass die Frage, wie es denn wirklich gewesen sei, fortschrittlich sein kann, »wenn sie darauf hinausläuft, die interessenbedingte Geheimhaltung zu durchbrechen«.[151] Die Anschauung historischer Ähnlichkeiten wäre wichtig wegen ihrer Wirklichkeitserzeugung. Weniger akademisch hatte Holl in dem Interview geantwortet:

> Wenn ich von Jesus rede oder von Franz von Assisi oder von Thomas Müntzer ..., dann weiß ich schon, dass sie tot und begraben sind. Ich will damit aber sagen, dass ebendiese Inhalte, die mit diesen Menschen zusammengehen, von meiner Konkurrenz in lügenhafter Weise den Menschen nahegebracht werden. (...) Das heißt also, wenn ich diese Menschen hervorhole und ein bissl abputze und abstaube von dem Staub der Jahrhunderte, dann sind ja meine Kontrahenten nicht längst verstorbene Mönche und Klosterschwestern und Kaiser etc., sondern reell vorhandene Bildungsanstalten. In meinem Fall die römisch-katholische Kirche und das Schulwesen und das Universitätswesen. (...) Und wenn ich diese Art von Bildungsinhalten kritisiere, bin ich wieder aktuell.[152]

Seit diesem Gespräch hat sich Holl zum »Experten im Hinüberretten alter Sachen« entwickelt. Dabei war ihm bewusst: »Vorsicht, zerbrechlich!«[153] Seine Intention war, was verwendbar war, weiter zu benutzen und der Gegenwart dienlich zu machen. In den progressiven Siebzigerjahren neigte man dazu, das, was man als geistiges Gerümpel betrachtete, auf den Müllhaufen der Geschichte zu werfen. Heute sind wir einen Schritt weiter. Zwar dienen Holls personelle »archäologischen Ausgrabungen« noch immer nicht dazu, die »Zeichen der Zeit« einzuordnen, im besten Fall zu verstehen und Schlüsse für die Zukunft daraus zu ziehen; aber sie finden als Material der Unterhaltungsindustrie oder als Exponate des Museumsbusiness Verwendung. Dabei ist Holls Art der Geschichtsdeutung angesichts von IS-Terror, Flüchtlingselend und Krise der liberalen Demokratie alles andere denn museumsreif. Es ist nicht auszuschließen, dass wieder eine Generation heranwächst, der eine bürgerliche Existenz nichts bedeutet. Nicht weil diese ohnehin am Zerbröckeln ist, sondern weil die jungen Leute verzweifeln über die zunehmende Bedeutungslosigkeit ihres Lebens und ihnen hunderte Follower darüber nicht hinweghelfen. »Das sind meine zukünftigen Leserinnen und Leser«, prophezeite Holl.[154] Aus der ersten Hälfte der Achtzigerjahre hätten sie folgende Bücher zur Auswahl: *Religionen* (1981), *Lieber Papst* (1983), *Radikalität im Heiligenschein* (1984) und *Mitleid im Winter* (1985).

Verwunderung über die Wirklichkeit

Bei einer Veranstaltung Mitte 1983 kommt Adolf Holl zufällig neben einen Angehörigen des Rowohlt-Verlags zu sitzen. Man kommt ins Gespräch und er zeigt sich an dem Mitleid-Buch interessiert, an dem Holl gerade arbeitet. Nach Rücksprache in seinem Haus besucht der Verlagslektor Hermann Gieselbusch den Autor im September und man wird handelseins. Noch gibt es einiges zu überarbeiten, hatte Inge Santner-Cyrus ihren Lebensgefährten doch darauf hingewiesen, dass der potenzielle Leser unbedingt eine Antwort auf die Frage erwartet, warum er die junge Frau aufgenommen habe. Gleichzeitig blitzt die Idee zu einem neuen Buch auf. Thema: *Wie man ein anderer Mensch wird*. Wie heißt es in Heimito von Doderers *Dämonen*: »Bedeutenderes kann niemand leisten, als sich selbst zu verändern.«[155]

Ein einzelnes Buch wird aus dieser Idee zwar nie, aber ein Lebensprojekt. Nach fünfzehn Jahren im Mittelalter und weiteren fünfzehn Jahren der radikalen Aufklärung sehnt sich Adolf Holl danach, die beiden Lebensphasen zu verbinden. Dazu kann es dienlich sein, Neues kennenzulernen und sich von Altem zu trennen. Nach Abschluss des Mitleid-Buches ist Holl Mitte der Achtzigerjahre wieder viel unterwegs: Von Brasilien aus erscheint ihm die Alte Welt als »geliebtes Museum«. Darüber kommt es zur Diskussion mit Ursula Pasterk. Sie kritisiert offenbar an ihm, dass er nur Zuschauer ist und sich nicht engagiert. Sie selbst ist seit 1979 kulturpolitische Beraterin von Helmut Zilk, zuerst in seiner Funktion als Wiener Kulturstadtrat, ab 1983 als Minister für Unterricht und Kunst. »Sie hat sich verstaatlichen lassen«, notiert Holl, »ich nicht.«[156] Die Auseinandersetzung bewirkt nicht nur eine Abkühlung der Beziehung zu Pasterk, sondern insgesamt zur Sozialdemokratie.

Holl reist ins katholische Irland. Im Reiseführer werden die Türme der alten Klöster als »sanctuary« bezeichnet, als Zufluchtsorte. Als etwas Ähnliches erscheint ihm auch der »Pudding Shop« in der Nähe der Hagia Sophia in Istanbul: »Eine unnachahmliche Komposition aus Chrom, Plastik, Holz, Tiefkühlauslagen, Ausstellungsplakaten wird zu einem Ensemble, in dem sich's leben lässt.«[157] Im Sommer gibt ein Kollege in Budapest als Motiv seiner Berufswahl vor vierzig Jahren an, nicht als Einzelner glücklich zu werden, sondern mit den anderen gemeinsam. Offen bleibt, ob ihm das gelungen ist. Gewiss ist, dass Holl dieser Weg versperrt ist. In der Nachbetrachtung zur Irland-Reise stößt er auf einen Satz des späteren Literaturnobelpreisträgers Seamus Heaney: »Taking the risk of confronting my own emptiness.« Aus all den Erlebnissen des Jahres resultiert eine »zunehmende Verwunderung über die Wirklichkeit«,[158] eine gewisse Abgeklärtheit, wie sie in einem der rätselhaftesten und tiefsinnigsten Texte der deutschen Literatur zum Ausdruck kommt: in Jean Pauls *Rede des toten Christus vom Weltgebäude herab, dass kein Gott sei*. Im Traum des Erzählers sagt Christus:

> Ich ging durch die Welten, ich stieg in die Sonnen und flog mit den Milchstraßen durch die Wüsten des Himmels; aber es ist kein Gott. Ich stieg herab, soweit das Sein seine Schatten wirft, und schaute in den Abgrund und rief: »Vater, wo bist du?«, aber ich hörte nur den ewigen Sturm, den niemand regiert, und der schimmernde Regenbogen aus Wesen stand ohne eine Sonne, die ihn schuf, über dem Abgrunde und tropfte hinunter.[159]

Zu beachten ist, dass es sich um einen toten, nicht um einen auferstandenen Christus handelt, der hier spricht. Als der Träumer dieser schaudervollen Szenerie aufwacht, ist er heilfroh, Gott wieder anbeten zu können und »die Freude und das Weinen und der Glaube an ihn waren das Gebet«.[160] Ein Text darüber, wie ein aufgeklärter Mensch Religion in sein Leben integrieren kann.

Am Heiligen Abend des Jahres 1984 erinnert sich Adolf Holl an einen wiederholten Traum, »der ein profundes Glücksgefühl zum Inhalt hat«.[161] Darin schlendert er durch die Ottakringer Kirchstetterngasse und hat – einen Augenblick lang – das »Gefühl des Alles-ist-vollkommen-in-Ordnung«. Im Traum gab es sie noch: die Unio mystica, die er beim Messelesen erlebt hatte. Ein unersetzliches Gefühl. Es kann weder durch Sex noch durch Kunst kompensiert werden. Im Sex, so Holl, »ist nicht die Wirklichkeit anwesend, sondern der Wunsch«,[162] während sich die Aura des Besonderen beim Bücherschreiben längst abgenutzt hat.[163] Die Arbeit an dem neuen Buch mit dem Titel *Der Fisch aus der Tiefe – Verlockungen zur Keuschheit*, mit der er Ende 1984 beginnt, betrachtet er nur noch als Auftrag, »der bis zum Februar 1986 zu erfüllen ist«. Der Auftrag sollte sich als schwieriger erweisen als gedacht. Gerät er ihm unter der Hand doch zur Analyse der Gegenwart unter Berücksichtigung der Sexualgeschichte der Menschheit.

> Das waren noch Zeiten, als die gewaltigen Kathedralen in den Himmel wuchsen. Als die Bastille gestürmt wurde. Als die Arbeiterbewegung um den Achtstundentag kämpfte. Merkwürdig nur, dass die Frauen in der Regel zu Hause blieben, wenn die Kampfhähne krähten. (…) Jetzt stehen wir da, ohne Helm und Schwert, auf der Höhe der Zeit, und fühlen uns leer, nicht wie traurige Helden, eher wie Clowns, deren Witze sich abgenützt haben.[164]

Was die Männer dringend lernen müssen, so resümiert Adolf Holl auch seine persönlichen Erfahrungen, ist eine Entgröberung des Begehrens, das ständig schwankt »zwischen extremer Geilheit und unerbittlichem Verzicht«.

So programmierbar, wie verträglich ausgemacht, ist schriftstellerische Arbeit aber doch nicht. Weder was das Verfassen noch was das Vertreiben anbelangt. Nach drei Monaten auf dem Markt sind im Juli 1985 erst magere 2447 Exemplare von *Mitleid im Winter* verkauft. Das Paar Santner-Cyrus / Holl macht sich Gedanken über die Gründe. Sie meint, dass die heutigen Leser seinen (spöttischen) Stil nicht mehr so mögen wie noch ein Jahrzehnt zuvor. Er denkt: »Die elektronische Revolution rationalisiert mich weg.«[165] Das war wieder vorausschauend gedacht. Vielleicht lag es aber einfach daran, dass sich die Leute nicht mit einem Gefühl auseinandersetzen wollten, das ihnen nicht half, in dem System zu bestehen, in dem sie sich zu bewähren hatten. Stachel in den Eingeweiden des Kapitalismus zu sein, ist in Zeiten der institutionalisierten Kritik (siehe Verwunderung über die Wirklichkeit, Anm. 156) nicht en vogue. Im Gegensatz zu so manchem Priester, der verschwiegen im Amt verblieb, obwohl er entweder nicht mehr zölibatär lebte oder nicht mehr an das glaubte, was er zelebrierte, hat Holl über seine Befindlichkeiten geredet – und wurde eliminiert. »Daran habe ich festzuhalten, das ist mein Dharma«[166], sinniert er im Gedenken an Frau Walch. Daher bleibt ihm nur, an der schriftstellerischen Schraube zu drehen. Er überlegt folgende Konsequenzen im Hinblick auf sein aktuelles Buch: »Eine klare These, ein verständlicher Aufbau, ein einfacher Stil.« Das Projekt kommt darüber ins Stocken. Es sollte bis in den Sommer 1990 dauern, bis das Buch das Licht des Ladens erblickte.

Ideen zu neuen Büchern hat Adolf Holl jede Menge: *Wünsche können nicht irren, Die kleinen Leute – eine Kulturgeschichte, Nein zum Kind?*. Viele seiner Ideen verfolgen ihn über längere Zeiträume. Oft sind es Bemerkungen von Menschen, die ihn anregen. Als er sich mit dem Tiefenpsychologen Hans Strotzka über seine Wunschträume von lieben Päpsten und Kardinälen unterhält, »die auf einen Wunsch, Kardinal zu werden, hindeuten«,[167] erwidert der Psychotherapeut nur trocken: Schade, dass sie kein Kardinal sind. Jahre später entsteht daraus das Buch *Falls ich Papst werden sollte* (1998). Im Gespräch mit jungen Historikern wird ihm bewusst, wie sehr er noch drinsteckt im Christlichen. Wie von fern her schallt via Diözesanblatt die Nachricht vom Tod des letzten Pfarrers, unter dem er gedient hat, in die Hardtgasse. Gebhard Müller war ein treuer Diener seines Herrn gewesen. Er starb in seiner Heimat Vorarlberg in einem Seniorenheim so, wie er gelebt hatte: ruhig, keusch, ergeben. Ihn fochten offenbar weder die Frauen noch Gedankenfreiheit an.

Die Aura des Priestertums ist und bleibt Teil des Erfolgs von Adolf Holl als Vortragendem, als Autor und besonders als Frauenversteher. Die Leute, zu denen er spricht, haben »keine Probleme, mich als Priester aufzufassen«.[168] Vor allem die Frauen wollen in ihm einen Asketen sehen – »und meine Funktion als Lustspender ist ihnen gleichgültig«.[169] Holls Bedürfnis nach innerem Frieden, »nach dem Verschwinden der Gegensätze, Risse, Spaltungen«, wird stärker.[170] Lange hat er sich als Kantengeher versucht, wollte das Unvereinbare in sich vereinen und wird sich immer deutlicher bewusst, dass sein Versuch, Kirche und Welt unter einen Hut zu bringen, unerfüllbar bleiben muss. Der Verlust der Glaubenswahrheiten hat ihm keinen Gewinn an Welthaltigkeit gebracht.»Was der aufgeklärte Blick entdeckt, ist nicht strahlendes Licht, sondern sind Machinationen.«[171] Nach der Entfremdung von der Kirche beginnen auch seine Gefühle für »den« Sozialismus nostalgisch zu werden. Als am 13. September 1986 dann noch sein Mittelsmann Heinz Knienieder stirbt, ist seine Entfernung von der Sozialdemokratie unaufhaltsam.

Diese hatte mit Bruno Kreiskys Abtritt als Kanzler ihren Zenit in Österreich weit überschritten. Eine neue Kraft war mit der Besetzung der Hainburger Au im Dezember 1984 entstanden: die Grünen. Verwundert beobachtet Holl die Verwandlung seines Freundes Günther Nenning in einen »Auhirschen«: »Warum wird ihm nicht fad?«, fragt er sich. Er selbst sitzt unter all den linken Intellektuellen im Café Gutruf »weltfremd, verwundert«, und denkt über die Wirklichkeit der Wirklichkeit nach.[172] Die Realität der Österreicher nimmt Mitte der Achtzigerjahre auch bizarre Züge an. Zuerst der Präsidentschaftswahlkampf vom Frühjahr 1986, aus dem Kurt Waldheim als Sieger hervorgeht, als Folge davon der Rücktritt von Bundeskanzler Sinowatz, danach die Wahl Jörg Haiders zum Parteiobmann der FPÖ und daraus resultierend die Nationalratswahl vom November 1986, nach der die beiden Verliererparteien SPÖ und ÖVP nach zwanzig Jahren wieder eine Koalition bilden. Mit Franz Vranitzky tritt der erste Regierungschef der Nachkriegszeit an, der die Mitverantwortung der Österreicher für die Schoah öffentlich einbekennen wird. Eine Konsequenz der Ereignisse des Jahres 1986.

Ebendiese finden keinerlei Niederschlag in Holls Journal. Bei ihm meldet sich das Schattensystem zu Wort: »Hitler sagt mir seine Telefonnummer – 63 13 29«.[173] Für die erste Wirklichkeit ist die Zahlenkombination aus dem Shade System leider unbrauchbar, sowohl als Anrufmöglichkeit als auch als Lottozahl. Was also damit machen? – wenn nicht ein Buch. *Braunau am Ganges* wird es heißen und stark verdichtet Holls Summa theologica enthalten. Bereits damals sieht er seine »Reduktion« jedoch »als Moment einer Entwicklung, von der ich ein Teil bin«.[174] Es bedurfte noch eines langen Nachdenkprozesses, um den Zusammenhang des Bedeutungsverlustes der christlichen Konfession mit den Konzentrationslagern zu Papier zu bringen, »so als ob die Hände, die sich auf meinen Kopf legten zur Priesterweihe, zu Skeletten geworden wären. Was für ein Abschied.«[175]

Anmerkungen

1 *Konvolut*, 13.2.1976.
2 s. *Konvolut*, 3.4.1976.
3 Adolf Holl: *Immer noch nicht ganz tot*. In: *profil*, Nr. 41, 5.10.1976.
4 Georges-Arthur Goldschmidt: *In Gegenwart des abwesenden Gottes*. Ammann Verlag, Zürich 2003, S. 39f.
5 *Konvolut*, 8.5.1976.
6 Zit. nach *Goldschmidt*, S. 52f.
7 *Mystik für Anfänger*. Libro Verlag, Wien 1999, S. 15.
8 Gespräch mit Adolf Holl und Inge Santner-Cyrus vom 3.1.2017.
9 *Goldschmidt*, S. 54.
10 Hermann Stöger: *Adolf H. und ein Kardinal*. In: *Kurier*, 27.2.1976.
11 *Suspendiertes Charisma*. In: *profil*, Nr. 10, 2.3.1976, S. 11f.
12 Staberl: *Das Geschwätz eines Herrn H*. In: *Kronen Zeitung*, 20.6.1975.
13 Leserbrief von Ordinariatskanzler Helmut Krätzl. In: *profil*, Nr. 14, 30.3.1976.
14 *profil*, 2.3.1976.
15 *Wie ich ein Priester wurde*, S. 39f.
16 Brief vom Dekan der Theologischen Fakultät Jacob Kremer an den Sektionschef Walter Brunner vom 26.6.1975. In: Universitätsarchiv.
17 Franz Ferdinand Wolf: *Teufel komm raus*. In: *Wochenpresse*, 3.3.1976.
18 *Konvolut*, 5.2.1976.
19 Ebd.
20 *Wo Gott wohnt*, S. 7.
21 Zit. nach einem Brief von Adolf Holl an Felix Berner vom 21.10.1976. In: DLA.
22 Edith Darnhofer: *Bestseller zahlt die Rebellion*. In: *Kurier*, 18.10.1976.
23 *Die zweite Wirklichkeit*, S. 7.
24 Das ist ein an die Gottesmutter gerichteter Gesang (Antiphon) in der Liturgie der katholischen Kirche.
25 *Konvolut*, 21.4.1975.
26 Besuch der Kirche von Innichen während des Skiurlaubs in Sexten, s. *Konvolut*, 24.3.1976.
27 *Konvolut*, 21.4.1975.
28 *Konvolut*, 4.8.1976.
29 Adolf Holl: *Können Priester fliegen? Plädoyer für den Wunderglauben*. Residenz Verlag, St. Pölten 2012, S. 9.
30 Dieses Zitat Ludwig Wittgensteins findet sich auch in *Mystik für Anfänger*, S. 38.
31 Blaise Pascal: *Größe und Elend des Menschen*. Insel Verlag, Frankfurt/Main 1979, S 71.
32 Adolf Holl: *Fragen, mit denen sich Professoren plagen*. In: *profil*, Nr. 36, 31.8.1976.
33 Ebd.
34 *Konvolut*, 4.8.1976.
35 Brief von Felix Berner an Adolf Holl vom 23.1.1976. In: DLA.
36 Notiz vom 1.3.1976. In: Diözesanarchiv.
37 *Konvolut*, 3.2.1977.
38 Ebd.
39 *Konvolut*, 3.3.1977.
40 *Konvolut*, 3.3.1977.
41 Adolf Holl: *Ein Diakon für Washington*. In: *profil*, Nr. 7, 15.2.1977.
42 *Konvolut*, 9.7.1977.
43 Ebd.

44 Ebd.
45 *Konvolut*, 12.7.1977.
46 *Konvolut*, 9.7.1977.
47 Franz Marek: *Beruf und Berufung Kommunist. Lebenserinnerungen und Schlüsseltexte.* Mandelbaum Verlag, Wien 2017, S. 206.
48 *Mystik für Anfänger*, S. 11.
49 Ebd., S. 33.
50 Ebd., S. 172. Seit die Medien Instrumente der Herrschaftsgesinnung geworden sind, haben sie ein – nicht nur finanzielles – Problem.
51 Die Serie erstreckte sich über die Nummern 20–22/1977 des *profil*.
52 Adolf Holl: *Traditionell gottlos*. In: *profil*, Nr. 20, 17.5.1977.
53 Norbert Leser: *Gott ist auch in Österreich nicht tot*. In: *profil*, Nr. 24, 14.6.1977.
54 Anton Pelinka: *Mystik für Häretiker*. In: *profil*, Nr. 23, 7.6.1977.
55 Postkarte von Adolf Holl an die DVA vom 12.9.1977. In: DLA.
56 Verlagsnotiz von Felix Berner am 22.12.1977. In: DLA.
57 Kassette Z-IX-0196-132 im ORF-Archiv.
58 Diesen Brief zeigte Franz Kreuzer der Sendungsgestalterin Trautl Brandstaller. In: Gespräch mit Trautl Brandstaller vom 19.7.2016.
59 Peter Huemer: *Gastgeber im Club 2*. In: *Wespennest Sondernummer Adolf Holl*, S. 63–65, S. 64.
60 *Immer ein Seiltanz*. In: *Der Spiegel*, Nr. 20, 17.5.1982.
61 Peter Huemer: *Gastgeber*, S. 64.
62 Ö1-Sendung *Diagonal* vom 29.11.2011. Eine Collage von Gudrun Braunsperger.
63 Gespräch mit Peter Henisch am 15.9.2016.
64 Kassette Z-IX-0237-220 im ORF-Archiv.
65 Peter Huemer, *Gastgeber*, S. 63.
66 *Die Reformation des Club-Leiters Holl*. In: *Kurier*, 31.12.1983.
67 Ebd., S. 64.
68 Ebd., S. 65.
69 Brief von Adolf Holl an Felix Berner vom 22.12.1977. In: DLA.
70 Hans Peter Duerr: *Traumzeit. Über die Grenze zwischen Wildnis und Zivilisation*. Syndikat Verlag, Frankfurt/Main 1978.
71 *Konvolut*, 28.8.1979.
72 *Holl-Brevier*, S. 45f.
73 Ebd., S. 49.
74 *Wie ich ein Priester wurde*, S. 144.
75 In Hugo von Hofmannsthals Gedicht *Manche freilich* heißt es: »Ganz vergessener Völker Müdigkeiten / Kann ich nicht abtun von meinen Lidern, / Noch weghalten von der erschrockenen Seele / Stummes Niederfallen ferner Sterne.«
76 *Wie ich ein Priester wurde*, S. 145.
77 Zit. nach *Goldschmidt*, S. 58.
78 *Holl-Brevier*, S. 67.
79 Ebd., S. 68.
80 Ö1-Sendung *Diagonal* vom 29.11.2011.
81 Peter Huemer: *Gastgeber*, S. 65.
82 Ebd.
83 Ö1-Sendung *Diagonal* vom 29.11.2011.
84 *Konvolut*, 10.1.1978.
85 *Konvolut*, 13.9.1978.
86 *Konvolut*, 22.10.1978.

87 Adolf Holl: *Falls ich Papst werden wollte.* List Verlag, München 1998.
88 Adolf Holl: *Lieber Papst.* Ullstein Verlag, Berlin 1983.
89 Ebd., S. 12.
90 *Konvolut*, 19.2.1979.
91 Verlagsnotiz. In: DLA.
92 Brief von Adolf Holl an Rudolf Augstein vom 18.6.1979. In: DLA.
93 Manfred Müller: *Lustgefühle ganz eigener Art.* In: *Der Spiegel*, Nr. 44, 29.10.1979.
94 s. *Holl-Brevier*, S. 17.
95 Adolf Holl: *Wie gründe ich eine Religion.* Residenz Verlag, St. Pölten 2009.
96 *Konvolut*, 12.2.1979.
97 Interview mit Günter Kaindlstorfer. In: *Falter*, 20.8.1993.
98 Karin Peschka: *Der letzte Christ.* ORF-Artikel vom 5.4.2010: http://oe1.orf.at/artikel/231033.
99 *Lieber Papst*, S. 14.
100 *Konvolut*, 5.11.1979.
101 Adolf Holl: *Lieber Papst.* In: *Lui* (München) Nr. 12/1979.
102 Hans Werner Scheidl und Ironimus: *Der wahre Kreisky.* Amalthea Verlag, Wien 2010.
103 Gespräch mit Adolf Holl und Inge Santner-Cyrus am 16.12.2016.
104 s. Anton Pelinka: *Die Studentenbewegung der sechziger Jahre in Österreich.* In: *Forum Politische Bildung* (Hrsg.): *Wendepunkte und Kontinuitäten.* StudienVerlag, Innsbruck 1998, S. 148–157.
105 *Konvolut*, 28.7.1979.
106 *Religionen*, S. 10.
107 s. *Religionen*, S. 10.
108 Nachwort von Adolf Holl. In: *Die zweite Wirklichkeit*, S. 250.
109 Bericht über eine Begegnung von Adolf Holl mit der »Solidaritätsgruppe engagierter Christen« (SOG). In: *Kleine Zeitung*, 12.4.1981.
110 *Religionen*, S. 9.
111 *Die zweite Wirklichkeit*, S. 7.
112 *Religionen*, S. 9.
113 *Konvolut*, 29.9.1981.
114 *Konvolut*, 15.12.1981.
115 Felicitas D. Goodman: *Der Hauch im Spiegel. Geschichten von der anderen Wirklichkeit.* In: *Die zweite Wirklichkeit*, S. 109–123, S. 111.
116 Ebd., S. 112.
117 Ebd., S. 110.
118 Ebd., S. 111.
119 *Religionen*, S. 11.
120 Adolf Holl: *Wie gründe ich eine Religion.* Residenz Verlag, St. Pölten 2009, S. 11.
121 Adolf Holl: *Brief an die gottlosen Frauen.* Zsolnay Verlag, Wien 2002.
122 Ebd., S. 86.
123 Ebd., S. 96.
124 Ebd., S. 91.
125 *Konvolut*, 15.2.1982.
126 *Konvolut*, 27.4.1981 sowie 5.4.1982.
127 Zit. nach *Mitleid im Winter*, S. 76.
128 *Konvolut*, 20.5.1983.
129 *Konvolut*, 14.5.1983.
130 *Konvolut*, 25.6.1983.
131 *Konvolut*, 23.11.1981.

132 *Konvolut*, 4.3.1982.
133 *Konvolut*, 17.3.1982.
134 *Konvolut*, 10.9.1982.
135 *Konvolut*, 7.5.1980.
136 *Religionen*, S. 60.
137 Ebd.
138 s. Elias Canetti: *Masse und Macht*. Fischer Verlag, Frankfurt/Main 1986, S. 172f.
139 *Religionen*, S. 61.
140 *Mitleid im Winter*, S. 47.
141 *Konvolut*, 4.8.1982.
142 *Konvolut*, 9.8.1982.
143 *Konvolut*, 4.8.1982.
144 *Konvolut*, 22.1.1981.
145 Max Horkheimer, Theodor W. Adorno: *Dialektik der Aufklärung*. Darin wird die neuzeitliche Mitleidsmoral als Werk der »Lakaien des Bürgertums« genannt. Zit. nach *Mitleid im Winter*, S. 37.
146 s. *Mitleid im Winter*, S. 37.
147 *Konvolut*, 2.8.1979.
148 *Konvolut*, 28.7.1979.
149 *Konvolut*, 9.8.1982.
150 *Konvolut*, 9.8.1982.
151 *Konvolut*, 28.7.1982.
152 ORF-Interview mit Günther Nenning, 15.6.1975.
153 Radikalität im Heiligenschein, S. 59.
154 Ebd., S. 61.
155 Heimito von Doderer: *Die Dämonen*. Biederstein Verlag, München 1956, S. 566.
156 *Konvolut*, 10.3.1984.
157 *Konvolut*, 28.4.1984.
158 *Konvolut*, 10.10.1984.
159 Jean Paul: *Werke. Band 1*. Tempel Klassiker, Emil Vollmer Verlag, Wiesbaden o. J., S. 892.
160 Ebd., S. 894.
161 *Konvolut*, 24.12.1984.
162 Beiblatt mit Aphorismen im *Konvolut* im Februar 1985.
163 *Konvolut*, 21.12.1984.
164 *Fisch aus der Tiefe*, S. 184.
165 *Konvolut*, 22.7.1985.
166 *Konvolut*, 2.8.1985.
167 *Konvolut*, 14.11.1985.
168 *Konvolut*, 15.7.1985.
169 *Konvolut*, 2.12.1985.
170 *Konvolut*, 10.3.1986.
171 *Konvolut*, 13.3.1987.
172 *Konvolut*, 1.10.1985
173 *Konvolut*, 4.3.1988
174 *Konvolut*, 28.9.1988.
175 Ebd.

Etablierung

Warten mit Wehmut

Das wilde Vierteljahrhundert war vorüber. Die österreichische Politik kehrte zum Bewährten der Nachkriegsordnung zurück, die heimische Kirche machte eine Rolle rückwärts zu vorkonziliaren Verhältnissen. Im September 1985 war Kardinal Königs Rücktrittsgesuch angenommen worden und nach einer einjährigen Sedisvakanz nahm Hans Hermann Groer auf dem Wiener Bischofsstuhl Platz. Ihm wurde als Mann fürs Grobe der in Regensburg lehrende Theologe Kurt Krenn als Weihbischof beigesellt. Der *Zeit* vertraute Adolf Holl an, dafür nur noch »schallendes Gelächter« übrig zu haben.[1] Entgegen der medialen Wahrnehmung ist er an kirchenpolitischen Vorgängen kaum mehr interessiert. Er gibt zwar gerne Interviews, aber weniger, weil er das dringliche Bedürfnis hat einzugreifen, als um im Gespräch zu bleiben. Das wird im weiteren Verlauf seines Lebens so bleiben.

Zur Zeit der von heftigen Protesten begleiteten Bischofsweihe Kurt Krenns erscheint das von Holl herausgegebene Buch über *Die zweite Wirklichkeit*. Die New-Age-Bewegung war gerade dabei, die von den konfessionellen Religionen kaum mehr befriedigten spirituellen Bedürfnisse des modernen Menschen zu bedienen.

Für mich ist das eine Revolte der dressierten Körper und Seelen gegen unsere Industriekultur. Die Leute schaffen ihren eigenen Raum, in den ihnen niemand von draußen dreinreden kann. Kein Staat, kein Lehrer, kein Pfarrer. Was hier passiert, ist die Vorbereitung einer Generation auf eine Zeit, in der es nur noch wenig Arbeit geben wird.[2]

Wieder einmal weitblickende Worte. An diesem eigenen, in gewisser Weise anarchischen Raum wurde damals gerade heftig gebastelt: Das Internet wurde kommerzialisiert und verbreitete sich in der Folge rasant über den Globus. Holl erkennt, dass etliche Jahrhunderte später, als von Joachim von Fiore vorhergesagt, das Ende der Neuzeit gekommen ist. Seit dem Fall der Berliner Mauer, so Holl 1997 in seiner Bilanz der Saison, scheint die Menschheit hauptsächlich mit dem Betrieb von Rechenautomaten beschäftigt.[3] Heidegger war tot und ließ Holl herzlich grüßen. Für die kommende Generation werden die Rechenmaschinen zur »zweiten Wirklichkeit«. Holl selbst wird die digitale Revolution fremd bleiben. Er wünscht sich mehr denn je eine Versöhnung mit dem katholischen Erbe. Als er das von Kardinal König im Salzburger Dom zelebrierte Requiem für Herbert von Karajan im Fernsehen ansieht, denkt er: »Schön wär's, diese Stimmen mit den meinigen versöhnen zu können.«[4] Sei vorsichtig mit deinen Wünschen, sie könnten in Erfüllung gehen.

Mit einer symbolischen Geste, die um die Welt ging, durchtrennten der ungarische und der österreichische Außenminister, Gyula Horn und Alois Mock, am 27. Juni 1989 den Eisernen Vorhang. Ein Pyrrhussieg für den hinter dicken Mauern thronenden Herrscher im Vatikan. Denn analog zur Deplausibilisierung der kommunistischen Lehren schritt auch jene der katholischen fort. »Gesamtkulturell akzeptierte Glaubensgestalten beruhen«, so reflektiert Holl, »nicht auf Wahrheit (im Sinn des überprüfbaren Zutreffens von Sachverhalten), sondern auf einem Schwung (Elan), der zu ergreifen vermag.«[5] Dieser Elan war nach der Implosion der Nachkriegsordnung sowohl in Moskau als auch in Rom perdu. Es hätte der vatikanischen Kehrtwende also gar nicht bedurft, um einerseits Trabis aus der DDR und andererseits die österreichischen Trabanten des Vatikans auf Trab zu bringen.

Was bleibt also? Das Karsamstags-Feeling. Im weltgeschichtlich bedeutsamen Sommer 1989 weilt der expatriierte Schriftsteller Frederic Morton wieder einmal in seiner Heimatstadt Wien. Er erzählt Adolf Holl von seiner Kindheit in Hernals, als sein Vater Samstagmittag das Rollpult schloss und der Sabbat begann. Im Straßenlärm von Manhattan gab es keinen Sabbat mehr. »Um etwas vom Samstagsfrieden zu erhaschen, muss Fred in seine Kindheit zurück.«[6] Das verbindet ihn jetzt mit Holl. »Am Karsamstag rastet der tote Gott im Grab …

Tagsüber schaut es am Karsamstag in den Kirchen so aus wie in meiner Seele«[7], schildert Holl, und weiter:

> Die alten frommen Bilder werden mit violetten Tüchern bedeckt, und sogar das Kreuz wird verhüllt. Das Verhängen der tröstlichen Bilder aus der religiösen Epoche der Menschheit geschieht ... unerbittlich. Zuletzt ... verstummen auch die Gebete. In dieser Stille zwischen Bangigkeit und Zuversicht, während draußen die Vögel singen und der Heiland im Grab liegt, bereitet sich eine Entscheidung vor. Wie sie ausfällt, kann man nicht wissen.[8]

Morton wünscht sich von seinem Freund Holl ein Buch über dessen religiösen Weg. Als Titel fällt Holl dazu ein: das ewige Licht. Seine Autobiografie, aus der obige Passage entnommen ist, wird drei Jahre später unter einem weniger frommen Titel erscheinen. Am Schluss dieses Buches wischt sich Holl die Tränen über den verlorenen Glauben aus den Augen und tritt aus der Kirche ins Freie. Eine Karsamstags-Situation. Noch 1998 kommt er in der Radiosendung *Menschenbilder* darauf zu sprechen. Darin bekennt er sich zu einer »Theologie des Wartens« und fühlt sich damit Samuel Beckett verwandt.

> Gott ist tot, das entspricht ja so einigermaßen der Zuständlichkeit, zumindest in den europäischen Industrieländern. Jetzt liegt er im Grab und es ist eigentlich ein Tag ohne Gottesdienst. (...) Der Karsamstag ist aliturgisch, da gibt's keine Liturgie, da wird nichts gebetet, nichts gesungen, da wird kein Zeremonial gemacht, nur der tote Gott liegt im Grab, ein paar Kerzerln brennen und dann ist gar nichts, dann wartest du auf etwas.[9]

Aber es kommt nichts. Irgendwann hat Adolf Holl auch aufgehört zu warten. Bis heute geblieben ist die Wehmut. Los lässt ihn die grandiose Kathedrale des Glaubens nicht, auch wenn er nicht mehr an ihrem Altar, sondern draußen steht.

Seit 1984 korrespondiert Adolf Holl mit dem Grazer Rechtsphilosophen und areligiösen Metaphysiker Peter Strasser. Sie schicken einander ihre Artikel für diverse Zeitschriften wie *Transit*, *TransAtlantik* oder das *Kursbuch* und diskutieren »in an old fashioned way« darüber. Anlässlich eines Essays von Strasser über Peter Handkes *Spiel vom Fragen oder Die Reise zum sonoren Land* machen sie sich Gedanken über das »Verschwinden der Transzendenz«.[10] Holl konstatiert ein ungeheuerliches Befremden zwischen dem heutigen Menschen und der gesamten vorkapitalistischen Menschheit: »Im Grunde müssen wir sie für beschränkt (abergläubisch, fromm, irgendwie wild beziehungsweise verrückt etc.) halten«. Das widerstrebt ihm. Dass von dem reich ausgestatteten Glaubensgebäude, in dem er einst wohnte, so wenig übrig geblieben sei, betrachtet er als beschämend. Nach Strassers Antwortschreiben, in dem er Holls »intentio pura« als »Verlangen nach dem, was nicht Gegenstand eines Verlangens werden kann«, bezeichnet, gesteht ihm Holl, dass er immer noch nicht weiß, »wie ich mich zu meiner gläubigen Vergangenheit verhalten soll«.[11]

Als Holl einmal auf die Fertigstellung des Service für sein Auto warten muss, macht er einen Sprung in die Kirche am Keplerplatz. Fremdheitsgefühl. Er erinnert sich nicht einmal mehr an das Hochaltarbild. Wie aus einem früheren Leben. Und doch, so schreibt er Peter Strasser, rührt ihn immer noch eine Stelle aus Plotin, die er einmal in einer Vorlesung von Leo Gabriel gehört hat: »Immer wieder, wenn ich aus dem Leib aufwache in mich selbst, lasse ich das andere hinter mir und trete ein in mein Selbst.« Immer noch träumt er von der »Coincidentia oppositorum«.[12] Nach irdischen Maßstäben wäre es vernünftiger, ein Puff aufzumachen als Seelsorge zu betreiben. Immer wieder kommt Holl das Gedicht *fia n schdeffan bral mein freind* von H. C. Artmann in den Sinn: »Wos nutzt da scho dei neicha boasalino / wea schdet dn scho auf dei intelegenz / wos fiar r an rewach host den scho / fon deina freindlechkeit geng damen / oede leid und inwalidn ..? / s gibt ka gerechtechkeid / und undaunk is da wödlaun!«[13]

Ob diese Freundlichkeit allein mit Rechtsnormen in eine säkulare Welt zu retten ist? Peter Strasser besteht gegenüber Holl »auf einem ›religiösen Empfinden‹ ohne Gott und Kirche«.[14] Daraus zieht Holl den Schluss, dass »alles Gedachte inklusive Augustinus und Thomas von Aquin, auch alles Gestaltete (zum Beispiel die lateinische Messe) kontingent ist«.[15] Eine Entlastung für seine geschundene Seele, da er sich keine Vorwürfe mehr machen muss über seinen »Verrat« an den Altvorderen. Bleibt bloß die Frage, ob das religiöse Empfinden eine menschliche Konstante ist?

Als Tier, das betet, definiert der *Zeit*-Journalist Jan Roß den Menschen.

Religion gehört zum Kernbestand des Humanen und des Zivilisationsprozesses, sie ist eine Errungenschaft wie der aufrechte Gang, der Gebrauch von Feuer und Werkzeug, wie Sprache, Schrift und kulturelles Gedächtnis.[16]

Kurzum: Religion als ein (notwendiger) Schritt in der Evolution. Tatsächlich hat jegliche Kultur eine religiöse Komponente, sie beginnt mit dem Totenkult. Das Gedachte mag ja der Möglichkeit der Falsifikation unterliegen, Wünsche aber können nicht irren. Der Wunsch nach Göttern scheint etwas Stabiles in der Menschheitsgeschichte. Dass sich dieser Wunsch allmählich auflöst im Lichte der Aufklärung, wie von Diderot über Marx bis Freud alle Atheisten dachten, ist inzwischen ebenso unwahrscheinlich wie die Wiederkunft Christi. Für Jan Roß wäre ein Verzicht auf die Suche nach dem Absoluten auch nicht wünschenswert, sondern ein »Triumph der Banalität«.[17]

Was aber, wenn sich die Banalität in die Religion selbst einschleicht, »wenn Religion süß wird, brav und fromm«, mit einem Wort schal? In einer pointierten Rezension von Holls schriftstellerischem Abstieg in den *Keller des Heiligtums* schreibt Günther Nenning vom »Biedersinn der landläufigen kirchlichen Religiosität«, von »der Gemütlichkeit der Pfarrhofjause«[18], die Holl hinabsteigen lässt in die dunklen Gefilde des nichtinstitutionalisierten religiösen Empfindens, dort wo der Sprengstoff der Ketzer gelagert wird. »Der tiefe Keller ist die Zuflucht vor dem Schrecken der Oberfläche, wo wir hungern und dürsten nach Sinn.«[19] Dort waltet offenbar »die linke Hand Gottes«. Als solche bezeichnet sich im Sommer 1988 ein Bekannter Holls. Drei Jahre später wird eine Buchidee daraus: *Der Heilige Geist. Eine Biografie*.[20] Noch schreibt er zu diesem Zeitpunkt allerdings an seiner Autobiografie, die im Sommer 1992 erscheint. Damit waren in zwei Jahren vier Bücher, auf denen sein Name prangt, in den Buchhandel gelangt.

Vom Wehen des Geistes

Der Geist weht, wo er will – nicht selten der Kirche mitten ins Gesicht. Die dritte Gottesperson ist ein eigenwilliger Geselle. In den Vorstandsetagen der Konzerne ist er nicht anzutreffen, auch in Intellektuellenzirkeln hält er sich kaum auf, dafür umschwirrt er ganz einfache Leute, »Andersbegabte«, Sonderlinge, Kantengeher, gern auch Frauen. Denen erscheint er dann kaum als Taube, eher als Flugsaurier. Der Heilige Geist, so wird Konrad Paul Liessmann in seiner Besprechung über Holls Biografie schreiben, »trieb sich auch lieber unter halbverrückten Nonnen herum, unter augenrollenden Wahrsagern, Wüstenexistenzen, Waldmenschen, man findet ihn eher am Rande der Welt, nicht im Zentrum der Macht«.[21]

An den »Pfingstlern« aller Art findet Holl schon lange Gefallen. Anfang der Neunzigerjahre durchkämmt er die abendländische Geistesgeschichte nach den »Geistbegabten«. Neuerlich zeichnet sich eine Trendwende bei ihm ab:

> Ich bin seit ca. 25 Jahren mit dem Prozess gegangen, und damit gegen die Kirche. Jetzt beginne ich innezuhalten (»Nullpunkt«). Mit dem Prozess gehe ich nicht mehr. Am Ende gar gegen ihn?[22]

Mit dem »Prozess« meint Holl den geistigen Trend einer Ära. Die Nachkriegsepoche stand im Zeichen einer Neuevangelisierung nach dem Neuheidentum des Dritten Reichs. Holl wurde Priester. Als in den Sechzigerjahren die Modefarbe von Schwarz auf Rot wechselte, wurde er zum Soziologen. Nach der Wende verflüchtigte sich der Geist – man weiß nicht wohin. Holl steht verwaist da. Und macht sich gemeinsam mit der reisefreudigen Inge Santner-Cyrus auf die Suche.

Im Herbst 1992 findet er die Spuren einstiger Geistesgröße in Burgund: »Beim Anschauen der romanischen Sachen wird ein Schwung spürbar, demgegenüber das Heutige vergreist wirkt – überreizt und übermüdet.«[23] Ein Brand auf der Babenbergerburg in Gars am Kamp löst bei ihm erstmals ein positives Österreich-Gefühl aus. Er empfindet Wärme beim Gedanken an die lange Kontinuität. Im *Spiegel* liest er einen Artikel über »den Fall Christa Wolf«, also darüber, dass die DDR-Autorin eine Zeit lang als »IM Margarete« für die Stasi gearbeitet hatte.[24] Am Beginn ihres 1976 erschienenen Romans *Kindheitsmuster* hatte sie geschrieben: »Das Vergangene ist nicht tot; es ist nicht einmal vergangen. Wir trennen es von uns ab und stellen uns fremd.« Das Fremdeln der (eigenen) Vergangenheit gegenüber kann Holl gut nachvollziehen. Er will sie aber nicht abtrennen, sondern in die Gegenwart integrieren.

Wie präsent die Vergangenheit sein kann, erfährt Holl wieder einmal in Warmbad Villach. Als er in der Pfarrkirche des Grenzorts Thörl-Maglern die Fresken anschaut, stützt er sich mit der rechten Hand am Altar ab: »Sofort erwachte der Priester in mir.«[25] Ein handfester Beweis dafür, dass keine Zeit vergangen ist in jenen Räumen, die er von sich abgetrennt hat, wie er im Tagebuch festhält. In der Stadtpfarrkirche von Sibiu (Hermannstadt) wiederum entdeckt er im Altarraum ein Fresko, auf dem ein Christus hinter Gittern dargestellt ist. Ihm fällt dazu ein: »Der ohnmächtige Gott.«[26] Ähnlich hilflos erscheinen Holl angesichts der rumänischen Wirklichkeit die Sozialwissenschaften. Er sieht es als ziemliche Blamage an, dass sie nicht in der Lage waren, »irgendeine Auskunft über den Zustand der kommunistischen Welthälfte von prognostischem Wert« zu geben. Inzwischen schätzt er sich glücklich, nicht in den geistvertreibenden Universitätsbetrieb eingegliedert worden zu sein.

In Würzburg trifft Holl auf einen Benediktiner, der so etwas wie »Zen-Messen« feiert. Die Liturgie findet in einem Meditationszentrum vor einem niedrigen Tischchen statt. Ähnlich wie der berühmte Trappist Thomas Merton (1915–1968)[27] versteht sich der deutsche Ordensmann als Querverbinder von Christentum und Buddhismus. »Könnte so die religiöse Zukunft ausschauen?«, fragt sich Holl.[28] Was heute längst State of the Art ist, hat sich damals angekündigt: die totale Vernetzung von Telefon, Fernseher, Computer. »Der Unterschied zwischen Wirklichkeit und Wahrheit verschwimmt immer mehr … Alles ist gleich nah und gleich fern.«[29] Es wird schwer für den Geist, sich Gehör zu verschaffen; was aber nicht der Grund dafür ist, weshalb Holls Projekt mit dem Heiligen Geist nicht so richtig in Schwung kommen will. Vielmehr hat es den Anschein, als ließe sich das Luftwesen ungern festhalten beziehungsweise zwischen zwei Buchdeckel bannen. Er selbst führt die Blockade auf seine fehlende Einstellung zum Gegenstand der Betrachtung zurück – und hofft in der weiten Ferne auf Inspiration.

Inge Santner-Cyrus schlägt Indonesien als nächstes Reiseziel vor. Was die beiden dort erleben, ist allerdings ernüchternd. »Das Begräbnisfest im Torodja-Land: eine mehr oder weniger gemütliche Zusammenkunft bäuerlicher Menschen, mit Büffel-Schlachtungen und Fleisch-Versteigerung.«[30] Holl zweifelt an der Transzendenzverankerung vormoderner Kulturen. Möglicherweise unterscheiden sie sich darin aber gar nicht von der europäischen Reisegruppe, mit der das Paar unterwegs ist. Denn auch der ist in erster Linie an einem langen und gesunden Leben gelegen. »War den Leuten das Höhere immer schon wurscht?«[31] Fazit aus Ostasien: eine höhere Wertschätzung der Segnungen der westlichen Zivilisation. Denn, wie er seinem Freund Peter Strasser berichtet, »ist das Befremden über die religiöse Verwahrlosung unserer Umgebung, über ihre Immanenz-Verfallenheit gar kein Gegenwartsproblem«.[32] Wo also suchen nach dem Heiligen Geist?

Gegen Ende des Jahres beginnt Holl mit einer Recherche über die Pfingstbewegung. Sie wird ein Anfangskapitel seines Buches über *Die linke Hand Gottes* ausfüllen. Er kehrt nach dem Reisejahr vorerst einmal an seinen Schreibtisch zurück. Das Jahr 1994 geht ohne besondere Vorkommnisse à la recherche du l'esprit perdu vorüber. Im Sommer stockt die Arbeit bei folgendem Gedanken: »Dass die Teufel (die Dämonen) aus der Welt verschwunden sind, macht mir keine Sorgen. Das Verschwinden Gottes (der Engel) schon.«[33] Das Problem erledigte sich insofern, als sich die Dämonen 1995 wieder blicken ließen – und zwar mitten auf dem Stephansplatz. Davor kommt es zum Fest von Mariä Empfängnis nach langen Jahren zur Wiederbegegnung mit Kardinal König und Weihbischof Krätzl – »ausgerechnet beim Heurigen«, wie Holl notiert. Es scheint beiderseits Freude darüber zu herrschen. »Ist alles in Butter?«,[34] fragt sich Holl. Das wohl nicht, aber die freundlichen Worte, die man tauscht, sind Zeichen des gegenseitigen Respekts vor der Haltung des anderen. Dass sich die Engel seit seinem Ausscheiden aus der Diözese zurückgezogen und den Dämonen Raum gegeben haben, ist auch dem Altkardinal bewusst.

»Die Dämonen waren keineswegs untätig geblieben«, so liest man's dann in Holls Biografie des Heiligen Geistes.[35] Ende März 1995 erscheint im Magazin *profil* ein Artikel, in dem Zögling Josef Hartmann seinem ehemaligen Lehrer Hans Hermann Groër vorwirft, ihn sexuell missbraucht zu haben. Adolf Holl ist im medialen Dauereinsatz. Er gibt ein Interview nach dem anderen, unter anderem *News*, der *Zeit im Bild 2*, der *Wiener Zeitung* und schreibt selbst einen zusammenfassenden Beitrag über die *Affäre Groër* für den *Spiegel*.[36] Der keineswegs einige österreichische Episkopat versuchte erst einmal, in katholischer Manier die Sache auszusitzen, und wählt den Wiener Kardinal Anfang April neuerlich zu seinem Vorsitzenden. Doch es melden sich immer mehr ehemalige Schüler des Hollabrunner Knabenseminars mit Details zu Hans Hermann Groërs Untergriffen. So blieb dem schweigenden Kardinal nichts anderes übrig, als den Vorsitz an Bischof Johann Weber abzugeben. Auch der Vatikan hatte Handlungsbedarf: Er stellte dem Wiener Kardinal mit Christoph Schönborn einen »Erzbischof-Koadjutor« zur Seite, der dann im September den Bischofssitz ganz von ihm übernahm. »Groërs Endspiel ist auch das des barocken Katholizismus in Österreich«, kommentierte Holl.[37] Die Dämonen der Gegenreformation wurden ausgetrieben aus der katholischen Kirche Österreichs. Was nicht unbedingt heißt, dass der Heilige Geist Einzug hielt. Vielmehr kehrte Ruhe ein. Laut Kierkegaard ist das Christentum des Neuen Testaments aber gerade Unruhe, wie Holl in seinem Tagebuch vermerkt.[38]

Inzwischen sind die ersten drei Kapitel seiner Biografie des Heiligen Geistes fertig. Richtig glücklich ist er nicht damit. »Ob ich nur in der Asche herumstochere, ohne den verborgenen Glutkern freizulegen?«, fragt er sich.[39] Vergnüglich findet hingegen der deutsche Autor Johannes Thiele das Manuskript. Er ist zu Besuch in Wien und überredet Holl, mit ihm zum List Verlag zu wechseln. Die Zweifel bezüglich des Textes halten aber über seinen 65. Geburtstag hinaus an – und werden befeuert durch die Lektüre des 1992 erschienenen Buches von Francis Fukuyama über das Ende der Geschichte.

> Wir können uns heute nur schwer eine Welt vorstellen, die von Grund auf besser ist als die, in der wir leben, oder uns eine Zukunft ausmalen, die nicht demokratisch und kapitalistisch geprägt ist. (…) Wenn das stimmt, dann leben wir am Beginn des Tausendjährigen Reiches.[40]

Nicht im Sinne Hitlers, sondern Joachim von Fiores. Ist der Heilige Geist nun allgegenwärtig oder hat er abgedankt? Im Grunde, so denkt Holl, könnte ich mir die Mühe sparen, nach den Spuren der dritten Gottesperson in den Jahrhunderten nach der Entdeckung Amerikas zu suchen. Er wird es nicht tun, sondern bis hinauf zu Nietzsche, Lou Andreas-Salomé, Freud und insbesondere James Joyce nach dem Unruhestifter forschen. Im *Ulysses* entdeckt er eine Sakralisierung banaler Vorkommnisse. Momentaufnahmen aus dem täglichen Leben konnten in dem Roman plötzlich in eine spirituelle Offenbarung umschlagen, »eine profane Erleuchtung, die weder religiös noch ästhetisch kodiert werden durfte und aus der künstlerischen Inspiration ihre Nahrung bezog«.[41] Joyce stellte seine Kunst in den Dienst der Gewöhnlichkeit, konstatiert Holl.

Hatte sich Richard Wagner noch mit der Sakralisierung des Profanen abgemüht (Stichwort *Parsifal*) und die Inszenierung der Nürnberger Reichsparteitage grundgelegt, so setzte Joyce schriftstellerisch um, was Marcel Duchamps mit seinem *Fountain* von 1917 in die Kunst eingeführt hatte: die Auratisierung des Trivialen. Ein Versuch der Moderne, den Menschen das verloren gegangene Erhabene zurückzugeben, oder wie Joyce sagte: dem Brot des alltäglichen Lebens zu einer dauerhaften Gestalt verhelfen. »Glaubst du nicht, meinte er listig zu seinem Bruder Stanislaus, dass zwischen dem Wandlungsgeschehen der Messe und meiner Arbeit eine gewisse Ähnlichkeit besteht?«[42] Kann sein. Die Entwicklung zur »Kunstreligion« hatte sich schon lange abgezeichnet.

> Die Geschichte des Christentums in der europäischen Neuzeit ist eine Geschichte des Niedergangs, der Schrumpfung und des Bedeutungsverlusts. Bestenfalls der Privatisierung und Moralisierung, der Verwandlung in ein zahmes Haustier des Gefühlslebens.[43]

Holl spricht in diesen Jahren des Öfteren davon, dass die christliche Religion partikulär geworden ist. Darunter leidet er schon lange. Hatte er sich doch zur Überwindung seines Status als Sonderling einer geschichtlichen Kraft angeschlossen – zuerst der katholischen Kirche, dann dem Sozialismus. Inzwischen waren beide partikulär und er stand erneut als Außenseiter da. Jesuanisch war der Anspruch, Weltgeltung zu erlangen, allerdings von Vornherein nicht. Im Anschluss an die Seligpreisungen, in denen Jesus seinen Jüngern unter anderem klarmacht, dass sie ziemliche Outcasts sein werden (Selig seid ihr, wenn ihr um meinetwillen beschimpft und verfolgt und auf alle mögliche Weise verleumdet werdet, Mt 5,11), erteilt er ihnen den Auftrag: »Ihr seid das Salz der Erde« (Mt 5,13). Das heißt doch, dass sie die Avantgarde sein sollen, nicht brave Bürgersleute. Und dass Partikularität ein Prinzip des Christentums ist. Der Gegensatz zur Welt gehört wohl zum genetischen Code jeder Religion.

Es muss heute genügen, schreibt Holl an Strasser, »Spuren von Transzendenz in einem literarischen Text, in musikalischen, künstlerischen Gestaltungen« zu finden.[44] Im Zuge seiner Arbeit an der Biografie des Heiligen Geistes dämmert ihm allmählich, dass die Kunstreligion aber kein Ersatz ist. Wegen des abwesenden Heiligen Geistes? Den entscheidenden Hinweis aus der abendländischen Geistesgeschichte hatte Peter Strasser bereits am Karsamstag 1992 geliefert, als er seinem Freund Holl – von Wittgenstein erzählend – darauf aufmerksam machte, »dass der religiöse Anspruch die Forderung enthält, sein Leben zu ändern«[45] – oder die Richtung des Lebens. Das kann und will die Kunst nicht. Holls Buch über Gottes Geist endet mit der Schilderung von James Joyce' Feier des ersten gedruckten Exemplars seines *Ulysses*. Und der Einsicht: »Der Heilige Geist hatte es vorgezogen, diesmal auf ein persönliches Erscheinen zu verzichten.«[46] Warum? Die Antwort darauf gibt er sich bei Erscheinen seines Buches über Gottes linke Hand: »Wegen eines Romans von Thomas Mann wird kaum jemand ins Gefängnis gehen wollen. Die Rede, Gott sei der Autor der Bibel, schärft den Lesenden ein, dass der Text vor ihren Augen ›nicht von hier‹ sei. Das ist ein antitrivialer Impuls.«[47] Wie Joyce hat Holl sich in den Dienst des menschenfreundlichen Vorhabens gestellt, »den Himmel auf die Erde herunterzubringen«.[48] Je intensiver er sich jedoch an die Spuren des Geistes geheftet hatte, umso bewusster wurde ihm, dass sich da etwas verflüchtigt hat – bis hin zur leicht spöttischen Frage: »Wo findet man heutzutage noch einen halbwegs anständigen Gott?«[49] Dass etwas fehlt, hat der Freidenker Martin Walser in seinem Büchlein *Über die Rechtfertigung*[50] anhand des dialektischen Theologen Karl Barth nachvollzogen. Er hätte es auch bei Holl finden können, indirekt in der Gottesgeistbiografie, explizit im Tagebuch. Dem evangelischen Theologen Gerd Lüdemann, der untersucht hatte, »Was mit Jesus wirklich geschah«,[51] wirft Holl vor, dem Auferstehungsglauben ins Herz geschossen zu haben.

> Bildersturm, Blasphemie wie vor 500 Jahren, aber damals blieb noch die Bibel, blieb der Glaube, blieb die göttliche Gnade. Jetzt nur noch Dekonstruktion, Kältestrom (im Namen der historischen »Wahrheit«). Jesus als Karikatur. Und ich möchte zur Kenntnis bringen, so hätte ich meine Dekonstruktionen auch wieder nicht gemeint. Die Aura des Verwegenen, des heiligen Anarchisten, mit der ich meinen Jesus schmückte, wirkt heute veraltet. (…) Dem Aufklärer und Kritiker, der ich war und bin, wird bang.[52]

Bangigkeit ist das Ergebnis der Arbeit am Buch über den Heiligen Geist. In sämtlichen deutschsprachigen Qualitätsmedien erschienen durchwegs positive Kritiken. Am Schweigen des Übersinnlichen, verbunden mit dem stets vorhandenen religiösen Bedürfnis der Menschen, so sinniert Holl, haben sich Nietzsche, Heidegger und Jaspers die Finger wund geschrieben. Ein Zurück ins Mittelalter gibt es für ihn nicht. Aber der Hohlraum bleibt, der durch den Wegfall der religiösen Gewissheiten entstanden ist.[53] Ihn zu bedenken und zu beschreiben, wird Holls künftige Aufgabe.

Versöhnung

Nicht erst seit der Wiederbegegnung mit seinen ehemaligen Vorgesetzten hatte Holl kein mulmiges Gefühl mehr, wenn er über den Stephansplatz ging. Seit Hans Hermann Groers Auszug aus dem erzbischöflichen Palais gab es auch drinnen keinerlei Vorbehalte mehr gegen den »Kirchenrebellen«. In der zweiten Hälfte der Neunzigerjahre wurde Holl vermehrt von allerlei kirchlichen Organisationen zu Vorträgen und Diskussionsrunden eingeladen. Man begegnete einander freundlich – und unverbindlich. Als ihn bei einer solchen Veranstaltung eine »Frau Doktor« einmal fragt, »wozu heute noch Kirchen?«, antwortet er schon fast wie ein Funktionär: »Weil sie alte Erinnerungen hüten.«[54] Prompt bekommt er zu hören, dass das sentimental sei.

In seinem siebenten Lebensjahrzehnt schleichen sich angesichts von akzelerierter Digitalisierung und Kommerzialisierung sämtlicher Lebensbereiche immer öfter nostalgische Töne in seine Religionskritik. Anlässlich einer Zypern-Reise, bei der ihm ein Autoverleiher erzählt, dass ihm der heilige Demetrios einst geholfen hat, und er seither alljährlich am Demetrios-Tag ein Dankesfest feiert, zeigt sich Holl verwundert darüber, dass die Wirtschaftswunderjahre in Mitteleuropa, »mitsamt ihrer so fühlbaren Verbesserung des Alltags für die Menschen ... keine literarische (künstlerische, musikalische, philosophische) Würdigung gefunden hat«.[55] Gib Süßes für Süßes, wird sukzessive seine Devise, und »ereifere dich nicht über jene, die Böses tun«, wie die Instruktion in Psalm 36 lautet. Als ihm eine

Lehrerin davon berichtet, dass eine Kollegin den Nikolaus nach Verteilung der guten Gaben seine Verkleidung ablegen ließ, spricht er von »verdorbener Aufklärung«. Vergessen scheint, dass auch er Bitter in die Süße des Messweins gemengt hatte und von den Medien bevorzugt als Wermutstropfen eingesetzt wurde. Ende der Sechzigerjahre hätte es ihn möglicherweise nicht gestört, wenn statt jenem des kritisierten Papstes sein Konterfei das Cover des *Spiegel* geziert hätte. Doch seit Kritik affirmativ geworden war, herrschen andere Bedingungen, auf die Holl reagiert. Jetzt empfindet er es als eine Verwahrlosung im Medienbereich, dass bei Erscheinen von Günter Grass' *Ein weites Feld* (1997) nicht der Autor, sondern derjenige auf dem Umschlag abgebildet ist, der einen scharfen Verriss über den Roman geschrieben hatte: Marcel Reich-Ranicki. Der geschmeidige Kapitalismus hatte längst kapiert: Durch Kritik wird nicht der Kauf beeinträchtigt, sondern nur die Reputation der Person. Und die ist ersetzbar. So besehen hatte sich nicht Holls Einstellung geändert, sondern die Verhältnisse. Aus den Geistern, die er rief, waren Dämonen geworden. Deshalb ist seine Abkehr vom Rabaukentum konsequent. Im *Literarischen Quartier Alte Schmiede* hält er einen Vortrag zum Thema *Glaubensverlust bei Salman Rushdie*.[56] Offenbar hat er die immunisierende Wirkung des Glaubens gegen die Mutationsfähigkeit des Kapitalismus im Sinn. Er verspürt eine neue Liebe zu den »alten Erinnerungen«. Öfter mal was Altes, notiert er in sein Tagebuch. Das wird auch von seinem Stammpublikum, den aufgeschlossenen Katholiken, bemerkt. Im Gegensatz zu den Medien, die einen »zahmen Holl« nicht brauchen können.

Mit seiner neuen Sanftmut nimmt er wieder einen geistigen Trend vorweg, der am Ausgang des Jahrtausends fühlbar wird. Auf der Rückreise aus der steirischen Thermenregion macht das Paar Holl / Santner-Cyrus Station beim Wellness-Tempel Hundertwassers in Blumau und er konstatiert:

> Die klassische Moderne ... hat im Lebenswerk des Meisters bei Blumau die elitäre Schranke der Kunstwahrnehmung niedergelegt und zu einer Gefälligkeit gefunden, die den Börsenmakler aus Tokio ebenso ansprechen wird wie die Schuldirektorin aus Sankt Gallen. (...) Der Spinner mit seinem Bio-Klosett im Atelier ... trifft den Geschmack der letzten Jahre des auslaufenden Millenniums, ein Posthistoire aus

Keramiksäulchen und Bäumen am Dach, als Vorwegnahme eines Friedensreichs, in dem die Computer arbeiten und die Menschen ihren Spaß haben.[57]

Wenn du merkst, dass du zur Mehrheit gehörst, ist es Zeit, deine Meinung zu ändern, riet einst Oscar Wilde. Und Holl hält dagegen. Eine Wellness-Religion ist nicht sein Ding. Einmal spricht er vom »Quatschchristentum der Seidenpfarrer« und meint damit die Psychoanalytiker. Im Sommer 1997 beginnt er mit einem Buch, in dem er sein Szenario einer Kirche der Zukunft entwirft, kein realistisches, sondern ein fantastisches: *Falls ich Papst werden sollte*. Wer erwartet, dass er augenblicklich den Zölibat abschafft, den Klerus entlässt, den Vatikanstaat verkauft und den Erlös an die Armen verteilt, sieht sich getäuscht. Der Papst Sistosesto (Sixtus VI.), wie Holl sich als Oberhaupt der Katholiken nennt, »will es anders machen, aber auch wieder nicht allzu anders«, wie Severin Renoldner dann in seiner Rezension schreiben wird.[58] Sistosesto »ist nicht der Mann unmittelbarer Reformen, sondern eher einer des Zulassens: Man kann bestimmte Normen auch formell aufrechterhalten und sich augenzwinkernd darauf verständigen, dass sie nicht so ganz ernst genommen werden«, fasst Renoldner das Holl'sche Pontifikat zusammen.

So würde Papst Sistosesto nicht heiraten wollen, sondern die Dame seines Herzens in Castel Gandolfo einquartieren und ihr gelegentlich Liebesbriefchen per Brieftaube zukommen lassen. Auch würde er nur mäßige Personaländerungen im Vatikan vornehmen und den Präfekten der Glaubenskongregation mit so verantwortungsvollen Aufgaben betrauen, wie dem Heraussuchen der besten Übersetzungen der Werke des Kirchenlehrers Ephräm des Syrers sowie der Sekundärliteratur.[59] Er will keinesfalls in die »Modernisierungsfalle« tappen, wie es dem Durcheinanderbringer (= Teufel) gefallen würde, sondern an einer »Ethik der Lebensfreundlichkeit und der Solidarität über alle Schranken der Sprache, der Kultur und der Hautfarbe hinweg« arbeiten.[60] Dabei pflegt Holl selbstverständlichen Umgang mit dem biblischen Personal. Deshalb sehen auch Kirchgänger in ihm wieder einen von ihnen. Was Severin Renoldner bereits am Schluss seiner Besprechung der *linken Hand Gottes* geschrieben hatte, trifft noch viel mehr auf das Holl'sche Papst-Szenario zu:

> All diese Denkmodelle deuten in Richtung einer neuartigen Versöhnung des weltzugewandten, rationalen Menschen mit den elementaren Fragen nach dem Woher und Wohin. (... Das Buch ist, Anm.) als Interpretationsansatz zu einer neuen »christlichsozialen Revolution« verstehbar, einer postchristlichen, postaufklärerischen und postsozialistischen, jedoch keineswegs antirationalen Leidenschaft verstehbar, die vor allem das soziale Gewissen neu beleben wird.[61]

Holl konnte sich frisch motiviert an die Arbeit an diesem menschenfreundlichen Programm machen, erreicht ihn im Sommer 1997 doch die Nachricht, dass der New Yorker Verlag Doubleday die englischsprachigen Rechte seiner Biografie des Heiligen Geistes um 150 000 Dollar erworben hat.[62] Seine Bücher vor der Jahrtausendwende sind zwar keine Bestseller mehr, aber nicht unbeliebt bei Leuten, denen die »todesbereite Bedingungslosigkeit der monotheistischen Formationen« zuwider, an einer Begütigung der Heerscharen aber mehr gelegen ist als an ihrer Auflösung.[63]

Holls Intention ist die Entdeckung und Wiederbelebung antidespotischer Traditionen von Religion. Ihm sitzt die Jasper'sche Alternative in den Knochen: radikaler Wandel oder Absterben. Mit dem Gedanken an das Zweite tut er sich schwer. Die Alternative fällt ihm beim Besuch einer Dissertantin wieder ein, die ihm von ihrer schmerzvollen religiösen Sozialisation erzählt und der »autoritären Kodierung des religiösen Empfindens katholischer Machart«.[64] Despotismus ist jedoch keineswegs nur ein vormodernes Phänomen; das hat das ausgehende Jahrhundert eindringlich bewiesen. Darauf wird Holl während einer Reise in den Iran wieder gestoßen. Fassungslos hörte er sich dort die Geschichte des Sohnes eines reichen Händlers aus Buchara an, der als Kommunist das ganze Vermögen verschenkte und als KP-Funktionär 1937 der stalin'schen Säuberungsmaschinerie zum Opfer fällt.[65] Vielleicht sind Machtversessenheit und ideologische Verbissenheit ja weniger eine religiöse als eine männliche Angelegenheit. Hoffnung keimt bei Holl diesbezüglich auf, als ein persischer Tourismusmanager von der Hilfe eines »Dschinn« während seiner Kriegsgefangenschaft erzählt und ganz selbstverständlich von »She« spricht.

Ein Gedanke, der in Holls Kopf weiterschwelt. Wie ist das eigentlich mit den Frauen und der Religion? Es fallen ihm eine Reihe von Frauen in seinem Bekanntenkreis ein, die wenig bis gar keinen Bezug zu einem

Herrgott haben: unter anderen die Kulturanthropologin Felicitas D. Goodman, die tschechische Journalistin und Exkommunistin Irena, die freisinnige Philologin Natascha, last, but not least seine Lebensgefährtin. Es ist ja nicht so, dass sie alle keine Verbindung zu einer zweiten Wirklichkeit hätten, nur »demütig an eine höhere Macht zu glauben«,[66] ist ihnen fremd. Holls Ansatzpunkt: »Ich erschrecke immer noch angesichts einer kalten Gottlosigkeit. Wenn sie von Frauen ausgeht, wird mein Befremden noch ratloser: Angst?«[67] Der begegnet man am besten, indem man auf sie zugeht. Eine neue Idee zu einem Buch ward geboren. Schon im Sommer 1997 war Holl irritiert, als er in der Monatszeitschrift der Erzdiözese Wien ein Inserat mit Damenunterwäsche fand: »Ist es das, was ich mir gewünscht habe, als ich 1975 im *Playboy* gegen den Zölibat schrieb?«

Man gewinnt den Eindruck, als hätten sich die Kirche und ihr Ketzer im letzten Lustrum des Jahrhunderts aufeinander zubewegt. Mittlerweile kann sich Holl wieder ein Hobby namens Beten vorstellen.[68] Zumindest hätte er das gern in einem Interview so gesagt. Tatsächlich hat er auf die Frage einer Journalistin nach seinen Hobbys geantwortet: keine. Ein Jahrzehnt davor hätte er vielleicht Sex angeführt. Zu dieser Zeit wäre es noch undenkbar gewesen, dass der damalige Generalvikar wie im Februar 1998 Helmut Schüller in einem TV-Interview von sich aus auf ein Buch wie Holls *Linke Hand Gottes* zu sprechen kommt. Nun erreicht Holl kurz vor seinem 68. Geburtstag ein Anruf des »Presse«-Redakteurs Dietmar Neuwirth mit der Anfrage, ob er aus Anlass des bevorstehenden Papstbesuchs in Österreich zu einem Gespräch mit Kardinal Schönborn bereit wäre. Nach 22 Jahren betritt Holl Ende Mai 1998 erstmals wieder das erzbischöfliche Palais.

Ob an dem Gerücht etwas dran sei, dass der Präfekt der Glaubenskongregation, Joseph Ratzinger, ihn nach Rom eingeladen hätte, fragt der Redakteur Holl vor dem Gespräch.[69] Der Angesprochene zuckt zusammen bei dem Gedanken. Dann drückt ihm der Kardinal herzlich die Hand. Unter vier Augen wird er später zu Holl sagen, dass er sich schon lange ein Treffen mit ihm gewünscht hätte. »Etwas ist anders geworden«, schließt Holl seinen Tagebucheintrag. Das Gespräch selbst dreht sich unter anderem um die katholischen Erneuerungsbewegungen, denen Holl mit Skepsis gegenübersteht, was ein Papstbesuch bewirken könne, und was in und mit der Kirche passiert, wenn eine Mehrheit der Bevölkerung sich nicht mehr zu ihr bekennt. Schönborn gelassen: »Es war dem Christentum nie in die Wiege gelegt, dass es Majorität sein muss, um seinen Dienst an der Gesellschaft wahrzunehmen.«

Ein paar Monate später lädt die *Kleine Zeitung* den selbsternannten Papst Holl zu einem Gespräch mit Barbara Coudenhove-Kalergi.[70] Das eben erschienene Buch spielt darin nur eine untergeordnete Rolle. Einen Großteil der Zeit unterhalten sich die beiden über verheiratete Priester und das Priesteramt für Frauen. Gegen Letzteres hat die ORF-Korrespondentin Bedenken, weil bei Priesterinnen, die zum Fleischhauer gehen, nicht angenommen würde, dass sie Schnitzel kaufen, sondern »aus den Innereien eines Opfertiers die Zukunft herauslesen«. Einig sind sich die beiden, dass ein Priester, »der vom Frühstück mit Frau und Kindern aufsteht, um die Messe zu lesen, irgendwie falsch gelagert«[71] ist. Was für Holl von der Plauderei nachhallt, ist die bange Frage, wie er sich verhalten soll, »wenn der Stephansplatz mir meine Befugnisse wiedergibt?« Anscheinend reicht es im Zeitalter des »Anything goes« nicht mehr, dass er geschrieben hat, den Glauben verloren zu haben und mit einer Frau zusammenzuleben. Die alten Kategorien Links-Rechts sind ins Rutschen gekommen, das Schema Progressiv-Konservativ hat seine Koordinaten verschoben – und damit auch Holls Positionen. Global betrachtet gibt es aber noch ein paar Indikatoren, auf die man sich besinnen kann:

> Mit meinen Klagen über den drohenden, durch den Turbokapitalismus verursachten Verlust der althergebrachten Gewohnheiten, Kultivierungen, Gläubigkeiten drifte ich in konservative Haltungen. (…) Die Bedenklichkeit ist gerechtfertigt, aber sie müsste sich so artikulieren, dass Klitorisbeschneidung, Kastengesellschaft, Säuglingssterblichkeit auch vorkommen. Wer hygienische Verhältnisse will, muss in Konflikt mit den Hütern religiöser Traditionen kommen.[72]

In der guten Gesellschaft

Holl macht sich an die »Entgottung« beziehungsweise »Nullifizierung«. Was ihm im Leben besser gelingt als in seinen Texten.[73] Anders als Kardinal Schönborn leidet Holl unter leeren Kirchen. Er braucht (sein) Publikum. Den Exodus des Kirchenvolks gibt's nicht nur auf katholischer, sondern auch auf evangelischer Seite. Erstere hat sich der Moderne verweigert, Letztere mit ihr getanzt. Ergebnis: das Nämliche. Ähnlich ging es im 19. Jahrhundert dem Marxismus, als er sich spaltete: Die Kommunisten haben sich dem Kapitalismus verweigert, die Sozialisten angepasst. Ergebnis bei beiden: Mitgliederschwund. Geblieben sind: entfesselte Moderne und Turbokapitalismus.

Längst hatte der Herausgeber der Quartalsschrift *Wespennest*, Walter Famler, den Platz von Heinz Knienieder eingenommen und Holl an Samstagvormittagen unter anderem davon berichtet, dass der erste Mensch im All, Juri Gagarin, dort keinen Gott gefunden habe. Sodann wusste Famler eine Menge Schnurren aus der Welt der Sozialdemokratie zu berichten. Auf bürgerlicher Seite hatte Holl durch den Beruf seiner Lebensgefährtin eine Menge Botschafter, Handelsdelegierte, Wissenschaftler, Wirtschaftstreibende, Dissidenten kennengelernt. Diese sowie alte und neue Freunde lädt das Paar regelmäßig zu Abendgesellschaften ins Haus von Inge Santner-Cyrus. Eine Fortsetzung der Dienstagsrunden mit anderen Mitteln und Personen. Geblieben ist: Holl kochte.

Das verbindet ihn mit den Pfarrersköchinnen. So wie in den Kriegen die Frauen die Arbeit der abwesenden Männer übernehmen mussten und sich darob emanzipierten, so hielten die Frauen nun die Pfarrgemeinschaft aufrecht nach dem Zusammenlegen der Pfarren. »Sie alle haben jämmerliche Männer zu Hause – Trinker, Geistesverwirrte, am Leben verzweifelte Gestalten. Was sie daheim vermissen, suchen sie in der – Kirche.«[74] Anscheinend geht es ihnen mehr um ein soziales Leben als um einen Herrgott. Gottlose Frauen also? »Warum wir so massenhaft in die Kirchen gehen, bleibt unser Geheimnis, vielleicht uns selbst nur dunkel bewusst«,[75] bekommt er als Reaktion von den von ihm ausgewählten gottlosen Frauen auf die Vorstellung seines Buchkonzepts. Bei der Synode asiatischer Bischöfe im Mai 1998 in Rom spielen sie jedenfalls wie gehabt keine Rolle. Allerdings regte sich Protest vonseiten der geladenen fernöstlichen Würdenträger. »Mag sein, dass die japanischen Bischöfe vom Buddhismus touchiert sind, vom Beharren auf Leere, der Entrümpelung des Selbstbewusstseins. Offenbar verträgt sich das Entgottungskonzept mit der fernöstlichen Mentalität.«[76] So endet ein Essay Holls in der Weihnachtsausgabe der *Presse*. Rom reagierte auf die Einwände der weit gereisten Glaubensbrüder in bewährter Weise: mit Ignoranz. Holl konnte beruhigt ins neue Jahr schreiten: Um seine feierliche Rehabilitierung musste er sich keine Sorgen machen.

Wie anders die mediale Wahrnehmung: Im April 1999 rangiert Adolf Holl im Magazin *News* unter den Repräsentanten der Kirche und steht in der Gunst der Leserschaft auf Platz fünf (von 18). Auf Platz eins kommt mit Altkardinal König derjenige zu stehen, der Holl expediert hat. »Seither befinde ich mich in einem religiösen Minimalkontext«, so Holls Selbsteinschätzung, »im Gegensatz zum synkretistischen Luftmenschentum des Selbstverwirklichungsmilieus. Und auch im Gegensatz zum kirchenkritischen Schick.«[77] Für das Medium ist das alles eins. Für Holl indessen ist der »Gegensatz zwischen der liturgischen Vergegenwärtigung des Letzten Abendmahls und der Haltung des historischen Jesus zum Priesterdienst« theologisch nach wie vor unbewältigt.[78] Vor allem mag er es nicht, wenn sich Unbedarfte über religiöse Ernsthaftigkeit hermachen. Wobei ihm klar ist, dass gegenwärtig nur noch Andy Warhols fünfzehn Minuten Berühmtheit zählen.[79]

Medial Aufmerksamkeit zu erzeugen, hatte Holl längst intus. Sie ist für ihn die Orgel, die er zur höheren Ehre seiner Werke souverän erklingen lässt. Doch Medienpräsenz ist das eine, gesellschaftliche Anerkennung etwas anderes. Eine erste Würdigung hatte Holl bereits 1995 erfahren, mit dem Preis für Wissenschaft und Volksbildung der Stadt Wien.[80] Mit dem Millenniumsjubiläum stand der Christenheit (in Erinnerung an das Jubeljahr der Israeliten) nicht nur ein Heiliges Jahr ins Haus, sondern auch der 70. Geburtstag Adolf Holls. Da stellte sich für die größte Medienorgel des Landes die Frage, wie solche Ereignisse zu bespielen und ins Bild zu rücken wären. Im ORF verfiel man auf die Idee, den Jubilar zur Einbegleitung des Heiligen Jahres als Papst Sistosesto auf eine »Pastoralreise« durch die Weltkirche zu entsenden.

> 78 485 Flugkilometer mit 150 Kilogramm Übergepäck haben der Religionswissenschaftler Adolf Holl und ein ORF-Team ... in fünf Drehwochen hinter sich gebracht. (...) Gedreht wurde unter anderem in San Salvador, Jerusalem, New Delhi, Südafrika, Milwaukee, São Paulo und Rom.[81]

Die Reisen fanden in der zweiten Jahreshälfte 1999 in drei Etappen statt. Ausgestrahlt wurde die Dokumentation dann am 28. Dezember 1999 in der Sendung *kreuz und quer*. Wieder taucht Holl ein in die »alten Geschichten« und muss sich von Helene Maimann sagen lassen, dass es ihm bezüglich seiner Religiosität wie den Juden gehe: »Du kommst nicht los davon.«[82] In einem Gefängnis in São Paulo erlebt er, wie recht sie hat. Dort wurde ein Gottesdienst abgehalten, allerdings ohne Wandlung, »obgleich Brot ausgeteilt wurde und ein geweihter Priester am Werk war«.[83] Obwohl er diese Variante als Verarmung empfindet, feiert er doch seit 1976 das erste Mal mit innerer Zustimmung mit. Für Holl bricht damit das Heilige Jahr zehn Tage vor dem offiziellen an.

Für die österreichische Gesellschaft war es insofern ein besonderes Jahr, als nach den Nationalratswahlen vom 3. Oktober 1999 erstmals in der Zweiten Republik die stimmenstärkste Partei (SPÖ) nicht mehr den Kanzler stellte, sondern am 4. Februar 2000 eine Koalition aus FPÖ und ÖVP angelobt wurde – mit dem Obmann der drittstärksten Partei als Regierungschef. Was zu den bekannten politischen Verwerfungen führte. Diese nimmt Franz Schuh als Aufhänger für einen Essay im Sonderheft des *Wespennests*, das Holls Freunde Walter Famler und Peter Strasser aus Anlass seines 70. Geburtstags zusammenstellen. Des Weiteren kommt Schuh auch auf die ORF-Dokumentation zu sprechen:

> Das Fernsehen ist an allem schuld. (...) Ich habe dem Fernsehen geglaubt, in dem Holl seinerzeit so oft auftauchte. Wer im Fernsehen oft auftaucht, gibt das Gefühl, er stünde zur Verfügung. (...) Wer Holl wirklich ist, habe ich erst nach der Lektüre eines seiner Bücher begriffen: »Mitleid. Plädoyer für ein unzeitgemäßes Gefühl«. (...) Ich habe es jetzt nochmals gelesen und sehe, es ist eigentlich ein Buch darüber, wie wir miteinander umgehen.[84]

Das war von Schuh nicht nur als Kommentar zum Fernsehfilm gemeint, für den man Holl in ein bekenntnisneutrales Kostüm gesteckt hatte, in dem er aussah wie ein Double von Muhammar al-Gaddafi, sondern auch zu den vergangenen Koalitionsverhandlungen. Zu Schuhs Stichwort des Umgangs miteinander fällt Holl ein: »Demonstrationen als Hetzmassen mit Spaßcharakter.«[85] Eine Eventisierung der Protestkultur der 68er. Dass – ausgerechnet – in Berlin ein Plakat auftaucht, auf dem zu lesen ist: Kauft keine österreichischen Weine, gilt ihm als Symptom für Geschichtsvergessenheit. Und dass der neuen Sozialministerin der Händedruck verweigert wird, schätzt er als Infantilisierung ein.

Endzeitstimmung macht sich im Vorfeld seines Jubiläums breit. Im April verleiht die Universität Klagenfurt Holl die akademische Würde eines Ehrendoktors,[86] gleichzeitig liest er aber im *Spiegel*, dass Vivian Westwood das 20. Jahrhundert als Tiefpunkt zivilisatorischer Entwicklung ansieht, und Peter Strasser schlägt in dieselbe Kerbe, indem er die abendländische Philosophietradition mit Wittgenstein und Heidegger zu Ende gehen lässt.[87] Also schreitet Holl zum Totentanz. Der findet am 5. Mai 2000 in der Österreichischen Beamtenversicherung statt. Es wird ein rauschendes »Fest für Adolf Holl« mit jeder Menge »Prominenten aus Film, Funk und Fernsehen«. Große Interviews mit ihm erscheinen in österreichischen Tageszeitungen. Der *Kleinen Zeitung* sagt er etwa, dass er bei den letzten Fragen gern »Raum für eine Pause lässt, in der man schmunzelt und zum Glas greift«, und dem *Standard* gesteht er, ein »theoretischer Anarchist« zu sein, mit einem »abgerückten Blick gegenüber allem, was sich gebärdet, was den Eindruck erwecken will, fest zu sein, unverrückbar zu sein.«[88] Holl ist in der Mitte der guten Gesellschaft angekommen. Ein Zeichen dafür: Im Juni wird er von Wolfgang Schüssel zum »philosophischen Mittagessen« ins Bundeskanzleramt gebeten. Die »Wendezeit« wird somit auch für Holl zur Zeitenwende. »Allerdings weist der Prozess in eine irreligiöse Richtung«, orakelt er in seinem Tagebuch.[89]

Konrad Paul Liessmann beschreibt in seinem Beitrag für das *Wespennest*-Sonderheft treffend, was sich seit dem Erscheinen von *Jesus in schlechter Gesellschaft* in der *guten* und in der Folge in Holl selbst verändert hat.[90]

> Mit dem Zusammenbruch des realen Sozialismus und der Erosion der damit verbundenen politischen Utopien hat sich auch ein Weltbild verflüchtigt, das nicht zuletzt von der Spannung zwischen einer guten und einer wahren schlechten Gesellschaft lebte.[91]

Als *Jesus in schlechter Gesellschaft* erschien, da galt die darin als schlecht apostrophierte Gesellschaft als die eigentlich gute, nämlich jene der – biblisch ausgedrückt – Zöllner, Huren, Ausgestoßenen, Geächteten, Hungerleider, Unterdrückten oder sonst wie an den Rand Gedrängten. »Seit Adolf Holl Jesus als Sozialrevolutionär wiederentdeckte, dessen Reich dennoch nicht von dieser Welt war, dominierte lange ein utopisches Denken, das sich ... alle Veränderung und Hoffnung von jenen Ausgeschlossenen erhoffte, unter denen sich auch der Messias bewegt hatte.«[92] Voraussetzung für einen Status als Opfer ist dessen Unschuld. Der hat sich mit 1989 grundlegend geändert. Mit der Durchdringung des Kapitalismus aller Lebensbereiche waren die von der »guten Gesellschaft« Ausgeschlossenen plötzlich keine Opfer mehr, sondern als Arbeitsscheue und Leistungsunwillige selbst schuld an ihrem Unglück. Der an Kierkegaard geschulte Philosoph Liessmann begründet den Paradigmenwechsel folgendermaßen: »Denn unschuldig, das wusste schon Kierkegaard, ist man nur im Zustand der Unfreiheit.«[93] Die »Schmuddelkinder« des neuen Jahrhunderts – und wieder einmal war Österreich die kleine Welt, in der die große ihre Probe hält – waren nicht mehr die »Asozialen«, sondern die »Rechtsextremen«, die eine absolut schlechte Gesellschaft repräsentieren: jene des Dritten Reichs. In Holls Bestseller war es noch denkmöglich, Jesus selbst »in den Reihen Adolf Hitlers« zu entdecken.[94] Der Wandel des politischen Bewusstseins seither hatte bewirkt, dass jene, die sich der »europäischen Wertegemeinschaft« widersetzen, damit nur demonstrieren, »dass es Außenseiter gibt, die mit Recht draußen bleiben müssen«.[95] Obsolet ist damit Holls Vorstellung, dass die »Seitenblicke-Gesellschaft«, die Gesellschaft der »Schönen und Reichen«, die eigentlich schlechte ist. In der wunderbaren neuen Warenwelt der europäischen Werte hatte man die »schlechte Gesellschaft« erfolgreich in der Vergangenheit entsorgt. An der Etablierung der »guten Gesellschaft« war die Sozialdemokratie an führender Stelle beteiligt. Konsequenterweise verlor sie am Weg ins Establishment diejenigen, die sich nicht dazuzählten und als »Modernisierungsverlierer« zu Underdogs wurden, als sie ihren Blick nach rechts wendeten, um dort nach jemandem Ausschau zu halten, der ihre Interessen vertritt. Für den »Jesuaner« Holl bedeutete das, lieber gleich zum Schmied der »guten Gesellschaft« zu gehen, zu den Bürgerlichen, anstatt zum Schmiedl der Sozialdemokratie. So kam er – gemeinsam mit ein paar anderen Linksintellektuellen – zu Wolfgang Schüssel ins Kanzleramt.

Nullgottzeit

Heimisch fühlt sich Holl in der guten Gesellschaft aber keineswegs. Er weiß sich in ihr zu bewegen, befriedigen kann sie ihn aber nicht. »Doch alle Lust will Ewigkeit, will tiefe, tiefe Ewigkeit!«, heißt's in Nietzsches »Zarathustra«. Gerade am Höhepunkt des Ruhms kann sich Holl mit den Vergänglichkeiten seines Lebens schwer abfinden. Nichts war bisher von Dauer, weder die Berufung zum Priester, noch die Befähigung zum Soziologen. Einzig das Dasein als Schriftsteller bildet eine Konstante.

Aber wird man, so die bange Frage, seine Bücher in zwanzig, dreißig Jahren und darüber hinaus noch lesen? Aus heutiger Sicht: man wird. Auch ohne ein Holl'sches Institut für Religionskritik, das als vage Idee im Jubeljahr am Horizont aufblitzt. Zu diesem Zeitpunkt hatte ein Ereignis noch nicht stattgefunden, das die Geschicke in andere Bahnen lenkte: die Terroranschläge von 9/11. Damit kehrten zwar weniger die Religionen als ihre Militanz wieder. Mit dem Ende der Geschichte war es aber vorerst vorbei. Noch bevor die Twin Towers in sich zusammenstürzten, las Holl Michel Houellebecqs *Ausweitung der Kampfzone* sowie Bret Easton Ellis' *American Psycho*. »In diesen Texten wird eine Realität verzweiflungsvollster Art beschrieben«, reflektiert er, »das, was diesen Menschen fehlt, wäre dann das, was Religion genannt wird.«[96] Zeit, Rückschau zu halten. Nach über einem halben Jahrhundert pilgert Holl im März 2001 ans Grab des Pfarrers Panholzer in Kirchberg ob der Donau.

> Das Pfarrhaus ist seit Februar verwaist. Das Ewige Licht neben dem Tabernakel vermag mich noch immer zu beschäftigen. Ich fühle mich wohl hier, und gleichzeitig zum baldigen Gehen veranlasst, das ich dann doch verzögere. Hier hat meine Betörung angefangen.[97]

Und wurde von einer zweiten abgelöst. Er trifft sich mit seiner ehemaligen Geliebten und deren Töchter. Eine der beiden hatte ihn einst für eine Schülerzeitung interviewt, keck und unternehmungslustig, später wurde sie heroinabhängig. Was hat ihr gefehlt? Einen Monat nach dem Besuch in Kirchberg reist er ins Land seiner priesterlichen Vorfahren. Eine Freundin sagt zu ihm, dass die Ägypter nicht deshalb gebaut haben, damit die Leute etwas zum Anschauen haben. »Kann es eine ganze Zivilisation ohne Gewissheiten aushalten, die jenseits der Alltagswirklichkeiten in die Welt hereinstrahlen?«, fragt der Interviewte den Redakteur Stefan Winkler.[98] »Religiös sein heißt, sich (wenigstens gelegentlich) aus dem Lauf der Zeit verabschieden zu können«, notiert Holl ins Tagebuch, wenige Tage, bevor es kracht.[99]

Etwas lag in der Luft – und Holl hat es gewittert. Die Attentäter von 9/11 haben sich in ihrer religiösen Radikalität ganz und dauerhaft aus dem Lauf der Zeit verabschiedet. In gewisser Weise war das konsequent. »Der Spaßgesellschaft ist ein harter Schlag versetzt worden«, lautet ein erster Kommentar Holls. Als er zu Jahresende im *Spiegel* liest, dass Soziologen herausgefunden haben, dass Gott seine schützende Hand nicht mehr ausreichend über die Geistlichkeit der Church of England hält, vermutet er, dass es unter anderem diese Häme ist, der Muslime mit Fassungslosigkeit begegnen. »In Bezug auf den Respekt vor Traditionen sind unsere Eliten verwahrlost geworden.«[100] Im Grunde müsste er sich über den Protest des Münchner erzbischöflichen Ordinariats nach seinem Auftritt in der Talkshow des Pastors Jürgen Fliege gefreut haben. Der stellte Holl als einen Mann vor, der sich allein gegen die Weltmacht der katholischen Kirche gestellt hatte. Danach begrüßte er einen KZ-Überlebenden. »Die beiden Lebenswege parallel zu setzen, sei ein Zynismus«,[101] so die Erklärung des Ordinariats. Dem hatte Holl nichts hinzuzufügen.

Die Annäherung Holls an das Personal der Kirche geht Hand in Hand mit einer inhaltlichen. Auch ihm ist die Widersprüchlichkeit der westlichen Welt, die in Bezug auf die Vergangenheit (der Verbrechen des Dritten Reiches) eine rigorose Ernsthaftigkeit einfordert, sich aber über Traditionen gläubiger Menschen (egal welcher Provenienz) permanent lustig macht, suspekt. Da ist eine Schieflage entstanden, die zu Verwerfungen führen musste. Einen Monat nach dem islamistischen Anschlag auf den Tempel der westlichen »Zivilreligion« spricht er mit Michael Fleischhacker über den neuen Religionskrieg.

> Ich habe mir angewöhnt, beim Nachdenken über Religion Hitler und Stalin nicht aus den Augen zu verlieren ... Was sich da an Militanz auf dem Globus abgespielt hat, war ausschließlich eine westliche Angelegenheit. (...) Die Kombination von religiöser Archaik und moderner Technik war und ist immer beängstigend.[102]

Diese Ansicht teilt Holl mit Heidegger und Adorno, die sonst kaum etwas gemeinsam hatten. Bereits im Sommer 1995 hatte ihn Peter Strasser darauf hingewiesen, dass rechte und linke Intellektuelle sich in ihrer Klage über das technische Zeitalter völlig einig seien.[103] Der Ausweg? Verantwortlich für die Destruktivität ist für Holl eine strukturelle, maskuline Militanz, die stillzulegen wäre. Wie?

> Ich baue darauf, dass viele Frauen in diesen Männerveranstaltungen nicht mehr mitspielen wollen. Etwas in den heutigen Frauen wehrt sich gegen diese Konstellation und will sie zur Ruhe bringen. Unter anderem durch ein gelegentliches skeptisches, spöttisches Lachen, das weibliche Lachen.

Ein Rezept auch für Musliminnen? Die gottlosen Frauen und der lachende Christus sind jedenfalls die bestimmenden Themen Holls zu Beginn des neuen Jahrhunderts. Wobei das Lachen des »Christus, weil göttlich, nicht mit Lustigkeit verwechselt werden sollte«.[104] Abseits dieser beiden Bücher macht er sich in einem Gespräch mit Helga Häupl-Seitz Gedanken über die Zukunft des Glaubens.[105] Und prophezeit nach 9/11:

> Natürlich werden wir weiterhin unsere luxuriösen Bedürfnisinteressen pflegen, so gut es geht, aber es wird immer schwieriger werden, denn es wird an der Tür gehämmert. Und die Leute, die an der Tür hämmern, stammen aus Zusammenhängen, die vormodern sind. Es sind Menschen, die Mentalitäten und Religionen verkörpern, die noch nicht durch das Säurebad der Aufklärung gegangen sind.

Wieder war er seiner Zeit voraus. Spätestens seit 2015 wird nicht mehr gehämmert, sondern eingerannt. Holl hat's vorausgesehen. Was das mit den »Werten« der westlichen Gesellschaften macht, steht dahin. »Dort wo der Magen leer ist, blüht das, was wir Religion nennen«, endet das Gespräch. Hätte die Brüsseler Administration nicht nur Bilanzen und Budgets gelesen, sondern einen Blick in Holls Texte riskiert, sie wäre auf die Migration nicht so unvorbereitet gewesen.

Wer Holl vermehrt wahrnimmt, ist eine kirchliche Öffentlichkeit – nicht mehr als Quälgeist, denn als »originellen, gelegentlich sarkastischen, insgesamt brauchbaren Theologen«.[106] Seine Metamorphose im Bewusstsein des Kirchenvolks vom scharfen Agitator zum milden Agenten ist nicht nur der Ära des Anything goes geschuldet, sondern auch seiner Einstellung, dass es sinnlos ist, »eine rebellische Aura zu pflegen, die nur noch zerstreut wahrgenommen wird«. Es ist mehr das Einverständnis mit dem Geschehen, ein innerlicher Verzicht auf eine triumphale Wiederkehr als Priester, als er sich im Sommer 2002 entschließt, seine Talare in die Mülltonne zu stecken. Eine Trennung von seinem Trotz. Eine Nullifizierung.

Der Begütigung des Triumphal(l)ismus dient auch sein *Brief an die gottlosen Frauen*. Nach Daniela Strigl klingt der Titel des Buches absichtlich nach Priestersprache, »denn von ihrer Gewalt ist hier die Rede«.[107] Ähnlich sieht das die Theologin Brigitte Schwens-Harrant. Aus Holls Satz: »Wenn Frauen in Führung gehen, hat die Religion ausgespielt«, schließt sie, dass der Autor das Etikett der Gottlosigkeit in schelmischer Absicht als männlichen Vorwurf verwendet, da Frauen in den männlich dominierten Religionen keine Rolle spielen (dürfen).[108] Damit ist nicht gesagt, dass Frauen wirklich gottlos wären, sondern vielmehr, dass es aufgrund mangelnder Macht keine Religionsgründerinnen gibt. Holl sieht im Feminismus also eine neue geschichtsbildende Kraft. Hätte er sich deshalb als Feminist bezeichnet, das Gelächter seiner Lebensgefährtin wäre groß gewesen. Dass Frauen unbedingt Priesterinnen werden wollen, wie jene sieben, die sich im August 2002 auf einem Donauschiff weihen ließen, sieht er nicht als einen Akt der Emanzipation, sondern als Anachronismus. Auf den Punkt bringt Holls Position sein alter Freund Nenning:

> Brief an die gottvollen Frauen: Lasst euch von Holl nicht provozieren. Er meint es gar nicht so. (…) Wenn man die Wahrheit auf den Kopf stellt und dabei ihr Hinterteil entblößt, kommt dadurch eine komplettere Wahrheit zum Vorschein. Der Kerl ist ein Schelm. (…) Die zeitgeistigen Mediendummies werden sich auf das Buch stürzen, … weil sie es für antiklerikal halten. Sie begreifen nicht, was ein heiliger Schelm ist.[109]

Aus dem sarkastischen Revoluzzer von einst war ein sophistischer Schelm geworden, der mit gelassener Heiterkeit den Niedergang seiner Kirche begleitete. In dieser Stimmung entstehen in den nächsten Jahren *Der lachende Christus* (2005), *Om und Amen* (2006), *Wie gründe ich eine Religion* (2009) und *Können Priester fliegen?* (2012).

Zum Jahresende 2002 besucht er wieder einmal seine Heimatpfarre in Breitensee. Vom Weihwasserbecken schaut er zuversichtlich in Richtung Tabernakel, im Wissen, »eine der Türen gefunden zu haben, an denen ausgeharrt werden darf«.[110]

Als eine Art Zaungast im Weinberg des Herrn darf man sich Holl künftig vorstellen. Er beobachtet und kommentiert das Geschehen. Direkter als in seinen (literarisierten) Büchern gibt Holl in Interviews Auskunft darüber, was er sieht. An Deutlichkeit nichts zu wünschen übrig lässt ein Gespräch mit Otto Friedrich für *Die Furche*.[111] Holl spricht darin von einer »vollkommen frigiden Gesellschaft«, in der die Werbeindustrie die Männer ständig daran erinnern muss, »dass sie auch noch, ab und zu wenigstens, einen Liebesakt vollziehen sollen«. Dass die westliche Gesellschaft »oversexed«, aber »underfucked« ist, sagen auch soziologische Befunde. Holl macht das an folgenden Symptomen fest:

> Wenn auf der einen Seite die männlichen Spermien auslassen und auf der anderen den Frauen die Haare ausgehen, dann stimmt in der »Wohlstandsgesellschaft« prinzipiell etwas nicht! Da kann ich stundenlang weiterreden über Religion und Sexualität: Ich höre angesichts solcher Befunde ein Lachen im Hintergrund – und überlasse es Ihnen, das als ein teuflisches oder göttliches Lachen zu interpretieren«.[112]

Vielleicht beides? Einst gehörten Weihrauch und Schwefel zusammen. Im frühen Christentum wurden sie von Paulus und anderen Eiferern auseinanderdividiert. Damit begann laut Holl die Ängstigung der Menschen.[113] In der Karwoche 2003 hält er in der Akademie Graz die Frühlingsvorlesungen. Darin ging es vor allem um die Kraft der Rituale, die zur Begütigung beitragen (können). Gerade ihre Wiederholung enthebt uns der Zeit (und damit dem Tod). Das gilt für die katholische Liturgie ebenso wie für ein buddhistisches Teezeremoniell, wie es Cees Nooteboom in seinem Roman *Rituale* einem westlichen Publikum unvergleichlich nahegebracht hat.[114] Denn Rituale, das hat Hitler einem enthusiasmierten Mob vor Augen geführt, funktionieren auch ohne Gott.

> Wann immer ein Stamm, ein Volk, ein Staat, eine Religionsgemeinschaft, ein Geheimbund etc. an einem theoretisch unlösbaren Problem laboriert, bedarf es eines Rituals, das Zusammengehörigkeit schafft. Dann muss geschrien, getanzt, gesungen, getrommelt, mar-

schiert werden. (…) Und wenn die üblichen Rituale nicht ausreichen, muss geschnitten, getötet werden. So hielten es einst die Neandertaler, so hielt es Adolf Hitler.[115]

Holl hingegen will die männlichen Machtstrategien transparent und die Rituale der Begütigung der religiösen Militanz dienstbar machen. Ein kühnes Unterfangen. Denn im Westen müssten sie im Grunde neu erlernt werden. Das ist mit Schnupperkursen à la TIK-Mönchen (TIK = Tage im Kloster) nicht zu machen. In einer Gesellschaft, in der alles gleich gültig (beziehungsweise ungültig) ist, ist die dafür nötige Konzentration nicht vorhanden. »Was ich bei den neureligiösen Spaßetteln vermisse, ist primär die Dauerhaftigkeit, ist die Einübung in die jeweiligen Inhalte.«[116] Ohne diese Anstrengung gibt es nach Holl keine kulturelle Nachhaltigkeit. Und der Medikamentenmissbrauch steigt – zur Freude der Pharmaindustrie.

Mit dieser macht Holl im April 2003 Bekanntschaft, als ein Aneurysma bei ihm diagnostiziert und er in die Krankenanstalt der Barmherzigen Brüder eingeliefert wird. Noch einmal lässt es sich »Gevatter Tod« gefallen, dass die Ärzte sein Bett umdrehen.[117] So kann er noch vor seinem 73. Geburtstag im Bundeskanzleramt den »Österreichischen Staatspreis für Kulturpublizistik« entgegennehmen. In seiner Dankesrede gibt er Einblick in seine intellektuelle Befindlichkeit:

> Je näher ich mit meiner Schreibarbeit an die Gegenwart rücke, desto langweiliger wird mir. Der Gegenwart fehlt jegliche Aura. Nur Gemeinheiten sind überdeutlich zu erkennen. Das mag zur Faszination durchs Widerwärtige führen, in der künstlerischen Produktion. Ein Abgrund ruft den anderen, heißt es in Psalm 41 … Mein Fall ist das nicht.[118]

Die letzte Erregung

Holls Fall ist vielmehr Nostalgie und Widerspruch. Zu Beginn des neuen Jahrhunderts ist es fast schon avantgardistisch zu sagen: »Es ist schön, katholisch geblieben zu sein.«[119] Heidnisch-katholisch, um genau zu sein. Anlässlich eines Studientags des ORF-Publikumsrats hält Holl einen Vortrag zum Thema: *Religion – Restposten? Bedro-*

hung? Chance?[120] Damit sind die Koordinaten angegeben. »Skepsis ohne Frömmigkeit führe zu kollektiver Herzlosigkeit«, schließt Holl seine Rede, »Frömmigkeit ohne Skepsis ende im Fanatismus und Fundamentalismus.«

Skepsis ist auch gegenüber der neuen Harmonie zwischen Wissenschaft und Religion angebracht. Wenn sich ein Soziologe und linker Paradeintellektueller wie Jürgen Habermas mit dem Großinquisitor und späteren Papst Joseph Ratzinger in der Katholischen Akademie in München trifft, um über das Verhältnis von Religion und Aufklärung zu sprechen, ist Vorsicht geboten. *Zeit*-Redakteur Thomas Assheuer wusste gar nicht mehr, worüber die beiden reden sollten, nachdem Habermas seinem Gegenüber konzediert hatte, dass nach dem schmerzhaften Anpassungsprozess der Religion an die Moderne nun das säkulare Bewusstsein an der Reihe wäre.

> Das säkulare Bewusstsein »kommt nicht kostenlos in den Genuss der negativen Religionsfreiheit« und müsse lernen, der Religion nicht von vornherein den Wahrheitsgehalt abzusprechen. Dasselbe gelte für den säkularen Staat; auch er dürfe seine »säkularistische« Weltsicht nicht aufspreizen und Religion ignorieren. Und mit einem Blick auf Hirnforschung und »Lebens«-Wissenschaft: »Naturalistische Weltbilder genießen keineswegs prima facie Vorrang vor religiösen Auffassungen.«[121]

Das klang fast schon nach einem »Ich widerrufe« angesichts der Demonstration der Folterwerkzeuge. So weit war Holl noch nicht. Ihm genügten neunzig Sekunden, um die Wächter der wahren Religion auf den Plan zu rufen. Wie der *Falter* ausführlich und genüsslich berichtete, sorgte Holl am 12. Jänner 2004 mit einem Radiobeitrag für einen Eklat. In den *Gedanken für den Tag* referierte er den Brief eines in psychiatrischer Behandlung befindlichen Bekannten, der ihm unter anderem gestand: »Ich habe der Gottesmutter Maria, einer Statue, die Zehen geküsst, und dabei kam es zur Erektion meines Penis. Ich möchte die Mutter Gottes im Himmel einmal ficken. Maria ist für mich so erotisch, durch und durch sexuell erotisch.«[122] Auch wenn diese Passage bereits Eingang in Holls Büchlein »Weihrauch und Schwefel« und ebendort wenig Beachtung gefunden hatte: Nun brach ein Sturm der Entrüstung über den ORF-Kundendienst herein. Die auf sechs Beiträge angelegte Sendereihe wurde auf der Stelle abgesetzt, innerhalb von sechs Wochen wurden 7000 Protestunterschriften beim Bundeskommunikationssenat eingebracht. Holl konnte sich eines sardonischen Lächelns nicht enthalten: »In den vergangenen Jahren wurde ich von der katholischen Kirche ja fast verwöhnt, da dachte ich schon, das katholische Milieu hat sich tatsächlich geändert.«[123]

Dabei will er eigentlich, wie er im Gespräch mit Michael Fleischhacker betont, »die paar katholischen Sachen, die noch vorhanden sind«, erhalten.

> Man sollte das Katholische nicht unterschätzen in seiner Kompetenz, mit den Tatsachen des Lebens – Geburt, Tod – umzugehen und sie – durch Taufe und Begräbnis etwa – zu kultivieren. (…) Das Katholische nicht unterschätzen heißt, sich nicht diese sehr alten Lebensformen kleinreden zu lassen von irgendwelchen Spaßvögeln von der Columbia University, von Naturalisten oder Dummerln, die dann sagen: »Ich bin mein Hirn«.[124]

»Schamlos« bezeichnete Harald Baloch in seiner Eigenschaft als bischöflicher Berater für Wissenschaft und Kunst der Diözese Graz-Seckau das Gespräch über Religion und Sexualität[125] und vertrat somit würdig das »katholische Milieu«. Das allerdings zu Holls Stammleserschaft zählt; erkennbar an der Tatsache, dass die Verkaufszahlen in die Höhe schnellen, wenn Kardinal Schönborn mitteilt, dass der neue Papst Benedikt XVI. und er Holls Sachen mit Interesse verfolgen. Im Gegenzug versichert Holl im Traum dem Wiener Erzbischof, »Euch nicht im Stich zu lassen«.[126] Was gelegentlich schwerfällt. Etwa, wenn Schönborn während des Requiems für Johannes Paul II. preisgibt, in der Todesstunde Karol Wojtyłas (am Vorabend des Weißen Sonntags) einen Fingerzeig Gottes zu erkennen.[127]

Die Renaissance der Religionen oder dem, was an Versatzstücken übrig blieb, ist zwar an Holl nicht spurlos vorübergegangen, doch zum alten Schöpfergott wollte er deshalb nicht zurückkehren. Die Frage nach ihm stellte sich nach einem Artikel Kardinal Schönborns in der *New York Times* vom 7. Juli 2005, in dem er Kritik am »Evolutionismus« geübt und dem ein »Intelligent Design« gegenübergestellt hatte. In einem von Michael Fleischhacker moderierten Gespräch zwischen dem Philosophen Josef Mitterer und Adolf Holl wurde deutlich, dass es sich dabei um den Versuch einer Neupositionierung der Evolutionstheorie als einer unter mehreren Thesen handelte. Holl weist das zurück:

> Ich kann in einem liturgischen Konzept sagen, ich glaube an Gott den Allmächtigen Vater, Schöpfer des Himmels und der Erde. Das sind aber keine Aussagen in dem Sinne, wie wenn ich sage, Australien ist eine Insel. Wenn man diese Unterscheidung nicht beachtet, kommt man genau in diese Sackgasse hinein, in der Herr Kardinal Schönborn jetzt sitzt.[128]

Anders als Habermas, der freilich nie Insider der Kirche war, ließ sich Holl von Schalmeientönen nicht bezirzen. Er freut sich darüber, von einem Jesuiten in Darmstadt nicht als Stigmatisierter wahrgenommen zu werden, »ein innerer Vorbehalt wird gleichwohl bleiben dürfen«.[129] Zum weltlichen Außenposten und Jubelredner der Kirche wollte Holl nicht werden. Lieber zu einer Art »treuer Dissident«.

Als solchen tituliert ihn Gabriele Sorgo in ihrer Laudatio zum 75. Geburtstag.[130] »Gerade von ihm, dem abtrünnigen Priester, der sich sowohl den alten religiösen Themen als auch den wissenschaftlichen Methoden verpflichtet fühlt, wollen die spirituell ausgehungerten, postchristlichen Sinnsucher etwas über Mystik und Mitleid hören.« Und zwar nicht im salbungsvollen Ton eines Predigers, sondern im verschmitzten eines Rhetorikers. Kurz vor Holls Ehrentag erschien *Der lachende Christus*. Zahlreiche Zeitungen nehmen die beiden Ereignisse zum Anlass für Würdigungen seines Lebenswerks. Er selbst nimmt auf Schloss Seggauberg an einer hochkarätig besetzten Diskussion im Rahmen des *Pfingst-Dialogs Steiermark* teil. Mit ihm am Podium sitzen der Islamgelehrte und bosnische Großmufti Mustafa Cerić, der Grazer Bischof Egon Kapellari, der Historiker, Essayist und Romancier Doron Rabinovici und der Prager Erzbischof Miloslav Vlk. Letzterer plädierte für ein »Europa der Religion«. Holl relativiert:

> Die Vertreter des Christentums sollten sich »höflich an den Tisch der Religionen setzen« ... »Alte Machtspielchen« sollten ebenso abgelegt werden wie der »Kampfbegriff« vom »christlichen Abendland«; für Holl sind vielmehr Originalität, Witz und ein »ketzerischer« Zugang zu religiösen Wirklichkeiten notwendig.[131]

Diese Zeilen hätten auch als Umschlagtext für sein neues Buch gepasst, denn genau die drei genannten Eigenschaften sind es, die den *lachenden Christus* in besonderer Weise auszeichnen. Michael Fleischhacker bringt die Sache auf den Punkt:

> Adolf Holl identifiziert in diesem Bild vom *lachenden Christus* ein auf Mehrdeutigkeit angelegtes religiöses Muster, das um die Zeitenwende im südlichen Mittelmeerraum bis weit hinein nach Asien weit verbreitet ist und in scharfem Kontrast zur eindeutigen bis eindimensionalen Leidens- und Kreuzestradition des paulinischen Christentums steht.[132]

Holls Liebeserklärung an den Galiläer besteht darin, nie aufzuhören, ihn infrage zu stellen. Der ORF feiert seinen langjährigen Mitarbeiter mit einem empfindsamen Filmporträt, das die evangelische Theologin und ehemalige Redakteurin der ORF-Religionsabteilung, Anita Natmeßnig, dreht. In dem Filmessay *Wünsche können nicht irren*, der am 9. Oktober 2005 ausgestrahlt wird, tritt erstmals auch Inge Santner-Cyrus an der Seite Holls öffentlich auf. Aus den Gesprächen, die Natmeßnig mit Holl dazu führt, entsteht in der Folge auch ein Buch.[133] Es hätte auch *Ohne Angst und ohne Andacht auf die Welt blicken* als Untertitel haben können.

Auch Kardinal Schönborn bittet Holl zu einem Gespräch.[134] Vermutlich hat er weniger Holls Radio-Morgenbetrachtung im Ohr als die zahlreichen Bücher, Interviews und die TV-Dokumentation im Kopf, die christliche Themen in die Öffentlichkeit transportieren, wo sie sonst kaum mehr verhandelt werden. Im Kontrast zum Propheten Mohammed. Der ist nach den Karikaturen vom 30. September 2005 in der dänischen Zeitung *Jyllands-Posten* in aller Munde. »Katholische Gläubige gehen heutzutage kaum noch auf die Barrikaden. Bedauern Sie das?«, fragt das *profil* den Autor des *lachenden Christus*.

> Die christlichen Kirchen werden schwächer. Religiöse Inhalte werden in Europa sehr salopp behandelt, der Zorn flaut ab. Wie in der Bibel schon zu lesen: »Wo ein Aas ist, da sammeln sich die Geier«, sprich die Karikaturisten. (…) Auch dagegen protestieren die Moslems. (…) Wenn wir, die europäische Spaßgesellschaft, an den verwahrlosten Umgang mit unserem kulturellen Erbe erinnert werden, ist das gar nicht so schlecht.[135]

Am Stephansplatz wird man das nicht ungern gelesen haben. Selbst im »katholischen Milieu« konnte Holl hier mit Zustimmung rechnen. Vereinzelt machte es sich noch bemerkbar. So hatte ihn eine aufgebrachte Bürgerin nach seinen *Gedanken für den Tag* angezeigt. Das Verfahren wurde eingestellt.

Sinkende Zeit

Die Welt wird alt – und mit ihr Adolf Holl. Er ist müde vom Sausen durch die Jahrhunderte. Die Anstrengung eines Lebens macht sich bemerkbar, das von weit hinten nach ganz vorne gelebt wurde. Nicht nur die christlichen Kirchen, die europäische Gesellschaft insgesamt hat ihren Schwung verloren. Der medialen Daueraufgeregtheit und ihrem Alarmismus zum Trotz (vielleicht gerade deshalb) breitet sich Langeweile aus. Europa steuert auf die unerträgliche Nüchternheit des Seins zu, wie Jan Roß sie beschrieben hat, »auf eine Kultur des religiösen Analphabetismus«[136] – mit ungeahnten Folgen. Holl zeigt sich davon nicht unbeeindruckt. Anfang 2006 lädt ihn Otto Brusatti zum *Klassik-Treffpunkt* ins Funkhaus ein. Im Sommer ist es soweit. Es wird eine Sternstunde der Sendung. Brusatti ist gewillt, Holl aufs Glatteis zu führen, Holl wiederum, ihn darauf ausrutschen zu lassen. Herausgekommen ist ein amüsantes Gespräch mit gelegentlichem Tiefgang, bei dem Brusatti Holl Dinge entlockt, die er so deutlich noch nicht gesagt hatte. Zum Stellenwert der Religion lässt er etwa hören:

> Das ist ein Fach unter anderen. Man kann sich abmelden und man kriegt immer einen Einser oder Zweier, und in Wirklichkeit interessiert es einen nicht. Das ist der heutige öffentliche Status von Religion. (…) Meine Auffassung von Religion ist ein bisschen anspruchsvoller, das heißt, sie hat mit Extremismen zu tun, sie geht bis zum Äußersten (…) Ich denke da an Menschen, … die bis an die Grenzen ihrer Möglichkeiten gegangen sind. Dann zeigt sich was, … und zwar mimetisch …, wenn zum Beispiel dem Ödipus (auf der Bühne, Anm.) die Augen ausgestochen werden, tut's ein bisserl weh. Dieses Mimetische ist in der Religion das A und O.[137]

Weiters gesteht Holl, sich eine merkwürdige Gottesbeziehung zugelegt zu haben. Er definiert sie nicht, aber mit dem Begriff »vertrackt« wird man nicht ganz falsch liegen. Sie inkludiert jedenfalls eine »Kulturgeschichte des Betens«, aus der der Verlag dann eine »universale« macht.[138] Als das Buch im Herbst erscheint, schreibt Ursula Baatz:

> Von den Grabkammern der Pharaonen zu den Schamanen, von yogischen Atemübungen und einer Theologie des Klanges ... zur Katalogisierung von (gedanklichen) Fehltritten und Enttäuschungen führt der Weg zu gesundheitsförderlichen Gebeten, in das Reich der Zwischenwesen ... und schließlich zu jenen, die mit ihren Gebeten das Äußerste suchen – zu den Terroristen und Mystikern.[139]

Zu diesem Zeitpunkt rumort in Holls Kopf bereits sein Alterswerk, in dem er die verschiedenen Stränge seiner Lebensthemen zusammenführt. Es wird ein schmales Bändchen, das jedoch Anstöße für ein von der Schoah in geistige Schockstarre versetztes Europa enthält. Noch einmal erweist sich Holl als Visionär. Es dauert allerdings fast ein Jahrzehnt, bis *Braunau am Ganges* vorliegt.

Persönlich betroffen vom Askesekult der alten Inder, fragte sich Holl eines Tages: Wie kam die Idee von der Enthaltsamkeit, noch bevor die Arier in den Mittleren Osten einmarschiert waren, ins christliche Abendland und in der Folge nach Braunau am Inn? Schon Jesu Jünger waren der Ansicht, dass es nicht gut sei zu heiraten, wenn man, wie ihnen der Meister nahelegte, sich nicht scheiden lassen sollte (siehe Mt 19, 1–10). Adolf Hitler heiratete bekanntlich erst in der Stunde seines Todes. Auf den in Wien geborenen Leopold Fischer konnte er sich nicht berufen. Der spätere Professor Agehananda Bharati kam erst ein gutes halbes Jahr später auf die Welt, bevor Hitler in München putschte. Sein berühmtes Buch über die Überlistung der Geschlechtslust zum Zweck der endgültigen Befreiung aus dem Wiederholungszwang des Wanderns durch Millionen von Geburten schrieb er erst nach Hitlers Hochzeit. In dem Buch reproduziert Professor Bharati die Betrachtungsweise Schiwas, nach der sich jeder Mann lächerlich macht, der sich mit einer Frau einlässt. Das Einreiben mit Totenasche und Verschwinden im Wald zur sexuellen Askese zwecks Machtakkumulation hat allerdings zu Hitler gepasst. Wie kommt ein Mann aber dazu, so etwas zu machen? Eine eindimensionale Antwort darauf findet sich bei Holl nicht. Seine gesprächsweise geäußerte Vermutung[140] geht aber in eine bestimmte Richtung: Daseinsverzweiflung. Ein urreligiöses Gefühl. Wer es nicht kennt, ist für die Sehnsucht nach Höherem oder Transzendentem verloren. Weshalb Holl auch augenzwinkernd den *Brief an die gottlosen Frauen*[141] schrieb. Sachdienliche Hinweise darauf, was Daseinsverzweiflung – aus christlicher Sicht – sein könnte, findet man jedenfalls in Søren Kierkegaards tiefsinnigem Traktatus *Die Krankheit zum Tode*.

Eine Erklärung für die Flucht aus der Welt, die Adolf Holl von seiner Indienreise im Oktober 1980 mitgebracht hat, ist, dass Männer zum Entsetzen von Maharadschas und Brahmanen die Verehrung von Herrschern als Götter satthatten und sich mit ihrer inneren Leere in die Einsamkeit zurückzogen, um dem ewigen Kreislauf von Werden und Vergehen zu entfliehen und endlich ins Nirwana einzugehen. Dass es das Beste sei, nicht geboren zu werden, dachten über 2500 Jahre auch abendländische Denker von Sophokles bis Cioran. Wer es aushält, der Welt zu entsagen, und sei es nur in der Form, vegetarisch zu leben und unverheiratet zu bleiben wie Adolf Hitler, »ohne verrückt zu werden«, hat nach Holls Ausführungen »den Weg des Yoga eingeschlagen wie Lord Schiwa«[142]. Hitler gilt deshalb in Indien auch nicht als Inbegriff des Destruktiven, sondern als herabgesunkene Gottheit.

Die Inder pflegen eben einen anderen Umgang mit ihren Göttern als die christlichen Europäer. »Sie spüren auch das Widrige in ihren Gottheiten«[143], gehen ungeniert durch eine Allee von männlichen Geschlechtsteilen aus Stein und erweisen damit Schiwa die Ehre. Im Vatikan dagegen werden die Genitalien nackter Statuen mit Feigenblättern verdeckt oder beim Besuch moslemischer Staatspräsidenten[144] sogar ganz verhüllt. »Die Massenbasis der Großvölker Asiens (…) bleibe«, so interpretiert Holl Professor Bharati, »gefesselt vom Nimbus machtvoller Persönlichkeiten, die den Tod zu überleben scheinen, auf den Märschen ins Reich der Freiheit. Ob dabei über Leichen gegangen wird (…), sei für Asien nebensächlich.«[145] Im christlichen Abendland hingegen ist Hitler der ewig wiedergängerische Dämonengott, mit dem wir nicht fertig werden. Nicht nur in der Politik geht sein Gespenst beständig um, auch in Kunst und Kultur, etwa in dem 2012 erschienenen und seither millionenfach verkauften Roman *Er ist wieder da* von Tilmur Vermes oder bei der sofort nach Erscheinen Anfang 2016 zum Bestseller avancierten kommentierten Neuausgabe von *Mein Kampf* anlässlich des Auslaufens der Rechte an dem Pamphlet. Die Popularität des Untoten scheint größer als jene des Auferstandenen. Wenige Jahre vor Vermes Megaseller war ein anderes Buch erschienen, das kein Bestseller wurde.

»Dass ein Papst unter die Schriftsteller und auf den Buchmarkt geht, ist neu«, beginnt die Rezension Holls von Joseph Ratzingers Buch über *Jesus von Nazareth*.[146] Schon die Frage, wo das Buch im Sortiment einzureihen wäre, so Holl, muss offenbleiben: Belletristik oder Sachbuch? Mit dem Verdrängen der Moderne, was Holl als »hidden agenda« Benedikts ausmacht, wird's nicht gehen, der Gottesbeziehung Europas neues Leben einzuhauchen. »Nur die politischen und materiellen Realitäten als Wirklichkeit anzuerkennen und Gott als Illusion beiseitezulassen, das ist die Versuchung, die uns in vielerlei Gestalten droht«, schreibt der Papst. Für Holl ist das nicht die Versuchung, sondern die Praxis des Westens. Religion als Stachel im Fleisch des säkularen, liberalen Wohlfahrtsstaats kann er nirgends ausmachen. Anders mag es in Indien oder Lateinamerika aussehen, von der arabischen Welt ganz zu schweigen. Kurz vor der Veröffentlichung des Papst-Buches hat Erich Witzmann ein Interview mit Holl im Rahmen der Serie *Gott verlassen? Die Christen und die heutige Welt* gegeben, worin seine Einwände schon formuliert waren:

> Langfristig haben wir einen sehr einfachen Sachverhalt: Einen Zusammenhang zwischen der steigenden Lebenserwartung und sinkenden religiösen Beteiligung. (...) Langfristig haben wir, wenn sich die Welt so weiterdreht mit ihrer Globalisierung, eine Religionslosigkeit im Programm, mit einer Einschränkung: Da ist nicht die Vitalität der religiösen Einbildungskraft berücksichtigt. In den Riesenstädten Indiens bilden sich etwa Religionsformen heraus, die wir noch gar nicht kennen.[147]

Für Europa hingegen gilt – mit den Worten Nietzsches – »die Wüste wächst«, so Holls Resümee. Dagegen hilft weder ein Erbauungsbuch à la Ratzinger noch eine umfassende Retro-Welle in der Kultur noch die Neugründung einer Religion.

Das zweitgenannte Element unserer Zivilisation verfolgt Holl in Anwesenheit der *Presse*-Redakteurin Anne-Catherine Simon am Abend des 12. Dezember 2007 vor dem Bildschirm. Ein Dutzend Jahre davor war der legendäre *Club 2* eingestellt worden. Jetzt versuchte man ihn wiederzubeleben. Rudolf Nagiller moderierte eine Diskussion zum Thema *Die Meinungsfabriken – Wer bestimmt, was wir denken?* Schon die Sofas des neuen Clubs findet Holl »retro, aber nicht schick«.[148] Sein Fazit nach 75 Minuten: »Ein schöner nachgebauter Mini Cooper. Das Problem ist, er schaut trotzdem alt aus.« Das hat er nicht nur mit zahlreichen Kulturprodukten gemeinsam, sondern auch mit der Religion. Ob eine Neugründung die Lösung ist? Holl denkt natürlich nicht ernsthaft daran, sich zum Papst einer neuen Kirche aufzuschwingen, sondern bringt, wie Franz Schuh in seiner Rezension über das Buch feststellt, die Unzufriedenheit mit der Falle, in der er sitzt, zum Ausdruck.[149] Zugleich betont Schuh, dass Holl im »beharrlichen Fragen nach dem Religiösen, dem man Holls stilistischer Kunst wegen die Anstrengung nicht anmerkt, ... derzeit päpstlicher als der Papst« ist. Seine Anleitung *Wie gründe ich eine Religion*[150] steht laut Schuh in der Tradition der Essayistik (eines Montaigne), die die Möglichkeit bietet, »auf formal disziplinierte Weise den großen Menschheitsfragen ›persönlich‹, subjektiv nahezutreten«. Dass die Zeichen der Zeit nicht auf religiöse Erneuerung, sondern auf »Wellness & Security«[151] stehen, ist Holl allzu bewusst. Die Moderne, so hält er nach dem Besuch der Oper *Boris Godunow* in Bratislava fest, gerät zum »Zitatenschatz«,[152] an deren alte Inhalte niemand mehr glaubt.

> Die sogenannten großen Erzählungen haben ausgedient und wir stehen heute auf der Bühne wie Clowns, denen die Witze ausgegangen sind. Das Publikum wird unruhig. (...) »Sinkende Zeit« macht deutlich, dass dieses Weltsystem Abnutzungserscheinungen hat. Ich meine damit nicht, dass der höchst robuste Kapitalismus in seinen letzten Zügen liegt ... Was vielmehr zutrifft, ist der Umstand, dass das Gefühl der Fortschrittlichkeit bei uns im Verblassen begriffen ist. Im Vergleich zu früheren Zeiten leben wir heute möglicherweise schon in einer Nachwelt.[153]

Sagt Holl vor seinem 80. Geburtstag am Ende eines langen und reichhaltigen Gesprächs zu Erich Klein. Nach den Talaren waren inzwischen auch Pakete mit Religionssoziologie im Coloniakübel gelandet.[154] Längst war die Leitwissenschaft der Sechzigerjahre, die Soziologie, von der Genetik abgelöst worden. Die Entschlüsselung des menschlichen Genoms wurde in der Scientific Community süffisant als Zutritt in das Labor Gottes gefeiert. Holl bekommt Mitleid mit dem Himmelvater. Bei Hans Jonas liest er, »dass wir jetzt die von uns gefährdete göttliche Sache in der Welt vor uns schützen, der für sich ohnmächtigen Gottheit gegen uns selbst zu Hilfe kommen müssen«.[155] Holl ist dazu bereit, wenn man ihm nicht abverlangt, an ihn zu glauben, wie das in Ebensee wieder jemand getan hatte.[156] Ausgerechnet an der Stätte eines Nebenlagers des KZs Mauthausen. Dem Wandel der Zeiten entsprechend, war er vom hyperprogressiven Theologen zum »konservativen Haxlbeißer« geworden, wie er sich den *Oberösterreichischen Nachrichten* aus Anlass einer Lesung im Linzer Casineum gegenüber äußert: »Ich sage nur, was vor 2000 Jahren schon der Fall war, aber unterdrückt wurde. Ich erinnere an Verhältnisse, die am Wege liegengeblieben sind.«[157] Die Fixiertheit der Medien (und damit der Öffentlichkeit) auf das 20. Jahrhundert und seiner Erfindung des industriellen Tötens machte es ihm zunehmend schwerer, sich damit Gehör zu verschaffen. Immer dringlicher fragt er sich deshalb: Was ist da los?

Dass wir in Europa ein Problem mit unserer »Erinnerungskultur« haben, macht Holl einem vergleichsweise irreligiösen Publikum bei der Vorstellung seines Religionsgründungs-Buches bei der Leipziger Buchmesse klar, zu der ihn Josef Haslinger eingeladen hatte. Im Angesicht des Autors der »Politik der Gefühle«[158] meint Holl auf die schüchterne Frage einer Frau, wie er Religion definiere, am Ende seiner langen Antwort: »Nicht immer Auschwitz, das geht mir in der österreichischen Literatur seit 45 auf die Nerven: Betroffenheit, Weinen, und noch einmal.«[159] Schon bei der Ausstrahlung des vierteiligen Fernsehfilms *Holocaust – Die Geschichte der Familie Weiss* im Jahre 1979 war dem *Spiegel* aufgefallen, dass die Verdrängungsthese nur bedingt stimme:

> Eine amerikanische Fernsehserie von trivialer Machart schaffte, was Hunderten von Büchern, Theaterstücken, Filmen und TV-Sendungen, Tausenden von Dokumenten und allen KZ-Prozessen in drei Jahrzehnten Nachkriegsgeschichte nicht gelungen war: die Deutschen über die in ihrem Namen begangenen Verbrechen an den Juden

so ins Bild zu setzen, dass Millionen erschüttert wurden. Im Haus des Henkers wurde vom Strick gesprochen wie nie zuvor, *Holocaust* wurde zum Thema der Nation.[160]

Spätestens mit dem Präsidentschaftswahlkampf 1986 hatte diese Erschütterung auch Österreich erreicht. Knapp ein Vierteljahrhundert später hat die Erinnerung daran einen quasireligiösen Charakter angenommen. Fast könnte man meinen, die christliche Leidensmystik und Todesversessenheit hätte sich säkularisiert. Das ist Holl suspekt. Er will ja nichts weniger als eine neue Religion gründen, sondern vielmehr deren Charakter ergründen. »Wir haben Fragen gestellt, die ohne Antworten geblieben sind. Wir fragen weiter«[161], endet Holls Religionsgründungsbuch. Er erweist sich damit viel mehr als Erbe der Aufklärer als die Gründer der Todesanbetungskultur. Die Untersuchung religiöser Mechanismen und Funktionsweisen wäre Aufgabe einer Religionskritik, wie Holl sie sich vorstellt. Religiöse Strukturen finden sich ja keineswegs nur in monotheistischen Konfessionen, sondern – wie Holls Werk eindringlich zeigt – auch in Politik, Wirtschaft und Wissenschaft. Doch damit steht Holl derzeit auf verlorenem Posten.

Zu seinem Achtziger macht das Paar Holl / Santner-Cyrus eine Geburtstagsfahrt durch die Toskana. Holls Lebensgefährtin hatte ihm als Geschenk in Aussicht gestellt, eine ansehnliche Summe gesparten Geldes zur Weiterverfolgung seiner Ideen zur Verfügung zu stellen. Bei der Einfahrt in Lucca hat Holl plötzlich den Einfall zu einer Stiftungsprofessur für Religionskritik.[162] Die Verwirklichung dieses Projekts wird Jahre in Anspruch nehmen. Es wird eine Odyssee durch Universitäten Europas. Von Wien über München und Berlin nimmt er in den folgenden Jahren Kontakt mit Rektoren auf. Zwei Dinge stellen sich als größte Hindernisse in den Weg: dass sich der Universitätsbetrieb mit dem Bologna-Prozess gewandelt hat und Forschungsbereiche, die nicht unmittelbar dem wirtschaftlichen Fortschritt dienen, als »Orchideenfächer« gelten; und dass nicht die fachlich fähigsten Professoren Ausschreibungen gewinnen, sondern diejenigen, die den Prozess am besten beherrschen. Nach vielen Hürden findet die *Stiftungsprofessur für Religionswissenschaft und Religionskritik* endlich Unterschlupf am Religionswissenschaftlichen Institut der Universität Leipzig. Am 1. Jänner 2018 wird Horst Junginger als ihr Leiter seine Arbeit aufnehmen. Der Religionswissenschaftler ist davon überzeugt, dass »die seit Jahren boomende weltanschauliche Religionskritik dringend eines wissenschaftlichen Korrektivs bedarf«.[163] Es geht also nicht nur um die Lust am ziellosen Denken, wie sie Peter Henisch von Holl vermittelt bekommen hatte,[164] sondern um aktuelle Fragen zur Ideologisierung und Politisierung des Religiösen. Holl indes kehrte vorerst an seinen Schreibtisch zurück.

Dort warten nicht die unendlichen Weiten des World Wide Webs auf ihn, sondern die alten Kompendien des wahren Wissens. »Die Ozeane des Wissens sind indes nicht tiefer geworden, viel größer erscheint hingegen die Gefahr, in der unüberschaubaren Menge an Daten und Informationen der Internet- und Computerwelt an der Oberfläche stecken zu bleiben«, schreibt Georg Sutterlüty in seiner Geburtstagsadresse zu Holls 80. Geburtstag.[165] In dieser feinfühligen Würdigung legt der Vorarlberger Historiker auch die Finger in Holls Wunde:

> Warum schreibt jemand so viele Bücher über Gott und die Religionen, wenn er weiß, dass er mit Buchstaben das Geheimnis nie wird lüften können? Adolf Holls Worte versprühen ohne Zweifel Übersinnlichkeit, aber manchmal habe ich das Gefühl, er glaube immer noch, mit seinem Verstand irgendwann die vielen dunklen Ecken ausleuchten zu können.

Und so versucht Holl weiterhin, Licht ins Dunkel jener Lebensprobleme zu bringen, die laut Wittgenstein noch gar nicht berührt sind, selbst wenn alle möglichen wissenschaftlichen Fragen beantwortet wären. Er schiebt ein Buch dazwischen, das ganz bewusst den geistigen Moden zuwiderläuft: In *Können Priester fliegen?* berichtet Holl genüsslich von beglaubigten Levitationen.[166] Er hat großen Spaß daran, »dass die Gesetzmäßigkeiten der Welt gelegentlich einen Ausrutscher haben«.[167] Zugleich begegnet er religiöser Leichtgläubigkeit selbstverständlich mit dem Holl'schen Humor und psychoanalytisch gewitzt, wie Ernst Fürlinger analysiert.

> Es scheint, als wolle Holl im starren Gehäuse eines durchrationalisierten Europas, in der nüchternen pastoralen Verwaltung des Heiligen, in der Wikipedia-Welt, in der auf Tastendruck scheinbar alles erklärt werden kann, einen Spalt offenhalten – für das Wunder, das Nichtvorgesehene, das Freie.[168]

Holls gar nicht sehr verstecktes Programm hinter seiner scheinbaren Wundergläubigkeit ist, der Todsünde der Atesia, also des Überdrusses in der Überflussgesellschaft, die Tugend der Cortesia (Freundlichkeit, Höflichkeit) entgegenzusetzen. Das ist kein Konzept, die Kirchen zu füllen, sondern die Bedrängnisse des Lebens zu erleichtern. Dem langjährigen Trend, wie Kurt Remele ihn beschreibt, gebietet das keinen Einhalt:

> Gingen in Österreich im Jahr 1970 noch vierzig Prozent der Katholiken in die Sonntagsmesse, so waren es 1990 nur noch 27 Prozent, 2010 gerade noch achtzehn Prozent. Gescheite Theologen, Soziologen und Psychotherapeuten sind sich nicht einig, warum das so ist. Geht das Interesse an Religion und Spiritualität zurück, oder verlagert es sich hin zu Esoterik und Wellness? Sind die Predigten zu schlecht, oder geht es den Menschen zu gut? Ist die Sprache der Liturgie zu antiquiert oder nicht geheimnisvoll genug?[169]

Oder es erwarten sich die Menschen vom Gottesdienst einfach nichts mehr (für sich). Eigentlich ging es in Remeles Artikel um die Aufführung von Peter Jan Martés »Erdwärtsmesse« zu Pfingsten 2011 im Dom zu St. Stephan, an der auch Holl teilnahm. »Wenn die Eucharistie nicht das Heilige im Alltäglichen aufdecke und nicht eng mit der Fußwaschung … verbunden bleibe, hat sie jede Bedeutung verloren«, gibt Remele den Rektor des Jesuitenkollegs in Kairo, Henri Boulard, wieder. Holl ähnlich, jedoch spöttisch: »Auf Dom, da reimt sich Illusion.«[170] Gelegentlich träumt er noch vom Messelesen. Als er gefragt wird, was er tun würde, ließe Kardinal Schönborn ihn wissen, dass seine Suspendierung aufgehoben ist, antwortet er:

> Ich würde sagen: »Wunderbar, ich kenne eine Pfarre, die froh wäre, wenn ich einmal im Monat eine Abendmesse mit Predigt zelebrierte.« Die Kirche wäre wahrscheinlich voll, das Fernsehen käme. Aber das wär's dann auch. An meiner sonstigen Existenz würde sich nicht das Geringste ändern.[171]

Diese Existenz besteht seit nunmehr vierzig Jahren aus Schreiben. Seit 15. November 2011 hat sein neues Buch fix den Titel *Braunau am Ganges*. Bei der Intensivarbeit daran erinnert er sich an die erste

Erschütterung seines Glaubens, als sein verehrter Lehrer Albert Mitterer in der Vorlesung zugeben musste, dass es Thomas von Aquin nicht gelungen war, Aristoteles' Argument von einer ewigen Welt zu widerlegen.[172] Dazu fällt ihm Wittgenstein ein, aus dessen Tractatus hervorgeht, dass sich Gott der Welt nicht offenbart und der Sinn der Welt deshalb außerhalb ihrer liegen müsse. Holls Arbeit, die Religionskritik, wäre somit erst beendet, wenn ihr Gegenstand verschwunden ist. Davon sei man im Westen gar nicht mehr so weit entfernt. »Den Gedanken an ein Verschwinden der Monotheismen habe ich bereits im Jahr 2000 nicht abgewehrt.«[173]

Also bereitet er sich aufs Verschwinden vor. Dazu gehört, dass er sich von dem schönen alten Kruzifix trennt, das lange Jahre in seinem Arbeits-, später in seinem Schlafzimmer stand. Hat ihm doch sein Wunschkandidat für die Stiftungsprofessur, Horst Junginger, von der Gottlosigkeit seiner Studenten berichtet. Dazu zählt auch die Überprüfung seiner Befindlichkeit. Bei einem Stadtbummel mit Inge Santner-Cyrus durch den ersten Bezirk wirft er beim Überqueren des Stephansplatzes einen befremdeten Blick auf den Dom, »einen kindlichen Blick, ohne Regress auf die vorhandenen Erinnerungen an das Innere des Doms, mit der Priesterweihe etc.«[174] Kein Phantomschmerz ist mehr zu spüren. Nicht einmal, als er wieder eine Einladung von Kardinal Schönborn zum Mittagessen erhält.[175] Beim Verschwinden geht's ihm nicht um den Tod, nicht um seine persönliche »Deminenz«, wie er das nennt, sondern um ein Friedensprogramm.[176] Das bei ihm selbstverständlich katholisch imprägniert ist: Besinnen, Bereuen, Beichten, Büßen, Bessern – die fünf B. Eine Idee zu einem nächsten Buch.

Das Manuskript desjenigen, das auf seinem Schreibtisch liegt, schließt er am 4. Juli 2014 ab. Danach macht er sich keine Illusionen mehr: Es gibt keine Unschuldigen. Das wissen die Inder offenbar besser als die manichäischen Europäer.

> In Asien gibt es Vorteile in Bezug auf die Existenzfrage, weil sie nicht Eingott im Programm haben, sondern Vielgott oder sogar Nullgott wie die Buddhisten. Da kommt dann die Frage herauf, wie tut sich der Eingott (Juden, Christen, Muslime; Schlachtruf Eingott: heis theos) mit dem Bösen. Die asiatischen Formationen haben nicht diese Belastung, sich immer nur an eine Instanz wenden zu müssen.[177]

Trotzdem will er sich von Andrea Roedig nach Erscheinen des Buches nicht in eine Konkurrenzsituation zwischen dem angeblich christlichen Europa und dem hinduistisch/buddhistischen Asien drängen lassen. Sein Platz ist – so liest man's im darauffolgenden Jahr in *Braunau am Ganges* – der »zwischen Skepsis und Staunen«.[178] Und so nimmt er bei Drehaufnahmen im Stephansdom auch endgültig Abschied vom Wunsch des Messelesens: »Gewissheit: Zelebrieren werde ich nicht mehr. Mich der Liturgiereform anzugleichen, wäre ein Fehler.«[179] Ein langer Abschied.

Nicht beendet wird hingegen das, wofür er offenbar geschaffen wurde: das Schreiben. Er tippt auf seiner alten Olympia-Schreibmaschine weiter Rezensionen sowie ein nächstes Buch; nicht an den »fünf B« arbeitet er, sondern daran, was er Erich Klein als Rezept gegen das Altern und das Sterben-Müssen vermittelt hatte:

> Mich interessiert … besonders der Umstand, dass wir im gesamten Abendland, im ganzen griechisch-römischen Philosophieren, keinerlei Tradition für eine eingehende und freundliche Auseinandersetzung mit unserer Endlichkeit und Körperlichkeit haben. (…) Warum eigentlich? (…) Wenn ich hergehe und den Körper schlecht mache, bin ich ein schlechter Christ, weil ich das Corpus Christi, die Körperlichkeit Gottes, außer Acht lasse.[180]

In dieselbe Kerbe, aber da sind wir bereits unmittelbar in der Jetztzeit, schlägt der Direktor der vatikanischen Sternwarte unter Papst Franziskus, Guy Consolmagno. Zum Verhältnis von Wissenschaft und Religion, mit dem sich Holl ein Leben lang herumgeschlagen hat, antwortete der Jesuit in einem Interview, dass man durch Forschung herausfindet, wie es wirklich war, und dabei ein Gespür für Gottes Geschmack, für seinen Sinn für Humor entwickelt. Zur Körperlichkeit Gottes, auf die Holl rekurriert, fällt ihm ein johanneisch anmutender Vergleich in postmoderner Diktion ein.

> Das Christentum sagt, dass unsere Körper zählen. Und wenn einem das klar wird, geht man mit der physischen Welt anders um. Es wäre leicht zu sagen, Armut ist nicht so schlimm, später kommen die Menschen ohnehin in den Himmel. Ich selbst verwende manchmal eine Analogie zum Computer. Existiert ein Computerprogramm noch,

wenn es keinen Computer mehr gibt, auf dem es läuft? Es gibt etwas, was wir Information nennen und wir so behandeln, als würde es außerhalb eines physischen Körpers existieren. Was heißt Information? Himmel und Erde werden vergehen, aber mein Wort wird nie vergehen, heißt es. Vielleicht ein Hinweis auf das, was Ewigkeit bedeutet.[181]

Anmerkungen

1 Erwin Brunner, Joachim Riedl: *Die vatikanische Belagerung.* In: *Die Zeit*, 17.4.1987.
2 Katharina Nowotny: *Adolf Holl: Etwas »schief in die Welt geschraubt«.* In: *AZ*, Nr. 14/1988, 1.4.1988.
3 Adolf Holl: *Die linke Hand Gottes. Biografie des Heiligen Geistes.* List Verlag, München 1997, S. 179.
4 *Konvolut*, 25.7.1989.
5 *Konvolut*, 31.7.1989.
6 *Wie ich ein Priester wurde*, S. 147.
7 Ebd.
8 Ebd.
9 *Menschenbilder.*
10 Brief von Adolf Holl an Peter Strasser vom 17.7.1989. In: *Konvolut*.
11 Brief von Adolf Holl an Peter Strasser vom 2.8.1989. In: *Konvolut*.
12 Zusammenfall der Gegensätze. Ein zentraler Begriff im Denken des Philosophen, Theologen und Mathematikers Nikolaus von Cues (1401–1464).
13 H. C. Artmann: *med ana schwoazzn dintn. Gedichta r aus bradnsee.* Otto Müller Verlag, Salzburg, 1958, S. 52.
14 *Konvolut*, 8.5.1992.
15 Brief von Adolf Holl an Peter Strasser vom 17.6.1992. In: *Konvolut*.
16 Jan Roß: *Die Verteidigung des Menschen. Warum Gott gebraucht wird.* Rowohlt Verlag, Berlin, S. 16.
17 Ebd., S. 17.
18 Günther Nenning: *Religion, Gewalt und Sex.* In: *profil*, 27.5.1991.
19 Ebd.
20 *Konvolut*, 16.8.1991.
21 Konrad Paul Liessmann: *Weht, wohin er will.* In: *Der Standard / Album*, 5.12.1997.
22 *Konvolut*, 18.6.1992.
23 *Konvolut*, 5.10.1992.
24 IM = informelle Mitarbeiterin. s. *Spiegel*, 4/1993, 25.1.1993, und *Spiegel* 6/1993, 8.2.1993.
25 *Konvolut*, 28.2.1993.
26 *Konvolut*, 6.5.1993.
27 Thomas Merton war im Übrigen Lehrer von Ernesto Cardenal und ein Vordenker der Befreiungstheologie, der gegen atomare Aufrüstung, gegen den Vietnamkrieg und gegen Rassendiskriminierung etc. protestierte.
28 *Konvolut*, 25.6.1993.
29 *Konvolut*, 3.9.1993.
30 *Konvolut*, 16.11.1993.
31 Ebd.

32 Brief von Adolf Holl an Peter Strasser am 24.11.1993. In: *Konvolut*.
33 *Konvolut*, 22.7.1994.
34 *Konvolut*, 8.12.1994.
35 Adolf Holl: *Die linke Hand Gottes. Biografie des Heiligen Geistes*. List Verlag, München 1997, S. 85.
36 Adolf Holl: *Hollabrunn ist überall. Der Spiegel* Nr. 15, 10.4.1995.
37 Ebd.
38 *Konvolut*, 14.4.1995.
39 *Konvolut*, 24.4.1995.
40 *Konvolut*, 25.5.1995.
41 *Die linke Hand Gottes*, S. 341.
42 Ebd., S. 344.
43 *Die Verteidigung des Menschen*, S. 57.
44 Brief von Adolf Holl an Peter Strasser vom 1.12.1993.
45 *Konvolut*, 18.4.1992.
46 *Die linke Hand Gottes*, S. 344.
47 *Konvolut*, 28.6.1997.
48 *Die linke Hand Gottes*, S. 344.
49 *Konvolut*,
50 s. Martin Walser: *Über die Rechtfertigung, ein Versuch*. Rowohlt Verlag, Reinbek 2012, S. 73.
51 Gerd Lüdemann: *Was mit Jesus wirklich geschah. Die Auferstehung historisch betrachtet*. Radius Verlag, Stuttgart 1995.
52 *Konvolut*, 7.6.1996.
53 s. *Konvolut*, 4.2.1997.
54 *Konvolut*, 21.4.1995.
55 *Konvolut*, 2.11.1996.
56 Adolf Holl: *Der Glaubensverlust bei Salman Rushdie*. Vortrag in der *Alten Schmiede* am 15.9.1994.
57 *Konvolut*, 25.2.1997.
58 Severin Renoldner: *Papst Holl und der diskrete Charme von Castelgandolfo*. In: *Die Presse / Spectrum*, 3.10.1998.
59 Adolf Holl: *Falls ich Papst werden sollte. Ein Szenario*. List Verlag, München 1998, S. 21f.
60 Ebd., S. 85.
61 Severin Renoldner: *Mitleid mit Hunden*. In: *Die Presse / Spectrum*, 4.10.1997.
62 s. *Konvolut*, 21.8.1997.
63 Die Wiener Vorlesung über *Die religiöse Militanz und deren Begütigung* hatte Adolf Holl am 22.11.1995 im Wiener Rathaus gehalten. Das Buch dazu erschien 1997, Zitat s. S. 44.
64 *Konvolut*, 14.2.1998.
65 *Konvolut*, 17.11.1997.
66 Adolf Holl: *Brief an die gottlosen Frauen*. Zsolnay Verlag, Wien 2002, S. 11.
67 *Konvolut*, 24.3.1998.
68 *Konvolut*, 3.9.1998.
69 *Konvolut*, 25.5.1998. Das Gespräch wurde am 17.6.1998 in der *Presse* veröffentlicht.
70 *Die Streiter Gottes*. In: *Kleine Zeitung*, 4.10.1998.
71 *Konvolut*, 11.9.1998.
72 *Konvolut*, 11.9.1998.
73 Was nur besagt, dass gute Texte immer klüger sind als ihre Autoren.
74 *Konvolut*, 2.11.1998.

75 *Konvolut*, 2.10.1998.
76 Adolf Holl: *Von Ketzern und anderen Kollegen*. In: *Die Presse/Spectrum*, 24.12.1998.
77 *Konvolut*, 12.12.1998.
78 *Konvolut*, 27.5.1998.
79 Andy Warhol moderierte von 1985–1987 eine Talkshow nach dem Motto, »In future, everbody will be world-famous for 15 minutes«, die vom US-amerikanischen Sender MTV ausgestrahlt wurde.
80 APA-Meldung von der Preisverleihung am 23.11.1995.
81 APA-Meldung vom 23.12.1999.
82 *Konvolut*, 6.7.1999.
83 *Konvolut*, 14.12.1999.
84 Franz Schuh: *Über den Umgang mit Menschen*. In: *Wespennest-Sonderheft*, S. 21–26, S. 25.
85 *Konvolut*, 14.2.2000.
86 APA-Meldung, 21.4.2000.
87 s. *Konvolut*, 2.5.2000.
88 Hubert Patterer, Stefan Winkler: Adolf Holl: *Bei den letzten Fragen lass' ich Platz für ein Lächeln ....* In: *Kleine Zeitung*, 5.5.2000. Michael Fleischhacker: *Adolf Holl: »Ich bin ein theoretischer Anarchist«.* In: *Der Standard*, 5.5.2000.
89 *Konvolut*, 1.3.2000.
90 Konrad Paul Liessmann: *In schlechter Gesellschaft*. In: *Wespennest-Sonderheft*, S. 27–31.
91 Ebd., S. 30.
92 Ebd., S. 28.
93 Ebd., S. 29.
94 s. *Jesus in schlechter Gesellschaft*, S. 134.
95 Liessmann: *In schlechter Gesellschaft*, S. 30.
96 *Konvolut*, 9.1.2001.
97 *Konvolut*, 14.3.2001.
98 Stefan Winkler im Gespräch mit Adolf Holl: *Gott ist tot und lässt dich grüßen*. In: *Kleine Zeitung*, 11.4.2001.
99 *Konvolut*, 6.9.2001.
100 *Konvolut*, 21.12.2001.
101 APA-Meldung, 29.8.2002.
102 Michael Fleischhacker im Gespräch mit Adolf Holl: *Das ist eine Männerpartie*. In: *Der Standard*, 9.10.2001.
103 *Konvolut*, 24.7.1995.
104 *Konvolut*, 22.9.2001.
105 Helga Häupl-Seitz im Gespräch mit Adolf Holl: *Ekstase, Entrückung, Erinnerung*. In: *Wiener Zeitung/Extra*, 17.5.2002.
106 *Konvolut*, 30.5.2001.
107 Daniela Strigl: *Das weibliche Gegenprinzip*. In: *Der Standard/Album*, 24.8.2002.
108 Brigitte Schwens-Harrant: *Und hinter den Masken der Göttlichkeit zeigen sich nur Männer*. In: *Die Presse/Spectrum*, 31.8.2002.
109 Günther Nenning: *Brief an die gottvollen Frauen*. In: *Die Presse*, 4.9.2002.
110 *Konvolut*, 18.12.2002.
111 Otto Friedrich im Gespräch mit Adolf Holl: *Vollkommen frigide Gesellschaft*. In: *Die Furche*, 6.6.2003.
112 Ebd.
113 Adolf Holl: *Weihrauch und Schwefel. Ein Monolog*. Styria Verlag, Graz 2003, S. 20.
114 Cees Nooteboom: *Rituale*. Suhrkamp Verlag, Frankfurt/Main 1985.

115 *Weihrauch und Schwefel*, S. 73.
116 Ebd., S. 98.
117 *Gevatter Tod: Märchen der Gebrüder Grimm*, s. Kap. Todes- und Krankheitsfälle.
118 Adolf Holl: *Öfter mal was Altes*. In: *Die Presse*, 10.5.2003.
119 *Konvolut*, 12.3.2003.
120 APA-Meldung, 18.9.2003.
121 Thomas Assheuer: *Religion: Auf dem Gipfel der Freundlichkeiten*. In: *Die Zeit*, 22.1.2004.
122 *Verrückt nach Maria*. In: *Falter*, 21.1.2004.
123 Ebd.
124 *Was läuft da ab?* Michael Fleischhacker im Gespräch mit Adolf Holl. In: *Die Presse/Spectrum*, 31.1.2004.
125 *Mehr religiöse Sensibilität erwartet*. Leserbrief von Harald Baloch. In: *Die Presse*, 5.2.2004.
126 *Konvolut*, 30.11.2004.
127 *Konvolut*, 4.4.2005.
128 *Der Schaden aber ist angerichtet*. In: *Die Presse*, 19.1.2006.
129 *Konvolut*, 18.3.2005.
130 Gabriele Sorgo: *Mehr heiter als heilig*. In: *Wiener Zeitung*, 13.5.2005.
131 *Europa braucht Religion*. In: *Kathpress*, 14.5.2005.
132 Michael Fleischhacker: *Trickser und Erlöser*. In: *Die Presse/Spectrum*, 16.4.2005.
133 Anita Natmeßnig: *Adolf Holl. Der erotische Asket*. Molden Verlag, Wien 2007.
134 *Konvolut*, 27.10.2005.
135 *Ein bisschen amüsiert*. In: *profil*, 13.2.2006.
136 *Verteidigung des Menschen*, S. 13.
137 ORF-Sendung *Klassik-Treffpunkt* mit Adolf Holl vom 8.7.2006.
138 Adolf Holl: *Om und Amen. Eine universale Kulturgeschichte des Betens*. Gütersloher Verlagshaus, Gütersloh 2006.
139 Ursula Baatz: *Denn Wünsche können nicht irren*. In: *Die Presse/Spectrum*, 16.12.2006.
140 Gespräch mit Andrea Roedig.
141 Adolf Holl: *Brief an die gottlosen Frauen*. Zsolnay Verlag, Wien 2002.
142 *Braunau*, S. 25f.
143 *Braunau*, S. 18.
144 Besuch des iranischen Staatspräsidenten Rohani am 26. Jänner 2016 im Vatikan.
145 *Braunau*, S. 52.
146 Joseph Ratzinger/Benedikt XVI.: *Jesus von Nazareth*. Herder Verlag, Freiburg/Breisgau 2007. Zit. nach: Adolf Holl: *Ins Leere*. In: *Die Presse/Spectrum*, 14.4.2007.
147 *Sehr modern: Schnupperreligiosität*. In: *Die Presse*, 5.4.2007.
148 Anne-Catherine Simon: *»Von A bis Z missglückt.«* In: *Die Presse*, 14.12.2007.
149 Franz Schuh: *Harry Potter und die Bibel*. In: *Die Presse/Spectrum*, 21.2.2009.
150 Adolf Holl: *Wie gründe ich eine Religion*. Residenz Verlag, St. Pölten 2009.
151 Gespräch mit Adolf Holl am 5.7.2017.
152 *Konvolut*, 6.5.2008.
153 *Holl Brevier*, S. 213.
154 *Konvolut*, 2.6.2009.
155 Hans Jonas: *Gedanken über Gott*. Bibliothek Suhrkamp, Frankfurt/Main 1994, S. 95.
156 *Konvolut*, 11.7.2009.
157 *Der konservative Haxlbeißer*. In: *Oberösterreichische Nachrichten*, 21.4.2009.
158 Josef Haslinger: *Politik der Gefühle. Ein Essay über Österreich*. Luchterhand Literaturverlag, Darmstadt 1987. Darin analysiert Haslinger die »Affäre Waldheim« und sein Schweigen über die Zeit des Zweiten Weltkrieges.

159 Stefan May: *Lieber Gott und Tod – Adolf Holl als Religionsgründer in Leipzig.* APA-Meldung, 15.5.2009.
160 *Holocaust: Die Vergangenheit kommt zurück.* In: *Der Spiegel,* 21.1.1979.
161 *Wie gründe ich eine Religion,* S. 127.
162 *Konvolut,* 15.5.2010.
163 Horst Junginger in einem Schreiben an den Autor vom 9.12.2017.
164 s. Peter Henisch: *Der Erbe der Ketzer.* In: *Die Presse/Spectrum,* 8.5.2010.
165 Georg Sutterlüty: *Wer zweifelt, der denkt.* In: *Wiener Zeitung,* 8./9.5.2010.
166 Adolf Holl: *Können Priester fliegen? Plädoyer für den Wunderglauben.* Residenz Verlag, St. Pölten 2012.
167 *Was soll er machen, wenn er eine Levitation hat?* Interview von Erwin Hirtenfelder mit Adolf Holl. In: *Kleine Zeitung,* 8.11.2010.
168 Ernst Fürlinger: *Schweben über dem Boden.* In: *Die Presse/Spectrum,* 5.5.2012.
169 Kurt Remele: *Erdwärtsmesse.* In: *Die Presse/Spectrum,* 24.12.2011.
170 *Konvolut,* 12.6.2011.
171 *Priester zu sein, ist eine Entscheidung fürs Leben.* Irene Heisz im Gespräch mit Adolf Holl. In: *Tiroler Tageszeitung,* 1.4.2012.
172 *Konvolut,* 25.2.2012.
173 *Konvolut,* 11.12.2012.
174 *Konvolut,* 7.1.2014.
175 Das Treffen fand am 21.1.2014 statt.
176 *Konvolut,* 10.1.2014.
177 Gespräch mit Andrea Roedig, s. Einleitung.
178 *Braunau am Ganges,* S. 44.
179 *Konvolut,* 24.9.2014.
180 *Holl-Brevier,* S. 205f.
181 *Man bekommt ein Gespür für Gottes Humor.* Teresa Schaur-Wünsch im Gespräch mit Guy Consolmagno. In: *Die Presse am Sonntag,* 2.7.2017.

Epilog auf der Erde

Am 13. Mai 610 widmete Papst Bonifatius IV. in Rom einen Tempel, der den Heiden als Pantheon gedient hatte, zur katholischen Kirche um. Das Gotteshaus wurde auf den Namen *Sancta Maria ad Martyres*, also der heiligen Maria und den Märtyrern, geweiht. In der Folge feierte die Christengemeinde diesen Kirchweihtag als Tag »aller Heiligen«. Obwohl an einem 13. Mai geboren, ist aus Adolf Holl kein Heiliger geworden, wie sein Beichtvater es sich gewünscht hätte. Dazu war Adolf Holl zeitlebens viel zu neugierig, stets auf der Suche, ein Forschender, keiner, der gefunden hat. So ist aus ihm allerlei anderes geworden: Priester, Gelehrter, Rebell, Journalist, Talkmaster, Schriftsteller, Vordenker. Holl hat die ideengeschichtlichen Umbrüche seiner Zeit nicht nur durchlaufen, sondern durchlebt. In seiner Kindheit ist er in eine archaisch heidnische Welt eingetaucht, während seiner Adoleszenz in eine mittelalterlich katholische, in seiner Lebensmitte in eine aufklärerisch dekonstruktivistische, und zuletzt in eine abgeklärt retrospektive. Holl hat im Sinne Kierkegaards im Blick nach vorne gelebt, das Leben aber in der Rückschau verstanden. Sein geistiger Flug durch weltgeschichtliche Zeitalter hat sein Leben zugleich extrem gedehnt und extrem verdichtet. »Du lebst wie einer, der keine Zeit zu verlieren hat«, sagte seine Lebensgefährtin einmal zu ihm.[1] Das hat einen besonderen Menschen aus ihm gemacht.

In seiner Pubertät ist er in eine faszinierende Welt von existenzieller Tiefe eingetaucht. Der religiöse Kosmos, der ihn damals gefangen genommen hat, bildet ein Universum, aus dem heraus das Geschehen auf der Erde zuordenbar wird. Karl Rahner etwa sah die Heils- und Weltgeschichte nur formal voneinander unterschieden: »Die Heilsgeschichte ist … das geschichtliche Zu-sich-Kommen des transzendentalen Verhältnisses zu Gott.«[2] Das ist das Gerüst des Gedankengebäudes, in das

Holl in seiner Jugend eintritt. In ihrer geschichtsbildenden Wirkung stellt die Religion jedenfalls einen archimedischen Punkt dar, von dem aus die Welt aus den Angeln zu heben ist. Das haben unter anderem die drei großen »Menschheitsbetrüger«[3] (Moses, Jesus, Mohammed) demonstriert. Holl wollte weder eine neue Kirche gründen, wie Kardinal König es ihm nahegelegt hatte, noch eine neue Philosophie oder Ideologie in die Welt setzen. Er wollte seine Kirche nicht verlassen, selbst nicht zu Zeiten, in denen er ihre Gründungschartas öffentlich infrage gestellt und sie ihn daraufhin expediert hat. Man kann darin mit Franz Schuh ein »Sitzen in der Religionsfalle« sehen. Man kann darin aber auch – anders als bei Konvertiten oder Renegaten – eine Treue zu sich selbst erkennen. Dass er trotz Glaubensverlusts die Bindung an sein Priestertum nicht preisgeben wollte, ist einer der produktiven Widersprüche, die Holls Besonderheit ausmacht.

In seiner elften *These über Feuerbach*[4] hat Marx geschrieben, dass es nicht darauf ankäme, die Welt nur verschieden zu interpretieren (wie die Philosophen vor ihm es getan hätten), sondern sie zu verändern. Holl wollte zumindest seine Kirche verändern (und damit indirekt die Welt). Er wollte den zahllosen Bibelauslegungen kein *Evangelium nach Holl* hinzufügen, sondern die Praxis seiner Kirche umgestalten. Es gibt Anzeichen dafür, dass ihm das – wenn auch nicht im Alleingang – gelungen ist. Zwar sitzt heute nicht Papst Sistosesto[5] im Vatikan, sondern Franziskus. Aber mit dem Erzbischof von Buenos Aires hat ein Mann die Mauern der Festung in Rom überwunden, der sich ausdrücklich auf den Heiligen aus Assisi und die Befreiungstheologie beruft. Die Signale, die er seit seiner Amtsübernahme im April 2013 gesetzt hat, weisen auf eine Fortsetzung des Weges der Öffnung von Johannes XXIII. hin. Als Wendepunkt in der Kirchengeschichte wird seine Enzyklika *Laudato si'* von 2015 angesehen. Gar unter Häresieverdacht geriet sein Schreiben *Amoris Laetitia* von 2016.[6]

Was Adolf Holl mit seinem Leben und Werk zu diesem Wandel beigetragen hat, ist Bewusstseinsbildung. Seine Auseinandersetzungen mit den Hütern des »wahren Glaubens« und seine nicht nur in Europa, sondern vor allem auch in Süd- und Nordamerika rezipierten Bücher sind der Humus, auf dem neue Ideen gedeihen oder alte, im kollektiven Gedächtnis aufbewahrte, wiedererweckt werden. Vergrabene und vergessene Früchte vom Baum der Erkenntnis hat er wieder zugänglich gemacht und Zusammenhänge hergestellt, die uns unsere

Geschichte besser verstehen lassen. Von seinen Ausgrabungen der prähistorischen Wurzeln der Askese in Indien über seine Sicht auf das Leben und Wirken des Franz von Assisi, über seine Entdeckungen der Zweifel an Glauben und Kirche im Mittelalter[7], bis hin zum Tradieren des *Prinzips Hoffnung* von Ernst Bloch reicht seine Archäologie einer Gegengeschichte, wie sie in den kanonisierten historischen Folianten nicht zu finden ist. Wer in seinen Büchern blättert, versteht sich und die Weltläufte besser.

> Angesichts der aktuellen Weltlage können wir es uns nicht leisten, unsere Augen vor den Fragen zu verschließen, ob es vielleicht einen Zusammenhang zwischen dem exklusiven Wahrheitsbegriff des Monotheismus und der Sprache der Gewalt geben könnte und wie dieser Zusammenhang zu analysieren sei.[8]

Wozu Jan Assmann hier auffordert, das hat Holl in Leben und Werk umgesetzt. Wie religiöse Militanz entsteht, wie sie Sprache und Denken beherrscht und damit geschichtsmächtig wird, das ist eines der zentralen Themen in seinem Werk. Doch unterscheidet sich seine Expertise von jener der Verächter der Religion dadurch, dass er nicht an ihrer Überwindung, sondern an ihrer Begütigung arbeitet. Als Symbol dafür gilt ihm das Pantheon in Rom, das sich nach Berechnungen von Architekten des Imperiums Romanum über dem »Nabel der Welt« befindet und in dem das Grabmal Raffaels steht.

> Die Andacht zu einem Allgöttlichen (to pantheion) war im damaligen Mittelmeerraum keine Seltenheit, lang vor dem Auftritt des Christentums. Ein schöner Gedanke. Lord Schiwa darf weiter durchs Universum tanzen, Isis sich in Maria verwandeln, Christus am Kreuz in jedem zertretenen Regenwurm leiden.[9]

Holls Lebenswerk ist ein Projekt der Befriedung – nicht zuletzt des männlichen Aggressionspotenzials (das ihm selbst ja nicht fremd ist). Womit er sich ein Gelehrtenleben lang beschäftigt hat: die untrennbare Verbindung von Sexualität und Spiritualität und Macht. Gern zitiert Holl den spanischen Regisseur Luis Buñuel, der einmal auf die Frage eines Journalisten, was ihn besonders interessiere, geantwortet hat: Die Frage von Erotik und Religion – denn ohne das Zweite würde es das

Erste nicht geben. Scheinbar brauchen wir die Drohung, das Verbot[10]. Religion, so eines der Holl'schen Credos, ist einerseits sublimierte Erotik, andererseits Krieg.

> Ich habe schon seit längerer Zeit in Bezug auf das Verhältnis der beiden Geschlechter den Ausdruck ›Grundstörung‹ im Kopf. Zumindest seit dem Ende der letzten Eiszeit, wenn nicht schon länger, läuft grundsätzlich etwas schief. Die Männer fahren auf einer Vertikalen immer hin und her, an deren oberen Ende sich die Madonna, am unteren aber eine Hure befindet. Zwischen der unberührbaren Sternenfrau und der geilen Dirne gibt es nicht viel. Was die Männer so schwer begreifen können, ist, dass sie Frauen auch als Menschen und nicht nur als Geschlechtswesen wahrnehmen können.[11]

Eine veränderte Wahrnehmung der Frauen, so eine Lehre aus Holls Œuvre, wäre somit ein Beitrag zur Verminderung von Gewalt, Leid und Machtmissbrauch. Und was passiert dann mit der Religion? In seinem Essay *Die Zukunft einer Illusion* (1927) geht Sigmund Freud davon aus, dass der Vernunft und der Erfahrung auf die Dauer nichts widerstehen wird, »und der Widerspruch der Religion gegen beide« allzu greifbar ist.[12] Das könnte sich seinerseits als Illusion herausstellen. Wenn sich im 21. Jahrhundert Fanatiker mit dem Schlachtruf Allahu-akbar (Gott ist größer!) in die Luft sprengen, andere niederfahren oder -stechen, sieht es nicht danach aus, als würde die Wissenschaft à la longue die Religion überflüssig machen, wie Freud dachte.

Mit der Gnade des Nachgeborenen ist Holl deshalb einen anderen Weg gegangen. Er setzt nicht auf das allmähliche Abebben religiösen Empfindens, sondern auf die Möglichkeit seiner Transformation. Die hat er nicht nur in seinen Büchern beschrieben, sondern vorgelebt – in seinem ironischen Umgang mit den »letzten Dingen«. Denn Holl ist mehr fokussiert auf die Verbesserung von Lebensverhältnissen als auf die Verbreitung »ewiger Wahrheiten«. Die Utopie von einer friedlicheren, gerechteren, menschenfreundlicheren Gesellschaft haben sämtliche Religionen im Programm. Für Holl stellen sie ein Potenzial dar, das man zur Erleichterung der Lebenslasten nutzen kann. Zu Hilfe kommt ihm dabei sein soziologischer Blick. Der war ein Hauptvorwurf von Theologen gegen sein Werk. Indes ist die Religionssoziologie aber Holls eigentliche Stärke. Mit seinem »verqueren« Zugang zu theologischen Inhalten will er die Menschen darauf aufmerksam machen, dass ihre Lebensverhältnisse vielleicht doch nicht gottgegeben sind und sie in aufklärerischer Manier zur Selbstermächtigung aufrufen. In der Einbeziehung sozioökonomischer Umstände trifft er sich mit der Befreiungstheologie.

Deren Ausformulierung fand im Übrigen zeitgleich mit dem Erscheinen von Holls berühmtestem Buch, *Jesus in schlechter Gesellschaft*, statt. 1971 veröffentlichte der Peruaner Gustavo Gutiérrez das Buch *Theologie der Befreiung*. Darin wird ein grundsätzlicher Wandel der Katholischen Soziallehre gefordert, da deren Naturrechtskonzeption der gesellschaftlichen Wirklichkeit des 20. Jahrhunderts nicht mehr adäquat ist. Am ersten Kongress der *Christen für den Sozialismus*, der 1972 in Santiago de Chile abgehalten worden war, nahmen 400 Priester, Ordensleute und Laien teil; einer von ihnen der Dominikaner Gustavo Gutiérrez. Entworfen wurde dort – vergleichbar mit Holls Bestseller – eine *Kirche der Armen*. Die *Conferência Nacional dos Bispos do Brasil* veröffentlichte 1974 ein Papier, in dem es hieß:

> Der Kapitalismus muss überwunden werden. Er ist das größte Übel, die gehäufte Sünde, ... der Baum, dessen bekannte Früchte heißen: Armut, Hunger, Leid, Tod der großen Mehrzahl. Daher muss der Privatbesitz der Produktionsmittel (Fabriken, Land, Handel, Banken, Kreditquellen) überwunden werden.[13]

Seither ist viel Wasser den Amazonas hinuntergeflossen, die Polarisierung der Welt in Ost und West von der Globalisierung abgelöst worden, die Demokratie in die Krise geraten, diverse Fundamentalismen haben ein Revival erlebt, sozialistische Experimente (in Lateinamerika und anderswo) sind gescheitert usw. Geblieben sind Armut, Hunger und Kriege, verschärft in Erscheinung getreten sind Flucht, Vertreibung und Migration – sowie ein forcierter Kapitalismus mit akzelerierter Technisierung.

> Wir können in den spätmodernen Gesellschaften Anzeichen für erstaunliche Prozesse oder zumindest Erfahrungen entdecken, die darauf hindeuten, dass gegenläufig zu den Phänomenen der weitverbreiteten Beschleunigung und Flexibilisierung, die den Eindruck ... unbegrenzter Zukunftsoffenheit erzeugen, keine »wirklichen« Verän-

derungen mehr möglich sind, sich das System der modernen Gesellschaft zunehmend schließt und die Geschichte an ein Ende kommt, das die Gestalt »rasenden Stillstands« annimmt.[14]

Auf dieses Phänomen hat Holl im Rahmen seiner Überlegungen zum Anbruch eines »Tausendjährigen Reichs«[15] hingewiesen. Das Ende der Utopien also (wie Religionen sie enthalten)? Jan Assmann sieht in der Wende zum Monotheismus in der Antike, also in dem von den Israeliten widerwillig vollzogenen Gottesbund (im 6. Jahrhundert v. Chr.), einen weltumstürzenden kulturellen Sprung und fragt sich, »ob wir, die wir heute über den Monotheismus nachdenken, nicht mitten in einer Wende stehen, die sich in der kulturellen Selbstwahrnehmung und Erinnerung vielleicht einmal als ein Sprung vergleichbarer Größenordnung konstituieren wird«.[16]

Diesen Sprung hat Adolf Holl nicht nur beschrieben, sondern vollzogen. Er hat diesen kulturellen Umbruch durchlitten. Ein ungeheurer Kraftakt, der ihn sehr einsam gemacht hat. Mit Peter Strasser ist er sich einig, dass »im nachmetaphysischen Zeitalter ... eine Art von ›Innerweltlichkeits-Kollaps‹ droht. Ihm zu wehren ist künftige Sorge der Humanität«.[17] Dieser Sorge entstammt auch Holls Liebe zur stillen lateinischen Messe, die so manchem nostalgisch bis sentimental anmuten mag. Für Holl persönlich war sie ein Gegenmittel gegen die Betriebsamkeit des Priesteramts. Das Messelesen verschaffte ihm jene Konzentration und Kontemplation, die er in der Hektik des Schul- und Pfarrdienstes nirgends finden konnte.

> Mein einsames Exerzieren ... installierte in meinem Seelenleben eine Art Super-Du, das keinen Spaß verstand. Es wollte geliebt werden. Es ist therapieresistent. Ich teile es mit zwei Milliarden Menschen. Ich fühle mich in ihm aufgehoben. Im doppelten Sinn des Wortes. Es wird mich überdauern.[18]

Die wundersame Worthandlung der Wandlung bedeutete für Holl eine Art Geborgenheit. Das Verbot, sie auszuführen, hat ihn tief erschüttert. Er war dadurch gezwungen, etwas zu vollziehen, was der moderne Mensch mehr oder weniger freiwillig aufgegeben hat; etwas, wofür es bezeichnenderweise nur so altmodische Ausdrücke gibt wie innere Sammlung oder Selbstbesinnung.

Es ist fraglich, ob die Messe heute noch ein Sedativum gegen die Dauerbeschallung und Dauerbeleuchtung unserer schönen neuen Welt sein kann, an der – biblisch ausgedrückt – die Seele Schaden nimmt. Tatsache ist jedoch das Comeback der Religionen auch im Westen. Hartmut Rosa sieht darin eine logische Entwicklung:

> Es könnte durchaus sein, dass die spätmoderne »Rückkehr der Religion« sowie die überall beobachtbare und äußerst sonderbare Tatsache der zunehmenden »Musikalisierung« des Alltagslebens … Symptome eines spätmodernen Resonanzdesasters sind.[19]

Symbol dafür ist das allgegenwärtige Mobiltelefon. Für den vereinsamten modernen Menschen ist es *der* Ersatz für die Gottesbeziehung. Von ihm erhofft er sich Antwort – und bekommt doch nur Ablenkung von seinen Ängsten, Nöten und seiner Langeweile. Holl dagegen war als Jüngling »fasziniert von einer Geste, die rätselhaft bleibt und alle Distanzlasten zwischen den Menschen beseitigen will, als Fleischverteilung in Brotgestalt«.[20] In seinem ganzen Leben und Werk geht es Holl um die Entlastung der modernen Seele, um eine Entlastung von der »hidden agenda« der modernen Gesellschaft. Wer's in dieser besten aller Welten nicht schafft, so deren Prämisse, ist selbst schuld – und hat niemanden mehr, an den er sich wenden kann. Die Glücksverheißungen der Moderne erscheinen Holl mindestens so fragwürdig wie die Narrative der Religionen. Warum also den Glauben wechseln? Denn nackt stehen wir im Westen da nach dem Ende aller Gewissheiten.

Die Asiaten mit ihren buddhistischen und hinduistischen Dingen, richtete Holl seinen Blick zuletzt gegen Osten, »würden es nicht zulassen, dass man sich darüber lustig macht«.[21] Dort geht man mit den »alten Geschichten« respektvoll um. Kein indischer Programmierer hat ein Problem mit Schiwa. Warum wir im Westen von Göttern genug haben? In Jerusalem, wo die ganze Geschichte angefangen hat, steht kein Pantheon, sondern das Museum Yad Vashem, zur Erinnerung an die Gaskammern.[22] In seinem bisher letzten Buch (*Braunau am Ganges*) mutmaßt Holl hinter der Respektlosigkeit gegenüber jeglicher Götterei im Westen das europäische Trauma der Schoah. Wir werden mit dem Dämonengott Hitler einfach nicht fertig. »Durch den Ausfall der philosophischen Auseinandersetzung mit dem Satanismus«, so gibt Holl Ernst Bloch wieder, »sei ein gänzlich leeres Feld übrig geblieben. Wir haben keine Kategorien für das Böse, stehen fassungslos in einer Welt, die Krebs kennt und nicht nur Auschwitz, Krebs und die grauenhafte Beziehungslosigkeit des Kosmos zu uns.«[23]

Holl hat eine mögliche Therapie dagegen gelebt: eine Art von Nachlässigkeit im Umgang mit Göttereien[24] – statt deren Auslöschung. Dann kann, wie er in *Braunau am Ganges* abschließend notiert, »die Pflege einer Gottverbundenheit ohne konfessionelle Schranken, mit Texten aus der Bhagavadgita, der Bibel und dem Koran« friedlich nebeneinander existieren. Ein gebrochenes Verhältnis zu den himmlischen Mächten – wie jenes von Holl – kann vielleicht sogar imprägnieren gegen die Anbetung irdischer Macht (Stichworte: Faschismus, Warenfetischismus). Bereits 1973 hat Holl in einem Essay mit dem Titel *Das kräftigste Gebet* auf die Möglichkeit der Wandlung (in doppeltem Sinne) hingewiesen:

> So ist eine Zuversicht aufgerichtet worden konträr zum kaufmännisch denkenden Babylon, als Wandelbarkeit der Zustände und Verhältnisse insgeheim (inklusive Sterbenmüssen) und als Eröffnung einer liebevollen Gemeinsamkeit unter den Menschen konträr zum herkömmlichen Denken in Rängen und Plätzen, dieser alten aggressiven Hackordnung.[25]

Eine derartige frohe Botschaft scheint besonders in Zeiten der Utopielosigkeit aktuell. Die uralte Vision hält Holl in modernem Gewand aufrecht. Vielleicht wird sich das als wichtigstes Verdienst seines Lebens und Werks herausstellen. So lebt er denn als fröhlicher Melancholiker in einer »sinkenden Zeit« der Gegenwart und hofft auf die Versöhnung mit der Vergangenheit.

> Der Melancholiker kämpft nicht dafür, dass es wieder so werde, wie es angeblich war, sondern will dem, was im historischen Orkus unwiederbringlich verschwunden ist, Gerechtigkeit widerfahren lassen. Er weiß, dass jeder Fortschritt auch mit Verlusten und Tragödien bezahlt wurde, und er will das Gedächtnis an bestimmte Dinge, Haltungen, Menschen bewahren.[26]

Adolf Holl stellt sich in die Reihe mit jenen Rebellen, die gegen Machtversessenheit und Geschichtsvergessenheit eine Gegenerzählung und -tradition aufrechterhalten und weiterverbreitet haben. Sein Werk ist ein wirksames Hausmittel gegen die Acedia (Überdruss). Als solches wird es von einer künftigen rebellierenden Jugend auch wiederentdeckt werden. Denn sein Leben war ein rebellisches, das an einem 13. Mai begann. Jenem Tag, an dem 1917 drei Kindern in Fátima die Jungfrau Maria erschien, und jenem Tag, an dem 64 Jahre später Mehmet Ali Ağca auf Papst Johannes Paul II. schoss. Ein Leben zwischen Himmelserscheinung und Erdenschwere.

Anmerkungen

1 *Konvolut*, 28.9.1981.
2 Zit. nach Bruno Kern: *Theologie der Befreiung*. A. Francke Verlag, Tübingen / Basel 2013, S. 31f.
3 s. dazu v. a. *Der lachende Christus*. Mehr dazu im Kapitel *Etablierung*.
4 Marx-Engels: *Werke, Band 3*. Dietz Verlag Berlin, Berlin 1969, S. 5ff.
5 So bezeichnet sich Adolf Holl in seinem Buch *Falls ich Papst werden sollte*.
6 Dutzende Theologen werfen Papst Häresie vor. In: *Der Spiegel*, 24.9.2017. Unter den Unterzeichnern des offenen Briefs mit dem Titel *Zurechtweisung wegen der Verbreitung von Häresien* befindet sich bezeichnenderweise auch der von Papst Franziskus abgesetzte ehemalige Chef der Vatikan-Bank Gotti Tedeschi.
7 Holl nennt die Zeit des Aufkommens der Universitäten »erste Aufklärung«.
8 Jan Assmann: *Totale Religion*. Picus Verlag, Wien 2016, S. 26.
9 *Holl-Brevier*, S. 62.
10 s. *Warum ich ein Priester wurde*, S. 134. Holl berichtet darüber auch in einem Interview: *Die Presse / Schaufenster*, 19.5.2008.
11 *Die Streiter Gottes. Barbara Coudenhove-Kalergi im Gespräch mit Adolf Holl*. In: *Kleine Zeitung*, 4.10.1998.
12 Sigmund Freud: *Die Zukunft einer Illusion*. In: Werkausgabe in zwei Bänden. Hrsg. von Anna Freud und Ilse Grubrich-Simitis. S. Fischer Verlag, Frankfurt / Main 1978, Bd. 2, S. 329–366, S. 365.
13 Zit. nach *Theologie der Befreiung*, S. 20.
14 Hartmut Rosa: *Beschleunigung und Entfremdung*. Suhrkamp Verlag, Berlin 2013, S. 53.
15 s. dazu v. a. seine Überlegungen im *Holl-Brevier* bzw. in seinem Tagebuch, s. Kap. Vom Wehen des Geistes, Anm. 39.
16 *Totale Religion*, S. 75f.
17 Adolf Holl: *Was ich lese*. In: *Die Presse / Spectrum*, 30.11.1996.
18 Adolf Holl: *Apostel sein*. In: *Die Zeit*, 30.9.2010.
19 *Beschleunigung und Entfremdung*, S. 147f.
20 Adolf Holl: *Apostel sein*. In: *Die Zeit*, 30.9.2010.
21 *Holl-Brevier*, S. 201f.
22 Ebd., S. 63.
23 Zit. nach *Braunau am Ganges*, S. 111.
24 Ebd., S. 83.
25 *Lieber Papst*, S. 124.
26 *Europäer wissen wenig von Europa*. Interview von Gerhard Zeillinger mit Karl-Markus Gauß. In: *Der Standard / Album*, 1.7.2017.

Bibliografie

Primärliteratur

Bücher

Adolf Holl: Augustins Bergpredigtexegese nach seinem Frühwerk De Sermone Domini in Monte Libri Duo. Herder Verlag, Wien 1960.

Adolf Holl: Seminalis Ratio. Ein Beitrag zur Begegnung der Philosophie mit den Naturwissenschaften. Herder Verlag, Wien 1961.

Adolf Holl: Die Welt der Zeichen bei Augustin. Religionsphänomenologische Analyse des 13. Buches der Confessiones. Herder Verlag, Wien 1963.

Adolf Holl, Leopold Lentner, Traugott Lindner: Priesterbild und Berufswahlmotive. Ergebnisse einer sozialpsychologischen Untersuchung bei den Wiener Mittelschülern. Herder Verlag, Wien 1963.

Adolf Holl zus. mit Johannes Nedbal: Wegweisungen im Glauben. Aktuelle Fragen zum katholischen Dogma. Herder Verlag, Wien 1965.

Adolf Holl: Das Religionsgespräch der Gegenwart. Voraussetzungen und Prinzipien. Styria Verlag, Graz 1965.

Adolf Holl zus. mit Gerhard H. Fischer: Kirche auf Distanz. Eine religionspsychologische Untersuchung über die Einstellung österreichischer Soldaten zu Kirche und Religion. Braumüller Verlag, Wien 1968.

Adolf Holl: Gott im Nachrichtennetz. Religiöse Information in der modernen Gesellschaft. Rombach Verlag, Freiburg / Breisgau 1969.

Adolf Holl: Jesus in schlechter Gesellschaft. Deutsche Verlags-Anstalt, Stuttgart 1971.

Adolf Holl: Tod und Teufel. Deutsche Verlags-Anstalt, Stuttgart 1973.

Adolf Holl: Wo Gott wohnt. Die Geschichte einer langen Bekanntschaft. Deutsche Verlags-Anstalt, Stuttgart 1976.

Adolf Holl: Mystik für Anfänger. 14 Lektionen über das Geheimnis des Alltäglichen. Deutsche Verlags-Anstalt, Stuttgart 1977.

Adolf Holl: Der letzte Christ. Franz von Assisi. Deutsche Verlags-Anstalt, Stuttgart 1979.

Adolf Holl: Religionen. Deutsche Verlags-Anstalt, Stuttgart 1981.

Adolf Holl: Lieber Papst. Schriften aus gegebenem Anlass. Ullstein Verlag, Berlin 1983.

Adolf Holl: Mitleid im Winter. Erfahrungen mit einem unbequemen Gefühl. Rowohlt Verlag, Reinbek 1985.

Adolf Holl: Der Fisch aus der Tiefe. Die Freuden der Keuschheit. Rowohlt Verlag, Reinbek 1990.

Adolf Holl: Im Keller des Heiligtums. Geschlecht und Gewalt in der Religion. Kreuz Verlag, Stuttgart 1991.

Adolf Holl: Wie ich ein Priester wurde, warum Jesus dagegen war, und was dabei herausgekommen ist. Rowohlt Verlag, Reinbek 1992.

Adolf Holl: In Gottes Ohr. Siebzehn. Übungen in Kirchenkritik. Patmos Verlag, Düsseldorf 1993.

Adolf Holl: Die Welt zum Narren halten. Demut als Lebensprogramm. Kösel Verlag, München 1993.

Adolf Holl: Was ich denke. Goldmann Verlag, München 1994.

Adolf Holl: Die religiöse Militanz und deren Begütigung. Ein Beitrag zum humanwissenschaftlichen Realismus. Picus Verlag, Wien 1997.

Adolf Holl: Die linke Hand Gottes. Biographie des Heiligen Geistes. List Verlag, München 1997.

Adolf Holl: Falls ich Papst werden sollte. Ein Szenario. List Verlag, München 1998.

Adolf Holl: Brief an die gottlosen Frauen. Zsolnay Verlag, Wien 2002.

Adolf Holl: Weihrauch und Schwefel. Ein Monolog. Styria Verlag, 2003.

Adolf Holl: Der lachende Christus. Zsolnay Verlag, Wien 2005.

Adolf Holl: Om & Amen. Eine universale Kulturgeschichte des Betens. Gütersloher Verlagshaus, Gütersloh 2006.

Adolf Holl: Wie gründe ich eine Religion. Residenz Verlag, St. Pölten 2009.

Das Adolf Holl Brevier. Hrsg. von Walter Famler. Residenz Verlag, St. Pölten 2010.

Adolf Holl: Können Priester fliegen? Plädoyer für den Wunderglauben. Residenz Verlag, St. Pölten 2012.

Egon Christian Leitner: Zur frohen Zukunft. Werkstattgespräche mit Adolf Holl. Wieser Verlag, Klagenfurt 2014.

Adolf Holl: Braunau am Ganges. Residenz Verlag, St. Pölten 2015.

Herausgeberschaft

R. Bahro, J. Foudraine, E. Fromm, A. Holl (Hrsg.): Radikalität im Heiligenschein. Zur Wiederentdeckung der Spiritualität in der modernen Gesellschaft. Herschlag Verlag, Berlin 1984.

Adolf Holl (Hrsg.): Die Zweite Wirklichkeit. Esoterik, Parapsychologie, Okkultismus, Grenzerfahrungen, Magie, Wunder. Ueberreuter Verlag, Wien 1987.

Adolf Holl (Hrsg.): Taufschein katholisch. Prominente antworten auf die Frage: Wie hältst Du's mit der Religion? EichbornVerlag, Frankfurt 1989.

Adolf Holl (Hrsg.): Neues vom Tod. Heutige Umgangsformen mit dem Sterbenmüssen. Ueberreuter, Wien 1990.

Adolf Holl (Hrsg.): Die Ketzer. Hoffmann und Campe Verlag, Hamburg 1994.

Adolf Holl (Hrsg.): Religionssoziologie. Materialien und Texte zur politischen Bildung. Österreichischer Bundesverlag, Wien 1995.

Essays

Die Krise der Aktion. In: Wort und Wahrheit 16 (1961), S. 778–782.

Die Enzyklika »Mystici Corporis Christi« und die Missionspflicht des einzelnen Katholiken. In: Zschft. f. Missions- und Religionswissenschaft (1961), S. 207–217.

Katholische Jugend Wien. Eine Grunduntersuchung am Beispiel dreier Pfarren. In: Der Seelsorger 32 (1962), S. 332–355.

Zwischen Ideologie und WS. Zur Methodendiskussion innerhalb der deutschen Sozialwissenschaften. In: Wort und Wahrheit 17 (1963), S. 385–388.

Werbepsychologie und Werbewissenschaft seelsorglich gesehen (zusammen mit Traugott Lindner. In: Missionarische Kirche – Missionarische Seelsorge. Wien 1963.

Adolf Holl: Der eigene Leib als Fremdkörper. Von der hl. Klara bis Simone Weil. In: Zschft. WAS 88, 1997.

Adolf Holl: Das Religiöse in der säkularisierten Welt. In: Manfred Prisching: Gesellschaft verstehen. Peter L. Berger und die Soziologie der Gegenwart. Passagen Verlag, Wien 2001, S. 105–110.

Sekundärliteratur

Hugo Ball: Byzantinisches Christentum. Drei Heiligenleben. Duncker & Humblot Verlag, München / Leipzig 1923.

Egon Friedell: Kulturgeschichte der Neuzeit. Die Krisis der europäischen Seele. C. H. Beck Verlag, München 1927.

Emmy Hennings: Hugo Balls Weg zu Gott. Kösel / Pustet Verlage, München 1931.

Hugo Ball: Die Flucht aus der Zeit. Kösel / Pustet Verlage, München 1931.

Henri Perrin: Tagebuch eines Arbeiterpriesters. Kösel Verlag, München 1955.

Heimito von Doderer: Die Dämonen. Biederstein Verlag, München 1956.

H. C. Artmann: med ana schwoazzn dintn. gedichta r aus bradnsee. Otto Müller Verlag, Salzburg 1958.

Marshall McLuhan: The Gutenberg Galaxis: The Making of Typographic Man. University of Toronto Press, Toronto 1962.

John A. T. Robinson: Gott ist anders. Chr. Kaiser Verlag, München 1963.

Walter Benjamin: Das Kunstwerk im Zeitalter seiner technischen Reproduzierbarkeit. Suhrkamp Verlag, Frankfurt / Main 1966.

Friedrich Heer: Gottes erste Liebe. Bechtle Verlag, Wien 1967.

Hellmut Diwald: Propyläen Geschichte Europas Band 1. Propyläen Verlag, Frankfurt / Main 1975.

Theodor Haecker: Tag- und Nachtbücher. Suhrkamp Verlag, Frankfurt / Main 1975.

Vom Justizpalast zum Heldenplatz. Studien und Dokumente 1927 bis 1938. Hrsg. von Ludwig Jedlicka und Rudolf Neck. Verlag der Österreichischen Staatsdruckerei, Wien 1975.

Søren Kierkegaard: Die Krankheit zum Tode. Deutscher Taschenbuch Verlag, München 1976.

Klaus Theweleit: Männerfantasien. Bd. 1: Frauen, Fluten, Körper, Geschichte. Verlag Roter Stern, Frankfurt / Main 1977.

Hans Peter Duerr: Traumzeit. Über die Grenze zwischen Wildnis und Zivilisation. Syndikat Verlag, Frankfurt / Main 1978.

Sigmund Freud: Die Zukunft einer Illusion. In: Werkausgabe in zwei Bänden. Hrsg. von Anna Freud und Ilse Grubrich-Simitis. S. Fischer Verlag, Frankfurt / Main 1978.

Pier Paolo Pasolini: Freibeuterschriften. Wagenbach Verlag, Berlin 1978.

Blaise Pascal: Größe und Elend des Menschen. Insel Verlag, Frankfurt/Main 1979.

Jura Soyfer: Das Gesamtwerk. Hrsg. von Horst Jarka. Europaverlag, Wien/München/Zürich 1980.

C. G. Jung: Erinnerungen, Träume, Gedanken. Hrsg. von Aniela Jaffé. Walter Verlag, Freiburg/Breisgau 1984.

Maximilian Liebmann: Theodor Innitzer und der Anschluss. Österreichs Kirche 1938. Styria Verlag, Wien/Graz/Köln 1988.

Horst Seidler, Andreas Rett: Das Reichs-Sippenamt entscheidet. Rassenbiologie im Nationalsozialismus. Jugend & Volk Verlag, Wien/München 1982.

Cees Nooteboom: Rituale. Suhrkamp Verlag, Frankfurt/Main 1985.

Elias Canetti: Masse und Macht. Fischer Verlag, Frankfurt/Main 1986.

Josef Haslinger: Politik der Gefühle. Ein Essay über Österreich. Luchterhand Literaturverlag, Darmstadt 1987.

Erika Weinzierl: Prüfstand. Österreichs Katholiken und der Nationalsozialismus. Verlag St. Gabriel, Mödling 1988.

Ernst Hanisch: Der lange Schatten des Staates. Österreichische Geschichte von 1890–1990. Ueberreuter Verlag, Wien 1994.

Hans Jonas: Gedanken über Gott. Bibliothek Suhrkamp, Frankfurt/Main 1994.

Gerd Lüdemann: Was mit Jesus wirklich geschah. Die Auferstehung historisch betrachtet. Radius Verlag, Stuttgart 1995.

Fritz Csoklich, Matthias Opis, Eva Petrik, Heinrich Schnuderl (Hrsg.): ReVisionen. Katholische Kirche in der Zweiten Republik. Styria Verlag, Graz/Wien/Köln 1996.

Helmut Krätzl: Im Sprung gehemmt. Was mir nach dem Konzil noch alles fehlt. Verlag St. Gabriel, Mödling 1998.

Peter Berger: Kurze Geschichte Österreichs im 20. Jahrhundert. Facultas Verlag, Wien 2001.

Lars Brandt: H. C. Artmann. Ein Gespräch. Residenz Verlag, Salzburg 2001.

Chris Salvet (Hrsg.): Breitensee 1890–1960. Album Verlag, Wien 2002.

Georges-Arthur Goldschmidt: In Gegenwart des abwesenden Gottes. Ammann Verlag, Zürich 2003.

Max Sebastían Hering Torres: Rassismus in der Vormoderne. Die »Reinheit des Blutes« im Spanien der Frühen Neuzeit. Campus Verlag, Frankfurt/Main 2006.

Paul M. Zulehner, Regina Polak: Religion – Kirche – Spiritualität in Österreich nach 1945. Befund, Kritik, Perspektive. StudienVerlag, Innsbruck 2006.

Paul M. Zulehner: Kirche in Österreich in bewegter Zeit. Pastoraltheologische Anmerkungen zur Cagna-Schlussrelation. In: Dieter A. Binder/Klaus Lüdicke/Hans Paarhammer (Hrsg.): Kirche in einer säkularisierten Gesellschaft. StudienVerlag, Innsbruck 2006.

Anita Natmeßnig: Adolf Holl. Der erotische Asket. Molden Verlag, Wien 2007.

Norbert Frei: 1968. Jugendrevolte und globaler Protest. Deutscher Taschenbuch Verlag, München 2008.

Annemarie Fenzl: Kirche und Nationalsozialismus in Wien – im Spiegel der Akten des Wiener Diözesanarchivs. In: Alkuin Volker Schachenmayr (Hrsg.): Der Anschluss im März 1938 und die Folgen für die Kirche und die Klöster in Österreich. Be&Be Verlag, Heiligenkreuz 2009.

Hans Werner Scheidl und Ironimus: Der wahre Kreisky. Amalthea Verlag, Wien 2010.

Michael Braun (Hrsg.): Hugo Ball. Der magische Bischof der Avantgarde. Wunderhorn Verlag, Heidelberg 2011.

Robert von Friedeburg: Europa der frühen Neuzeit. Neue Fischer Weltgeschichte Band 5. S. Fischer Verlag, Frankfurt / Main 2012.
Jan Roß: Die Verteidigung des Menschen. Warum Gott gebraucht wird. Rowohlt Berlin Verlag, Berlin 2012.
Martin Walser: Über die Rechtfertigung, ein Versuch. Rowohlt Verlag, Reinbek 2012.
Bruno Kern: Theologie der Befreiung. A. Francke Verlag, Tübingen / Basel 2013.
Hartmut Rosa: Beschleunigung und Entfremdung. Suhrkamp Verlag, Berlin 2013.
Simone Stölzel: Nachtmeerfahrten. Die dunkle Seite der Romantik. Verlag Die Andere Bibliothek, Berlin 2013.
Reinhold Kaiser: Die Mittelmeerwelt und Europa in Spätantike und Frühmittelalter. Neue Fischer Weltgeschichte Band 3. S. Fischer Verlag, Frankfurt / Main 2014.
Peter L. Berger: Altäre der Moderne. Religion in pluralistischen Gesellschaften. Aus dem Amerikanischen von Ruth Pauli. Campus Verlag, Frankfurt / Main 2015.
Regina Bucher, Bernhard Echte, Eva Zimmermann (Hrsg.): Hugo Ball. Dichter Denker Dadaist. Nimbus Verlag, Wädenswil 2015.
Manfred Clauss: Ein neuer Gott für die alte Welt. Die Geschichte des frühen Christentums. Rowohlt Verlag, Reinbek 2015.
Terry Eagleton: Der Tod Gottes und die Krise der Kultur. Pattloch Verlag, München 2015.
Thomas J. Nagy: König Kaiser Kardinal. Auf den Spuren von Kardinal Franz König. Styria premium Verlag, Wien / Graz / Klagenfurt 2015.
Silvio Vietta: »Etwas rast um den Erdball …«. Martin Heidegger: Ambivalente Existenz und Globalisierungskritik. Wilhelm Fink Verlag, Paderborn 2015.
Jan Assmann: Totale Religion. Picus Verlag, Wien 2016.
Boris Barth: Europa nach dem großen Krieg. Die Krise der Demokratie in der Zwischenkriegszeit 1918–1938. Campus Verlag, Frankfurt / Main 2016.
Ernestine Amy Buller: Finsternis in Deutschland. Interviews einer Engländerin 1934–1938. Hrsg. von Kurt Barling. Elisabeth Sandmann Verlag, München 2016.
Paul M. Zulehner: Religion *und* Gesellschaft. Zur Entfremdung von Arbeiterschaft und Kirche. Patmos Verlag, Ostfildern 2016.
Ian Kershaw: Höllensturz. Europa 1914 bis 1949. Deutsche Verlags-Anstalt, München 2016.
Helmut Krätzl: Meine Kirche im Licht der Päpste. Von Pius XII. bis Franziskus. Tyrolia Verlag, Innsbruck 2016.
Martin Mittelmeier: DADA. Eine Jahrhundertgeschichte. Siedler Verlag, München 2016.
Franz Marek: Beruf und Berufung Kommunist. Lebenserinnerungen und Schlüsseltexte. Mandelbaum Verlag, Wien 2017.

Danksagung

Zuerst möchte ich mich bei meiner Verlegerin, Claudia Romeder, bedanken. Auf ihre Initiative hin ist das Buch entstanden. Gleich danach gilt mein besonderer Dank Adolf Holl, der mich mit Auskünften und persönlichen Materialien bei der Arbeit unterstützt und begleitet hat. Sodann möchte ich mich herzlich bei meiner Lektorin Maria-Christine Leitgeb bedanken, die einfühlsam und versiert in das Manuskript eingegriffen hat. Im Übrigen habe ich den Archivaren zu danken, die mir Dokumente herausgesucht und Einblick gewährt haben: Das gilt vorzugsweise für Dr. Annemarie Fenzl vom Wiener Diözesanarchiv, des Weiteren für Dr. Gunilla Eschenbach vom Deutschen Literaturarchiv Marbach, Camillo Foramitti vom ORF-Archiv, Sonja Hießberger vom Archiv der Landwirtschaftskammer Niederösterreich, Dr. Thomas König vom Institute for Advanced Studies (Institut für Höhere Studien, ehemals Ford-Institut) in Wien, Harald Sackmaier von der Pfarre Maria Namen in Wien-Ottakring, die Damen und Herren im Wiener Universitätsarchiv und am Wiener Institut für Zeitgeschichte sowie last, but not least für Mag. Günther Haller und Christian Benda vom Archiv der Tageszeitung »Die Presse«.

Besonderen Dank schulde ich auch den Freunden, Bekannten und Begleitern Adolf Holls, die mir ihre Eindrücke geschildert und Auskünfte erteilt haben, allen voran Dr. Inge Santner-Cyrus, sodann Dr. Christine Bausch, Dr. Trautl Brandstaller, Walter Famler, Dr. Hubert Feichtlbauer, Gerhard Foitl-Tuschl, Peter Henisch, Dr. Franz Josef Weißenböck und Univ.-Prof. Dr. Paul M. Zulehner. Darüber hinaus danke ich sämtlichen Gästen, denen ich im Haus von Inge Santner-Cyrus begegnen durfte und aus deren Gesprächen mit Adolf Holl ich Eindrücke sammeln konnte.

Personenregister

Abaelard, Petrus 88
Abraham a Sancta Clara 161, 171
Adamovic, Erika 237
Adamovic, Franz Michael 237
Adorno, Theodor W. 241, 253, 287, 297, 323
Ağca, Mehmet Ali 355
Aichinger, Ilse 153
Alarich, König der Westgoten 27
Ambros, Wolfgang 198, 249
Amos, Prophet 200
Andreas-Salomé, Lou 307
Antonius der Große, ägyptischer Mönch 155 f.
Arafat, Jassir 278
Aristoteles 340
Arnold, Franz 114
Artmann, Hans Carl 30 f., 43, 302, 342
Assmann, Jan 349, 352, 355
Athanasius, Bischof von Alexandria 156
Augstein, Rudolf 177, 240, 274
Augustinus 15, 18, 27, 56, 82, 110, 119, 151, 157, 177, 285, 302

Baatz, Ursula 332, 345
Bacher, Gerd 266
Bachmann, Ingeborg 153
Ball, Hugo 128 f., 147
Baloch, Harald 328, 345
Barta, Richard 184
Barth, Karl 309
Bartl, Herbert 186
Bausch, Christine 363
Beccadelli, Antonio 123
Beckett, Samuel 229, 301
Beer, Otto F. 217
Beilner, Wolfgang 225
Benda, Christian 363
Benedikt XVI., Papst 314, 327 f., 334 f., 345
Benedikt, Michael 237
Beneš, Günter 139, 186
Benjamin, Walter 193, 170
Berger, Peter 360
Berger, Peter L. 172, 359

Bergson, Henri 257
Bernhardin von Siena 142
Bernanos, George 124, 151
Berner, Felix 216 f., 225, 234, 237, 251 f., 266, 270, 294 f.
Beuys, Joseph 268
Bharati, Agehananda 332 f.
Binder, Karl 157, 214, 225
Blank, Josef 200
Blavatsky, Helena Petrovna 53
Bloch, Ernst 11, 150 f., 214, 261, 277, 349, 353
Böll, Heinrich 239, 253
Bonhoeffer, Dietrich 172
Bonifatius IV., Papst 347
Bonifatius VIII., Papst 88, 99
Boros, Ladislaus 239
Bosch, Hieronymus 219
Boulard, Henri 339
Brandstaller, Edeltraud (Traudl) 176, 185, 194 f., 217, 219, 229, 232, 237, 252, 267, 295
Brecht, Bertolt 201
Brown, Dan 209
Bruckmüller, Ernst 237
Brusatti, Otto 331
Bühler, Charlotte 167
Buller, Ernestine Amy 38, 41, 43
Bultmann, Rudolf 172, 178
Buñuel, Luis 349
Bürckel, Josef 46
Buresch, Karl 33
Burger, Rudolf 16 f., 19
Burkhardt, Frederick 166

Camus, Albert 150
Canetti, Elias 11
Carmichael, Joel 177, 194
Carter, Jimmy 263
Castaneda, Carlos 241, 271
Cerić, Mustafa 329
Chandler, Raymond 139
Chenouda III., koptischer Papst 271
Chruschtschow, Nikita Sergejewitsch 121
Cioran, Emil 333

363

Claudel, Paul 124
Cohn-Bendit, Daniel 187
Consolmagno, Guy 341, 346
Coudenhove-Kalergi, Barbara 201, 249, 315, 355
Csoklich, Fritz 85, 97, 119

Daim, Wilfried 176
Dantine, Wilhelm 237
Darnhofer, Edith 260, 294
Darwin, Charles 166
De Gaulle, Charles 187, 236
Demetrios von Saloniki 310
Dichand, Hans 219
Diderot, Denis 303
Diem, Peter 237
Diwald, Hellmut 107, 118, 146, 359
Doderer, Heimito von 289, 297
Dolana, Herbert 173, 186
Dollfuß, Engelbert 23 ff., 31 ff., 37, 40, 77, 112
Dollmanits, Fritz 222, 251
Dor, Milo 217
Dostojewski, Fjodor Michailowitsch 150, 257
Drekonja-Kornat, Gerhard 176
Drimmel, Heinrich 136 f., 157, 161, 165 f.
Duchamps, Marcel 308
Duerr, Hans Peter 270 f., 295

Eagleton, Terry 172, 193
Eckhart, Meister 109
Eder, Otto Anton 267
Eichmann, Adolf 59
Einem, Gottfried von 209
Einstein, Albert 282
Eisenhower, Dwight D. 121
Eisenreich, Herbert 217
Ellis, Bret Easton 321
Epp, Leon 162
Erich, R. 219
Ernst, Gustav 151, 208, 229, 237
Eschenbach, Gunilla 363

Famler, Walter 12, 42, 252, 316, 318
Feichtlbauer, Hubert 77, 86
Feigl, Herbert 167, 179
Fenzl, Annemarie 363
Fielhauer, Otto 237
Figl, Leopold 121, 137
Fiore, Joachim von 89, 300, 307
Firnberg, Hertha 258 f., 278
Fischer, Erwin 203
Fischer, Heinz 232, 278
Fischer, Leopold 332

Fleck, Christian 165, 192
Fleischhacker, Michael 322, 328, 330, 344 f.
Fliege, Jürgen 322
Foitl-Tuschl, Gerhard 150, 191, 228
Foramitti, Camillo 363
Ford II., Henry 165
Frank-Planitz, Ulrich 266
Franz von Assisi 68, 78, 86, 142, 155, 255, 263, 276, 288, 349
Franziskus I, Papst 147, 227, 341, 355
Freud, Sigmund 12, 53, 66, 150, 240, 286, 303, 307, 350, 355
Friedell, Egon 175
Friedrich, Otto 325, 344
Frisch, Karl von 232
Fritsch, Gerhard 153
Fromm, Erich 241, 358
Frundsberg, Georg von 87
Fukuyama, Francis 307
Fürlinger, Ernst 338, 346

Gabriel, Johannes 111, 120, 133, 175
Gabriel, Leo 165 f., 302
Gaddafi, Muhammar al 318
Gagarin, Juri 10, 316
Gaisbauer, Hubert 237
Galilei, Galileo 99, 159, 169, 183, 204, 226, 252
Galton, Francis 59
Gieselbusch, Hermann 289
Girard, René 54
Gleichweit, Karl 25
Glück, Karl 237
Goethe, Johann Wolfgang von 53, 146
González, Felipe 278
Goodman, Felicitas D. 280 f., 287, 296, 314
Goya, Francisco de 53
Gramsci, Antonio 9
Granditsch, Gustav 186
Grass, Günter 311
Grignion, Louis-Marie 109
Grimm, Jacob und Wilhelm 35, 37, 345
Groër, Hans Hermann 28, 299, 306 f., 310
Grubmann, Karl 186
Guardini, Romano 140
Gutiérrez, Gustavo 351

Habeler, Gottfried 167
Habermas, Jürgen 327, 329
Hadrian VI., Papst 100, 273
Haecker, Theodor 46, 61
Hagen, Nina 268
Haider, Jörg 293
Haller, Roman 229

Personenregister

Hammerl, Elfriede 237
Hammett, Dashiell 139
Hana, Jiří 268
Handke, Peter 201, 301
Hartmann, Josef 306
Haslinger, Josef 10, 345, 336
Häupl-Seitz, Helga 323, 344
Hawlicek, Hilde 176
Hayek, Friedrich August von 165, 167
Heaney, Seamus 290
Heer, Friedrich 136, 138, 153 f., 157, 165, 191, 219, 229, 237
Hefel, Ernst 77
Heidegger, Martin 253, 300, 310, 319, 323, 361
Heinisch, Eduard Christoph 205, 250
Henisch, Peter 150 f., 159, 191 f., 208 f., 217, 229, 250, 269, 295, 338, 346
Henz, Rudolf 37
Herder, Johann Gottfried 130
Heszle, Emil 145
Hießberger, Sonja 363
Himmelreich, Josef 47
Hitler, Adolf 16, 23, 37 f., 40 f., 45 f., 47 ff., 52, 55 ff., 60 f., 69 f., 72 f., 75, 77, 112, 154, 161 f., 222, 293, 307, 320, 322, 325 f., 332 f., 353
Hochhuth, Rolf 70, 140, 160 ff., 192
Holl, Josefine, geborene Brachinger 24 f.
Holl, Karl Wilhelm 25, 60
Holzbauer, Wilhelm 237
Holzer, Heribert 186
Honecker, Erich 278
Hooker, John Lee 10
Hora, Laurentius 84
Horkheimer, Max 220, 241, 253, 264, 276, 286, 297
Hörmann, Karl 110, 163
Horn, Gyula 300
Hosea, Prophet 200, 218
Houellebecq, Michel 321
Hudal, Alois 162
Huemer, Peter 267 ff., 272 f., 295
Hugo, Victor 82
Hundertwasser, Friedensreich 311

Illich, Ivan 214
Innitzer, Theodor 22, 33, 46 f., 61, 77, 112, 127 f.
Innozenz III., Papst 89
Ionesco, Eugéne 229

Jachym, Franz 233, 252
Jackson, Michael 276
Jägerstätter, Franz 47

Jamöck, Franz 139
Jaspers, Karl 157, 166, 215, 310
Jeanne d'Arc (Johanna von Orléans) 106, 132
Jellouschek, Carl Johann 113
Jeremia, Prophet 200, 247
Jesaja, Prophet 200
Johannes XXII., Papst 140 f.
Johannes XXIII., Papst 93, 110, 140 f., 145, 159, 348
Johannes Paul I., Papst 273
Johannes Paul II., Papst 28, 274, 328, 355
John, Rudolf 217
Jonas, Franz 166, 220
Jonas, Hans 336, 345
Joyce, James 307 ff.
Joyce, Stanislaus 308
Judas Iskariot 224
Jung, Carl Gustav 13, 17
Junginger, Horst 337, 340, 346
Jungwirth, Heinrich 41
Jungwirth, Leopold 41, 48, 63, 76

Kaindlstorfer, Günter 198, 249, 276, 296
Kamitz, Reinhard 166
Kapellari, Egon 329
Karajan, Herbert von 300
Karl der Große 49, 66
Karl VII., König 107
Katharina von Bora 149
Katharina von Siena 107
Kaupeny, Leopold 186
Kennedy, John F. 158, 160
Kershaw, Ian 70, 85
Kierkegaard, Søren 135, 147, 257, 307, 320, 333, 347
Kirchschläger, Walter 225, 251
Kissinger, Henry 234, 277
Klein, Erich 336, 341
Klima, Josef 186
Klostermann, Ferdinand 225
Knienieder, Heinz 9, 184, 194, 208 f., 217, 229, 237, 243, 255, 293, 316
Knöbl, Kuno 267
Kolping, Adolph 24
König, Franz 131, 153, 170, 173 f., 186, 194, 198, 201 ff., 218, 222, 225 f., 232, 236, 249 ff., 256 ff., 267, 275, 299, 300, 306, 348
König, René 167
Konitzer, Hanni 278
Kornfeld, Walter 156, 175 f., 191, 225
Korninger, Siegfried 259
Kosnetter, Johannes 111 f., 134, 225
Kos, Wolfgang 237
Kozlik, Adolf 166

Krämer-Badoni, Rudolf 180
Krätzl, Helmut 131, 147, 157, 186, 237, 253, 257 f., 265, 294, 306
Kraus, Karl 28
Kreh, Friedrich 70
Kreisky, Bruno 137, 166, 190, 195, 220, 244, 278, 293
Krenn, Kurt 299
Kreuzer, Franz 267, 295
Küng, Hans 159, 245
Kuss, Otto 274

Lange, Norbert 129, 147
Lanz von Liebenfels, Jörg 53
Lazarsfeld, Paul F. 165, 167, 176
Le Corbusier 247
Leibold, Josef 70, 81, 83
Lembke, Robert 242
Lentner, Leopold 90, 118
Leser, Norbert 176, 265, 295
Leupold-Löwenthal, Harald 217, 237
Levy, Alan 219
Liessmann, Konrad Paul 304, 319 f., 342, 344
Lindner, Dolf 219
Lindner, Traugott 90, 118, 154
Lingens, Peter Michael 263
Little Richard 126
Löffler, Sigrid 229, 237
Loidl, Franz 113, 120, 283
Lorenz, Konrad 232
Lorenz, Willy 206
Lüdemann, Gerd 309, 343
Luther, Martin 87 ff., 149, 160, 252

Machiavelli, Niccolò 283
Mader, Heribert 11
Mahr, Hans 188, 195
Maimann, Helene 318
Mann, Thomas 309
Marcel, Gabriel 167
Marcuse, Herbert 265
Marek, Franz 264, 278, 295
Maria aus Magdala 211
Martell, Karl 69
Marté, Peter Jan 339
Martin von Tours 71, 285
Marvick, Dwaine 167
Marx, Karl 10, 21, 26, 142, 151, 243, 252, 264, 281, 303, 316, 348, 355
Matzner, Egon 176
Mauer, Otto 19, 98, 124, 136, 153 f., 182
Mayer, Hugo 26
Maznetter, Christoph 269
McLuhan, Marshall 179 f., 194

Meinhof, Ulrike 229, 252
Melich, Hildegard 45
Merton, Thomas 305, 342
Messner, Johannes 112
Michael von Cesena 142
Michel, Anneliese 262
Mikl, Josef 217, 219, 237
Miklas, Wilhelm 33
Mironovici, Johannes 190
Mittelstedt, Friedrich 114
Mitterauer, Michael 237
Mitterer, Albert 18, 110 f., 120, 133 f., 147, 152, 156, 176, 340
Mitterer, Josef 328
Mock, Alois 300
Mohammed, Prophet 330, 348
Montaigne, Michel de 335
Morus, Thomas 81
Morgenstern, Oskar 167, 176
Moro, Aldo 273
Morton, Frederic 300 f.
Moses, Prophet 21, 55, 348
Mozart, Wolfgang Amadeus 10
Müller, Gebhard 199, 292
Müller, Manfred 275
Müller, Otto 43
Müntzer, Thomas 287 f.
Musil, Robert 211
Mussolini, Benito 22
Mynarek, Hubertus 178, 198

Nagarjuna, buddhistischer Mönch 272
Nagiller, Rudolf 335
Natmeßnig, Anita 330, 345
Nedbal, Johannes 119, 186
Nenning, Günther 14, 19, 85, 147, 178, 184, 192, 217, 229, 245 ff., 257 f., 267, 278, 287 f., 293, 297, 303, 324, 342, 344
Neudecker, Augustin 173, 181, 183 f., 188 f., 198 f.
Neuwirth, Dietmar 314
Newman, John Henry 112
Niehans, Jürg 167
Nietzsche, Friedrich 21, 57, 176, 283, 286, 307, 310, 321, 334
Niggs, Walter 241
Nimmerrichter, Richard 257, 294
Nitsch, Hermann 72
Nixon, Richard 234, 277
Nooteboom, Cees 325, 344
Nowotny, Ernst 269
Nowotny, Ewald 176
Nowotny, Helga 221
Nußbaumer, Heinz 189, 195, 217, 219, 236

PERSONENREGISTER

Oberhammer, Otto   267
Olivi, Pierre de Jean   142
Ong, Walter J.   179 f.
Orosius, Paulus   27, 42
Otto, Rudolf   53

Panholzer, Anton   67, 70, 321
Pascal, Blaise   119, 240, 271, 294, 261, 360
Pasolini, Pier Paolo   65 f., 68, 84
Pasterk, Ursula   214, 229, 237, 289 f.
Paul, Jean   290, 297
Paul VI., Papst   160, 169, 187, 189, 220, 273
Paulus, Apostel   15, 18, 47, 101, 112, 127, 227, 325
Pawek, Karl   190
Pawlikowski, Ferdinand Stanislaus   77
Pawloff, Freda   171, 193
Pawlowsky, Peter   190, 206 f.
Peceller, Luis Eduardo   227
Péguy, Charles   257
Pelinka, Anton   190, 229, 237, 265, 295 f.
Perl, Carl Johann   82 f., 89
Perrin, Henri   135 f., 147
Peschka, Karin   276, 296
Petrus, Apostel   127
Pfeifer, Erwin   233
Pfliegler, Michael   113 f.
Pfrimer, Walter   32 f.
Pico della Mirandola, Giovanni   97, 123
Pilgram, Arno   205
Pils, Heide   237
Pio, von Pietrelcina   132, 261
Piscator, Erwin   160
Pius IX., Papst   21, 108, 119
Pius X., Papst   21
Pius XI., Papst   33
Pius XII., Papst   70, 108, 119, 137, 140, 147, 160, 162, 192
Podgorski, Monica   229
Podgorski, Teddy   217, 229
Portisch, Hugo   170, 193, 249, 257
Presley, Elvis   126

Qualtinger, Helmut   229
Qualtinger, Leomare   229

Raab, Julius   28 f., 121, 136 f.
Rabinovici, Doron   329
Raffael da Urbino   349
Rahner, Karl   124, 157, 166, 347
Reichardt, Robert H.   167
Reich-Ranicki, Marcel   311
Reiter, Wolfgang   229
Remele, Kurt   339, 346

Renner, Karl   74
Renoldner, Severin   312, 343
Resetarits, Lukas   151
Rismondo, Piero   162, 192
Robinson, John A. T.   171 f., 193
Roedig, Andrea   19, 341, 345 f.
Rohracher, Hubert   83
Romero, Óscar   227, 287
Roncalli, Angelo Giuseppe   140
Rosa, Hartmut   353, 355
Rosegger, Peter   41
Rossi, Opilio   202
Roß, Jan   302 f., 331, 342
Rushdie, Salman   311, 343

Sackmaier, Harald   363
Sagoroff, Slawitscho   166, 176
Santner-Cyrus, Inge   207 f., 215 ff., 219 f., 228 ff., 242, 244, 248, 250, 256, 278, 289, 294, 296, 304 f., 316, 330, 340
Sartre, Jean-Paul   11, 150, 236, 274
Schärf, Adolf   137, 173
Scheler, Max   157
Schelling, Friedrich Wilhelm   53
Schelsky, Helmut   167
Schermann, Rudolf   227, 252
Scheuch, Manfred   176
Schindel, Robert   217
Schinner, Hans   186
Schirach, Baldur von   48
Schiwa, Gottheit   16, 45, 51, 56, 74, 333, 349, 353
Schlegel, Gert   190
Schlick, Moritz   179
Schmid, Josef   173
Schneider, Reinhold   79, 124, 143, 145
Schober, Johannes   22 f., 27 f., 42
Schoiswohl, Josef   201 f.
Scholem, Gershom   257
Schönau, Ekbert von   88
Schönborn, Christoph   261, 307, 314 f., 328 ff., 339 f.
Schönerer, Georg von   53
Schönherr, Dietmar   242
Schopenhauer, Arthur   19, 62, 177
Schrack, Eduard   27
Schubert, Kurt   153, 218, 232, 237
Schuh, Franz   229, 265, 318, 335, 344 f., 348
Schüller, Helmut   314
Schulmeister, Otto   153
Schulmeister, Stephan   237
Schuschnigg, Kurt   41 f.
Schüssel, Wolfgang   237, 281, 319 f.
Schwaiger, Brigitte   229

367

Schwendter, Rolf 269
Schwens-Harrant, Brigitte 324, 344
Scorsese, Martin 209
Sebestyén, György 217
Seidler, Horst 42, 59, 62
Seipel, Ignaz 22 f., 27, 33, 38, 114
Šeper, Franjo 225 f., 248, 252 ff.
Seuse, Heinrich 81
Silíceo, Juan Martínez 59
Simon, Anne-Catherine 335, 345
Sinowatz, Fred 236, 293
Sluga, Willibald 237
Sokol, Erich 237
Sophokles 333
Sorel, Agnès 107
Sorgo, Gabriele 68, 85, 241, 329, 345
Spann, Othmar 32
Sperl, Gerfried 237
Spiel, Hilde 217
Springer, Georg 237
Stalin, Josef (Josef Wissarionowitsch Dschugaschwili) 75, 121, 146, 322
Starr, Ringo 220
Stauffer, Robert 229, 252
Steidle, Richard 28 f.
Stevson, Jon 38 f.
Stöger, Alois 225
Stöger, Hermann 257, 294
Stöveken, Bernhard 173, 199
Strasser, Peter 301 f., 306, 308 f., 318 f., 323, 342 f.
Strauß, Irmgardis 201
Strigl, Daniela 324, 344
Strobl, Karl 153
Strotzka, Hans 176, 292
Sturmthal, Adolf 167
Sutterlüty, Georg 338, 346
Szczypiorski, Andrzej 229

Taubert, Walter 87, 97, 109
Teresa, Mutter 57
Therese von Lisieux 241
Tesar, Eva 229
Theodosius I., Papst 56
Thiele, Johannes 307
Thielicke, Helmut 93, 166
Thomas von Aquin 110, 240, 302, 340
Thum, Beda 157, 177, 191
Tillich, Paul 172
Tinbergen, Nikolaas 232
Topitsch, Ernst 166
Tóth, Tihamér 72
Tozzer, Kurt 203
Trampler, Adolf 24 f.

Treiber, Alfred 217
Trost, Ernst 219, 237

Unger, Leopold 234

Vermes, Tilmur 334
Vlk, Miloslav 329
Vogt, Werner 237
Voltaire 128, 236
Vranitzky, Franz 293

Wagner, Richard 308
Walch, Karoline, geborene Rosenauer 24 ff., 28, 36, 39 ff., 45, 49, 223, 292
Waldheim, Kurt 28, 43, 293, 345
Wallace, Edgar 103
Walser, Martin 309, 343
Warhol, Andy 317, 344
Weber, Johann 307
Weber, Max 172
Weikert, Alfred 166
Weiler, Rudolf 200
Weinbacher, Jakob 161
Weinzierl, Erika 61, 136, 165, 237
Weiskirchner, Richard 26
Weißenböck, Franz Josef 363
Weiß, Ferdinand 89 f., 94, 96, 103, 105 f., 113, 115 f., 135, 154, 190
Weiß, Walter 237
Welan, Manfried 237
Wesley, John 105
Wessely, Friedrich 104, 109 f.
Westwood, Vivian 319
Wetter, August 166
Wiesböck, Ignaz 137 ff.
Wilde, Oscar 168, 312
Winkler, Stefan 147, 322, 344
Wittgenstein, Ludwig 91, 168, 256 f., 261, 294, 309, 319, 338, 340
Witzmann, Erich 334
Wolf, Christa 304
Wolf, Franz Ferdinand 259, 294
Wolff, Georg 240, 253
Wolff, Karl Dietrich 186 f.

Žak, Franz 198, 249
Zand, Herbert 153
Zatzka, Ludwig 30
Zeggl, Jakob 70, 146, 154, 214
Zeininger, Pater Josef 97, 257
Zeiss, Carl 27
Zenker, Helmut 208
Zilk, Helmut 187, 289
Zulehner, Paul M. 190, 195, 200, 249